여러분의 합격을 응원하는
해커스공무원 별 혜택

KB093668

FREE 공무원 행정법 **특강**

해커스공무원(gosi.Hackers.com) 접속 후 로그인 ▶ 상단의 [무료강좌] 클릭 ▶ [교재 무료특강] 클릭

 해커스공무원 온라인 단과강의 **20% 할인쿠폰**

D3497FBBE8D2BVHK

해커스공무원(gosi.Hackers.com) 접속 후 로그인 ▶ 상단의 [나의 강의실] 클릭 ▶
좌측의 [쿠폰등록] 클릭 ▶ 위 쿠폰번호 입력 후 이용

* 등록 후 7일간 사용 가능(ID당 1회에 한해 등록 가능)

 해커스 회독증강 콘텐츠 **5만원 할인쿠폰**

6F2BF8AA9CD7ML9W

해커스공무원(gosi.Hackers.com) 접속 후 로그인 ▶ 상단의 [나의 강의실] 클릭 ▶
좌측의 [쿠폰등록] 클릭 ▶ 위 쿠폰번호 입력 후 이용

* 등록 후 7일간 사용 가능(ID당 1회에 한해 등록 가능)
* 특별 할인상품 적용 불가
* 월간 학습지 회독증강 행정학/행정법총론 개별상품은 할인대상에서 제외

합격예측 **온라인 모의고사 응시권 + 해설강의 수강권**

E983E6BB22AYQFWK

해커스공무원(gosi.Hackers.com) 접속 후 로그인 ▶ 상단의 [나의 강의실] 클릭 ▶
좌측의 [쿠폰등록] 클릭 ▶ 위 쿠폰번호 입력 후 이용

* ID당 1회에 한해 등록 가능

쿠폰 이용 관련 문의 **1588-4055**

단기 합격을 위한
해커스공무원 커리큘럼

입문
▼
기본+심화
▼
기출+예상 문제풀이
▼
동형문제풀이
▼
최종 마무리

탄탄한 기본기와 핵심 개념 완성!

누구나 이해하기 쉬운 개념 설명과 풍부한 예시로 부담없이 쌩기초 다지기

TIP 베이스가 있다면 **기본 단계**부터!

필수 개념 학습으로 이론 완성!

반드시 알아야 할 기본 개념과 문제풀이 전략을 학습하고
심화 개념 학습으로 고득점을 위한 응용력 다지기

문제풀이로 집중 학습하고 실력 업그레이드!

기출문제의 유형과 출제 의도를 이해하고 최신 출제 경향을 반영한
예상문제를 풀어보며 본인의 취약영역을 파악 및 보완하기

동형모의고사로 실전력 강화!

실제 시험과 같은 형태의 실전모의고사를 풀어보며 실전감각 극대화

시험 직전 실전 시뮬레이션!

각 과목별 시험에 출제되는 내용들을 최종 점검하며 실전 완성

PASS

* 커리큘럼 및 세부 일정은 상이할 수 있으며,
자세한 사항은 해커스공무원 사이트에서 확인하세요.

단계별 교재 확인 및
수강신청은 여기서!

gosi.Hackers.com

해커스공무원

1/3로 줄여 쓴

김대현
행정법총론 기본서

김대현

약력

제8회 변호사 시험 합격, 대한민국
제47회 공인회계사 시험 합격, 대한민국
현 | 해커스공무원 행정법 강의
현 | 법무법인 시우 파트너 변호사
전 | 법무법인 광장 변호사
고려대학교 법학전문대학원(법학전문석사/우선선발, 우등졸업)
고려대학교(경영학사)

저서

해커스공무원 3분의 1로 줄여 쓴 김대현 행정법총론 기본서

공무원 시험 합격을 위한 필수 기본서!

공무원 강의를 시작하기로 마음을 먹고, 여러 수험서를 들여다보면서 가장 놀랐던 점은 책이 상당히 두껍다는 것이었습니다. 대학원에서 보던 양장본 교과서보다, 얇은 표지로 제작된 총론 수험서가 더 두껍다는 사실이, 이제 막 강사 생활을 시작하려던 저를 적잖이 당황하게 만들었던 기억이 아직도 생생합니다.

2022년을 기점으로 주요 직렬에서 행정법총론이 필수과목으로 채택됨에 따라, 행정법 공부방법을 궁금해 하는 분들이 부쩍 늘어난 것이 체감되는 요즘입니다. 실제로, 작년 이후 국어, 영어, 한국사와 같은 기초과목은 점점 쉽게 출제되는 반면, 행정법 과목은 어렵게 출제되는 경향이 두드러지고 있습니다.

그러나 이러한 출제경향의 변화와는 무관하게, 공부의 본질은 예나 지금이나 변함이 없습니다. 항상 그래왔듯이, 수험공부는 먼저 양을 줄이고, 줄어든 공부범위를 선이해 후암기의 순서로 접근하는 것이 왕도입니다. 다만, 현재 수험계의 대세로 여겨지는 기본서들의 분량이 1,000쪽 또는 그 이상에 육박함에 따라, 대다수의 수험생들이 끝까지 제대로 완주해보지도 못하고 포기하는 경우가 상당합니다.

이에, <해커스공무원 3분의 1로 줄여 쓴 김대현 행정법총론 기본서>는 위와 같은 현실에 대한 문제의식을 기반으로 다음 두 가지 사항에 주안점을 두어 서술되었습니다.

첫째, 분량을 최소화하였습니다.

판례가 뒷받침되지 않는 학설, 외국 법제 등에 관한 내용을 과감히 배제하였고, 대법원 판례 또한 "복사+붙여넣기"식보다는 주요 내용을 요약하여 소개하는 식으로 내용을 줄였습니다. 나아가, 저자의 행정법 수험경험을 살려 교과서의 원론적인 서술을 직관적인 설명으로 대체하기 위해 노력하였습니다.

둘째, 텍스트보다 도식화를 우선시하였습니다.

시험에 출제되는 것은 판례 원문이지만, 그 의미에 대한 이해가 선행되지 않는 이상 처음부터 원문의 표현을 그대로 암기하는 것은 불가능에 가깝습니다. 이에, 판례 원문을 그림 및 도표로 도식화하여 1차적으로 이해를 도모한 뒤, 그 다음에야 비로소 텍스트의 뜻을 음미하면서 암기로 나아갈 수 있도록 내용을 구성하였습니다.

나름대로 최선을 다하였음에도 불구하고, 강의를 하면 할수록 책에 대한 아쉬움이 남는 것은 어쩔 수 없는 것 같습니다. 부족한 부분이 있다면 강의를 통해 제 선에서 최대한 보완해 나가되, 동시에 수험생분들께서 주시는 격려와 질책 모두 겸허히 수용하고자 합니다. 해커스 홈페이지 또는 네이버 카페 "김대현 행정법"을 통해 많은 의견을 부탁드리겠습니다.

더불어, 공무원 시험 전문 사이트 해커스공무원(gosi.Hackers.com)에서 교재 학습 중 궁금한 점을 나누고 다양한 무료학습 자료를 함께 이용하여 학습 효과를 극대화할 수 있습니다.

부디 『해커스공무원 3분의 1로 줄여 쓴 김대현 행정법총론 기본서』와 함께 공무원 행정법총론 시험 고득점을 달성하고 합격을 향해 한걸음 더 나아가시기를 바랍니다.

『해커스공무원 3분의 1로 줄여 쓴 김대현 행정법총론 기본서』가 공무원 합격을 꿈꾸는 모든 수험생 여러분에게 훌륭한 길잡이가 되기를 바랍니다.

김대현

목차

이 책의 구성

『해커스공무원 3분의 1로 줄여 쓴 김대현 행정법총론 기본서』는 수험생 여러분들이 행정법총론 과목을 효율적으로 학습할 수 있도록 상세한 내용과 다양한 학습장치를 수록·구성하였습니다. 아래 내용을 참고하여 본인의 학습 과정에 맞게 체계적으로 학습 전략을 세워 학습하시길 바랍니다.

1 이론의 세부적인 내용을 정확하게 이해하기

최근 출제 경향 및 개정 법령, 최신 판례를 반영한 이론

1. 최근 출제 경향 반영
철저한 기출분석을 통해 도출한 최신 출제 경향을 바탕으로 주요 이론을 짜임새있게 수록하였습니다. 이를 통해 방대한 행정법총론 과목의 내용 중 시험에 나오는 이론만을 효과적으로 학습할 수 있습니다.

2. 개정 법령 및 최신 판례 수록
최근 개정된 법령과 최신 판례를 수록하고 교재 내 관련 이론에 이를 전면 반영하여 실전에 효율적으로 대비할 수 있습니다.

2 다양한 그림을 활용하여 이론 완성하기

한 단계 실력 향상을 위한 다양한 그림

법 과목의 특성상 행정법총론의 내용은 대부분 줄글로 이루어져 있어 자칫 내용을 이해하기 어려울 수 있습니다. 따라서 보다 직관적인 이해와 학습을 위해 주요 내용을 그림으로 구성·수록하였습니다. 이를 통해 방대한 행정법총론의 내용을 단기간에 효과적으로 학습할 수 있으며, 이미지 연상을 통해 내용을 쉽게 이해할 수 있습니다.

③ 풍부한 관련판례를 통해 판례 학습하기

관련판례

1. 지방의회의원에 대하여 유급보좌인력을 두는 것 (2016추5087)

2. 조세
   ① 조세의 종목 / 세율 등(○) (2012두23808)
      ⊙ 조세의 종목과 세율 등 납세의무에 관한 기본적, 본질적 사항은 국민의 대표기관인 국회가 제정한 법률로 규정하여야 한다.
      ⓒ 특히 법인세, 종합소득세와 같이 납세의무자에게 조세의 납부의무뿐만 아니라 스스로 과세표준과 세액을 계산하여 신고하여야 하는 의무까지 부과하는 경우에는 신고의무 이행에 필요한 기본적인 사항과 신고의무불이행 시 납세의무자가 입게 될 불이익 등은 납세의무를 구성하는 기본적, 본질적 내용으로서 법률로 정하여야 한다.
   ② 조세의 과세요건 및 징수절차(×) (94부18)
      조세권행사의 요건과 절차는 국민의 대표기관인 국회가 제정한 법률로써 규정하여야 한다는 것이나, 과세요건과 징수절차에 관한 사항을 명령·규칙 등 하위법령에 위임하여 규정하게 할 수 없는 것은 아니고, 이러한 사항을 하위법령에 위임하여 규정하게 하는 경우 구체적·개별적 위임만이 허용되며 포괄적·백지적 위임은 허용되지 아니한다.

3. 법외노조 통보 (2016두32992)
   ① 처분성 ○ / 의회유보사항에 해당
      법외노조 통보는 적법하게 설립된 노동조합의 법적 지위를 박탈하는 중대한 침익적 처분(= 사실상 노조 해산명령)으로서 원칙적으로 국민의 대표인 입법자가 스스로 형식적 법률로써 규정하여야 할 사항이고, 행정입법으로 이를 규정하기 위하여는 반드시 법률의 명시적이고 구체적인 위임이 필요하다(△).
   ② 의회유보사항을 시행령이 규정 + 법률 위임 × = 시행령 무효
      노동조합법 시행령은 법률의 위임 없이 법률이 정하지 아니한 법외노조 통보에 관하여 규정함으로써 헌법상 노동3권을 본질적으로 제한하고 있으므로 그 자체로 무효이다.

이론의 핵심인 관련판례 학습

실제 시험에서 보게 되는 대부분의 지문이 판례인 점을 고려하여, 중요 판례는 물론 최신 판례까지 다양한 판례를 수록하였습니다. 특히 단순히 판례 원문을 수록하지 않고, 판례마다 제목을 기재함으로써 판례의 핵심 내용을 한눈에 파악·확인할 수 있습니다.

④ 유사·비교 판례를 통해 유기적으로 판례 학습하기

관련판례 조약 = 법률 > 조례 (2004추10)

1. 일반론
   '1994년 관세 및 무역에 관한 일반협정'(이하 'GATT'라 한다)은 조약으로서 각 헌법 제6조 제1항에 의하여 국내법령과 동일한 효력을 가지므로 지방자치단체가 제정한 조례가 GATT나 AGP에 위반되는 경우에는 그 효력이 없다.

2. GATT = 법률 > 전라북도 조례
   특정 지방자치단체의 초·중·고등학교에서 실시하는 학교급식을 위해 위 지방자치단체에서 생산되는 우수 농수축산물과 이를 재료로 사용하는 가공식품을 우선적으로 사용하도록 하는 위 지방자치단체의 조례안이 내국민대우원칙을 규정한 'GATT'에 위반되어 그 효력이 없다.

비교판례 사인은 위 공식 주장 불가(= 국가 VS 국가로만 해결) (2008두17936)

1. GATT는 국가와 국가 사이의 권리·의무관계를 설정하는 국제협정으로, 그 내용 및 성질에 비추어 이와 관련한 법적 분쟁은 위 WTO 분쟁해결기구에서 해결하는 것이 원칙이고, 사인에 대하여는 위 협정의 직접 효력이 미치지 아니한다.

2. 위 협정에 따른 회원국 정부의 반덤핑부과처분이 WTO 협정위반이라는 이유만으로 사인이 직접 국내 법원에 회원국 정부를 상대로 그 처분의 취소를 구하는 소를 제기하거나 위 협정위반을 처분의 독립된 취소사유로 주장할 수는 없다.

판례의 내용을 보다 입체적으로 이해

판례는 단순히 하나의 판례만을 단편적으로 학습하기보다는 그와 유사하거나 비교할 만한 판례를 입체적으로 학습하는 것이 중요합니다. 이에 중요한 관련판례에 유사·비교판례를 후속하여 수록함으로써 판례의 내용을 보다 입체적으로 이해하고, 학습한 이론을 심층적으로 확인할 수 있습니다.

제1편

행정법 통론

제1장 행정의 의의

1 행정이란 무엇일까?

1. 의의

행정은 형식적 의미의 행정 및 실질적 의미의 행정 두 가지로 나누어 설명할 수 있다. 이 중 ① 형식적 의미의 행정이란 실정법에 의하여 행정부에 부여되어 있는 작용을 의미하고, ② 실질적 의미의 행정이란 입법과 사법을 제외한 나머지 국가작용을 의미한다.

쉽게 말해, ①은 행정부가 하는 모든 일을 행정이라고 규정하는 데 반해, ②의 경우 행위주체를 불문하고, 규범을 만드는 일은 입법, 판단 및 처벌하는 일은 사법, 나머지 작용을 행정으로 규정한다고 이해해도 무방하다.

형식＼실질	입법	행정	사법
입법	법률 제정	국회사무총장의 국회직 공무원 임명	국회의원에 대한 징계의결
행정	행정입법 제정	대통령의 공무원 임명, 그 외 나머지 행정작용	행정심판, 대통령의 사면 및 복권
사법	대법원규칙 제정	대법원장의 판사 임명	재판

2. 통치행위

통치행위란 입법, 사법, 행정 어느 것에도 해당되지 않는 제4의 국가작용으로서, 고도의 정치성으로 인해 사법심사의 대상에서 제외되는 작용을 의미한다.

과거 대법원 및 헌법재판소는 통치행위를 사법심사의 대상에서 제외하는 입장이었으나, 최근에 들어서는 그 입장을 선회하는 추세를 보이고 있다(대상적격 인정).

사법심사 ×	사법심사 ○
계엄선포의 요건 충족, 당/부당 (81도874) 계엄선포가 당연무효가 아닌 한, 사법기관인 법원이 계엄선포의 요건구비나 선포의 당·부당을 심사하는 것은 사법권의 내재적인 본질적 한계를 넘어서는 것이 되어 적절하지 못하다.	대통령 긴급조치 1호 (2010도5986) 이 사건 재판의 전제가 된 긴급조치 제1호는 헌법에 위배되어 무효이다.

일반적인 비상계엄 (2016도14781) 대통령의 비상계엄의 선포나 확대 행위는 고도의 정치적·군사적 성격을 지니고 있는 행위라 할 것이므로, 그것이 누구에게도 일견하여 헌법이나 법률에 위반되는 것으로서 명백하게 인정될 수 있는 등 특별한 사정이 있는 경우라면 몰라도, 그러하지 아니한 이상 그 계엄선포의 요건 구비 여부나 선포의 당·부당을 판단할 권한이 사법부에는 없다고 할 것이나,	국헌문란 목적의 비상계엄 (2016도14781) 비상계엄의 선포나 확대가 <u>국헌문란의 목적을 달성하기 위하여 행하여진 경우</u>에는 법원은 그 자체가 범죄행위에 해당하는지의 여부에 관하여 심사할 수 있다.
이라크 파병결정 (2003헌마814) 외국에의 국군의 파견결정은 국내 및 국제 정치관계 등 제반상황을 고려하여 미래를 예측하고 목표를 설정하는 등 고도의 정치적 결단이 요구되는 사안이다. 현행 헌법이 채택하고 있는 대의민주제 통치구조하에서 대의기관인 대통령과 국회의 그와 같은 고도의 정치적 결단은 가급적 존중되어야 한다.	한미군사연합훈련 (2007헌마369) 한미연합 군사훈련은 1978. 한미연합사령부의 창설 및 1979.2.15. 한미연합연습 양해각서의 체결 이후 연례적으로 실시되어 왔고, 특히 이 사건 연습은 대표적인 한미연합 군사훈련으로서, 피청구인이 2007.3.경에 한 이 사건 연습결정이 새삼 국방에 관련되는 고도의 정치적 결단에 해당하여 사법심사를 자제하여야 하는 통치행위에 해당된다고 보기 어렵다.
남북정상회담 개최 (2003도7878) 남북정상회담의 개최는 고도의 정치적 성격을 지니고 있는 행위라 할 것이므로 특별한 사정이 없는 한 그 당부를 심판하는 것은 사법권의 내재적·본질적 한계를 넘어서는 것이 되어 적절하지 못하지만,	대북송금 (2003도7878) 남북정상회담의 개최과정에서 재정경제부장관에게 신고하지 아니하거나 통일부장관의 협력사업 승인을 얻지 아니한 채 북한 측에 사업권의 대가 명목으로 송금한 행위 자체는 헌법상 법치국가의 원리와 법 앞에 평등원칙 등에 비추어 볼 때 사법심사의 대상이 된다.
서훈수여 (2012두26920) *우측 관례 참조*	서훈취소 (2012두26920) 서훈취소는 <u>서훈수여의 경우와는 달리</u> 이미 발생된 서훈대상자 등의 권리 등에 영향을 미치는 행위로서 관련 당사자에게 미치는 불이익의 내용과 정도 등을 고려하면 사법심사의 필요성이 크다. 따라서 기본권의 보장 및 법치주의의 이념에 비추어 보면, 비록 서훈취소가 대통령이 국가원수로서 행하는 행위라고 하더라도 법원이 사법심사를 자제하여야 할 고도의 정치성을 띤 행위라고 볼 수는 없다.
사면결정 (97헌바74) 선고된 형 전부를 사면할 것인지 또는 일부만을 사면할 것인지를 결정하는 것은 사면권자의 전권사항에 속하는 것이고,	사면 내용의 해석 (집행유예 사면 → 벌금형 사면?) 징역형의 집행유예에 대한 사면이 병과된 벌금형에도 미치는 것으로 볼 것인지 여부는 사면권자의 의사인 <u>사면의 내용에 대한 해석문제</u>에 불과하다 할 것이다.

신행정수도 이전 (2004헌마554)
수도를 설정하거나 이전하는 것은 국회와 대통령 등 최고 헌법기관들의 위치를 설정하여 국가조직의 근간을 장소적으로 배치하는 것으로서, 국가생활에 관한 국민의 근본적 결단임과 동시에 국가를 구성하는 기반이 되는 핵심적 헌법사항에 속한다.

긴급재정경제명령(금융실명제) (93헌마186)
① 통치행위에 속하긴 함
   대통령의 긴급재정경제명령은 국가긴급권의 일종으로서 고도의 정치적 결단에 의하여 발동되는 행위이고 그 결단을 존중하여야 할 필요성이 있는 행위라는 의미에서 이른바 **통치행위에 속한다.**
② But 사법심사 강행
   국민의 기본권침해와 직접 관련되는 경우에는 당연히 **헌법재판소의 심판대상**이 된다.

📝 **관련판례** 사법심사는 오직 대법원만 할 수 있다. (2003도7878)

고도의 정치성을 띤 국가행위에 대하여는 이른바 통치행위라 하여 법원 스스로 사법심사권의 행사를 억제하여 그 심사대상에서 제외하는 영역이 있으나, 이와 같이 **통치행위의 개념을 인정한다고 하더라도** 과도한 사법심사의 자제가 기본권을 보장하고 법치주의 이념을 구현하여야 할 법원의 책무를 태만히 하거나 포기하는 것이 되지 않도록 그 인정을 지극히 신중하게 하여야 하며, 그 판단은 오로지 사법부만에 의하여 이루어져야 한다.

제 2 장 행정법의 의의

2 행정법이란 무엇일까?

1. 의의

행정법은 행정의 조직·작용·절차 및 구제에 관한 공법을 말한다. 국가의 조직이나 공공단체 상호간 또는 이들과 개인의 관계를 규정하는 법률인 공법(公法; public law)의 일종이므로, 개인(사인) 간의 법률관계를 규정하는 사법[私法; private law. Cf. 사법(司法)]의 일종인 민법과 구별된다.

2. 공법관계 vs. 사법관계

(1) 구별실익

공법관계는 행정주체 및 사인, 행정주체 및 행정청 상호간의 공법상 법률관계를 의미한다는 점에서, 사법관계는 사인 상호간의 법률관계를 의미한다는 점에서 서로 구별된다. 공법관계와 사법관계를 구별하는 이유는 구체적 사안에 대하여 ① 사법(민법 등)과 공법(행정법 등) 중 어느 법규를 적용할 것인지, ② 분쟁해결을 위한 불복수단으로서 민사소송 및 행정소송 중 어느 것을 선택할 것인지를 결정하기 위함이다(관할).

> **🔍 관련판례** 관할 위반시 법원의 이송조치 (95다28960)
>
> 행정사건을 민사사건으로 오해하여 민사소송을 제기한 경우, 행정소송으로 제기되었더라도 **어차피 부적법하게 되는 경우가 아닌 이상** 이를 부적법한 소라고 하여 각하할 것이 아니라 관할 법원에 이송하여야 한다.

> **🔍 유사판례** 당사자소송을 항고소송으로 제기 (2013두14863)
>
> 원고가 고의 또는 중대한 과실 없이 당사자소송으로 제기하여야 할 것을 항고소송으로 잘못 제기한 경우에, 당사자소송으로서의 소송요건을 결하고 있음이 명백하여 당사자소송으로 제기되었더라도 **어차피 부적법하게 되는 경우가 아닌 이상**, 법원으로서는 원고가 당사자소송으로 소 변경을 하도록 하여 심리·판단하여야 한다.

(2) 구별기준 및 사례

앞서 살펴보았듯이 두 법률관계의 개념적인 구분은 가능하겠으나, 실제 사안에서 이를 명확히 구분하기란 어렵다. 다양한 견해를 종합하여여만 구분이 가능하다는 이른바 복수기준설이 통설에 해당하며, 판례 또한 일률적인 기준을 제시하지 않고 있어 개별 사안별로 판례의 결론을 숙지하는 것이 필요하다.

구분	사법관계	공법관계	
		항고소송	당사자소송
각종 계약	• 국가(지방자치단체)가 일반재산을 입찰/수의 계약 방식으로 매각하는 계약 • 국가(지방자치단체)를 당사자로 하는 계약에 관한 법률이 적용되는 계약 • 사경제의 주체로서 상대방과 대등한 위치에서 체결되는 '공공계약'	전문직(계약직)공무원에 대한 인사상 불이익	전문직(계약직) 공무원 채용계약 관련 위촉 및 해지

구분		공물	사물
국공유	정의	행정재산	일반재산(잡종재산)
	사용 허가	공법관계(특허)❶	사법관계 (but 민사소송 ✕)
	변상금 부과	처분(기속행위/항고소송) (OR 부당이득반환청구)	
사유		사유공물	사유재산

구분	사법관계	공법관계	
입찰 관련	• 사법상 계약에 근거한 입찰참가제한조치 • 입찰보증금 국고귀속조치	법령에 근거한 입찰참가자격제한조치	–
금전 청구	• 국가배상 • 조세 과오납금 반환청구 • 토지보상법상 협의취득	–	• 부가가치세 환급세액 반환청구 • 손실보상(하천법, 토지보상법 등)
공무원 연금	–	• 퇴직법관의 명예퇴직 대상자 선정 신청 • 공무원연금 지급신청 • 퇴역군인 연금지급신청	• 퇴직법관의 명예퇴직금 차액 지급신청 • 공무원연금 감액분 지급신청 • 퇴역연금 감액분 지급신청
기타	환매권	–	–

❶ 예 국립의료원 부설 주차장에 관한 위탁관리용역운영계약

🔍 관련판례

1. 국가계약법상 요건 및 절차 위반시 무효 (2013다215133)

① **참고**: 국가를 당사자로 하는 계약에 관한 법률(국가계약법)에 따른 국가계약은 사법상 계약에 해당

② **국가계약법상 요건 및 절차 위반시 무효**
국가가 사인과 계약을 체결할 때에는 국가계약법령에 따른 <u>계약서를 따로 작성하는 등 요건과 절차를 이행하여야 할 것이고, 설령 국가와 사인 사이에 계약이 체결되었더라도 이러한 법령상 요건과 절차를 거치지 아니한 계약은 효력이 없다.</u>

2. 국유잡종재산 대부행위

① 국유잡종재산에 관한 관리 처분의 권한을 위임받은 기관이 국유잡종재산을 대부하는 행위는 국가가 사경제 주체로서 상대방과 대등한 위치에서 행하는 사법상의 계약이고, 행정청이 공권력의 주체로서 상대방의 의사 여하에 불구하고 일방적으로 행하는 행정처분이라고 볼 수 없으며, 국유잡종재산에 관한 대부료의 납부고지 역시 사법상의 이행청구에 해당하고, 이를 행정처분이라고 할 수 없다 (99다61675).

② 공유 일반재산의 대부료의 징수에 관하여도 지방세 체납처분의 예에 따른 간이하고 경제적인 특별한 구제절차가 마련되어 있으므로, 특별한 사정이 없는 한 민사소송으로 공유 일반재산의 대부료의 지급을 구하는 것은 허용되지 아니한다(2013다207941).

🔍 비교판례

1. "국가연구개발사업규정에 근거"한 한국형헬기 민군겸용 핵심구성품 개발협약은 공법관계에 해당 (2015다215526)

   국가연구개발사업규정에 근거하여 국가 산하 중앙행정기관의 장과 참여기업인 갑 회사가 체결한 위 협약의 법률관계는 공법관계에 해당하므로 이에 관한 분쟁은 행정소송으로 제기하여야 한다.

2. 행정재산 빌린 걸 다시 제3자에게 빌려준 경우 - 사법상 행위 (2001다12638)

   한국공항공단이 무상사용허가를 받은 행정재산에 대하여 하는 전대행위는 통상의 사인 간의 임대차와 다를 바가 없고, 그 임대차계약이 임차인의 사용승인신청과 임대인의 사용승인의 형식으로 이루어졌다고 하여 달리 볼 것은 아니다.

---

3. 행정법의 법원

(1) 의의

법원이란 행정권의 조직과 작용에 관한 실정법의 존재형식 내지 인식근거라고 할 수 있다. 이는 쉽게 말해 "수많은 법조문 중 어디까지를 행정법으로 볼 것인가" 하는 문제이다. 1차적으로는 법을 준수해야 하는 행정청 및 국민의 입장에서, 2차적으로는 재판을 해야 하는 법원의 입장에서 주된 관심사가 된다고 볼 수 있다.

(2) 종류

행정법의 법원으로는 ① 법전에 그 구체적인 내용이 명시된 성문법 및 ② 별도의 법전이 구비되지 않아 문자로 쓰이지 않은 불문법이 있다. 우리나라는 성문법 국가이므로, 성문법과 불문법이 상충될 경우 성문법이 우선적으로 적용된다(불문법의 보충성). 즉, 불문법은 성문법을 개폐하는 효력을 갖지 않는다.

성문법원				불문법원
헌법				
법률 (법의 일반원칙)	국회, 대법원, 헌재, 중앙선관위, 감사원❶ 규칙	조약	국제법규	>>> 관습법, 조리, 법와 일반원칙, 판례법
조례	규칙		(법규)명령 행정규칙	

❶
국회, 대법원, 헌재, 중앙선관위와 달리 감사원은 헌법에 규칙제정권이 명시되어 있지 않음에도 불구하고, 그 규칙의 효력을 다른 헌법기관들이 제정한 규칙과 동일하게 봄

① 성문법원의 주요 유형

ㄱ) **법률**: 국회가 제정한 형식적 의미의 법률을 말한다. 법률이 상호 충돌할 때에는 신법우선의 원칙, 특별법우선의 원칙 등에 따라 해결된다. 2021. 3. 23. 제정된 행정기본법이 그 대표적인 사례이며, 종전까지 불문법으로서 통용되어 왔던 행정법의 일반원칙을 명문으로 법제화하였다는 점을 참고할 필요가 있다.

ㄴ) **조약 및 국제법규**: ⓐ 조약이란 협약, 협정, 약정, 의정서 등 그 명칭을 불문하고 우리나라가 다른 국가 또는 국제기구와 문서로 체결한 합의를 말한다. 반면, ⓑ 일반적으로 승인된 국제법규란 비록 우리나라가 직접 체결한 조약은 아니지만, 대다수의 다른 국가들 간에 조약으로 체결되는 등의 사정으로 인해 그 규범성이 국제적으로 승인된 법규범을 말한다.

ⓠ 관련판례 조약 = 법률 > 조례 (2004추10)

1. 일반론

'1994년 관세 및 무역에 관한 일반협정'(이하 'GATT'라 한다)은 **조약**으로서 각 헌법 제6조 제1항에 의하여 **국내법령과 동일한 효력**을 가지므로 지방자치단체가 제정한 **조례가 GATT나 AGP에 위반되는 경우에는 그 효력이 없다**.

2. GATT = 법률 > 전라북도 조례

특정 지방자치단체의 초·중·고등학교에서 실시하는 학교급식을 위해 위 지방자치단체에서 생산되는 우수 농수축산물과 이를 재료로 사용하는 가공식품을 우선적으로 사용하도록 하는 위 지방자치단체의 조례안이 내국민대우원칙을 규정한 'GATT'에 위반되어 그 효력이 없다.

ⓠ 비교판례 사인은 위 공식 주장 불가 (= 국가 VS 국가로만 해결) (2008두17936)

1. GATT는 국가와 국가 사이의 권리·의무관계를 설정하는 국제협정으로, 그 내용 및 성질에 비추어 이와 관련한 법적 분쟁은 위 WTO 분쟁해결기구에서 해결하는 것이 원칙이고, **사인에 대하여는 위 협정의 직접 효력이 미치지 아니한다**.

2. 위 협정에 따른 회원국 정부의 반덤핑부과처분이 WTO 협정위반이라는 이유만으로 **사인이 직접 국내 법원에 회원국 정부를 상대로 그 처분의 취소를 구하는 소를 제기하거나 위 협정위반을 처분의 독립된 취소사유로 주장할 수는 없다**.

> **관련판례** 남북 사이의 화해와 불가침 및 교류협력에 관한 합의서 ≠ 조약
> (98두14525)
>
> 1. 헌법 제3조: 대한민국의 영토는 한반도와 그 부속도서로 한다.
>
> 2. 남북 사이의 화해와 불가침 및 교류협력에 관한 합의서는 남북관계가 **'나라와 나라 사이의 관계가 아닌** 통일을 지향하는 과정에서 잠정적으로 형성되는 특수관계'임을 전제로, **이를 국가 간의 조약 또는 이에 준하는 것으로 볼 수 없고,** 따라서 국내법과 동일한 효력이 인정되는 것도 아니다.

　　ⓒ **자치법규:** 지방의회의 의결을 거쳐 제정되는 조례 및 지방자치단체의 장이 제정한 규칙이 이에 포함된다.

　　ⓔ **법규명령:** 행정부가 제정하는 일반·추상적 법규범인 행정입법에는 법규명령 및 행정규칙이 있으나, 행정법의 법원에는 이 중 법규명령만이 포함된다. 이에 대해서는 행정입법 파트에서 자세히 다루도록 한다.

② **불문법원의 주요 유형**

　　㉠ **조리 및 관습법:** 조리는 사회 내에서 당연히 통용되는 "상식" 정도로 이해하면 족하고, 그 자체로 독자적인 의의가 있다고 보기는 어렵다. 한편, 관습법은 ⓐ 행정영역에서의 오랜 관행이 ⓑ 국민들 사이에서 법적 확신을 부여받아 법적 규범으로 승인된 것을 말한다(2002다1178). 위 두 가지 요건 외에 ⓒ 국가에 의한 승인이 별도로 요구되지는 않는다.

　　㉡ **판례법(×):** 대법원 판례가 법원에 해당하는지가 주된 논의 대상이 되나, 결론적으로 이는 부정된다.

> **관련판례** 대법원 판례의 하급심에 대한 기속력
>
> 1. 사안이 동일한 경우
>
> 　상급법원 재판에서의 판단은 해당 사건에 관하여 하급심을 기속한다(법원조직법 제8조).
>
> 2. 사안이 유사한 경우: 기속 ×, 존중 ○ (96다31307)
>
> 　대법원의 판례가 법률해석의 일반적인 기준을 제시한 경우에 유사한 사건을 재판하는 하급심법원의 법관은 판례의 견해를 존중하여 재판하여야 하는 것이나, 판례가 사안이 서로 다른 사건을 재판하는 하급심법원을 직접 기속하는 효력이 있는 것은 아니다.

3 법치행정의 원리

법치행정의 원리란 행정이 법에 의해 이루어져야 한다는 대원칙을 의미하며, 행정법의 전 영역에 적용된다(즉, 행정행위가 아닌 행정작용에도 적용됨). 이는 법률우위의 원칙과 법률유보의 원칙 두 가지로 구성된다.

> **행정기본법 제8조【법치행정의 원칙】**
> [**법률우위 원칙**] 행정작용은 법률에 위반되어서는 아니 되며, [**법률유보 원칙**] 국민의 권리를 제한하거나 의무를 부과하는 경우와 그 밖에 국민생활에 중요한 영향을 미치는 경우에는 법률에 근거하여야 한다.

1. 법률우위 원칙

행정작용이 법률에 위반되어서는 안 된다는 원칙을 의미하며, 주로 하위법령이 상위법령이 위임한 범위를 준수하였는지가 문제된다. 법률우위의 원칙에서 법률은 형식적 의미의 법률뿐 아니라 법규명령과 관습법 등을 포함하는 넓은 의미의 법을 의미한다.

한편, 하위법령의 규정이 상위법령의 규정에 저촉되는지 여부가 명백하지 않은 경우에, 관련 법령의 내용과 입법 취지 및 연혁 등을 종합적으로 살펴 하위법령의 의미를 상위법령에 합치되는 것으로 해석하는 것이 가능한 경우라면, 하위법령이 상위법령에 위반된다는 이유로 쉽게 무효를 선언할 것은 아니다(2016두61051).

2. 법률유보 원칙

(1) 의의

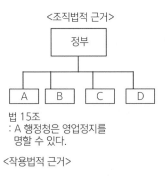

<조직법적 근거>

정부

A   B   C   D

법 15조
: A 행정청은 영업정지를 명할 수 있다.

<작용법적 근거>

법률유보원칙이란 침익적 행정작용 및 기타 중요한 행정작용(이하 통칭하여 '중요사항')은 법률의 수권에 의해 행해져야만 한다는 원칙을 의미한다. 여기에서 법률이란 형식적 의미의 법률뿐 아니라, 법규명령 및 조례(재개발조합의 정관/자치규약 포함)를 포함한다. 단, 법률우위원칙과는 달리 **관습법 등 불문법은 포함하지 않는다**.

나아가, 법률유보원칙에서 요구되는 법적 근거는 작용법적 근거를 의미하며, 조직법적 근거는 모든 행정권 행사에 있어서 당연히 요구된다. 즉, 법률유보의 원칙은 행정권의 발동에 있어서 "작용법"적 규범의 근거가 필요하다는 것을 말한다.

침익적 행정처분의 근거가 되는 행정법규는 엄격하게 해석·적용하여야 하고 행정처분의 상대방에게 불리한 방향으로 지나치게 확장해석하거나 유추해석해서는 아니 되나, 이는 **처분상대방에게 불리한 내용의 법령해석이 일체 허용되지 않는다는 취지가 아니며, 문언의 가능한 범위 내라면 체계적 해석과 목적론적 해석이 허용됨은 당연하다**(2023두30994).

🔍 관련판례

1. 음주운전을 이유로 한 택시면허 취소처분 (2007두26001)

관할관청은 <u>개인택시운송사업자의 운전면허가 **취소된 때에** 그의 개인택시운송사업면허를 **취소할 수 있도록 규정**되어 있을 뿐 그에게 운전면허 취소사유가 있다는 **사유만으로** 개인택시운송사업면허를 **취소할 수 있도록 하는 규정은 없으므로**</u>, 관할관청으로서는 비록 개인택시운송사업자에게 운전면허 취소사유가 있다 하더라도 그로 인하여 운전면허 취소처분이 이루어지지 않은 이상 개인택시운송사업면허를 취소할 수는 없다.

2. 예산 ≠ 법률 (2006헌마409)

<u>예산도 일종의 법규범이고 법률과 마찬가지로 국회의 의결을 거쳐 제정되지만 예산은 법률과 달리 국가기관만을 구속할 뿐 일반국민을 구속하지 않는다.</u>

(2) 적용범위

오늘날 법률유보원칙은 단순히 행정작용이 법률에 근거를 두기만 하면 충분한 것이 아니라, 국가공동체와 그 구성원에게 기본적이고도 <u>중요한 의미를 갖는 영역</u>, 특히 국민의 기본권실현과 관련된 영역에 있어서는 국민의 대표자인 <u>입법자가 그 본질적 사항에 대해서 스스로 결정</u>하여야 한다는 요구까지 내포하고 있다(의회유보원칙; 98헌바70).

🔍 관련판례 중요사항이 아니라면 위임 가능 (99헌마513)

기본권 제한에 관한 <u>법률유보원칙은 '법률에 의한 규율'</u>을 요청하는 것이 아니라 **'법률에 근거한 규율'을 요청하는 것**이므로, 기본권 제한에는 법률의 근거가 필요할 뿐이고 **기본권 제한의 형식이 반드시 법률의 형식일 필요는 없다.**

법률유보원칙	위임 가부	포괄위임금지 여부
중요사항 ○	× (의회유보원칙)	해당사항 없음
중요사항 ×	○	원칙: ○
		예외: × (조례/정관, 자치규약)

어떠한 사안이 국회가 형식적 법률로 스스로 규정하여야 하는 본질적 사항에 해당되는지는, 구체적 사례에서 관련된 이익 내지 가치의 중요성, 규제 또는 침해의 정도와 방법 등을 고려하여 개별적으로 결정하여야 하지만, 규율대상이 국민의 기본권 및 기본적 의무와 관련한 중요성을 가질수록 그리고 그에 관한 공개적 토론의 필요성 또는 상충하는 이익 사이의 조정 필요성이 클수록, 그것이 국회의 법률에 의해 직접 규율될 필요성은 더 증대된다(2012두23808).

📑 관련판례

1. 지방의회의원에 대하여 유급보좌인력을 두는 것 (2016추5087)

2. 조세
   ① 조세의 종목 / 세율 등(○) (2012두23808)
   　　㉠ <u>조세의 종목과 세율 등</u> 납세의무에 관한 기본적, 본질적 사항은 국민의 대표기관인 국회가 제정한 법률로 규정하여야 한다.
   　　㉡ 특히 법인세, 종합소득세와 같이 납세의무자에게 조세의 납부의무뿐만 아니라 **스스로 과세표준과 세액을 계산하여 신고하여야 하는 의무까지 부과하**는 경우에는 신고의무 이행에 필요한 기본적인 사항과 신고의무불이행 시 납세의무자가 입게 될 불이익 등은 납세의무를 구성하는 기본적, 본질적 내용으로서 법률로 정하여야 한다.
   ② 조세의 과세요건 및 징수절차(✕) (94부18)
   　　조세권행사의 요건과 절차는 국민의 대표기관인 국회가 제정한 법률로써 규정하여야 한다는 것이나, **과세요건과 징수절차에 관한 사항을 명령·규칙 등 하위법령에 위임하여 규정하게 할 수 없는 것은 아니고,** 이러한 사항을 하위법령에 위임하여 규정하게 하는 경우 구체적·개별적 위임만이 허용되며 포괄적·백지적 위임은 허용되지 아니한다.

3. 법외노조 통보 (2016두32992)
   ① 처분성 ○ / 의회유보사항에 해당
   　　법외노조 통보는 적법하게 설립된 <u>노동조합의 법적 지위를 박탈하는 중대한 침익적 처분</u>(= *사실상 노조 해산명령*)으로서 원칙적으로 국민의 대표자인 <u>입법자가 스스로 형식적 법률로써 규정하여야 할 사항</u>이고, 행정입법으로 이를 규정하기 위하여는 반드시 법률의 <u>명시적이고 구체적인 위임</u>이 필요하다(△).
   ② 의회유보사항을 시행령이 규정 + 법률 위임 ✕ = 시행령 무효
   　　노동조합법 시행령은 법률의 위임 없이 법률이 정하지 아니한 법외노조 통보에 관하여 규정함으로써 헌법상 노동3권을 본질적으로 제한하고 있으므로 그 자체로 무효이다.

4. TV 수신료 관련
   ① TV 수신료금액의 결정(○) (98헌바70)
   　　수신료금액의 결정은 납부의무자의 범위 등과 함께 수신료에 관한 본질적인 중요한 사항이므로 국회가 스스로 행하여야 하는 사항에 속하는 것임에도 불구하고 한국방송공사법 제36조 제1항에서 국회의 결정이나 관여를 배제한 채 한국방송공사로 하여금 수신료금액을 결정해서 문화관광부장관의 승인을 얻도록 한 것은 법률유보원칙에 위반된다.
   ② TV 수신료 징수방식(✕) (2006헌바70)
   　　수신료 징수업무를 한국방송공사가 직접 수행할 것인지 제3자에게 위탁할 것인지, 위탁한다면 누구에게 위탁하도록 할 것인지, 위탁받은 자가 자신의 고유업무와 결합하여 징수업무를 할 수 있는지는 징수업무 처리의 효율성 등을 감안하여 결정할 수 있는 사항으로서 국민의 기본권제한에 관한 본질적인 사항이 아니라 할 것이다.

조례는 주민의 대표기관인 지방의회의 의결로 제정되는 지방자치단체의 자주법이다. 따라서, 법률이 주민의 권리의무에 관한 사항에 관하여 구체적으로 아무런 범위도 정하지 아니한 채 조례로 정하도록 위임하였다고 하더라도, 포괄위임금지 원칙은 적용되지 않는다(90누6613). 포괄위임이 오히려 지방자치단체의 자율성을 도모하는 방안이 될 수 있기 때문이다.

이러한 법리는 재개발조합 등의 자치규약에 대해 위임이 이루어지는 경우에도 동일하게 적용된다.

🔍 관련판례 사업시행인가 동의요건 포괄위임 관련

1. 사업시행인가 동의요건 포괄위임 가능 (대법원 2006두14476)❶

사업시행인가 신청시의 동의요건을 <u>조합</u>의 정관에 포괄적으로 위임하고 있다고 하더라도 헌법 제75조가 정하는 포괄위임입법금지의 원칙이 적용되지 아니하므로 이에 위배된다고 할 수 없다.

2. 사업시행인가 동의요건 포괄위임 불가능 (헌재 2010헌바1 결정)❷

동의요건을 정하는 것은 국민의 권리와 의무의 형성에 관한 기본적이고 본질적인 사항이므로 국회가 스스로 행하여야 하는 사항에 속하는 것임에도 불구하고, 사업시행인가 신청에 필요한 동의정족수를 <u>토지등소유자가</u> 자치적으로 정하여 운영하는 규약에 정하도록 한 것은 법률유보원칙에 위반된다.

---

❶
조합설립인가(특허)를 받은 후

❷
사업시행인가(특허)를 받기 전

---

4 행정법의 일반원칙

행정법의 일반원칙은 행정법 영역 전반에 걸쳐 적용되는 기본원칙으로서, 주로 본안심리 단계에서 재량권의 일탈·남용을 판단하기 위한 기준으로 활용된다. 종전까지는 불문법원의 일종이었으나, 최근 행정기본법의 제정을 통해 성문법원의 지위를 획득한 바 있다.

행정기본법 제9조 【평등의 원칙】
 행정청은 합리적 이유 없이 국민을 차별하여서는 아니 된다.

행정기본법 제10조 【비례의 원칙】
 행정작용은 다음 각 호의 원칙에 따라야 한다.
 1. 행정목적을 달성하는 데 유효하고 적절할 것 (적합성의 원칙)
 2. 행정목적을 달성하는 데 필요한 최소한도에 그칠 것 (필요성의 원칙)
 3. 행정작용으로 인한 국민의 이익 침해가 그 행정작용이 의도하는 공익보다 크지 아니할 것 (상당성의 원칙)

행정기본법 제11조 【성실의무 및 권한남용금지의 원칙】 *(신의성실의 원칙 or 신의칙)*
 ① 행정청은 법령등에 따른 의무를 성실히 수행하여야 한다.
 ② 행정청은 행정권한을 남용하거나 그 권한의 범위를 넘어서는 아니 된다.

행정기본법 제12조 【신뢰보호의 원칙】
 ① 행정청은 공익 또는 제3자의 이익을 현저히 해칠 우려가 있는 경우를 제외하고는 행정에 대한 국민의 정당하고 합리적인 신뢰를 보호하여야 한다.
 ② 행정청은 권한 행사의 기회가 있음에도 불구하고 장기간 권한을 행사하지 아니하여 국민이 그 권한이 행사되지 아니할 것으로 믿을 만한 정당한 사유가 있는 경우에는 그 권한을 행사해서는 아니 된다. 다만, 공익 또는 제3자의 이익을 현저히 해칠 우려가 있는 경우는 예외로 한다. *(실권의 법리)*

> **행정기본법 제13조 【부당결부금지의 원칙】**
> 행정청은 행정작용을 할 때 상대방에게 해당 행정작용과 실질적인 관련이 없는 의무를 부과해서는 아니 된다.

1. 비례의 원칙

(1) 의의

행정주체가 구체적인 행정목적을 실현할 때, 그 목적 실현과 수단 사이에 합리적인 비례관계가 유지되어야 한다는 원칙을 의미한다. 헌법의 영역에서는 과잉금지 원칙(과소보호금지 원칙)이라고도 불리운다. 쉽게 말해, 소 잡는 칼로 닭을 잡는 우를 범하지 말라는 것이다.

> **관련판례** 과소보호금지 원칙 (2008헌마419, 423, 436)
>
> 국가가 국민의 생명·신체의 안전에 대한 보호의무를 다하지 않았는지 여부를 헌법재판소가 심사할 때에는 국가가 이를 보호하기 위하여 적어도 적절하고 효율적인 최소한의 보호조치를 취하였는가 하는 이른바 '과소보호 금지원칙'의 위반 여부를 기준으로 삼는다.

(2) 내용

① **적합성의 원칙**: 행정주체가 사용하는 수단은 행정목적을 달성하는 데 유효하고 적절하여야 한다.

② **필요성의 원칙**: 행정청이 취하는 조치는 행정목적을 달성하는 데 필요한 최소한도에 그쳐야 한다.

③ **상당성의 원칙**: 행정작용으로 인한 국민의 이익 침해가 그 행정작용이 의도하는 공익보다 크지 않아야 한다.

위반 ×	위반 ○
1만원 받은 경찰 해임 (2006두16274) ① 공무원인 피징계자에게 징계사유가 있어서 징계처분을 하는 경우 어떠한 처분을 할 것인가는 징계권자의 재량에 맡겨진 것이다. ② 신호위반자에게 먼저 적극적으로 돈을 요구하고 다른 사람이 볼 수 없도록 돈을 접어 건네주도록 전달방법을 구체적으로 알려주었으며 동승자에게 신고시 범칙금 처분을 받게 된다는 등 비위신고를 막기 위한 말까지 하고 금품을 수수한 사안이다.	딱 1회 요정(기생집) 출입하다 적발 (67누24) 원고가 단지 1회 훈령에 위반하여 요정 출입을 하다가 적발된 것만으로는 공무원의 신분을 보유케 할 수 없을 정도로 공무원의 품위를 손상케 한 것이라 단정키 어렵다.
도박판 보고도 묵인 (96누3302) 술집에 출동하여 소외 김일○ 등이 화투로 도박을 한 사실을 인지하고서도 이를 묵인하여 준 뒤 위 김일○이 위 노상태에게 건네주는 돈 200,000원을 위 노상태와 함께 수수한 사안이다.	일방적인 뇌물 교부에도 불구 해임처분(받음을 당함) (90누8954) 공정한 업무처리에 대한 사의로 두고 간 돈 30만원을 피동적으로 수수하였다가 돌려 준 20여 년 근속의 경찰공무원에 대한 해임처분이 재량권의 남용에 해당한다.

기준치 0.5% 초과한 수입녹용 전량폐기 (2004두3854)

수입 녹용 중 전지 3대를 절단부위로부터 5cm까지의 부분을 절단하여 측정한 회분함량이 기준치를 0.5% 초과하였다는 이유로 수입 녹용 전부에 대하여 전량폐기 또는 반송처리를 지시한 처분이 재량권을 일탈·남용한 경우에 해당하지 않는다.

> **참고**
> ① 기준치 25%인데, 수입녹용은 25.5%
> ② 전문수입업자 + 예전에 단속된 전력 有

음란물 결정된 지 8일 후 모르고 대여하였음도, 과징금 700만원 부과 (99두9490)

청소년유해매체물로 결정·고시된 만화인 사실을 모르고 있던 도서대여업자가 그 고시일로부터 8일 후에 청소년에게 그 만화를 대여한 것을 사유로 그 도서대여업자에게 금 700만원의 과징금이 부과된 경우, 그 과징금부과처분은 재량권을 일탈·남용한 것으로서 위법하다.

사법시험 제2차시험 과락처분 (2004두10432)

사법시험의 제2차시험에서 '매과목 4 할 이상'으로 과락 결정의 기준을 정한 것을 두고 과락점수를 비합리적으로 높게 설정하여 지나치게 엄격한 기준에 해당한다고 볼 정도는 아니므로, 비례의 원칙 내지 과잉 금지에 위반하였다고 볼 수 없다.

주유소의 관리인의 1회성 부정휘발유 구입·판매행위 (87누436)

위 주유소에는 많은 자금이 투입되어 15년 이상 주유소를 경영하여 오던 중 이 사건과 같은 비행을 처음 저지르게 된 사실 및 그 수입으로 원고와 위 강○규 외 5명 의 종업원의 생계를 꾸려온 사실 등을 감안할 때 원고에게 가장 무거운 제재인 위험물취급소 설치허가자체를 취소한 이 사건 행정처분은 원고에게 너무 가혹하다.

스스로 요구하여 무려 5회 수수 (96누2903)

공무원으로 재직하면서 다른 징계를 받은 바 없고, 2회에 걸쳐 장관급 표창을 받은 것과 가정형편을 감안하더라도, 직무와 관련한 부탁을 받거나 때로는 스스로 사례를 요구하여 5차례에 걸쳐 합계 금 3,100,000원을 수수하였다면 이에 대하여 행하여진 해임처분이 징계권의 범위를 일탈한 것이 아니다.

2. 신뢰보호의 원칙

(1) 의의

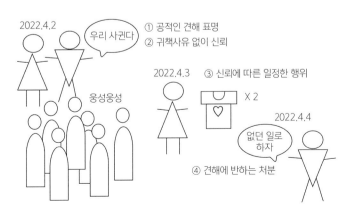

행정청은 공익 또는 제3자의 이익을 현저히 해칠 우려가 있는 경우를 제외하고는 행정에 대한 국민의 정당하고 합리적인 신뢰를 보호하여야 한다. 이러한 신뢰는 행정청의 작위에 의해 형성되는 경우가 일반적이지만, 부작위에 의해서 신뢰가 형성되는 경우도 있으며, 이때 적용되는 것이 "**실권의 법리**"이다. 예컨대, 행정청이 권한 행사의 기회가 있음에도 불구하고 **장기간 권한을 행사하지 아니하여** 국민이 그 권한이 행사되지 아니할 것으로 **믿을 만한 정당한 사유가 있는 경우**라면, 행정청은 그 **권한을 행사하는 것은 허용되지 않는다**.

관련판례 20년 불행사하였지만 실권되었다고 보지 않은 사례 (87누915)

이 사건에 관하여 보면 원고가 허가 받은 때로부터 20년이 다 되어 피고가 그 허가를 취소한 것이기는 하나 **피고가 취소사유를 알고서도 그렇게 장기간 취소권을 행사하지 않은 것이 아니고** 1985. 9. 중순에 비로소 위에서 본 취소사유를 알고 그에 관한 법적 처리방안에 관하여 다각도로 연구검토가 행해졌고 **그러한 사정은 원고도 알고 있었음**이 기록상 명백하다.

---

(2) 요건
① 행정청의 공적 견해표명

관련판례 공적 견해표명 인정 ○

1. **진짜 담당자일 필요 없음 (96누18380)**

   행정청의 공적 견해표명이 있었는지의 여부를 판단하는 데 있어 **반드시 행정조직상의 형식적인 권한분장에 구애될 것은 아니고** 담당자의 조직상의 지위와 임무, 당해 언동을 하게 된 구체적인 경위 및 그에 대한 상대방의 신뢰가능성에 비추어 실질에 의하여 판단하여야 한다.

2. **묵시적 행정관행(비과세 관행)도 가능**

   ① **명시적＋묵시적 의사표시 모두 가능 (97누11065)**

   공적 견해나 의사는 명시적 또는 묵시적으로 표시되어야 하지만 묵시적 표시가 있다고 하기 위하여는 단순한 과세누락과는 달리 과세관청이 상당기간의 불과세 상태에 대하여 과세하지 않겠다는 의사표시를 한 것으로 볼 수 있는 사정이 있어야 한다.

   ② **단, 과세관청이 "알면서도" 장기간 비과세해야 (80누6)**

   4년 동안 그 면허세를 부과할 수 있는 정을 **알면서도** 피고가 수출확대라는 공익상 필요에서 한 건도 이를 **부과한 일이 없었다면** 납세자인 원고는 그것을 **믿을 수밖에 없고 그로써 비과세의 관행이 이루어졌다**고 보아도 무방하다.

3. **2개 부처 장관이 모두 비과세 견해 표명 (2008두1115)**

   취득세 등이 면제되는 구 지방세법상 '기술진흥단체'인지 여부에 관한 질의에 대하여 **건설교통부장관과 내무부장관이 비과세 의견으로 회신**한 경우, 공적인 견해표명에 해당한다.

4. 적정통보와 공적 견해표명

① 폐기물처리업 허가에 대한 공적 견해표명(○) (98두4061)

폐기물처리업에 대하여 관할 관청의 사전 적정통보를 받고 막대한 비용을 들여 허가요건을 갖춘 다음 허가신청을 하였음에도 청소업자의 난립으로 효율적인 청소업무의 수행에 지장이 있다는 이유로 한 불허가처분이 신뢰보호의 원칙에 반한다.

② 국토이용계획변경 허가에 대한 공적 견해표명(×) (2004두8828)

폐기물처리업 사업계획에 대하여 적정통보를 한 것만으로 그 사업부지 토지에 대한 국토이용계획변경신청을 승인하여 주겠다는 취지의 공적인 견해표명을 한 것으로 볼 수 없다.

③ 토지형질변경 허가에 대한 공적 견해표명(×) (98두6494)

폐기물처리업 사업계획에 대한 적정통보 중에 토지에 대한 형질변경신청을 허가하는 취지의 공적 견해표명이 있다고 볼 수 없다.

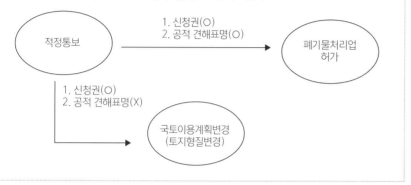

🔍 **비교판례** 공적 견해표명 인정 ×

1. 대충 질문 → 대충 답변 (2011두5940)

중요한 사실관계와 법적인 쟁점을 제대로 드러내지 아니한 채 질의한 데 따른 것이라면 공적인 견해표명에 의하여 정당한 기대를 가지게 할 만한 **신뢰가 부여된 경우라고 볼 수 없다.**

2. 헌법재판소≠행정청 (2002두6965)

헌법재판소의 위헌결정은 행정청이 개인에 대하여 신뢰의 대상이 되는 **공적인 견해를 표명한 것이라고 할 수 없으므로** 그 결정에 관련한 개인의 행위에 대하여는 신뢰보호의 원칙이 적용되지 아니한다.

3. 담당자 아닌 민원팀장의 답변 (2003두1875)

서울지방병무청 총무과 **민원팀장에 불과**한 지종수가 이와 같은 법령의 내용을 숙지하지 못한 상태에서 원고 측의 상담에 응하여 **민원봉사차원에**서 위와 같이 안내하였다고 하여 그것이 **피고의 공적인 견해표명이라고 하기 어렵고**, 원고 측이 더 나아가 담당부서의 담당공무원에게 공적 견해의 표명을 구하는 **정식의 서면질의 등을 하지 아**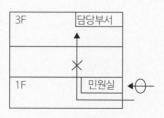

니한 채 지종수의 안내만을 신뢰한 것에는 원고 측에 귀책사유도 있어 신뢰보호의 원칙이 적용되지 아니한다.

4. **과태료재판시 이미 과태료 부과처분 실효 (2003마715) (행정상의 의무이행확보수단 참조)**

법원이 비송사건절차법에 따라서 하는 **과태료 재판**은 관할 관청이 부과한 과태료 처분에 대한 당부를 심판하는 행정소송절차가 아니라 **법원이 직권으로 개시·결정**하는 것이므로, 원칙적으로 과태료 재판에서는 행정소송에서와 같은 **신뢰보호의 원칙 위반 여부가 문제로 되지 아니한다.**

5. **입법"예고" (2017다249769)**

입법 예고를 통해 법령안의 내용을 국민에게 예고한 적이 있다고 하더라도 그것이 **법령으로 확정되지 아니한 이상** 국가가 이해관계자들에게 위 법령안에 관련된 사항을 **약속하였다고 볼 수 없으며**, 이러한 사정만으로 어떠한 신뢰를 부여하였다고 볼 수도 없다.

6. **민원"예비"심사에서 "저촉사항 없음"으로 기재 (2004두46)**

개발이익환수에 관한 법률에 정한 개발사업을 시행하기 전에, 행정청이 민원예비심사에 대하여 관련부서 의견으로 '저촉사항 없음'이라고 기재하였다고 하더라도, 이후의 개발부담금부과처분에 관하여 신뢰보호의 원칙을 적용하기 위한 요건인, 신뢰의 대상이 되는 공적인 견해표명을 한 것이라고는 보기 어렵다.

7. **원고를 사업시행자로 지정하겠다는 견해 표명 ✕ (2000두727)**

피고가 **원고 소유의 토지에** 정구장 시설을 설치한다는 등 내용의 **도시계획결정**을 하자 원고가 위 도시계획결정에 따른 도시계획사업의 시행자로 지정받을 것을 예상하고 정구장 설계 비용 등을 지출하였다 하더라도 피고의 위와 같은 도시계획결정만으로는 피고가 원고에게 그 도시계획사업의 시행자 지정을 받게 된다는 등 내용의 공적인 견해를 표명하였다고 할 수 없다.

8. **전체적인 취지를 모두 고려 (2019두52799)**

① 관할 교육지원청 교육장이 甲 회사에 '**휴양 콘도미니엄업이 법률에 따른 금지행위 및 시설로 규정되어 있지는 않으나, 성매매 등에 대한 우려를 제기하는 민원에 대한 구체적인 예방대책을 제시하시기 바람**'이라고 기재된 보완요청서를 보낸 사안
② 이는 콘도미니엄을 신축하기 위한 교육환경평가승인을 해주겠다는 공적 견해표명 ✕

9. **숙박시설 권장 ≠ 러브호텔 권장 (2004두6822)**

행정청이 지구단위계획을 수립하면서 그 **권장용도를 판매·위락·숙박시설로 결정**하여 고시한 행위를 당해 지구 내에서는 **공익과 무관하게 언제든지 숙박시설에 대한 건축허가가 가능하리라는 공적 견해**를 표명한 것이라고 평가할 수는 없다.

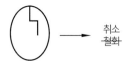

취소
철회

② **상대방의 신뢰에 귀책사유가 없을 것**: 귀책사유가 있는 경우란 상대방의 신뢰가 애초부터 보호가치가 없었던 경우로서, ㉠ 공적 견해표명의 하자가 사실은폐나 사위와 같은 상대방의 적극적인 부정행위에 기인한 경우, ㉡ 적극적인 부정행위는 없었더라도, 상대방이 공적 견해표명의 하자를 알았거나 이를 중과실로 몰랐던 경우를 의미한다.

공적 견해표명에 하자 존재	내가 유발 ○	사기 기타 부정한 방법	✕
	내가 유발 ✕	하자 알았음(악의)	✕
		하자를 중과실로 모른 경우(선의·중과실)	✕
		하자를 경과실로 모른 경우(선의·경과실)	○

관련판례

1. 허위 계획서로 공장증설 승인받은 경우 (2019두51499)

[사안] ① 시장으로부터 공장설립 변경승인을 받고 아스콘 공장 증설에 따른 대기오염물질 배출시설 설치 변경신고를 마친 다음 아스콘 공장을 운영, ② 배출검사에서 대기환경보전법상 특정대기유해물질에 해당하는 포름알데히드 등이 검출, ③ 위 공장의 대기오염물질 배출시설 및 방지시설을 폐쇄하라는 명령

[결론] 위 처분은 신뢰보호원칙에 위배되지 않음

[근거] 공장설립 당시에 갑 회사가 위 공장에서 특정대기유해물질은 배출되지 않고 토석의 저장·혼합 및 연료 사용에 따라 먼지와 배기가스만 배출될 것이라는 전제에서 **허위이거나 부실한 배출시설 및 방지시설 설치 계획서를 제출**하였으므로 시장이 만연히 갑 회사의 계획서를 그대로 믿은 데에 과실이 있더라도, **시장의 착오는 갑 회사가 유발한 것**이므로, 위 공장에 대하여 특정대기유해물질 관련 규제가 적용되지 않으리라는 갑 회사의 기대는 보호가치가 없다.

2. 귀책사유 판단은 상대방 및 수임인 모두를 기준 (2001두1512)

① 귀책사유의 유무는 상대방과 그로부터 신청행위를 <u>위임받은 수임인 등 관계자 모두를 기준</u>으로 판단하여야 한다.

② 건축주와 그로부터 건축설계를 **위임받은 건축사가** 상세계획지침에 의한 건축한 <u>계선의 제한이 있다는 사실을 간과</u>한 채 건축설계를 하고 이를 토대로 건축물의 신축 및 증축허가를 받은 경우, 그 <u>신축 및 증축허가가 정당하다고 신뢰</u>한 데에 **귀책사유가 있다.**

(3) 한계

① **사정변경**: 공적인 견해표명을 한 시점 이후로 사실적·법률적 상태가 변경되었다면, 변경된 사정에 비추어 공적인 견해표명에 반하는 처분을 하여도 위법하다고 볼 수는 없다. 사정변경 그 자체로 공적 견해표명은 자동으로 실효되기 때문이다(즉, 별도 의사표시 불요).

② **공익 또는 제3자의 이익을 현저히 해칠 우려**: 공적 견해표명의 상대방에게 형성된 신뢰를 보호하는 과정에서 공익 또는 제3자의 이익이 현저히 훼손된다면, 사회 전체적인 관점에서는 공적인 견해표명에 반하는 처분을 하는 것이 오히려 적법하다고 볼 여지가 많다.

관련판례

1. 사익❶ > 공익❷ (96누18380)

형질변경허가의 취소·철회에 상당하는 당해 처분으로써 지방자치단체장이 달성하려는 공익 즉, 당해 토지에 대하여 그 형질변경을 불허하고 이를 우량농지로 보전하려는 공익과 위 형질변경이 가능하리라고 믿은 종교법인이 입게 될 불이익을 상호 비교·교량하여 만약 전자가 후자보다 더 큰 것이 아니라면 당해 처분은 비례의 원칙에 위반되는 것으로 재량권을 남용한 위법한 처분이다.

❶
사익: 신뢰를 부여받은 자의 이익
❷
공익: 신뢰를 제한해야 할 이익

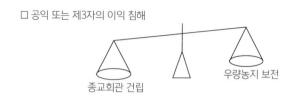

□ 공익 또는 제3자의 이익 침해

종교회관 건립   우량농지 보전

2. 판례 비교

1년 10개월간 면허 취소 안 했지만, 사상자 다수 (88누6283)	3년간 면허 취소 안 했고, 사상자 × (87누373)
교통사고가 일어난 지 1년 10개월이 지난 뒤 그 교통사고를 일으킨 택시에 대하여 운송사업 면허를 취소하였더라도 (중략) 자신이 별다른 행정조치가 없을 것으로 믿고 있었다 하여 바로 신뢰의 이익을 주장할 수는 없다.	甲은 형사처벌(벌금)을 받았으나 행정청으로부터는 아무런 행정조치가 없어 안심하고 계속 운전업무(영업용택시)에 종사하여 왔으므로, 행정청이 甲의 위반행위가 있은 이후 장기간에 걸쳐 아무런 행정조치를 취하지 않은 채 방치하고 있다가 3년여가 지난 후에 이를 이유로 행정 제재를 하면서 가장 무거운 운전면허를 취소하는 행정처분을 한 것은, 甲이 별다른 행정조치가 없을 것이라고 믿은 신뢰의 이익과 그 법적 안정성을 빼앗는 것이 되어 매우 가혹하다.

(4) 소급입법금지 원칙

소급입법은 ① 새로운 입법으로 이미 종료된 사실관계 또는 법률관계에 적용케 하는 진정소급입법과 ② 현재 진행 중인 사실관계 또는 법률관계에 적용케 하는 부진정소급입법으로 나눌 수 있다.

구분	원칙	예외
진정소급입법	허용 × (사익 > 공익)	사익 < 공익
부진정소급입법	허용 ○ (사익 < 공익)	사익 > 공익

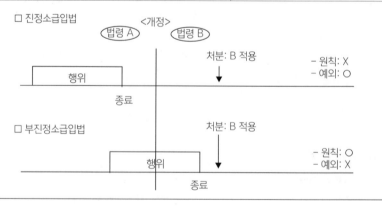

🔍 관련판례 부진정소급입법

1. 수강신청 → 학칙 개정 → 시험 (87누1123)

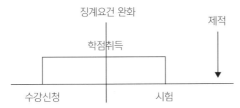

대학이 성적불량을 이유로 학생에 대하여 징계처분을 하는 경우에 있어서 **수강신청이 있은 후 징계요건을 완화하는 학칙개정**이 이루어지고 이어 **당해 시험이 실시되어 그 개정학칙에 따라 징계처분을** 한 경우라면 이는 이른바 **부진정소급효에** 관한 것으로서 구 학칙의 존속에 관한 학생의 신뢰보호가 대학당국의 학칙개정의 목적달성보다 더 중요하다고 인정되는 특별한 사정이 없는 한 <u>위법이라고 할 수 없다.</u>

2. 초등학교 입학 → 법률 개정 → 18세 (2005두5390)

① ○○초등학교 입학 당시 시행되던 구 병역법에서는 일본국 등 국외에서 대한민국 국적으로 전가족이 영주권을 얻은 사람에 대하여 당연히 병역이 면제되는 것으로 하였으나, 위헌이라고 주장되는 위 법률조항들에서는 국외에서 가족과 같이 영주권을 얻은 사람 등에 대하여 원에 의하여 지방병무청장이 징병검사 없이 병역을 면제할 수 있다고 함으로써 국외에서 영주권을 얻은 사람의 병역면제에 대하여 불이익한 방향으로 개정이 이루어진 것으로 볼 여지가 있다.

② 그러나, 이와 같은 병역법의 개정은 제1국민역에 편입되는 18세 당시 적용되던 병역법에 의하여 병역의무가 완전히 면제되었던 사람에게 다시 병역의무를 부과하는 취지로 개정이 이루어진 것이 아니고, 위 법률조항의 개정 후 18세가 되는 자를 그 적용대상으로 하여 개정이 이루어진 것이므로, 이와 같은 병역법의 개정은 진정소급입법에 해당하지 아니한다.

3. 평등의 원칙

(1) 의의

행정청은 합리적 이유 없이 국민을 차별하여서는 아니 된다는 원칙으로서, 이는 일체의 차별적 대우를 부정하는 절대적 평등을 의미하는 것이 아니라 입법과 법의 적용에 있어서 합리적인 근거가 없는 차별을 배제하는 상대적 평등을 뜻한다(같은 것은 같게, 다른 것은 다르게; 92헌바43).

> **관련판례** 반성의 정도에 따른 징계 수위 차등 (99두2611)
>
> 같은 정도의 비위를 저지른 자들 사이에 있어서도 그 직무의 특성 등에 비추어, **개전의 정이 있는지 여부에 따라** 징계의 종류의 선택과 양정에 있어서 차별적으로 취급하는 것은, 사안의 성질에 따른 합리적 차별로서 이를 자의적 취급이라고 할 수 없는 것이어서 **평등원칙 내지 형평에 반하지 아니한다.**

> **비교판례** 평등의 원칙 위반
>
> **1. 국공립학교 채용시험에서 국가유공자 가족에게 가산점 부여 × (2004헌마675)**
> 종전 결정에서 헌법재판소는 헌법 제32조 제6항의 "국가유공자·상이군경 및 전몰군경의 유가족은 법률이 정하는 바에 의하여 우선적으로 근로의 기회를 부여받는다."는 규정을 넓게 해석하여, 이 조항이 국가유공자 본인뿐만 아니라 가족들에 대한 취업보호제도(가산점)의 근거가 될 수 있다고 보았다.
> 그러나 오늘날 가산점의 대상이 되는 <u>국가유공자와 그 가족의 수가 과거에 비하여 비약적으로 증가하고 있는 현실</u>과, 취업보호대상자에서 가족이 차지하는 비율, 공무원시험의 경쟁이 갈수록 치열해지는 상황을 고려할 때, 위 조항의 폭넓은 해석은 필연적으로 일반 응시자의 공무담임의 기회를 제약하게 되는 결과가 될 수 있으므로 위 조항은 엄격하게 해석할 필요가 있다. 이러한 관점에서 위 <u>조항의 대상자는 조문의 문리해석대로 "국가유공자", "상이군경", 그리고 "전몰군경의 유가족"이라고</u> 봄이 상당하다.
>
> **2. 쿼터제의 불평등함 (2000두4057)**
> ① **초졸 이하 쿼터제로 인한 원고의 실직 위기**
> 청원경찰의 인원감축을 위한 면직처분대상자를 선정함에 있어서 초등학교 졸업 이하 학력소지자 집단과 중학교 중퇴 이상 학력소지자 집단으로 나누어 각 집단별로 같은 감원비율 상당의 인원을 선정한 것은 합리성과 공정성을 결여하고,
>
>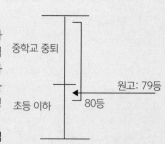
>
> ② **초졸 이하 보호해주려고 그랬으니 명백하게 위법은 × → 취소사유**
> 평등의 원칙에 위배하여 그 하자가 중대하다 할 것이나, 그렇게 한 이유가 시험문제 출제 수준이 중학교 학력 수준이어서 초등학교 졸업 이하 학력소지자에게 상대적으로 불리할 것이라는 판단 아래 이를 보완하기 위한 것이었으므로 그 하자가 객관적으로 명백하다고 보기 어렵다.

3. 3년제 전문대학의 2년 이상 과정을 이수한 자에게만 편입학 자격을 부여하지 아니한 것
   (2010헌마144)

   ① 3년제 전문대 2년 이수 VS 2년제 전문대 졸업: 이수 < 졸업
   우선 '3년제 대학의 2년 이상 과정을 이수한 자'를 '2년제 대학을 졸업한 자'와
   비교하여 보면 객관적인 과정인 졸업이라는 요건을 갖추지 못하였다.

   ② 3년제 전문대 2년 이수 VS 4년제 대학 2년 이수: 3년제 < 4년제
   고등교육법이 그 목적과 운영방법에서 4년제 대학과 2년제 대학을 구별하고 있
   는 이상, 위 두 대학과정의 이수를 반드시 동일하다고 볼 수 없다.

   ③ 결론
   3년제 전문대학의 2년 이상 과정을 이수한 자에게 편입학 자격을 부여하지 아니
   한 것이 현저하게 불합리한 자의적인 차별이라고 볼 수 없다.

(2) 자기구속의 원칙

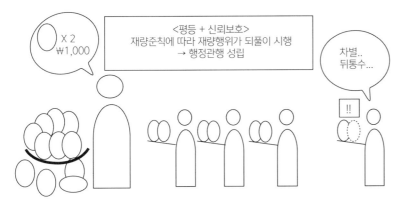

자기구속의 원칙이란, 행정청이 일정한 사안에 있어 재량준칙을 근거로 제3자
에게 동종의 처분을 되풀이하여 시행해 왔다면, 동종 사안에서 위와 동일한
처분을 해야 할 구속을 받는다는 원칙을 의미한다. 이는 독자적인 원칙이라기
보다는, 평등의 원칙 및 신뢰보호의 원칙에서 파생된 원칙으로 보아야 한다.
주의할 점은, ① 재량준칙은 어디까지나 행정규칙에 불과하므로, 이를 위반
한 것 그 자체가 아니라, 재량준칙에 근거하여 형성된 **행정관행을 위반한
것이 처분의 위법성을 구성**한다는 것❶과 ② **행정관행이 위법**한 경우에는
자기구속의 법리는 적용되지 않는다는 것이다(Cf. 신뢰보호원칙).

❶
1. 메뉴판 위반: 재량준칙 위반
2. 차별+뒤통수: 평등의 원칙
   +신뢰보호원칙 위반

📖 관련판례

1. 일반론 (2011두28783)

   ① 재량준칙은 일반적으로 행정조직 내부에서만 효력을 가질 뿐 대외적인 구속력
   을 갖는 것은 아니므로 행정처분이 이를 위반하였다고 하여 그러한 사정만으로
   곧바로 위법하게 되는 것은 아니고,

   ② 다만, 그 재량준칙이 정한 바에 따라 **되풀이 시행되어 행정관행이 이루어지게
   되면** 평등의 원칙이나 신뢰보호의 원칙에 따라 행정기관은 상대방에 대한 관계
   에서 그 규칙에 따라야 할 자기구속을 받게 되므로, 이러한 경우에는 특별한 사
   정이 없는 한 그에 반하는 처분은 평등의 원칙이나 신뢰보호의 원칙에 어긋나
   재량권을 일탈·남용한 위법한 처분이 된다.

2. 헌법소원의 대상이 됨 (2019헌마534)

행정규칙은 원칙적으로 헌법소원의 대상이 될 수 없으나, 예외적으로 법령의 규정에 의하여 행정관청에 법령의 구체적 내용을 보충할 권한을 부여한 경우나, 재량권행사의 준칙으로서 그 정한 바에 따라 되풀이 시행되어 행정관행이 형성됨으로써 평등의 원칙이나 신뢰보호의 원칙에 따라 행정기관이 그 상대방에 대한 관계에서 그 규칙에 따라야 할 자기구속을 당하게 되는 경우에는 헌법소원의 대상이 될 수 있다.

4. 부당결부금지 원칙

이는 행정청은 행정작용을 할 때 상대방에게 해당 행정작용과 실질적인 관련이 없는 의무를 부과해서는 아니 된다는 원칙이다.

📖 관련판례

1. 주택사업계획승인 vs 토지기부채납 부관 (96다49650)

① 지방자치단체장이 사업자에게 주택사업계획승인을 하면서 그 **주택사업과는 아무런 관련이 없는 토지를 기부채납하도록 하는 부관**을 주택사업계획승인에 붙인 경우, 그 부관은 부당결부금지의 원칙에 위반되어 위법하지만,

② 지방자치단체장이 승인한 사업자의 주택사업계획은 상당히 큰 규모의 사업임에 반하여, 사업자가 기부채납한 토지 가액은 그 100분의 1 상당의 금액에 불과한 데다가, 사업자가 그동안 그 부관에 대하여 아무런 이의를 제기하지 아니하다가 지방자치단체장이 업무착오로 기부채납한 토지에 대하여 보상협조요청서를 보내자 그때서야 비로소 부관의 하자를 들고 나온 사정에 비추어 볼 때 <u>부관의 하자가 중대하고 명백하여 당연무효라고는 볼 수 없다.</u>

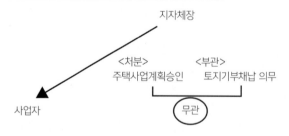

2. 복수의 운전면허 취소 (2017두67476)

① 갑이 혈중알코올농도 0.140%의 주취상태로 배기량 125cc 이륜자동차를 운전하였다는 이유로 관할 지방경찰청장이 갑의 자동차운전면허[제1종 대형, 제1종 보통, 제1종 특수(대형견인·구난), 제2종 소형]를 취소하는 처분을 한 사안에서, 갑에 대하여 제1종 대형, 제1종 보통, 제1종 특수(대형견인·구난) 운전면허를 취소하지 않는다면, **갑이 각 운전면허로 배기량 125cc 이하 이륜자동차를 계속 운전할 수 있어** 실질적으로는 아무런 불이익을 받지 않게 된다.

② 제1종 대형, 제1종 보통, 제1종 특수, 제2종 소형면허 등 복수의 운전면허를 받은 사람이 **제2종 소형면허로 운전할 수 있는 125cc 이륜자동차를 음주운전**한 경우에 제2종 소형면허뿐만 아니라 **제1종 대형, 제1종 보통, 제1종 특수면허까지 취소한 것이 재량권의 일탈·남용에 해당하지 않는다.**

1. 분리 취급 원칙
VS
2. 음주운전 예방의 필요성

3. 이미 붙였는데, 나중에 개정되어 붙일 수 없게 된 경우 (2005다65500)

행정청이 수익적 행정처분을 하면서 부가한 **부담의 위법 여부는 처분 당시 법령을 기준으로 판단**하여야 하고, 부담이 처분 당시 법령을 기준으로 적법하다면 **처분 후 부담의 전제가 된 주된 행정처분의 근거 법령이 개정**됨으로써 행정청이 더 이상 부관을 붙일 수 없게 되었다 하더라도 곧바로 위법하게 되거나 그 효력이 소멸하게 되는 것은 아니다.

4. 동일한 취지 (2005다65500)

① 원고 때문에 이전하니까 원고가 비용 부담

고속국도 관리청이 고속도로 부지와 접도구역에 송유관 매설을 허가하면서 상대방과 체결한 협약에 따라 송유관 시설을 이전하게 될 경우 그 비용을 상대방에게 부담하도록 하였고,

② 나중에 개정됐어도 영향 ×

그 후 도로법 시행규칙이 개정되어 접도구역에는 관리청의 허가 없이도 송유관을 매설할 수 있게 된 사안에서, 위 협약이 효력을 상실하지 않을 뿐만 아니라 위 협약에 포함된 부관이 부당결부금지의 원칙에도 반하지 않는다.

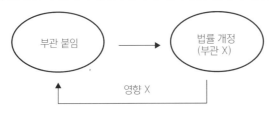

5. 신의성실의 원칙

행정청은 법령등에 따른 의무를 성실히 수행하여야 하고, 행정권한을 남용하거나 그 권한의 범위를 넘어서는 것은 허용되지 않는다는 원칙이다. 이는 "신의칙"이라고도 불리우는 극히 예외적인 원칙으로서, 합법성의 원칙을 희생하여서라도 처분의 상대방의 신뢰를 보호할 필요가 있는 특별한 사정이 있을 경우에 한하여 적용된다.

관련판례

1. 유죄판결 확정 후 15년 뒤 임용취소 (86누459)

① 임용 당시 공무원임용결격사유가 있었다면 비록 국가의 과실에 의하여 임용결격자임을 밝혀내지 못하였다 하더라도 그 임용행위는 당연무효로 보아야 한다.

② 당초의 임용처분을 취소함에 있어서는 신의칙 내지 신뢰의 원칙을 적용할 수 없고 또 그러한 의미의 취소권은 시효로 소멸하는 것도 아니다.

2. 36년 만에 정년 연장해달라고 이의제기 (2008두21300)

지방공무원 임용신청 당시 잘못 기재된 호적상 출생연월일을 생년월일로 기재하고, 이에 근거한 공무원인사기록카드의 생년월일 기재에 대하여 처음 임용된 때부터 약 36년 동안 전혀 이의를 제기하지 않다가, 정년을 1년 3개월 앞두고 호적상 출생연월일을 정정한 후 그 출생연월일을 기준으로 **정년의 연장을 요구하는 것이 신의성실의 원칙에 반하지 않는다.**

제3장 행정상의 법률관계

5 행정상 법률관계의 당사자

1. 행정주체 및 행정객체

행정상 법률관계의 당사자는 행정작용의 법적효과의 귀속주체인 행정주체와 행정권 행사의 상대방이 되는 행정객체가 있다. 행정주체는 국가 및 지방자치단체 외에도, 공무를 위탁받은 범위 내에서는 공무수탁사인 및 공법인을 포함한다. 민사소송 및 당사자소송에서는 위와 같은 법률관계의 두 주인공이 원고 및 피고가 된다.

반면, 행정청은 행정주체를 위하여 권한을 행사할 뿐, 이로 인한 법적효과의 귀속주체가 아니라는 점에서 행정상 법률관계의 당사자로 볼 수는 없다. 다만, 항고소송에서는 국민의 소송수행상 편의를 위하여 행정청을 피고로 삼고 있다.

❶
지방자치단체도 엄밀히 따지면 공법인에 해당하나, 설명의 편의를 위하여 공법인과는 별도로 분류함

행정객체	행정청	행정주체
국민 (행정청)	독임제 행정청(예 법무부장관, 서울시장)	국가 지방자치단체❶
	합의제 행정청(예 위원회, 감사원, 지방의회)	
	공무수탁사인(예 교통할아버지, 토지수용권 부여된 민간기업)	
	공법인(공공단체)(예 근로복지공단, 지방법무사회, KBS)	

2. 개인적 공권 및 공의무

(1) 개인적 공권의 의의 및 요건

행정상 법률관계와 관련된 갈등은 행정주체가 공권력을 행사하여 행정객체가 갖는 개인적 공권을 침해함으로써 초래된다.

개인적 공권은 ① 강행법규를 근거로(강행법규성) ② 공익뿐 아니라 그 침해를 주장하는 개인의 사익이 보호될 수 있어야만(사익보호성) 인정될 수 있다. 개인적 공권을 침해당한 자는 행정소송(심판)을 제기하여 권리를 구제받을 수 있으므로, 개인적 공권은 곧 원고(청구인)적격을 인정받기 위한 요건인 "법률상 이익" 개념과 밀접하게 맞닿아 있다.

(2) 공의무

권리가 있으면 그에 대응되는 의무도 있는 법, 행정객체는 행정주체에 대하여 개인적 공권을 가질 뿐 아니라 공의무도 부담한다. 공의무와 관련된 가장 중요한 논점은 그 승계가능성이다. 승계를 위한 요건은 다음과 같다.

① 일신전속성(비대체성)이 없을 것: 의무를 직접 부과받은 자만이 이행할 수 있는 의무라면 다른 자에게 그 의무를 승계할 수는 없을 것이다. 비대체적 작위의무 및 부작위의무 등은 일신전속성이 인정되어 승계가 부정되고, 대체적 작위의무 등은 일신전속성이 부정되어 승계가 가능하다.

② 법률상 근거 필요 여부(△)

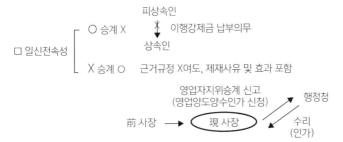

공의무를 승계받는 자에게는 침익적 행정작용이 행하여진 셈이므로, 법률유보원칙에 따라 법률상 근거가 있어야 함이 원칙이다. 다만, 판례는 지위승계신고수리 및 영업양도양수인가 사안에 대해서는 법률상 근거가 없어도 양도인의 지위와 함께 양도인이 부담하던 공의무도 승계된다고 보고 있다.

나아가, 판례는 양도인에게 제재사유는 발생하였으나 아직 제재처분은 이루어지지 않은 상태에서 그 지위가 승계된 경우, 위 제재사유가 양수인에게 승계되었음을 이유로 양수인에 대한 제재처분이 가능하다는 입장이다. 즉, 공의무뿐 아니라 제재사유 또한 승계 대상이 되는 것이다.

🔍 관련판례 이행강제금은 승계 × (2006마470)

1. 구 건축법상의 이행강제금은 구 건축법의 위반행위에 대하여 시정명령을 받은 후 시정기간 내에 당해 시정명령을 이행하지 아니한 건축주 등에 대하여 부과되는 간접강제의 일종이다.

2. 그 이행강제금 납부의무는 <u>상속인 기타의 사람에게 승계될 수 없는 **일신전속적**</u>인 성질의 것이다.

3. <u>이미 사망한 사람에게 이행강제금을 부과하는</u> 내용의 처분이나 결정은 <u>당연무효</u>이다.

🔍 비교판례

1. 종전 석유판매업자(양도인)의 위반행위를 양수인이 승계 ○ (2003두8005)

   ① <u>석유판매업 등록은 원칙적으로 대물적 허가에 해당한다.</u>
   ② <u>사업정지 등의 제재처분은</u> 사업자 개인의 자격에 대한 제재가 아니라 사업의 전부나 일부에 대한 것으로서 <u>대물적 처분에 해당한다.</u>
   ③ <u>지위승계에는 종전 석유판매업자가 유사석유제품을 판매함으로써 받게 되는 사업정지 등 제재처분의 승계가 포함되어 그 지위를 승계한 자에 대하여 사업정지 등의 제재처분을 취할 수 있다.</u>

2. 신고수리 있기 전까지는 양수인이 잘못했어도 양도인 제재 (94누9146)

   ① 사실상 영업이 양도·양수되었지만 <u>아직 승계신고 및 그 수리처분이 있기 이전</u>에는 여전히 종전의 영업자인 양도인이 영업허가자이고, 양수인은 영업허가자가 되지 못한다 할 것이어서 행정제재처분의 사유가 있는지 여부 및 그 사유가 있다고 하여 행하는 <u>행정제재처분은 영업허가자인 양도인을 기준으로 판단하여 그 양도인에 대하여 행하여야 할 것이고,</u>

회사 M&A
• 승계 ○: 영업양도, 합병
• 승계 ×: 분할

② 한편 양도인이 그의 의사에 따라 양수인에게 영업을 양도하면서 <u>양수인으로 하여금 영업을 하도록 허락</u>하였다면 그 <u>양수인의 영업 중 발생한 위반행위</u>에 대한 행정적인 책임은 영업허가자인 <u>양도인에게 귀속</u>된다고 보아야 할 것이다.

구분	영업양수도 계약	신고	양수인 위반행위	신고수리
영업자 지위	양도인	양도인	양도인	양수인
제재 대상				

3. 특별권력관계

특별권력관계란 일방이 상대방을 포괄적으로 지배하고(예 교도소장), 상대방은 이에 복종하는 것을 내용으로 하는 관계를 말한다(예 교도소의 수형자). 이러한 관계가 인정된다면 복종을 당하는 상대방은 권리 침해를 주장하면서 이에 대한 사법심사를 구하지 못하게 되는 불합리가 발생한다. 현재에 들어서는 특별권력관계를 인정하는 견해를 찾아보기가 어렵다.

> **관련판례** 육군3사관생도에 대한 기본권 제한 정도 (2016두60591)
>
> 1. **사관생도는** 군 장교를 배출하기 위하여 국가가 모든 재정을 부담하는 특수교육기관인 육군3사관학교의 구성원으로서, 학교에 입학한 날에 육군 사관생도의 병적에 편입하고 준사관에 준하는 대우를 받는 **특수한 신분관계**에 있다. 따라서 그 존립목적을 달성하기 위하여 필요한 한도 내에서 <u>일반 국민보다 상대적으로 기본권이 더 제한될 수 있으나,</u> 그러한 경우에도 법률유보원칙, 과잉금지원칙 등 **기본권 제한의 헌법상 원칙들을 지켜야 한다.**
>
> 2. 육군3사관학교 사관생도인 갑이 4회에 걸쳐 학교 밖에서 음주를 하여 '사관생도 행정예규' 제12조에서 정한 품위유지의무를 위반하였다는 이유로 육군3사관학교장이 교육운영위원회의 의결에 따라 갑에게 퇴학처분을 한 사안에서, <u>음주 행위에 이르게 된 경위 등을 묻지 않고 일률적으로 2회 위반 시 원칙으로 퇴학 조치하도록 정한 것은</u> 사관학교가 금주제도를 시행하는 취지에 비추어 보더라도 **사관생도의 기본권을 지나치게 침해한다.**

6 기간의 계산 및 법 적용의 기준시

1. 기간의 계산

> **행정기본법 제6조【행정에 관한 기간의 계산】**
> ① 행정에 관한 기간의 계산에 관하여는 이 법 또는 다른 법령등에 특별한 규정이 있는 경우를 제외하고는 민법을 준용한다.
> ② 법령등 또는 처분에서 국민의 권익을 제한하거나 의무를 부과하는 경우 권익이 제한되거나 의무가 지속되는 기간의 계산은 다음 각 호의 기준에 따른다. 다만, 다음 각 호의 기준에 따르는 것이 국민에게 불리한 경우에는 그러하지 아니하다.

1. 기간을 일, 주, 월 또는 연으로 정한 경우에는 기간의 첫날을 산입한다.
2. 기간의 말일이 토요일 또는 공휴일인 경우에도 기간은 그 날로 만료한다.

행정기본법 제7조【법령등 시행일의 기간 계산】

법령등(훈령·예규·고시·지침 등을 포함한다. 이하 이 조에서 같다)의 시행일을 정하거나 계산할 때에는 다음 각 호의 기준에 따른다.
1. 법령등을 공포한 날부터 시행하는 경우에는 공포한 날을 시행일로 한다.
2. 법령등을 공포한 날부터 일정 기간이 경과한 날부터 시행하는 경우 법령등을 공포한 날을 첫날에 산입하지 아니한다.
3. 법령등을 공포한 날부터 일정 기간이 경과한 날부터 시행하는 경우 그 기간의 말일이 토요일 또는 공휴일인 때에는 그 말일로 기간이 만료한다.

(1) 행정에 관한 기간

행정에 관한 기간		
원칙	초일	불산입
	말일	토/공휴일 - 다음 날
침익적 작용	초일	산입
	말일	토/공휴일 - 그 날

□ 기간의 계산
- 원칙: 민법을 따름 Ex. 4일 뒤 제소기간 종료
  ① 초일불산입 ② 토/공휴일 → 다음 날 만료

일	월	화	수	목	금	토
		오늘				X
X	O					

- 예외: 권익 제한 / 의무 부과 (= 침익적)
  ① 초일산입 ② 토/공휴일 → 그 날 만료

일	월	화	수	목	금	토
		오늘				O

(2) 법령 시행일의 계산

법령 시행일		
"공포일"에 시행		공포일
"공포일 + 일정 기간"에 시행	초일	불산입
	말일	토/공휴일 - 그 날

법령의 시행일(효력발생일)
• 법률, 대/총/부: 공포일 + 20일
• 예외(침익적): 공포일 + 적어도 30일

2. 법 적용의 기준시

후술할 "위법판단의 기준시"를 참고한다.

7 사인의 공법행위

1. 사인이란?

일반적으로 사인이라 함은 국가 또는 공공이라는 입장을 떠나 사적인 입장에서 본 한 개인을 말한다.

구분		공적	사적
人	자연인	공무원 등	민원인 등
	법인	공법인	사법인
		공인	사인

2. 의의 및 종류

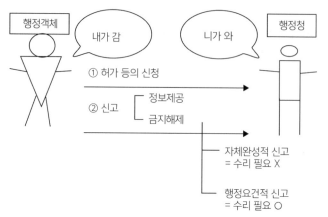

사인의 공법행위란 사인이 일정한 법적 효과의 발생을 목적으로 행정청에 대하여 행하는 행위를 말하고, 대표적인 예로는 신고를 들 수 있다. 신고와 관련해서 유의할 점은 ① 이는 행정청이 아닌 "사인"이 하는 행위라는 점에서 처분성은 신고가 아니라 이에 뒤따르는 신고의 수리와 관련하여 논의된다는 점, ② 사인이 하는 "공법"행위라는 점에서 사법관계에 적용되는 민법상 의사표시에 관한 규정은 적용되지 않는다는 점 등을 들 수 있다.

신고는 단순히 정보를 제공하는 의미의 정보제공적 신고(예 교통사고의 신고)와 법령상 금지된 행위를 허용케 하는 금지해제적 신고로 나뉘는데, 수험적으로 의미를 갖는 것은 후자이다. **금지해제적 신고**는 다시 ① 행정청이 수리하지 않아도 그 자체만으로 법적 효과를 발생시키는 **자체완성적 신고(수리를 요하지 않는 신고**, 자기완결적 신고), ② 행정청의 수리가 있어야만 비로소 법적 효과가 발생되는 **행정요건적 신고(수리를 요하는 신고)**로 분류된다.

> ### 🔍 **관련판례** 사인의 "공법"행위 (99두9971)
>
> 1. 이른바 1980년의 공직자숙정계획의 일환으로 일괄사표의 제출과 선별수리의 형식으로 공무원에 대한 의원면직처분이 이루어진 경우, 사직원 제출행위가 강압에 의하여 의사결정의 자유를 박탈당한 상태에서 이루어진 것이라고 할 수 없고 **민법상 비진의 의사표시의 무효에 관한 규정은 사인의 공법행위에 적용되지 않는다**는 등의 이유로 그 의원면직처분을 당연무효라고 할 수 없다.
>
> 2. 공무원이 한 사직 의사표시의 철회나 취소는 그에 터잡은 의원면직처분이 있을 때까지 할 수 있는 것이고, 일단 면직처분이 있고 난 이후에는 철회나 취소할 여지가 없다.
>
> | 구분 | 발송 | 도달 | 면직처분 |
> |---|---|---|---|
> | 사건 개요 | (07:30) 뚜벅뚜벅 | (07:45) 국장님 책상에 살포시 | (08:00) 국장님 출근하여 수리 |
> | 철회/취소 가능 여부 | ○ | ○ | × |

3. 신고 유형의 구별실익

심사의 정도
허가 > 행요신 > 자완신

구분	심사범위 (본안심리)	처분성(소송요건)	
		수리	수리 거부
자체완성적 신고	형식적 요건	×	원칙: × 예외: ○ (시/이/벌)
행위요건적 신고	형식적 요건 + 실체적 요건	○	○

(1) 심사범위

① 자체완성적 신고

> **행정절차법 제40조【신고】**
> ① 법령등에서 행정청에 일정한 사항을 통지함으로써 의무가 끝나는 신고를 규정하고 있는 경우 신고를 관장하는 행정청은 신고에 필요한 구비서류, 접수기관, 그 밖에 법령등에 따른 신고에 필요한 사항을 게시(인터넷 등을 통한 게시를 포함한다)하거나 이에 대한 편람을 갖추어 두고 누구나 열람할 수 있도록 하여야 한다.
> ② 제1항에 따른 신고가 다음 각 호의 요건을 갖춘 경우에는 신고서가 접수기관에 도달된 때에 신고 의무가 이행된 것으로 본다.
> 1. 신고서의 기재사항에 흠이 없을 것
> 2. 필요한 구비서류가 첨부되어 있을 것
> 3. 그 밖에 법령등에 규정된 형식상의 요건에 적합할 것
> ③ 행정청은 제2항 각 호의 요건을 갖추지 못한 신고서가 제출된 경우에는 지체 없이 상당한 기간을 정하여 신고인에게 보완을 요구하여야 한다.
> ④ 행정청은 신고인이 제3항에 따른 기간 내에 보완을 하지 아니하였을 때에는 그 이유를 구체적으로 밝혀 해당 신고서를 되돌려 보내야 한다.

자체완성적 신고는 행정청의 수리 없이도 법적 효과를 발생시키지만, 이는 어디까지나 신고가 적법함을 전제로 하는 것이다. 신고가 적법하기 위해서는 ㉠ 신고서의 기재사항에 흠이 없을 것, ㉡ 필요한 구비서류가 첨부되어 있을 것, ㉢ 그 밖에 법령 등에 규정된 형식상의 요건에 적합할 것이라는 **형식적 요건**이 충족되어야 한다.

행정청은 형식적 요건이 충족되지 않은 신고에 대하여 지체 없이 상당한 기간을 정하여 보완을 요구하고, 보완이 되지 않는 경우에는 이를 반려하여야 한다.

🔍 관련판례

1. 식품접객업 영업신고 (2008도6829)

식품위생법에 따른 식품접객업(일반음식점영업)의 영업신고의 요건을 갖춘 자라고 하더라도, 그 영업신고를 한 당해 건축물이 건축법 소정의 허가를 받지 아니한 무허가 건물이라면 적법한 신고를 할 수 없다.

2. 당구장등 신고체육시설업의 신고 (97도3121)

법령상의 시설을 갖추지 못한 체육시설업의 신고는 부적법한 것으로 그 수리가 거부될 수밖에 없고 그러한 상태에서 신고체육시설업의 영업행위를 계속하는 것은 무신고 영업행위에 해당한다.

② 행정요건적 신고

> 행정기본법 제34조 【수리 여부에 따른 신고의 효력】
> 법령등으로 정하는 바에 따라 행정청에 일정한 사항을 통지하여야 하는 신고
> 로서 법률에 신고의 수리가 필요하다고 명시되어 있는 경우(행정기관의 내부
> 업무 처리 절차로서 수리를 규정한 경우는 제외한다)에는 **행정청이 수리하여
> 야 효력이 발생**한다.

행정요건적 신고는 수리가 있어야만 법적 효과가 발생하는데, 수리를 하려면 행정청이 신고가 법에서 정한 요건을 모두 갖추었는지를 심사하여야 한다. 실체적 요건이란 법령에서 요구하는 요건 중 위에서 설명한 형식적 요건을 제외한 나머지 것들을 의미한다. 행정요건적 신고는 형식적 요건은 물론이고, **실체적 요건에 대한 심사**를 모두 수반한다.

한편, 허가 제도는 사인의 신청을 토대로 실체적 심사를 거쳐 처분이 발령된다는 점에서 행정요건적 신고 제도와 유사하나, 통상적으로 신고가 상대적으로 경미한 사항을 대상으로 함에 따라 허가보다 실체적 심사의 정도가 완화된다는 점에서 차이를 보인다. 따라서, 행정요건적 신고에 수반되는 **실질적(실체적) 심사**는 무제한적으로 허용되는 것이 아니라, 일정한 범위 내로 **제한**되는 경우가 많다.

🔍 관련판례

1. 주민등록전입신고 (2008두10997)

① 주민들의 거주지 이동에 따른 주민등록전입신고에 대하여 행정청이 이를 심사하여 그 수리를 거부할 수는 있다고 하더라도, 그러한 행위는 자칫 헌법상 보장된 국민의 거주·이전의 자유를 침해하는 결과를 가져올 수도 있으므로, 시장·군수 또는 구청장의 주민등록전입신고 수리 여부에 대한 심사는 **주민등록법의 입법 목적의 범위 내에서 제한**적으로 이루어져야 한다.

② 한편, 주민등록법의 입법 목적에 관한 제1조 및 주민등록 대상자에 관한 제6조의 규정을 고려해 보면, 전입신고를 받은 시장·군수 또는 구청장의 심사 대상은 **전입신고자가 30일 이상 생활의 근거로 거주할 목적으로 거주지를 옮기는지 여부만으로 제한**된다고 보아야 한다.

③ 따라서 전입신고자가 거주의 목적 이외에 다른 이해관계에 관한 의도를 가지고 있는지 여부, 무허가 건축물의 관리, 전입신고를 수리함으로써 당해 지방자치단체에 미치는 영향 등과 같은 사유는 주민등록법이 아닌 다른 법률에 의하여 규율되어야 하고, 주민등록전입신고의 수리 여부를 심사하는 단계에서는 **고려 대상이 될 수 없다.**

2. 노동조합설립신고 (2011두6998)

행정관청은 일단 제출된 설립신고서와 규약의 내용을 기준으로 노동조합법 제2조 제4호 각 목의 해당 여부를 심사하되, 설립신고서를 접수할 당시 그 해당 여부가 **문제된다고 볼 만한 객관적인 사정이 있는 경우에 한하여** 설립신고서와 규약 내용 외의 사항에 대하여 실질적인 심사를 거쳐 반려 여부를 결정할 수 있다.

(2) 처분성

① **자체완성적 신고**: **자체완성적 신고**로 인한 법적 효과는 신고 단계에서 이미 발생한 것이므로, 이에 대한 수리 또는 수리 거부행위는 처분성이 없다. 다만, 자체완성적 신고 중 건축신고 및 착공신고에 대하여 수리 거부행위가 있는 경우, 이를 무시한 채 공사를 강행하면 시정명령, 이행강제금, 벌금 등 법적 불이익이 예상되므로, 수리 거부 단계에서 위와 같은 법적 불이익을 미리 다투도록 할 필요가 있다. 이에, **건축신고 및 착공신고의 거부행위에 대해서는 예외적으로 처분성이 인정**된다.

📑 관련판례

1. 건축신고 수리거부행위의 처분성 (2008두167)

건축주 등은 신고제하에서도 **건축신고가 반려될 경우 당해 건축물의 건축을 개시하면 시정명령, 이행강제금, 벌금의 대상**이 되거나 당해 건축물을 사용하여 행할 행위의 허가가 거부될 우려가 있어 불안정한 지위에 놓이게 된다. 따라서 **건축신고 반려행위가 이루어진 단계에서 당사자로 하여금 반려행위의 적법성을 다투어 그 법적 불안을 해소한 다음 건축행위에 나아가도록** 함으로써 장차 있을지도 모르는 위험에서 미리 벗어날 수 있도록 길을 열어 주고, 위법한 건축물의 양산과 그 철거를 둘러싼 분쟁을 조기에 근본적으로 해결할 수 있게 하는 것이 법치행정의 원리에 부합한다. 그러므로 **건축신고 반려행위는 항고소송의 대상이 된다**고 보는 것이 옳다.

2. 착공신고 수리거부처분 (2010두7321)

건축주 등으로서는 착공신고가 반려될 경우, 당해 건축물의 착공을 개시하면 시정명령, 이행강제금, 벌금의 대상이 되거나 당해 건축물을 사용하여 행할 행위의 허가가 거부될 우려가 있어 불안정한 지위에 놓이게 된다.

📑 유사판례 건축주명의변경신고 (91누4911)

1. 실체적 심사 ✕

   허가대상건축물의 양수인이 위 규칙에 규정되어 있는 형식적 요건을 갖추어 시장 군수에게 적법하게 건축주의 명의변경을 신고한 때에는 시장 군수는 그 신고를 수리하여야지 실체적인 이유를 내세워 그 신고의 수리를 거부할 수는 없다.

2. But 수리거부 처분성 ○

   건축주명의변경신고 수리거부행위는 양수인의 권리의무에 직접 영향을 미치는 것으로서 취소소송의 대상이 되는 처분이라고 하지 않을 수 없다.

② **행정요건적 신고**: 반면, 행정요건적 신고는 수리가 있어야만 비로소 법적 효과가 발생하므로, 행정청의 수리 및 수리 거부행위 모두 국민의 권리·의무에 직접 영향을 미친다고 보아 처분성이 인정된다.

③ 구체적인 사례

자체완성적 신고 (수리를 요하지 않는 신고)	행정요건적 신고 (수리를 요하는 신고)
건축신고 (97누6780) 경미한 사항으로서 신고대상인 건축물의 건축행위를 하고자 할 경우에는 그 관계 법령에 정해진 적법한 요건을 갖춘 신고만을 하면 그와 같은 건축행위를 할 수 있고, 행정청의 수리처분 등 별단의 조처를 기다릴 필요가 없다.	"인·허가 의제가 수반되는" 건축신고 (2010두14954) 인·허가의제 효과를 수반하는 건축신고는 일반적인 건축신고와는 달리, 특별한 사정이 없는 한 행정청이 그 실체적 요건에 관한 심사를 한 후 수리하여야 하는 이른바 '수리를 요하는 신고'로 보는 것이 옳다.
수산제조업의 신고 (98다57419) 수산제조업의 신고를 하고자 하는 자가 그 신고서를 구비서류까지 첨부하여 제출한 경우 행정청은 형식적 요건에 하자가 없는 한 수리하여야 한다.	어업신고 (99다37382) 수산업법 제44조 소정의 어업의 신고는 행정청의 수리에 의하여 비로소 그 효과가 발생하는 이른바 '수리를 요하는 신고'라고 할 것이다.
당구장 등 신고체육시설업 (97도3121) 적법한 요건을 갖춘 신고의 경우에는 행정청의 수리처분 등 별단의 조처를 기다릴 필요 없이 그 접수시에 신고로서의 효력이 발생하는 것이므로 그 수리가 거부되었다고 하여 무신고 영업이 되는 것은 아니다.	골프장 회원모집계획서 제출 (2006두16243) 체육시설의 회원을 모집하고자 하는 자는 시·도지사 등으로부터 회원모집계획서에 대한 검토결과 통보를 받은 후에 회원을 모집할 수 있다고 보아야 하고, 따라서 체육시설의 회원을 모집하고자 하는 자의 시·도지사 등에 대한 회원모집계획서 제출은 수리를 요하는 신고에서의 신고에 해당하며, 시·도지사 등의 검토결과 통보는 수리행위로서 행정처분에 해당한다.
의원개설신고 (84도2953) 의원개설 신고서를 수리한 행정관청이 소정의 신고필증을 교부하도록 되어있다 하여도 신고필증의 교부가 없다 하여 개설신고의 효력을 부정할 수 없다. 행정청이 법령에서 정한 요건 이외의 사유를 들어 의원급 의료기관 개설신고의 수리를 거부할 수 없다(2018두44302).	납골당설치 신고 (2009두6766) 수리란 신고를 유효한 것으로 판단하고 법령에 의하여 처리할 의사로 이를 수령하는 수동적 행위이므로 수리행위에 신고필증 교부 등의 행위가 꼭 필요한 것은 아니다.
	악취배출시설 설치·운영신고 (2020두40327) 대도시의 장 등 관할 행정청은 악취배출시설 설치·운영신고의 수리 여부를 심사할 권한이 있다고 보는 것이 타당하다.

평생교육시설 신고 (2005두11784)
관할 행정청은 신고서 기재사항에 흠결이 없고 정해진 서류가 구비된 이상 신고를 수리하여야 하고 형식적 요건이 아닌 신고 내용이 공익적 기준에 적합하지 않다는 등 실체적 사유를 들어 이를 거부할 수 없다.

숙박업신고 (2017두34087) (△)
① 숙박업을 하고자 하는 자가 법령이 정하는 시설과 설비를 갖추고 행정청에 신고를 하면, 행정청은 공중위생관리법의 위 규정에 따라 원칙적으로 이를 수리하여야 한다(△). 행정청이 **법령이 정한 요건 "이외"의 사유**를 들어 수리를 거부하는 것은 위 법령의 목적에 비추어 이를 거부해야 할 **중대한 공익상의 필요**가 있다는 등 특별한 사정이 있는 경우에 한한다.

유사	기속재량행위
• **(일반)건축허가**
• **산림훼손허가(형질변경허가)**
• 사설묘지(납골시설) 설치허가
• 배출시설 설치허가
• 주택건설사업계획 승인

② 이러한 법리는 이미 다른 사람 명의로 숙박업 신고가 되어 있는 시설 등의 전부 또는 일부에서 새로 숙박업을 하고자 하는 자가 신고를 한 경우에도 마찬가지이다.

지위승계신고 (2011두29144)
① 지위승계신고를 수리하는 허가관청의 행위는 단순히 양도·양수인 사이에 이미 발생한 사법상 사업양도의 법률효과에 의하여 양수인이 그 영업을 승계하였다는 사실의 신고를 접수하는 행위에 그치는 것이 아니라, 영업허가자 변경이라는 법률효과를 발생시키는 행위이다.
② **종전** 체육시설업자는 적법한 신고를 마친 체육시설업자의 지위를 부인당할 불안정한 상태에 놓이게 되므로, 그로 하여금 이러한 수리행위의 적법성을 다투어 법적 불안을 해소할 수 있도록 하는 것이 법치행정의 원리에 맞는다.

대규모 점포의 개설 등록 (2015두295)
대규모점포의 개설 등록은 이른바 '수리를 요하는 신고'로서 행정처분에 해당한다.

제 2 편

행정작용법

제1장 행정청의 입법

1 행정입법

1. 행정행위와의 구분

행정작용은 크게 ① 행정부가 법조문의 형식으로 일반적·추상적 규율을 제정하는 행정입법 및 ② 행정청이 구체적 사실에 대한 법집행으로써 행정객체에게 직접적 법적 효과를 발생시키는 행정행위로 나뉜다.

보다 구체적으로는, 행정작용의 대상 인물 및 사안이 모두 특정되어 있지 않다면 행정입법, 대상 인물 및 사안이 특정되어 있다면 행정행위로 분류를 하되, 대상 인물이 특정되어 있지 않고 사안만 특정되어 있는 일반처분 또한 넓은 의미에서 행정행위에 포함이 된다.

구분	구체(특정 사안)	추상(불특정 사안)
개별(특정인)	행정행위	-
일반(불특정 다수)	일반처분	행정입법

원칙적으로 행정입법은 이를 근거로 한 집행행위가 있기 전까지는 국민의 권리·의무에 구체적인 영향을 미친다고 보기 어려워 처분성이 인정되지 않는다. 다만, 예외적으로 행정입법이 집행행위가 있기 전부터 국민의 권리·의무에 구체적인 영향을 미친다면 처분성이 인정될 수 있다(이른바 '처분적 조례', '처분적 고시' 등).

2. 법규명령 및 행정규칙의 구분

행정법의 세계에 존재하는 수많은 법조문에 서열을 매겨본다면, ① 헌법, ② 법률 및 헌법기관이 자체적으로 제정하는 규칙❶, ③ 대통령령, ④ 총리령, ⑤ 부령, ⑥ 고시, 훈령, 예규, 지침 등 순이 될 것이다.

우리의 관심사는 이 중 어디까지를 행정법의 법원으로 보아 법원 및 국민에 대한 대외적인 구속력을 인정할 것인지 여부이다. 대외적인 구속력이 인정되는 법조문은 법규명령(법령, 명령, 규칙)으로, 대외적인 구속력이 인정되지 않는 법조문은 행정규칙이라고 부른다.

<u>판례가 제시하는 주된 기준은</u> **상위 법령(모법)의 위임 여부**이다. 헌법 및 법률이야말로 가장 확실한 행정법의 법원이라고 볼 수 있으므로, 이로부터 위임을 받아 제정된 하위 법령은 헌법 또는 법률상의 근거를 가진 것으로 보아 대외적인 구속력을 인정하겠다는 것이다. 항상 그러한 것은 아니지만, 대개 ② 내지 ⑤는 상위 법령의 위임이 있고, ⑥은 위임이 없는 경우가 많다.

다만, 판례는 예외적으로 **시행규칙(총리령 또는 부령)이라는 형식에 제재적 처분기준에 관한 내용을 규정하고 있을 경우, 이를 행정규칙**으로 보고 있다(2018<u>두49444 등</u>). 설령 이들이 상위 법령의 위임을 받았다 하더라도 행정규칙으로 그 지위가 격하된다는 점을 유의하여야 한다.

❶
국회규칙·대법원규칙·헌법재판소규칙·중앙선거관리위원회규칙 및 감사원규칙을 말함

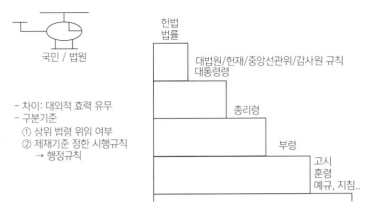

○ 법규명령 및 행정규칙의 구분기준

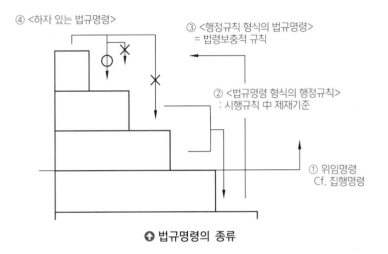

○ 법규명령의 종류

2 법규명령

1. 종류

법규명령은 내용면에서 법률대위명령과 법률종속명령으로 나뉜다. 법률대위명령은 대통령이 헌법에 근거하여 발령하는 긴급재정·경제명령, 긴급명령을 말하는데, 이는 법률과 대등한 효력을 가지므로 엄밀한 의미에서 법규명령이라고 보기는 어렵다. 이하에서는 법률종속명령을 위주로 살핀다.

(1) 위임명령

위임명령이란 상위법령에 의해 위임된 사항을 규정하고 있는 행정입법을 말한다. 법규명령은 주로 위임명령을 가르키며, 통상적으로 이는 ② 내지 ⑤의 형식으로 제정되나, ⑥의 형식으로 제정되는 이른바 법령보충적 행정규칙 (행정규칙 형식의 법규명령)도 존재한다.

관련판례 법률: 입찰참가자격 제한 대상 = 법인 /
시행령: 법인 ⊃ 대표자 (2022두37141)

1. 법 제31조 제1항은 입찰 참가자격 제한 대상을 계약당사자로 명시하지 않고 '경쟁의 공정한 집행 또는 계약의 적정한 이행을 해칠 우려가 있는 자' 또는 '그 밖에 입찰에 참가시키는 것이 부적합하다고 인정되는 자'로 규정한 다음, 이러한 부정당업자에 대해서는 대통령령으로 정하는 바에 따라 입찰 참가자격을 제한하여야 한다고 정한다. 따라서 시행령 제92조 제1항부터 제3항까지의 규정에 따라 입찰 참가자격의 제한을 받은 법인이나 단체(이하 '법인 등'이라 한다)의 **대표자가 입찰 참가자격 제한 대상에 포함**되는 것으로 본다고 하여 이 문언의 통상적인 의미에 따른 위임의 한계를 벗어난 것으로 단정할 수 없다.

2. 법인 등의 행위는 법인 등을 대표하는 자연인인 대표기관의 의사결정에 따른 행위를 매개로 하여서만 실현된다. 만일 법 제31조 제1항이 입찰 참가자격 제한 대상을 계약당사자로 한정하고 있는 것으로 해석한다면, 입찰 참가자격 제한처분을 받은 법인 등의 대표자가 언제든지 새로운 법인 등을 설립하여 입찰에 참가하는 것이 가능하게 되어 위 규정의 실효성이 확보될 수 없다.

관련판례 법령보충적 행정규칙(행정규칙 형식의 법규명령)

1. **형식적 한계 (2010다72076)**

   행정규칙이나 규정이 상위법령의 위임범위를 벗어난 경우에는 법규명령으로서 대외적 구속력을 인정할 여지는 없다.
   이는 행정규칙이나 규정 '내용'이 위임범위를 벗어난 경우뿐 아니라 상위법령의 위임규정에서 특정하여 정한 권한행사의 '절차'나 '방식'에 위배되는 경우도 마찬가지이므로, **상위법령에서 세부사항 등을 시행규칙으로 정하도록 위임하였음에도 이를 고시 등 행정규칙으로 정하였다면 그 역시 대외적 구속력을 가지는 법규명령으로서 효력이 인정될 수 없다.**

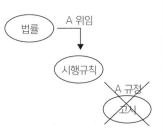

2. **내용적 한계 (2014헌바382)**

   ① 대통령은 법률에서 구체적으로 범위를 정하여 위임받은 사항과 법률을 집행하기 위하여 필요한 사항에 관하여 대통령령을 발할 수 있다(헌법 제75조).
   ② 국무총리 또는 행정각부의 장은 소관사무에 관하여 법률이나 대통령령의 위임 또는 직권으로 **총리령 또는 부령**을 발할 수 있다(헌법 제95조).
   ③ **헌법이 인정하고 있는 위임입법의 형식은 예시적인 것으로 보아야 한다.** 법률이 일정한 사항을 행정규칙에 위임하더라도 그 행정규칙은 위임된 사항만을 규율할 수 있으므로, 국회입법의 원칙과 상치되지 않는다.
   ④ 다만 **고시와 같은 행정규칙에 위임하는 것은 전문적·기술적 사항이나 경미한 사항으로서 업무의 성질상 위임이 불가피한 사항에 한정된다.**

3. **사례 ① (2017두30764)**
   '2014년도 건물 및 기타물건 시가표준액 조정기준'의 각 규정들은 일정한 유형의 위반 건축물에 대한 이행강제금의 산정기준이 되는 시가표준액에 관하여 행정자치부장관으로 하여금 정하도록 한 위 **건축법 및 지방세법령의 위임에 따른 것으로서**

그 법령 규정의 내용을 **보충**하고 있으므로, 그 법령 규정과 결합하여 대외적인 구속력이 있는 **법규명령**으로서의 효력을 가지고, 그중 증·개축 건물과 대수선 건물에 관한 특례를 정한 '증·개축 건물 등에 대한 시가표준액 산출요령'의 규정들도 마찬가지라고 보아야 한다.

4. 사례 ② (97누19915)

법령의 규정이 특정행정기관(A)에게 그 법령내용의 구체적 사항을 정할 수 있는 **권한을 부여**하면서 그 권한행사의 절차나 방법을 특정하고 있지 아니한 관계로 수임행정기관(A)이 행정규칙의 형식으로 그 법령의 내용이 될 사항을 구체적으로 정하고 있는 경우, 그러한 행정규칙, 규정은 행정조직 내부에서만 효력을 가질 뿐 대외적인 구속력을 갖지 않는 행정규칙의 일반적 효력으로서가 아니라, 행정기관에 법령의 구체적 내용을 보충할 권한을 부여한 법령규정의 효력에 의하여 그 내용을 보충하는 기능을 갖게 되고, 따라서 당해 법령의 위임한계를 벗어나지 아니하는 한 그것들과 **결합하여 대외적인 구속력이 있는 법규명령**으로서의 효력을 갖게 된다.

🔍 **관련판례** 위임 및 재위임의 요건 (2013두14238)

법률	기본사항 구체적으로 규정	위임	대강 정하고(전혀 규정 ✕), 특정사항의 범위를 정하여
조례	*대강* 예측 가능		
행정규칙		재위임	

1. 위임명령은 법률이나 상위명령에서 구체적으로 범위를 정한 개별적인 위임이 있을 때에 가능하고, 여기에서 구체적인 위임의 범위는 규제하고자 하는 대상의 종류와 성격에 따라 달라지는 것이어서 일률적 기준을 정할 수는 없지만, 적어도 위임명령에 규정될 내용 및 범위의 **기본사항이 구체적으로 규정**되어 있어서 누구라도 당해 법률이나 상위법령으로부터 위임명령에 규정될 내용의 **대강을 예측**할 수 있어야 하나, 이 경우 그 예측가능성의 유무는 당해 위임조항 하나만을 가지고 판단할 것이 아니라 그 위임조항이 속한 법률의 전반적인 체계와 취지 및 목적, 당해 위임조항의 규정형식과 내용 및 관련 법규를 유기적·체계적으로 종합하여 판단하여야 하며, 나아가 각 규제 대상의 성질에 따라 구체적·개별적으로 검토함을 요한다.

2. 또한 법률에서 위임받은 사항을 전혀 규정하지 않고 재위임하는 것은 복위임금지원칙에 반할 뿐 아니라 위임명령의 제정 형식에 관한 수권법의 내용을 변경하는 것이 되므로 허용되지 않으나 위임받은 사항에 관하여 **대강을 정하고 그 중의 특정사항을 범위를 정하여 하위법령에 다시 위임하는 경우에는 재위임이 허용**된다.

3. 이는 **조례가** 지방자치법 제22조 단서에 따라 주민의 권리제한 또는 의무부과에 관한 사항을 **법률로부터 위임받은 후**, 이를 다시 지방자치단체장이 정하는 '**규칙**'이나 '**고시**' 등에 **재위임**하는 경우에도 마찬가지이다.

(2) 집행명령

극히 예외적으로, **상위법령에 의한 위임이 없음에도** 법규명령으로 인정되는 경우가 있는바, 이를 **집행명령**이라고 한다. 다만, 이는 그 내용이 모법의 해석상 가능한 것을 명시한 것에 지나지 아니하거나, 모법을 구체화하기 위한 것인 때에 한하여 효력을 갖는다. 집행명령으로는 모법에 규정되지 않은 **새로운 내용을 정할 수는 없다.**

📖 관련판례

1. 집행명령의 내용 (2014두8650)

법률의 시행령은 법률에 의한 위임이 없으면 개인의 권리·의무에 관한 내용을 변경·보충하거나 법률에 규정되지 아니한 새로운 내용을 정할 수는 없지만, 시행령의 내용이 모법의 입법 취지와 관련 조항 전체를 유기적·체계적으로 살펴보아 **모법의 해석상 가능한 것을 명시한 것에 지나지 아니하거나 모법 조항의 취지에 근거하여 이를 구체화하기 위한 것인 때**에는 모법의 규율 범위를 벗어난 것으로 볼 수 없으므로, 모법에 이에 관하여 직접 위임하는 규정을 두지 않았다고 하더라도 이를 무효라고 볼 수 없다.

2. 모법 관련

① **모법 폐지 – 실효 (88누6962)**

상위법령의 시행에 필요한 세부적 사항을 정하기 위하여 행정관청이 일반적 직권에 의하여 제정하는 이른바 집행명령은 근거법령인 상위법령이 폐지되면 특별한 규정이 없는 이상 실효되는 것이나,

② **모법 개정 – 효력 유지**

상위법령이 개정됨에 그친 경우에는 개정법령과 성질상 모순, 저촉되지 아니하고 개정된 상위법령의 시행에 필요한 사항을 규정하고 있는 이상 그 집행명령은 상위법령의 개정에도 불구하고 당연히 실효되지 아니하고 개정법령의 시행을 위한 집행명령이 제정, 발효될 때까지는 여전히 그 효력을 유지한다.

3. 상위법령 위임 없이 사법시험 제2차시험에 과락제도를 정한 사법시험령 = 집행명령 (2004두10432)

사법시험령은 단지 위 법률들이 규정한 사법시험의 시행과 절차등에 관한 세부사항을 구체화하고 국가공무원법상 사법연수생이라는 별정직 공무원의 임용절차를 집행하기 위한 집행명령의 일종이라고 할 것이다.

---

2. 한계

(1) 상위법령의 한계

위임을 하는 상위법령의 경우, 법률유보 원칙과 관련하여 의회유보원칙이 적용된다. 즉, 중요사항에 대해서는 법률이 직접 이를 규정해야 하며, 그 밖의 사항이라 하더라도 원칙적으로 포괄위임이 금지된다.

(2) 하위법령의 한계(＝하자 있는 "법규명령"의 효력)

위임을 받는 하위법령의 경우, 법률우위 원칙이 적용되는 결과 상위법령에서 위임한 범위를 벗어난 내용을 함부로 규정하는 것은 허용되지 않는다. 하위법령이 한계를 일탈한 경우, 원칙적으로 이는 무효로 취급된다. 다만, ① 법이 개정되어 위임의 근거가 마련되었다면, **그때부터** 법규명령은 유효한 것으로 간주되고(**장래효**), ② (일반화하기는 어렵지만) 법령의 위임이 없음에도 법령에 규정된 **처분 요건에 해당하는 사항을 부령에서 변경**하여 규정한 경우에 그 부령을 (무효로 보지는 않고) **행정규칙**으로 평가하기도 한다.

원칙	무효				
예외	① 유효 전환	위임 ×	"그때부터" "처음부터"	위임 ○	
		무효		유효	
	② 대외적 구속력 × (＝행정규칙)	처분요건을 부령에서 임의로 변경한 경우			

> **◎ 관련판례** "그때부터" 유무효 전환 (93추83)
>
> 1. 일반적으로 법률의 위임에 의하여 효력을 갖는 법규명령의 경우, 구법에 위임의 근거가 없어 무효였더라도 사후에 법개정으로 위임의 근거가 부여되면 **그때부터는** 유효한 법규명령이 되나, 반대로 구법의 위임에 의한 유효한 법규명령이 법개정으로 위임의 근거가 없어지게 되면 그때부터 무효인 법규명령이 되므로,
>
> 2. 어떤 법령의 위임 근거 유무에 따른 유효 여부를 심사하려면 법개정의 전·후에 걸쳐 모두 심사하여야만 그 법규명령의 시기에 따른 유효·무효를 판단할 수 있다.

3. 하자 발생에 따른 구제수단

(1) 하자 있는 법규명령에 따른 "처분"의 효력

하자 있는 법규명령에 근거를 두고 발령된 처분의 하자가 중대하다고 평가하기는 어렵지 않을 것이나, 문제는 그 하자가 명백한지 여부이다. 법규명령의 하자를 선언한 판결이 선고되기 이전이라면 명백성이 부정되는 결과 취소사유로 평가될 것이나, 판결이 선고된 후라면 명백하다고 볼 수 있어 이는 당연무효사유로 평가될 것이다.

구분	23. 1. 1.	23. 2. 1.	23. 3. 1.	하자
경우 ①	판결	처분 (중대 + **명백**)	–	무효
경우 ②	–	처분 (중대 + **명백**)	판결	취소사유

(2) 하자 있는 법규명령의 통제

법규명령의 하자는 행정심판 또는 행정소송 도중 이에 근거한 처분의 하자를 심리하는 과정에서 발견되고, 이는 다음과 같이 처리된다.

❶
반면, 추상적 규범통제란 처분등에 대하여 소송이 제기되지 않음에도 불구하고 법규명령의 하자를 심사하는 제도를 말하는데, 이는 현행법상 허용되지 아니함

① **법원은** 명령·규칙(=법규명령)이 헌법이나 법률에 위반되는 여부가 재판의 전제가 된 경우에 한하여, 즉 처분등에 대하여 행정소송이 제기된 경우에 한하여 법규명령의 하자를 심사할 수 있고, "최종적인" 심사권은 대법원이 갖는다(헌법 제107조 제2항; **구체적 규범통제❶**). 이때 대법원 또는 중앙행정심판위원회는 하자 있는 법규명령이 향후 시정될 수 있도록 다음과 같은 조치를 취하여야 한다.

> **행정소송법 제6조 【명령·규칙의 위헌판결등 공고】**
> ① 행정소송에 대한 대법원판결에 의하여 명령·규칙이 헌법 또는 법률에 위반된다는 것이 확정된 경우에는 대법원은 지체없이 그 사유를 행정안전부장관에게 통보하여야 한다.
> ② 제1항의 규정에 의한 통보를 받은 행정안전부장관은 지체없이 이를 관보에 게재하여야 한다.
> **행정심판법 제59조 【불합리한 법령 등의 개선】**
> ① 중앙행정심판위원회는 심판청구를 심리·재결할 때에 처분 또는 부작위의 근거가 되는 명령 등이 법령에 근거가 없거나 상위 법령에 위배되거나 국민에게 과도한 부담을 주는 등 크게 불합리하면 관계 행정기관에 그 명령 등의 개정·폐지 등 적절한 시정조치를 요청할 수 있다. 이 경우 중앙행정심판위원회는 시정조치를 요청한 사실을 법제처장에게 통보하여야 한다.
> ② 제1항에 따른 요청을 받은 관계 행정기관은 정당한 사유가 없으면 이에 따라야 한다.

② 다만, 법규명령이 예외적으로 처분성을 가짐으로써 항고소송의 대상이 된다면, 법원 또는 행정심판위원회는 법규명령 그 "자체"를 심사대상으로 삼아 하자 유무를 심사하게 된다.

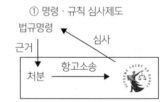

□ 법원에 의한 통제

(3) 행정입법부작위 – 부작위위법확인소송(×), 국가배상청구 및 헌법소원(○)
부작위위법확인소송의 부작위란 "처분"의 부작위를 말하므로, 행정입법의 부작위는 위 소송의 대상이 되지 않는다. 그 대신, 이는 국가배상청구소송 및 헌법소원을 통해 구제가 가능하다(예 군법무관 보수를 대통령령으로 정하지 않은 경우).

3 행정규칙

1. 의의 및 효력

법규명령과 더불어 행정입법의 주된 구성요소를 이루나, 상위법령의 위임 없이 제정되어 행정조직 내부적인 구속력만을 갖는 규율을 행정규칙이라고 한다.

행정규칙의 효력
· 상위법령 위임 ×, 위반 ×
  – 대외적 구속력 ×
  – 대내적 구속력 ○, 위반시 징계 ○
· 상위법령 위임 ×, 위반 ○
  – 대외적 구속력 ×
  – 대내적 구속력 ×, 위반시 징계 ×

법규명령은 법제처의 심사를 거치고(대통령령은 국무회의에 상정되어 심의된다) 반드시 공포하여야 효력이 발생되는 데 반하여, 행정규칙은 법제처의 심사를 거칠 필요도 없고 <u>공포 없이도 효력을 발생하게 된다</u>는 점에서 차이가 있다(99헌바91).

법규명령의 심사절차

구분	법제처 심사	국무회의 심사
대통령령	○	○
총리령/부령	○	×

🔍 관련판례

1. 법규성 ×

① 법규성 × But 가급적 존중

처분기준에 부합한다 하여 곧바로 처분이 적법한 것이라고 할 수는 없지만, 처분기준이 그 자체로 헌법 또는 법률에 합치되지 않거나 그 기준을 적용한 결과가 처분사유인 위반행위의 내용 및 관계 법령의 규정과 취지에 비추어 현저히 부당하다고 인정할 만한 합리적인 이유가 없는 한, <u>섣불리 그 기준에 따른 처분이 재량권의 범위를 일탈하였다거나 재량권을 남용한 것으로 판단해서는 안 된다.</u>

② 법규성 ×이므로 고려 × (2021두39362)

처분이 행정규칙을 위반하였다고 해서 그러한 사정만으로 곧바로 위법하게 되는 것은 아니고, 처분이 행정규칙을 따른 것이라고 해서 적법성이 보장되는 것도 아니다. **처분이 적법한지는 행정규칙에 적합한지 여부가 아니라** <u>상위법령의 규정과 입법 목적 등에 적합한지 여부에 따라 판단해야 한다.</u>

2. 행정규칙인 전결규정 위반 (97누1105)

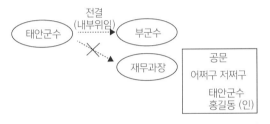

전결과 같은 행정권한의 내부위임은 법령상 처분권자인 행정관청이 내부적인 사무처리의 편의를 도모하기 위하여 그의 보조기관 또는 하급 행정관청으로 하여금 그의 권한을 사실상 행사하게 하는 것으로서 법률이 위임을 허용하지 않는 경우에도 인정되는 것이므로, **설사 행정관청 내부의 사무처리규정에 불과한 전결규정에 위반**하여 원래의 전결권자(부군수) 아닌 보조기관(재무과장) 등이 **처분권자인 행정관청(태안군수)의 이름으로 행정처분**을 하였다고 하더라도 <u>그 처분이 권한 없는 자에 의하여 행하여진 무효의 처분이라고는 할 수 없다.</u>

행정규칙은 <u>대외적인 구속력이 없어 이를 위반한 것 그 자체만으로 처분에 하자가 발생한다고 볼 수는 없다.</u> 다만, 재량권 행사의 기준을 정한 행정규칙(재량준칙)에 의해 행정관행이 성립하였다면, 위 <u>행정관행을 위반한 행위는 평등원칙 및 신뢰보호원칙을 위반한 것이 되어 위법하게 된다(자기구속의 법리).</u>

2. 법규명령 형식의 행정규칙

앞서 살펴본 바와 같이, 제재적 처분기준이 시행규칙의 형식으로 제정된 경우에는 상위법령의 위임이 있다 하더라도 행정규칙의 지위를 갖는다.

(1) 가중적 제재요건과 소의 이익

구분		영업정지 시작	소송 제기	영업정지 종료	현 시점
		영업정지	집행부정지	영업 재개	
소의 이익	원칙	○	○	×	×
	예외	○	○	○	○
	심화	○	○	○	×

제재적 처분의 효력이 소송 진행 도중 소멸하였다 하더라도, 가중적 제재요건이 규정되어 있다면 제재 전력을 소멸시켜야 할 필요성은 여전히 존재하므로, 소의 이익은 인정된다. 종전 판례는 가중적 제재요건이 행정규칙에 규정된 경우에는 소의 이익을 부정하였으나, 이후 입장을 변경하여 **가중적 제재요건이 법규명령 및 행정규칙 중 어디에 규정되어 있는지를 불문하고 소의 이익을 인정**하고 있다(2003두1684).

🔍 관련판례 98두10080 (심화)

1. 가중적 제재요건: 1년 이내 2회 적발

   건축사법은 건축사 업무정지처분을 연 2회 이상 받고 그 정지기간이 통산하여 12월 이상이 될 경우에는 가중된 제재처분인 건축사사무소 등록취소처분을 받게 되도록 규정하고 있다.

2. 건축사 업무정지처분을 받은 후 <u>새로운 업무정지처분을 받음이 없이 1년이 경과하여 **실제로 가중된 제재처분을 받을 우려가 없게 된 경우**</u>, 업무정지처분에서 정한 정지기간이 경과한 후에 업무정지처분의 취소를 구할 법률상 이익이 없다.

---

(2) 법률 – 재량행위 vs 행정입법 – 기속행위

<u>법률은 제재적 처분을 재량행위로 규정하고 있음에도, 그보다 하위법령인 행정입법이 이를 일의적으로 규정(예 과징금을 수액으로 규정)하고 있어 이에 근거한 처분이 기속행위로 해석될 경우</u>, 재판 과정에서 상위법령과 상충되는 듯한 행정입법을 어떻게 해석할 것인지가 문제된다.

만약 제재적 처분을 규정한 행정입법이 행정규칙이라면, 이는 대외적 구속력이 없으므로 상위법령만을 기준으로 삼아 재량행위라고 해석하여도 무방하다.

- 제재기준을 행정규칙으로 규정된 경우

```
┌─────────────────────────────────┐
│ 상위법령(모법)      재량껏 제재      │
└─────────────────────────────────┘
            │
            ↓
────행정규칙(재량준칙)  3대────
```

반면, 제재적 처분을 규정한 행정입법이 **법규명령인 경우**, 판례는 위 법규명령의 효력을 곧바로 부정하지 않고 다만 이를 <u>제재의 상한, 즉 최고한도액</u>을 규정한 것으로 해석한다(99두5207).

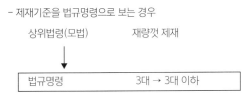

제2장 행정청의 행위

4 행정행위

1. 의의

행정행위란 구체적 사실에 대한 법집행으로써 행정객체에게 직접적 법적 효과를 발생시키는 행정청의 행위를 말한다. 소송법적 개념인 "처분"과 거의 동일한 개념으로 취급되곤 한다.

앞서 살펴본 바와 같이, 일반적으로 행정행위라 함은 대상 인물 및 사안이 특정되어 있음을 전제로 하지만, 대상 인물이 특정되어 있지 않고 사안만 특정되어 있는 일반처분 또한 넓은 의미에서 행정행위에 포함된다.

□ "처분 등"과의 관계

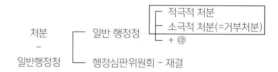

2. 기속행위 및 재량행위

(1) 의의 및 구별기준

기속행위는 일정한 사안에서 법령의 해석상 단 하나의 처분이 가능한 경우를 말하고, 재량행위는 법령의 해석상 행위를 할지 말지(결정재량), 만약 한다면 어떤 내용으로 할지에 대한 재량(선택재량)이 주어진 경우를 말한다. 이는 원칙적으로 법령의 **문언을 중심**으로 구분되나(기속행위: "행정청은 ~ 하여야 한다." / 재량행위: "행정청은 ~할 수 있다."), 예외적으로 **수익적 처분**은 그 문언에도 불구하고 **재량**행위로 분류되는 경향이 있다.

> **@ 관련판례**
>
> **1. 문언을 중심으로 여러가지 고려 (98두17593)**
>
> 기속행위와 재량행위의 구분은 당해 행위의 근거가 된 **법규의 체재·형식과 그 문언**, 당해 행위가 속하는 행정 분야의 주된 목적과 특성, 당해 행위 자체의 개별적 성질과 유형 등을 모두 고려하여 판단한다.
>
> **2. 공무원에 대한 복직명령(기속행위) (2012두4852)**
>
> 국가공무원법 제73조 제2항의 문언에 비추어 복직명령은 기속행위이므로 휴직사유가 소멸하였음을 이유로 신청하는 경우 임용권자는 지체 없이 복직명령을 하여야 한다.

3. 수익적 처분 = 재량행위 (2007두6663)

주택재건축사업시행의 인가는 상대방에게 권리나 이익을 부여하는 효과를 가진 이른바 수익적 행정처분으로서 법령에 행정처분의 요건에 관하여 일의적으로 규정되어 있지 아니한 이상 행정청의 재량행위에 속하므로, 처분청으로서는 법령상의 제한에 근거한 것이 아니라 하더라도 공익상 필요 등에 의하여 필요한 범위 내에서 여러 조건(부담)을 부과할 수 있다.

> **유사** 주택건설사업계획 승인, 송유관매설허가

(2) 심리방식

관련판례

1. 구분기준 및 심리방식 (98두17593)

① 행정행위가 그 재량성의 유무 및 범위와 관련하여 이른바 기속행위 내지 기속재량행위와 재량행위 내지 자유재량행위로 구분된다고 할 때, **그 구분은 당해 행위의 근거가 된 법규의 체재·형식과 그 문언**, 당해 행위가 속하는 행정 분야의 주된 목적과 특성, 당해 행위 자체의 개별적 성질과 유형 등을 모두 고려하여 판단하여야 하고,

② 이렇게 구분되는 양자에 대한 **사법심사는, [기속행위] 전자의 경우** 그 법규에 대한 원칙적인 기속성으로 인하여 법원이 사실인정과 관련 **법규의 해석·적용을 통하여 일정한 결론을 도출한 후 그 결론에 비추어 행정청이 한 판단의 적법 여부를 독자의 입장에서 판정**하는 방식에 의하게 되나,

③ **[재량행위] 후자의 경우** 행정청의 재량에 기한 공익판단의 여지를 감안하여 **법원은 독자의 결론을 도출함이 없이 당해 행위에 재량권의 일탈·남용이 있는지 여부만을 심사**하게 되고, 이러한 재량권의 일탈·남용 여부에 대한 심사는 사실오인, 비례·평등의 원칙 위배, 당해 행위의 목적 위반이나 동기의 부정 유무 등을 그 판단 대상으로 한다.

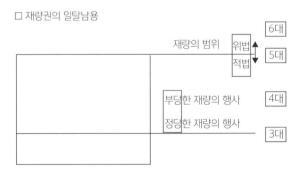

□ 재량권의 일탈남용

재량의 범위 — 위법 / 적법 — 6대 / 5대

부당한 재량의 행사 — 4대

정당한 재량의 행사 — 3대

2. 중고등학교 교과서 검정 = 재량행위 (86누618)

문교부장관이 시행하는 검정은 그 책을 교과용 도서로 쓰게 할 것인가 아닌가를 정하는 것일 뿐 그 책을 출판하는 것을 막는 것은 아니나 현행 교육제도하에서의 중·고등학교 교과용 도서를 검정함에 있어서 심사는 원칙적으로 오기, 오식 기타 객관적으로 명백한 잘못, 제본 기타 기술적 사항에만 그쳐야 하는 것은 아니고, 그 저술한 내용이 교육에 적합한 여부까지를 심사할 수 있다고 하여야 한다.

(3) 부관(기속행위 × / 재량행위 ○)

> **행정기본법 제17조 【부관】**
> ① 행정청은 처분에 재량이 있는 경우에는 부관(조건, 기한, 부담, 철회권의 유보 등을 말한다. 이하 이 조에서 같다)을 붙일 수 있다.
> ② 행정청은 처분에 재량이 없는 경우에는 법률에 근거가 있는 경우에 부관을 붙일 수 있다.

(4) 일부취소판결(기속행위 ○ / 재량행위 ×, Cf. 직권취소, 취소재결)

3. 제3자효 행정행위

행정행위는 주로 그 직접 상대방에게 효력을 미치지만, 경우에 따라서는 제3자에 대해서도 효력을 미치는 경우가 있다. 이와 관련해서는 제3자의 원고적격, 소송참가 및 재심 제도, 판결(집행정지)의 대세효, 제소기간의 정당한 사유 등이 출제 포인트가 된다.

4. 법률행위적 행정행위 및 준법률행위적 행정행위

법률행위적 행정행위	명령적 행위	**하명**	**허가**	면제
	형성적 행위	**특허**	**인가**	대리
준법률행위적 행정행위	확인적 행위	확인		
		공증		
		수리		
		통지		

법률행위적 행정행위는 행정청에 의사표시에 따라 법률효과가 발생하는 행정행위를, 준법률행위적 행정행위는 법률의 규정에 따라 법률효과가 발생하는 행정행위를 말한다. 다만, 이러한 구분이 정확하지 않다는 비판적 관점에서, 행정행위를 명령적 / 형성적 / 확인적 행위로 나누고자 하는 견해 또한 유력하게 대두되고 있다.

(1) 하명

행정객체에게 <u>의무를 부과</u>하는 행위를 의미한다(예 철거명령, 영업정지, 조세부과). 하명에는 집행력이 인정되므로, 의무가 불이행될 경우 행정상의 의무이행확보수단을 통해 의무의 이행을 강제할 수 있다.

(2) 허가(주로 기속행위)

일정한 요건이 충족됨을 전제로, <u>법에 의해 상대적·일반적으로 금지❶되는 행위를 허용❷</u>하는 것을 의미한다. 허가는 <u>일반적으로 기속행위</u>이므로, 법령상의 요건 등이 충족되면 반드시 허가가 내려져야 할 필요가 있다.

확인
• 친일재산 국가귀속결정
• 준공검사처분

공증
• 건설업면허증·수첩 재교부
• 상표사용권 설정·등록
• 의료유사업자 자격증 갱신·발급

Cf. 사실행위
• 사업자등록
• 사업자등록증 교부
• 사업자등록증 검열

❶
다만, 무허가 영업이 이루어졌다고 하여 이를 토대로 행한 사법상 계약의 효력까지 부정되는 것은 아님

❷
해당 법에 의한 금지만을 해제하여 줄 뿐, 타법상의 금지까지 해제하는 효과는 없음

🔍 관련판례

1. 운전면허와 개인택시면허

① 운전면허 = 허가 (2017도9230)

운전면허가 허가라는 행정행위로서의 성격을 가지는 이상, 도로교통법에 따라 운전면허를 받을 수 있는 사람은 내국인 또는 출입국관리법이 정한 적법한 절차에 따라 대한민국에 입국한 외국인이라고 보아야 한다.

② **비교** 개인택시면허 = 재량행위(특허) (2006두13886)

개인택시운송사업면허는 특정인에게 권리나 이익을 부여하는 행정행위로서 법령에 특별한 규정이 없는 한 재량행위이다.

유사 마을버스 운송사업면허 (99두3812)

2. 대중음식점 / 일반음식점 / 유흥접객업 영업허가 = 허가 (93누2216/97누12532/92누4390)

① [식품위생법상 대중음식점 / 일반음식점 / 유흥접객업 영업허가]는 성질상 일반적 금지의 해제에 불과하므로,

② 허가권자는 허가신청이 법에서 정한 요건을 구비한 때에는 허가하여야 하고,

③ 관계 법령에서 정하는 제한사유 외에 공공복리 등의 사유를 들어 허가신청을 거부할 수는 없다.

3. 산림훼손허가 (기속재량행위) (97누1228)

산림훼손행위는 국토의 유지와 환경의 보전에 직접적으로 영향을 미치는 행위이므로 국토 및 자연의 유지와 환경의 보전 등 **중대한 공익상 필요**가 있다고 인정될 때에는 허가를 거부할 수 있고, 그 경우 **법규에 명문의 근거가 없더라도 거부처분을 할 수 있다.**

4. 건축허가 (기속재량행위)

① 일반적인 건축허가

㉠ 건축허가권자는 건축허가신청이 건축법 등 관계 법규에서 정하는 어떠한 제한에 배치되지 않는 이상 당연히 같은 법조에서 정하는 **건축허가를 하여야 하고, 중대한 공익상의 필요가 없는데도 관계 법령에서 정하는 제한사유 이외의 사유를 들어 요건을 갖춘 자에 대한 허가를 거부할 수는 없다**(2009두8946).

㉡ 건축허가는 대물적 허가의 성질을 가지는 것으로 그 허가의 효과는 허가대상 건축물에 대한 권리변동에 수반하여 이전되고, 별도의 승인처분에 의하여 이전되는 것이 아니다(79누190).

㉢ 건축주 또는 토지 소유자가 누구인지 등 인적 요소에 관하여 형식적 심사만 한다(2014두41190).

② **비교** 타법상의 인허가가 의제되는 건축허가 = 재량행위 (2016두55490 등)

국토계획법이 정한 용도지역 안에서의 건축허가는 건축법 제11조 제1항에 의한 건축허가(*주된 인허가*)와 국토계획법 제56조 제1항의 개발행위허가(*의제되는 인허가*)의 성질을 아울러 갖는데, 개발행위허가는 허가기준 및 금지요건이 불확정 개념으로 규정된 부분이 많아 그 요건에 해당하는지 여부는 행정청의 재량판단의 영역에 속한다.

참고 타법상의 인허가 = 개발행위허가 / 형질변경행위 / 농지전용행위 등

허가와 비교해야 할 개념으로는 **예외적 승인(허가)**이 있다. 예외적 승인은 일정한 요건이 충족됨을 전제로 금지를 해제하여 준다는 점에서는 허가와 유사하나, 법령상의 요건 외의 사유를 들어 금지를 해제하지 않을 수 있는 **재량이 인정**된다는 점에서 차이가 있다.

개발제한구역 지정행위는 처분성이 인정됨
(2007헌마862)

> **🔍 관련판례**
>
> 1. 개발제한구역 내 건축허가 = 예외적 승인 = 재량행위 (2003두7606)
>   개발제한구역 내에서의 건축물의 건축 등에 대한 예외적 허가는 그 상대방에게 수익적인 것으로서 재량행위에 속하는 것이라고 할 것이다.
>
> 2. 개발제한구역 내 건축물 용도변경 = 예외적 승인 = 재량행위 (98두17593)
>   건축물의 용도변경에 대한 예외적인 허가는 그 상대방에게 수익적인 것에 틀림이 없으므로, 이는 그 법률적 성질이 재량행위 내지 자유재량행위에 속하는 것이라고 할 것이다.
>
> 3. 학교환경위생정화구역 내 금지해제 (2004헌마732)
>
> 4. 국토계획법에 따른 용도지역 내 건축허가 (2021두33883)

(3) 특허(재량행위)

행정객체만을 위하여 특별히 권리를 설정해 주는 행위(**설권적 처분**)를 말한다. 특허는 대부분 재량행위의 성질을 갖는다. 행정객체는 특허를 통해 <u>독점적 이익</u>을 부여받게 되므로, 제3자가 추가적으로 특허를 부여받아 이를 침해한다면 <u>경업자(경원자) 관계</u>가 인정되어 원고적격이 부여될 가능성이 높다.

> **🔍 관련판례**
>
> 1. 점용허가와 설영특허
>
>
>
>   ① 도로 점용허가 (2002두5795)
>   도로점용은 <u>일반공중의 교통에 사용되는 도로</u>에 대하여 이러한 일반사용과는 별도로 도로의 특정부분을 유형적·고정적으로 특정한 목적을 위하여 사용하는 이른바 특별사용을 뜻하는 것이고, 이러한 도로점용의 허가는 <u>특정인에게 일정한 내용의 공물사용권을 설정하는 설권행위</u>이다.
>   ② 공유수면 점용허가 (2002두5016)
>   공유수면의 점·사용허가는 <u>특정인에게 공유수면 이용권이라는 독점적 권리를 설정</u>하여 주는 처분으로서 그 처분의 여부 및 내용의 결정은 원칙적으로 행정청의 재량에 속한다.
>   ③ 보세구역 설영특허 (88누4188)
>   보세구역의 설영특허는 <u>보세구역의 설치, 경영에 관한 권리를 설정하는 이른바 공기업의 특허</u>로서 그 특허의 부여여부는 행정청의 자유재량에 속한다.

2. 행정재산의 사용·수익에 대한 허가 (2004다31074)

(국립의료원 부설 주차장에 관한 위탁관리용역운영계약) 국유재산 등의 관리청이 하는 행정재산의 사용·수익에 대한 허가는 순전히 사경제주체로서 행하는 사법상의 행위가 아니라 관리청이 공권력을 가진 우월적 지위에서 행하는 행정처분으로서 특정인에게 행정재산을 사용할 수 있는 권리를 설정하여 주는 강학상 특허에 해당한다.

3. 체류자격 변경허가와 귀화허가

① 체류자격 변경허가 (2015두48846)

체류자격 변경허가는 신청인에게 당초의 체류자격과 다른 체류자격에 해당하는 활동을 할 수 있는 권한을 부여하는 일종의 설권적 처분의 성격을 가진다.

② 귀화허가 (2009두19069)

귀화허가는 외국인에게 대한민국국적을 부여함으로써 국민으로서의 법적 지위를 포괄적으로 설정하는 행위에 해당한다.

비교 난민인정 – 기속행위 (2016두42913)

행정청은 원칙적으로 법령이 정한 난민요건에 해당하는지를 심사하여 난민인정 여부를 결정할 수 있을 뿐이고, 이와 무관한 다른 사유를 들어 난민인정을 거부할 수는 없다.

4. 대기오염물질 총량관리사업장 설치의 허가 (2012두22799)

대기오염물질 총량관리사업장 설치의 허가 또는 변경허가는 특정인에게 인구가 밀집되고 대기오염이 심각하다고 인정되는 <u>수도권 대기관리권역에서 총량관리대상 오염물질을 일정량을 초과하여 배출할 수 있는 특정한 권리를 설정하여 주는 행위</u>로서 그 처분의 여부 및 내용의 결정은 행정청의 재량에 속한다.

5. 사업인정의 의의 및 성질(특허) (2017두71031)

사업인정이란 공익사업을 토지 등을 수용 또는 사용할 사업으로 결정하는 것으로서 <u>공익사업의 시행자에게</u> 그 후 일정한 절차를 거칠 것을 조건으로 일정한 내용의 수용권을 설정하여 주는 형성행위이다.

🔍 비교판례 한의사 면허 = 허가 (97누4289)

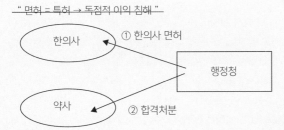

" 면허 = 특허 → 독점적 이익 침해 "

한의사 면허는 경찰금지를 해제하는 명령적 행위(**강학상 허가**)에 해당하고, 한약조제시험을 통하여 약사에게 한약조제권을 인정함으로써 한의사들의 영업상 이익이 감소되었다고 하더라도 이러한 이익은 사실상의 이익에 불과하고 약사법이나 의료법 등의 법률에 의하여 보호되는 이익이라고는 볼 수 없으므로, **한의사들이 한약조제시험을 통하여 한약조제권을 인정받은 약사들에 대한 합격처분의 무효확인을 구하는 당해 소는 원고적격이 없는 자들이 제기한 소로서 부적법**하다.

인가는 (특허만큼은 아니지만) 대부분 재량
행위임

(4) 인가

기본행위 보충·완성 인가

당사자 간의 법률행위(기본행위)가 그 자체만으로는 효력이 완성되지 않고, 행정청의 <u>처분</u>이 있을 때 비로소 **효력이 완성**되는 경우, 위와 같은 처분을 인가라고 한다. 인가는 기본행위의 효력을 **보충해주는 역할**에 그치므로, 행정청은 기본행위의 내용을 <u>수정하여 인가할 수 없다</u>.

> 🔍 **관련판례** 인가의 보충적 효력 (95누4810)
>
> 인가는 기본행위인 재단법인의 정관변경에 대한 법률상의 효력을 완성시키는 보충행위로서, 그 **기본이 되는 정관변경 결의에 하자가 있을 때에는 그에 대한 인가가 있었다 하여도** 기본행위인 정관변경 결의가 유효한 것으로 될 수 없다.

기본행위는 개별 사안에 따라 사법상 행위
일 수도, 행정행위일 수도 있음

한편, 기본행위가 무효인 경우 그에 대한 인가처분이 있다고 하더라도 그 기본행위가 유효한 것으로 될 수 없다. 이 때, 기본행위에 하자가 있다고 하여도 이를 이유로 인가에 대해 소송을 제기할 수는 없고, **기본행위의 하자에 대해서는 기본행위를, 인가의 하자에 대해서는 인가를 대상으로 소송을 제기해야** 한다(2001두7541).

기본행위가 무효면 인가도 무효가 됨. 이 경
우 소송대상을 특정할 때에는 기본행위에
하자가 있는 것으로 봄

구분	일반적인 인가			인가 + 설권적 처분		
하자	기본행위		인가	기본행위		인가
소송대상	인가 (~~소의 이익~~)	기본행위	인가	인가	기본행위 (~~소의 이익~~)	인가

> 🔍 **관련판례**
>
> 1. **토지거래허가 (90다12243)**
>   이는 허가 전의 유동적 무효 상태에 있는 법률행위의 효력을 완성시켜 주는 인가적 성질을 띈 것이라고 보는 것이 타당하다.
>
> 2. **재단법인의 정관변경 허가 (95누4810)**
>   재단법인의 정관변경 "허가"는 법률상의 표현이 허가로 되어 있기는 하나, 그 성질에 있어 법률행위의 효력을 보충해 주는 것이지 일반적 금지를 해제하는 것이 아니므로, 그 법적 성격은 인가라고 보아야 한다.
>
> 3. **재단법인 임원취임 승인 (98두16996)**
>   임원취임을 인가 또는 거부할 것인지 여부는 주무관청의 권한에 속하는 사항이라고 할 것이고, 재단법인의 임원취임승인 신청에 대하여 주무관청이 이에 기속되어 이를 당연히 승인(인가)하여야 하는 것은 아니다.

• 토지거래 허가 전: 유동적 무효
• 토지거래 허가 후: 확정적 유효
Cf. 허가구역 지정 해제: 확정적 유효

4. 재개발"조합"에 대한 사업시행계획 인가처분 (2011두25173)

기본행위인 사업시행계획이 무효인 경우 그에 대한 인가처분이 있다고 하더라도 그 기본행위인 사업시행계획이 유효한 것으로 될 수 없으며, 기본행위가 적법·유효하고 보충행위인 인가처분 자체에만 하자가 있다면 그 인가처분의 무효나 취소를 주장할 수 있다.

5. 자동차관리사업자단체의 조합설립인가 (2013두635)

자동차관리사업자단체의 설립인가처분은 시·도지사 등이 자동차관리사업자들의 단체결성행위를 보충하여 효력을 완성시키는 처분에 해당한다.

6. 학교법인의 임원취임승인 (2005두9651)

관할청이 학교법인의 임원취임승인신청에 대하여 이를 반려하거나 거부하는 경우 학교법인에 의하여 임원으로 선임된 사람은 학교법인의 임원으로 취임할 수 없게 되는 불이익을 입게 되는바, 이와 같은 불이익은 간접적이거나 사실상의 불이익이 아니라 직접적이고도 구체적인 법률상의 불이익이라 할 것이므로 학교법인에 의하여 임원으로 선임된 사람에게는 관할청의 임원취임승인신청 반려처분을 다툴 수 있는 원고적격이 있다.

7. 공익법인의 기본재산 처분허가 (2004다50044)

위 처분허가에 부관을 붙인 경우 그 처분허가의 법률적 성질이 형성적 행정행위로서의 인가에 해당한다고 하여 조건으로서의 **부관의 부과가 허용되지 아니한다고 볼 수는 없다.**

8. 공유수면매립면허

① 공유수면매립권 양수도 인가 (90누5184)

공유수면매립의 면허로 인한 권리의무의 양도·양수에 있어서의 면허관청의 **인가는 효력요건**으로서, 위 각 규정은 강행규정이라고 할 것인바, 위 면허의 공동명의자 사이의 면허로 인한 권리의무양도약정은 **면허관청의 인가를 받지 않은 이상 법률상 아무런 효력도 발생할 수 없다.**

② [비교] 공유수면매립면허의 설정 및 회복 = 특허 (88누9206)

공유수면매립면허는 설권행위인 특허의 성질을 갖는 것이므로 원칙적으로 행정청의 자유재량에 속하며, 일단 실효된 공유수면매립면허의 효력을 회복시키는 행위도 특단의 사정이 없는 한 새로운 면허부여와 같이 면허관청의 자유재량에 속한다.

9. 관리처분계획에 대한 인가❶ (2007다2428)

도시 및 주거환경정비법상 주택재건축정비사업조합이 같은 법 제48조에 따라 수립한 **관리처분계획에 대하여 관할 행정청의 인가·고시까지 있게 되면 관리처분계획은 행정처분으로서 효력이 발생**하게 되므로, **총회결의의 하자를 이유로 하여 행정처분의 효력을 다투는 항고소송의 방법으로 관리처분계획의 취소 또는 무효확인**을 구하여야 하고, 그와 별도로 행정처분에 이르는 절차적 요건 중 하나에 불과한 총회결의 부분만을 따로 떼어내어 효력 유무를 다투는 확인의 소를 제기하는 것은 특별한 사정이 없는 한 허용되지 않는다.

❶ 부관을 붙일 수 없음

한편, 인가는 때때로 설권적 처분(특허)의 성질을 겸비하는 경우가 있는데, 이때에는 **기본행위에 하자가 있는 경우라 하더라도 인가를 대상으로 소송을 제기**하여야 한다.

1. 도시 및 주거환경정비법상 정비조합(재개발조합)에 대한 설립인가처분 (2008다60568, 2009두4845)

① 행정청이 <u>도시 및 주거환경정비법</u> 등 관련 법령에 근거하여 행하는 **조합설립인가처분은 단순히 사인들의 조합설립행위에 대한 보충행위로서의 성질을 갖는 것에 그치는 것이 아니라** 법령상 요건을 갖출 경우 도시 및 주거환경정비법상 주택재건축사업을 시행할 수 있는 권한을 갖는 행정주체(공법인)로서의 지위를 부여하는 **일종의 설권적 처분의 성격을 갖는다고** 보아야 한다.

② 조합설립결의는 조합설립인가처분이라는 행정처분을 하는 데 필요한 요건 중 하나에 불과한 것이어서, **조합설립결의에 하자가 있다면 그 하자를 이유로 직접 항고소송의 방법으로 조합설립인가처분의 취소 또는 무효확인을 구하여야 하고,** 이와는 별도로 조합설립결의 부분만을 따로 떼어내어 그 효력 유무를 다투는 확인의 소를 제기하는 것은 원고의 권리 또는 법률상의 지위에 현존하는 불안·위험을 제거하는 데 가장 유효·적절한 수단이라 할 수 없어 특별한 사정이 없는 한 확인의 이익은 인정되지 아니한다.

2. 개발촉진지구 내 실시계획처분 (2012두5602)

① 지구개발사업에 관한 지정권자의 **실시계획승인처분은 단순히 시행자가 작성한 실시계획에 대한 법률상의 효력을 완성시키는 보충행위에 불과한 것이 아니라** 법령상의 요건을 갖춘 경우 법이 규정하고 있는 지구개발사업을 시행할 수 있는 지위를 시행자에게 부여하는 일종의 **설권적 처분**으로서의 성격을 가진 독립된 행정처분으로 보아야 한다.

② 피고의 이 사건 승인처분은 그 자체가 행정처분의 성격을 띠는 것으로서 독립하여 행정쟁송의 대상이 되므로, **이 사건 승인처분이 강학상 인가에 해당한다는 피고의 주장은 배척되어야 한다.**

⊕ 재개발/재건축 관련 인가의 법적 성격

조합원 분양은 사업시행계획 후, 관리처분계획 전에 이루어짐

구분	"인가"의 성격	
	조합설립 ○	조합설립 ×
정비구역 지정 및 고시	–	–
조합설립추진위원회 구성	인가	해당사항 없음
조합설립	*특허*	해당사항 없음
사업시행계획	인가	*특허*
관리처분계획	인가	인가
이주·철거	–	–
착공·분양		
준공·입주		
이전고시·해산		

5 부관

1. 의의 및 종류

부관이란 주된 행정행위의 효과를 제한 또는 보충하기 위한 목적으로 주된 행정행위와 함께 발령되는 종된 행정작용을 의미한다.

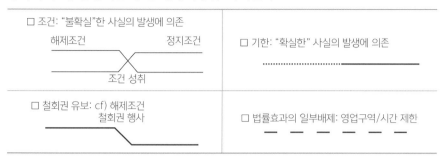

부관의 종류는 크게 ① 주된 행정행위의 효과의 발생(정지조건) 또는 소멸(해제조건)을 장래의 불확실한 사실의 발생한 사실에 의존시키는 "조건", ② 행정행위의 효과의 발생(시기) 또는 소멸(종기)을 장래의 확실한 사실의 발생한 사실에 의존시키는 "기한", ③ 주된 행정행위를 발령할 때 행정청이 장래 일정한 시점에 이를 철회할 수 있는 권한을 부가하는 "철회권의 유보", ④ 행정행위의 대상이 되는 면적, 기간 등의 일부에 대하여 행정행위의 효력이 발생하지 않도록 하는 "법률효과의 일부배제"와 ⑤ 주된 행정행위에 하명을 부가하는 "부담"으로 구분된다.

> ### 🔍 관련판례
>
> 1. **부담 ⊃ 철회권 유보 (89누2431)**
>   부담부 행정처분에 있어서 처분의 상대방이 부담(의무)을 이행하지 아니한 경우에 처분행정청으로서는 이를 들어 당해 처분을 취소(철회)**할 수 있는 것**이다.
>
> 2. **부당하게 짧은 기한에 대한 해석 (2003두12837)**
>
>
>
>   ① 행정처분에 효력기간이 정하여져 있는 경우에는 그 <u>기간의 경과로 그 행정처분의 효력은 상실되며</u>,
>   ② 다만 허가에 붙은 **기한이 그 허가된 사업의 성질상 부당하게 짧은 경우**에는 이를 그 허가 자체의 존속기간이 아니라 그 **허가조건의 존속기간으로 보아 그 기한이 도래함으로써 그 조건의 개정을 고려한다**는 뜻으로 해석할 수 있지만,
>   ③ 이와 같이 당초에 붙은 기한을 허가 자체의 존속기간이 아니라 **허가조건의 존속기간으로 보더라도** 그 후 당초의 기한이 상당 기간 연장되어 연장된 기간을 포함한 존속기간 전체를 기준으로 볼 경우 **더 이상 허가된 사업의 성질상 부당하게 짧은 경우에 해당하지 않게 된 때에**는 관계 법령의 규정에 따라 허가 여부의 재량권을 가진 행정청으로서는 그때에도 허가조건의 개정만을 고려하여야 하는 것은 아니고 재량권의 행사로서 더 이상의 **기간연장을 불허가할 수도 있는 것**이며, 이로써 허가의 효력은 상실된다.

3. 기간 끝난 뒤 신청한 경우: 갱신요청 × / 신규신청 ○ (2018다284400)

① 어업에 관한 허가 또는 신고의 경우 그 유효기간이 경과하면 그 허가나 신고의 효력이 당연히 소멸하며, 재차 허가를 받거나 신고를 하더라도 허가나 신고의 기간만 갱신되어 종전의 어업허가나 신고의 효력 또는 성질이 계속된다고 볼 수 없고 새로운 허가 내지 신고로서의 효력이 발생한다.

② 허가기간이 연장되기 위하여는 그 종기 도래 이전에 연장에 관한 신청이 있어야 한다(2005두12404).

구분	before	1년 후	after	효과
경우 ①	신청			갱신(연장)
경우 ②			신청	신규신청

4. 갱신≠갱신 전 위반사항 치유 (81누174)

유료 직업소개사업의 허가갱신은 허가취득자에게 종전의 지위를 계속 유지시키는 효과를 갖는 것에 불과하고 갱신 후에는 갱신 전의 법위반 사항을 불문에 붙이는 효과를 발생하는 것이 아니므로 일단 갱신이 있은 후에도 갱신 전의 법위반 사실을 근거로 허가를 취소할 수 있다.

구분	2022	2023	제재 가능 사유
경우 ①: 갱신 (O)	통합 1기		22년 위반사실로 23년도에 제재 可
경우 ②: 갱신 (×)	1기	2기	22년 위반사실 있어도 1기 이미 종료

2. 한계

별다른 언급이 없다면 임의부관으로 전제함

이하의 내용은 행정청의 의사에 의해 부가되는 부관에 대하여 적용되는 것이며, 법령이 직접 기한·조건 등을 규정함으로써 부가되는 법정부관(예 각종 면허증의 유효기간)은 아래와 같은 제약을 받지 않는다.

> 🔍 **관련판례** 법정부관에 대한 부관의 한계 적용 × (92누1728)
>
> 법정부관에 대하여는 행정행위에 **부관을 붙일 수 있는 한계에 관한 일반적 원칙이 적용되지는 않는다.**

(1) 사항적 한계

법령에 부관의 근거 규정이 없는 경우에도 부관을 붙일 수 있는지와 관련하여, 주된 행정행위가 재량행위인 경우에는 부관을 붙일 수 있고, 기속행위인 경우에는 부관을 붙일 수 없다(행정기본법 제17조 제1항 및 제2항).

> **행정기본법 제17조 【부관】**
> ① 행정청은 처분에 재량이 있는 경우에는 부관(조건, 기한, 부담, 철회권의 유보 등을 말한다. 이하 이 조에서 같다)을 붙일 수 있다.
> ② 행정청은 처분에 재량이 없는 경우에는 법률에 근거가 있는 경우에 부관을 붙일 수 있다.

수익적 행정행위에 있어서는 **법령에 특별한 근거규정이 없다고 하더라도** 그 부관으로서 부담을 붙일 수 있으나, 그러한 부담은 비례의 원칙, 부당결부금지의 원칙에 위반되지 않아야만 적법하다.

(2) 내용적 한계

다음과 같은 내용상의 한계가 있으나, 이는 행정법의 일반원칙인 비례의 원칙 및 부당결부금지 원칙을 부관에 맞게 확인적으로 다시 규정한 것에 불과하다.

> **행정기본법 제17조 【부관】**
> ④ 부관은 다음 각 호의 요건에 적합하여야 한다.
> 1. 해당 처분의 목적에 위배되지 아니할 것 *(비례의 원칙 – 적합성의 원칙)*
> 2. 해당 처분과 실질적인 관련이 있을 것 *(부당결부금지 원칙)*
> 3. 해당 처분의 목적을 달성하기 위하여 필요한 최소한의 범위일 것 *(비례의 원칙 – 필요성의 원칙)*

🔍 **관련판례**

1. 해당 처분의 목적에 위배되지 아니할 것 (89누6808)

<주된 행정행위>　　　　<부관>

어업허가

기선선망어업에는 그 어선규모의 대소를 가리지 않고 등선과 운반선을 갖출 수 있고, 또 갖추어야 하는 것이라고 해석되므로 기선선망어업의 허가를 하면서 운반선, 등선 등 부속선을 사용할 수 없도록 제한한 **부관은 그 어업허가의 목적달성을 사실상 어렵게 하여 그 본질적 효력을 해하는 것**이다.

2. 해당 처분과 실질적인 관련이 있을 것 (96다49650)

지방자치단체장이 사업자에게 주택사업계획승인을 하면서 그 **주택사업과는 아무런 관련이 없는 토지를 기부채납**하도록 하는 부관을 주택사업계획승인에 붙인 경우, 그 부관은 부당결부금지의 원칙에 위반되어 위법하다.

3. 부제소특약 불가 (98두8919)

지정조건으로 '지정기간 중이라도 개설자가 농수산물 유통정책의 방침에 따라 도매시장법인 이전 및 지정취소 또는 폐쇄 지시에도 일체 소송이나 손실보상을 청구할 수 없다.'라는 부관을 붙였으나, 그 중 **부제소특약에 관한 부분**은 당사자가 임의로 처분할 수 없는 공법상의 권리관계를 대상으로 하여 **사인의 국가에 대한 공권인 소권을 당사자의 합의로 포기하는 것으로서 허용될 수 없다.**

4. 부관의 내용 및 형식에 대한 위법성 판단
   ① (내용만 적법하다면) 협약의 형식 ○ (2005다65500)
   부담은 행정청이 행정처분을 하면서 일방적으로 부가할 수도 있지만 부담을 부가하기 이전에 **상대방과 협의하여 부담의 내용을 협약의 형식으로 미리 정한 다음** 행정처분을 하면서 이를 부가할 수도 있다.

② 처분 후 법령 개정에 영향 × (2005다65500)

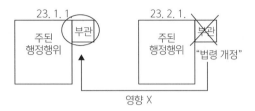

행정청이 수익적 행정처분을 하면서 부가한 <u>부담의 위법 여부는 처분 당시 법령을 기준으로 판단하여야 하고</u>, 부담이 처분 당시 법령을 기준으로 적법하다면 **처분 후 부담의 전제가 된 주된 행정처분의 근거 법령이 개정됨으로써 행정청이 더 이상 부관을 붙일 수 없게 되었다 하더라도 곧바로 위법하게 되거나 그 효력이 소멸하게 되는 것은 아니다.**
부담의 전제가 된 **주된 행정처분의 근거 법령이 개정됨으로써 행정청이 더 이상 부관을 붙일 수 없게 된 경우에도 곧바로 협약의 효력이 소멸하는 것은 아니다.**
③ (내용이 적법하지 않다면) 협약의 형식 × (2007다63966)
<u>공법상의 제한을 회피할 목적으로</u> 행정처분의 상대방과 사이에 사법상 계약을 체결하는 형식을 취하였다면 이는 법치행정의 원리에 반하는 것으로서 <u>위법하다.</u>

(3) 시간적 한계(총 4개)

행정기본법 제17조 【부관】
③ 행정청은 부관을 붙일 수 있는 처분이 다음 각 호의 어느 하나에 해당하는 경우에는 <u>그 처분을 한 후에도</u> 부관을 새로 붙이거나 종전의 부관을 변경할 수 있다.
1. 법률에 근거가 있는 경우
2. 당사자의 동의가 있는 경우
3. 사정이 변경되어 부관을 새로 붙이거나 종전의 부관을 변경하지 아니하면 해당 처분의 목적을 달성할 수 없다고 인정되는 경우

🔍 관련판례 그 변경이 미리 유보되어 있는 경우 (97누2627)

행정처분에 이미 부담이 부가되어 있는 상태에서 그 의무의 범위 또는 내용 등을 변경하는 부관의 사후변경은, ① 법률에 명문의 규정이 있거나 ④ **그 변경이 미리 유보되어 있는 경우** 또는 ② 상대방의 동의가 있는 경우에 한하여 허용되는 것이 <u>원칙</u>이지만, ③ <u>사정변경으로 인하여</u> 당초에 부담을 부가한 목적을 달성할 수 없게 된 경우에도 그 목적달성에 필요한 범위 내에서 **예외**적으로 허용된다.

3. 부관만을 대상으로 하는 행정소송

주된 행정행위에는 하자가 없으나, **부관에만 하자가 존재**할 때 부관을 주된 행정행위와 분리하여 행정소송으로 다툴 수 있는지가 문제된다. 만약 주된 행정행위에도 하자가 존재한다면, 주된 행정행위 및 부관 전체에 대하여 소송을 제기하면 되므로, 부관만을 독립적으로 다툴 수 있는지 여부는 별도로 문제되지 않는다.

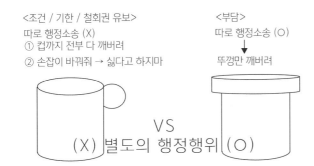

<조건 / 기한 / 철회권 유보>
따로 행정소송 (X)
① 컵까지 전부 다 깨버려
② 손잡이 바꿔줘 → 싫다고 하지마

<부담>
따로 행정소송 (O)
뚜껑만 깨버려

VS
(X) 별도의 행정행위 (O)

이 경우에도 기간만을 대상으로 하는 취소소송은 여전히 불가함

> 🔍 **비교판례** "부관의 하자＝주된 행정행위의 하자"인 경우 (84누604)
>
> **도로점용허가의 점용기간은 행정행위의 본질적인 요소에 해당한다고 볼 것이어서 부관인 점용기간을 정함에 있어서 위법사유가 있다면 이로써 도로점용허가 처분 전부가 위법하게 된다.**
> **유사** 행정재산 사용수익허가의 기간

(1) 부담(○)

부담은 주된 행정행위와 분리하여도 하명이라는 독립적 처분으로 존재 가능하다. 따라서, 부담은 주된 행정행위와 독립하여 행정소송의 대상이 될 수 있고, 부담만을 취소하는 판결 또한 선고될 수 있다. 위와 같은 소송을 "**진정 일부취소소송**"이라고 한다.

(2) 부담 외 나머지 부관(×)

반면, 나머지 부관의 경우 그 성질상 주된 행정행위에 부가되어 있어야만 존재 의의를 갖는다. 따라서, 이는 주된 행정행위와 독립하여 행정소송의 대상이 될 수 없고, 나머지 부관만을 취소판결 또한 선고될 수 없다. 즉, **진정 일부취소소송**은 허용되지 않는다.

그렇다면 나머지 부관의 하자를 어떻게 다툴 수 있을지가 문제가 되는데, 두 가지 소송방식을 생각해볼 수는 있으나 이는 각각의 한계를 지니고 있다. 구체적으로, ① 주된 행정행위를 포함하여 전체를 대상으로 소송을 제기하는 방법(**전체 취소소송**)은 주된 행정행위까지 덩달아 취소된다는 한계가, ② 행정청에 부관의 변경을 신청한 후 이에 대한 거부처분에 대해 소송을 제기하는 방법(**부관변경 거부처분 취소소송**)은 해당 사안에서 신청권이 부정될 경우 본안심리로 나아갈 수 없다는 한계가 각각 존재한다.

그 대안으로 논의되는 것으로는 주된 행정행위를 포함하여 전체를 대상으로 소송을 제기하되, 실제로는 부관만의 판결을 구하는 방법(**부진정 일부취소소송**)을 들 수 있겠으나, **판례는 이를 인정하지 않는 입장**이다.

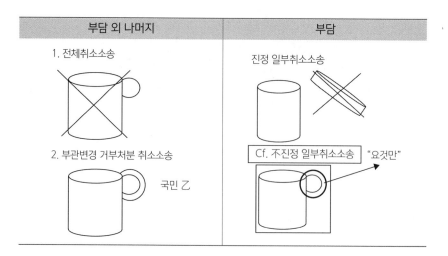

부담 외 나머지	부담
1. 전체취소소송	진정 일부취소소송
2. 부관변경 거부처분 취소소송 국민 乙	Cf. 주진정 일부취소소송 "요것만"

관련판례 부담은 따로 소송 ○ (91누1264)

① 현행 행정쟁송제도 아래서는 부관 그 자체만을 독립된 쟁송의 대상으로 할 수 없는 것이 원칙이나 ② **부담의 경우에는** 다른 부관과는 달리 행정행위의 불가분적인 요소가 아니고 그 존속이 본체인 행정행위의 존재를 전제로 하는 것일 뿐이므로 **부담 그 자체로서 행정쟁송의 대상**이 될 수 있다.

비교판례 부담 외 나머지는 독립쟁송 ×

1. **법률효과의 일부배제 (84누579)**

   피고는 1977. 4. 9. 매립면허권자인 소외 녹동단위농업협동조합에 대한 매립준공인가를 함에 있어서 총매립면적 42,586평 중 31,622평은 소외 조합에, 이 사건 2필지의 대지를 포함한 그 나머지의 공용 또는 공공용 대지는 모두 국가에 각 귀속한다는 내용으로 준공인가를 하고, 그 인가서에 필지별 소유권귀속관계의 명세를 첨부하여 소외 조합에 통고한 사실이 인정되는 바, 이와 같은 **필지별 소유권귀속명세통고는** 그 자체 독립한 행정처분이라 할 수 없고, 이는 피고가 이 사건 매립준공인가를 함에 있어서 매립의 면허를 받은 자의 매립지에 대한 소유권취득을 규정한 **공유수면매립법 제14조의 효과일부를 배제하는 부관을 붙인 것으로 보는 것이 타당하며, 이러한 행정행위의 부관은 독립하여 행정쟁송의 대상이 될 수 없는 것**이라고 할 것이다.

   매립면허 / 국가귀속

2. **동일한 취지 (90누8503)**

   행정행위의 부관은 부담의 경우를 제외하고는 독립하여 행정소송의 대상이 될 수 없는 것인바, 행정청이 한 **공유수면매립준공인가 중 매립지 일부에 대하여 한 국가귀속처분**은 매립준공인가를 함에 있어서 매립의 면허를 받은자의 매립지에 대한 소유권취득을 규정한 **공유수면매립법 제14조의 효과 일부를 배제**하는 부관을 붙인 것이므로 이러한 행정행위의 부관에 대하여는 독립하여 행정소송의 대상으로 삼을 수 없다.

3. **기간 (99두509)**

   사용·수익허가의 기간에 대해서는 독립하여 행정소송을 제기할 수 없다.

4. 무효인 부관에 근거하여 한 사법상 법률행위의 효력

(1) **이행 전**: 진정 일부취소소송

(2) **이행 후**: 민사소송(소유권이전등기 말소 청구)

주된 행정행위에 소유권이전의무를 부과하는 부담이 부가되어 있는데, 부담에 하자가 있는 경우를 가정해 보자. 만약 위 의무를 이행하기 전이라면, 부담을 대상으로 진정 일부취소소송을 제기함으로써 권리를 구제받을 수 있다. 문제는 위 의무를 이행한 후인데, 이때는 이미 의무 이행에 따라 부담이 소멸해버린 탓에 부담에 대한 소송은 제기할 수 없다. 그렇다면 남아 있는 대안은 소유권이전행위의 효력을 문제 삼아 이에 대한 소송을 제기하는 것인데, 판례는 **부담이 무효라는 이유만으로 곧바로 소유권이전행위가 무효로 되는 것은 아니**라고 보며, 단지 이를 "동기의 착오"로 보아 소유권이전행위의 취소사유가 될 여지가 있다고 보는 데 그치고 있다.

🔎 관련판례 무효인 부관에 근거하여 한 사법상 법률행위 (2006다18174)

1. 행정처분에 부담인 부관을 붙인 경우 부관의 무효화에 의하여 본체인 행정처분 자체의 효력에도 영향이 있게 될 수는 있지만, 그 처분을 받은 사람이 **부담의 이행으로 사법상 매매 등의 법률행위를 한 경우**에는 그 부관은 특별한 사정이 없는 한 법률행위를 하게 된 **동기 내지 연유로 작용**하였을 뿐이므로 이는 **법률행위의 취소사유가 될 수 있음은 별론**으로 하고 그 법률행위 자체를 당연히 무효화하는 것은 아니다.

2. 부담의 이행으로서 하게 된 사법상 매매 등의 법률행위는 부담을 붙인 행정처분과는 어디까지나 **별개의 법률행위**이므로 그 부담의 불가쟁력의 문제와는 별도로 법률행위가 사회질서 위반이나 강행규정에 위반되는지 여부 등을 따져보아 그 법률행위의 유효 여부를 판단하여야 한다.

3. 기부채납의 부관이 당연무효이거나 취소되지 아니한 이상 토지소유자는 위 부관으로 인하여 **증여계약의 중요부분에 착오가 있음을 이유로 증여계약을 취소할 수 없다**(98다53134).

정리

부관	사법 행위
무효	영향 ×
불가쟁력	다툼 ○
중요부분 착오	취소 ×
동기·연유	취소 ○

6 행정행위의 적법요건 및 효력발생요건

행정행위가 제대로 존재한다고 인식되기 위해서는 일단 내부적으로 적법하게 성립될 필요가 있고, 여기에서 그치는 것이 아니라 대외적으로 그 효력이 발생되어야 한다. 위 단계를 모두 거쳐야만 비로소 행정행위가 항고소송의 대상이 될 수 있는 것이고(대상적격 부여), 객관적으로 소송의 대상이 될 준비가 되었으므로 제소기간의 "있은 날"이 기산되기 시작한다(제소기간의 기산점).

1. 적법요건(=성립요건)

처분시점을 기준으로 아래의 적법요건 중 하나라도 갖추지 못하면, 그 행정행위는 하자를 내포하게 된다.

□ 적법요건(=성립요건) 본안심리에서의 하자 판단 기준

> **관련판례** 성립요건 2단계론 (2017두38874)
>
> 일반적으로 처분이 주체·내용·절차와 형식의 요건을 모두 갖추고(*내부적 성립*) 외부에 표시된 경우에는 처분의 존재가 인정된다(*외부적 성립*). **행정의사가 외부에 표시되어 행정청이 자유롭게 취소·철회할 수 없는 구속을 받게 되는 시점에 처분이 성립하고, 그 성립 여부는 행정청이 행정의사를 공식적인 방법으로 외부에 표시하였는지를 기준으로 판단해야 한다.**
>
>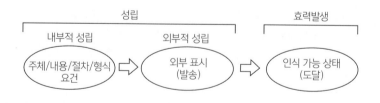

(1) 주체 요건(원칙: 무효)

법에 의해 권한이 부여된 행정청이 따로 있음에도, 엉뚱한 행정청이 행정행위를 한 경우를 말한다. 주로 권한의 위임 또는 내부위임과 관련하여 문제되며, 주체의 하자가 발생하였을 때 해당 행정행위는 무효가 되는 경우가 많다.

📖 예외판례

1. 대통령 아닌 국정원장의 의원면직처분 – 취소사유 (2005두15748)

행정청의 권한에는 사무의 성질 및 내용에 따르는 제약이 있고, 지역적·대인적으로 한계가 있으므로 이러한 권한의 범위를 넘어서는 권한유월의 행위는 무권한 행위로서 원칙적으로 무효라고 할 것이나, ① 행정청의 공무원에 대한 **의원면직처분은 공무원의 사직의사를 수리하는 소극적 행정행위**에 불과하고, ② 당해 공무원의 사직의사를 확인하는 확인적 행정행위의 성격이 강하며 **재량의 여지가 거의 없기 때문에** 의원면직처분에서의 행정청의 권한유월 행위를 다른 일반적인 행정행위에서의 그것과 반드시 같이 보아야 할 것은 아니다.

2. 권한이 있다고 착각할 여지가 다분 (2003두2403)

세관출장소장에게 관세부과처분을 할 권한이 있다고 **객관적으로 오인할 여지가 다분**하다고 인정되므로 결국 적법한 권한 위임 없이 행해진 이 사건 처분은 그 하자가 중대하기는 하지만 **객관적으로 명백하다고 할 수는 없어** 당연무효는 아니라고 보아야 할 것이다.

---

(2) 절차/형식 요건(원칙: 취소)

행정절차법 또는 개별법에 따른 절차 및 형식을 제대로 준수하지 않는 경우를 말한다. 절차/형식의 하자가 발생하였을 때, 해당 행정행위는 취소사유를 갖게 되는 경우가 많다.

📖 관련판례

1. 교통영향평가 거치지 않은 인가처분 (2009두102)

행정청은 **교통영향평가를 배제한 것이 아니라** '건축허가 전까지 교통영향평가 심의필증을 교부받을 것'을 부관으로 하여 실시계획변경 및 공사시행변경 인가 처분을 한 점 등에 비추어, 행정청이 사전에 교통영향평가를 거치지 아니한 채 위와 같은 부관을 붙여서 한 위 처분에 **중대하고 명백한 흠이 있다고 할 수 없으므로 이를 무효로 보기는 어렵다.**

2. 사전환경성검토협의 거치지 않은 승인처분 (2009두2825)

행정청이 사전환경성검토협의를 거쳐야 할 대상사업에 관하여 법의 해석을 잘못한 나머지 세부용도지역이 지정되지 않은 개발사업 부지에 대하여 사전환경성검토협의를 할지 여부를 결정하는 절차를 생략한 채 승인 등의 처분을 한 사안에서, 그 하자가 객관적으로 명백하다고 할 수 없다.

📖 관련판례

처분이 아닌, 예산 편성의 절차(2011두32515)

예산의 편성에 절차상 하자가 있다는 사정만으로 곧바로 각 처분에 취소사유에 이를 정도의 하자가 존재한다고 보기 어렵다.

(3) 내용 요건

내용의 하자는 사안마다 그 양상이 매우 다르다. 주로 재량권의 일탈남용 여부가 문제되곤 한다.

🔍 관련판례

1. 재량권 일탈남용 ⊃ 재량권 불행사(재미동포 인기가수 vs LA재외공관) (2017두38874)

처분의 근거 법령이 행정청에 처분의 요건과 효과 판단에 일정한 재량을 부여하였는데도, 행정청이 자신에게 재량권이 없다고 오인한 나머지 처분으로 달성하려는 공익과 그로써 처분상대방이 입게 되는 불이익의 내용과 정도를 전혀 비교형량 하지 않은 채 처분을 하였다면, 이는 재량권 불행사로서 그 자체로 재량권 일탈·남용으로 해당 처분을 취소하여야 할 위법사유가 된다.

2. 세금 문제는 복잡하기 마련 (82누154)

과세대상이 되는지 여부가 그 사실관계를 정확히 조사하여야 비로소 밝혀질 수 있는 경우라면 이를 오인한 하자가 중대한 경우라도 외관상 명백하다 할 수 없으므로 이를 오인한 과세 처분을 당연무효라 할 수 없다.

3. 행정청의 시정요구 거부 (2006두19297)

학교법인의 임원취임승인취소처분에 대한 취소소송에서, 교비회계자금을 법인회계로 부당전출한 위법성의 정도와 임원들의 이에 대한 가공의 정도가 가볍지 아니하고, 학교법인이 행정청의 시정 요구에 대하여 이를 시정하기 위한 노력을 하였다고는 하나 결과적으로 대부분의 시정 요구 사항이 이행되지 아니하였던 사정 등을 참작하여, 위 취소처분이 재량권을 일탈·남용하였다고 볼 수 없다.

4. 대학의 자율성 존중 (2004두7818)

대학의 장이 대학 인사위원회에서 임용동의안이 부결되었음을 이유로 하여 교수의 임용 또는 임용제청을 거부하는 행위는 그것이 사회통념상 현저히 타당성을 잃었다고 볼 만한 특별한 사정이 없는 이상 재량권을 일탈·남용하였다고 볼 수 없다.

---

2. 효력발생요건

행정행위는 상대방이 그 내용을 인식할 수 있어야 비로소 효력을 갖는다. 하지만, 상대방의 현실적인 인식을 요한다면, 경우에 따라서는 행정행위가 영영 효력을 발생하지 못하는 수가 있다. 이에, 행정행위의 효력은 **객관적으로 인식 가능한 상태에 있을 때**, 설령 상대방이 이를 실제로 인식하지 못하여도 발생한다.

비교

있은 날	안 날
객관적	주관적, 현실적

판례는 일반처분의 경우에도 공고가 가능하다고 봄

행정절차법 제14조 【송달】

① 송달은 우편, 교부 또는 정보통신망 이용 등의 방법으로 하되, 송달받을 자(대표자 또는 대리인을 포함한다. 이하 같다)의 주소·거소(居所)·영업소·사무소 또는 전자우편주소(이하 "주소등"이라 한다)로 한다. 다만, 송달받을 자가 동의하는 경우에는 그를 만나는 장소에서 송달할 수 있다.

④ 다음 각 호의 어느 하나에 해당하는 경우에는 송달받을 자가 알기 쉽도록 관보, 공보, 게시판, 일간신문 중 하나 이상에 공고하고 인터넷에도 공고하여야 한다.

1. 송달받을 자의 주소등을 통상적인 방법으로 확인할 수 없는 경우
2. 송달이 불가능한 경우

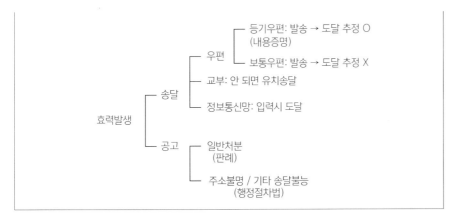

(1) 송달에 의한 효력발생

상대방이 특정된 행정행위는 아래 3가지 방법으로 송달이 이루어짐으로써 송달된 날에 그 효력이 발생된다.

행정절차법 제14조 【송달】

① **송달은** 우편, 교부 또는 정보통신망 이용 등의 방법으로 하되, 송달받을 자(대표자 또는 대리인을 포함한다. 이하 같다)의 주소·거소(居所)·영업소·사무소 또는 전자우편주소(이하 "주소등"이라 한다)로 한다. 다만, 송달받을 자가 동의하는 경우에는 그를 만나는 장소에서 송달할 수 있다.

> □ 송달 방법
> ① 우편: 내용증명/등기우편 (> 보통우편)
> ② 교부(직접)
> ③ 정보통신망(E-mail): 상대방 동의 필요
> ➡ 원칙: To 당사자/예외: 사무원, 피용자, 동거인으로서 사리분별 가능한 자

② **교부에 의한 송달은** 수령확인서를 받고 문서를 교부함으로써 하며, 송달하는 장소에서 송달받을 자를 만나지 못한 경우에는 그 사무원·피용자(被傭者) 또는 동거인으로서 사리를 분별할 지능이 있는 사람(이하 이 조에서 "사무원등"이라 한다)에게 문서를 교부할 수 있다. 다만, 문서를 송달받을 자 또는 그 사무원등이 정당한 사유 없이 송달받기를 거부하는 때에는 그 사실을 수령확인서에 적고, 문서를 송달할 장소에 놓아둘 수 있다.

> 원고의 주소지에서 원고의 아르바이트 직원이 납부고지서를 수령한 이상, 원고로서는 그때 처분이 있음을 알 수 있는 상태에 있었다고 볼 수 있고, 따라서 원고는 그때 처분이 있음을 알았다고 추정함이 상당하다(99두9742).

③ **정보통신망을 이용한 송달은** 송달받을 자가 동의하는 경우에만 한다. 이 경우 송달받을 자는 송달받을 전자우편주소 등을 지정하여야 한다.

---

① 교부

말 그대로 문서를 손에 쥐어주는 행위를 의미한다. 이는 가장 확실한 방법인 동시에, 한편으로는 상대방을 직접 만나지 못할 경우 송달이 이루어질 수 없다는 단점이 있다. 이에, 송달하는 장소에서 송달받을 자를 만나지 못한 경우에는 그 사무원·피용자 또는 동거인으로서 사리를 분별할 지능이 있는 사람에게 대신 문서를 교부할 수 있다.

다만, 문서를 송달받을 자 또는 그 사무원 등이 정당한 사유 없이 송달받기를 거부하는 때에는 그 사실을 수령확인서에 적고, 문서를 송달할 장소에 놓아둘 수 있다(유치송달).

② 우편

보통우편은 상대방에 대한 도달을 담보할 수 없는 반면, 등기우편 및 내용증명 우편은 집배원이 수차례 상대방을 방문하므로 도달이 어느 정도 담보되고, 그 배송내역을 추적하는 것도 가능하다는 차이가 있다. 따라서, 등기우편 및 내용증명은 **반송되지 아니한 이상** 송달이 완료된 것으로 본다.

이와 달리, 보통우편의 방법으로 발송되었다는 사실만으로는 그 우편물이 상당한 기간 내에 도달하였다고 추정할 수 없고, 송달의 효력을 주장하는 측에서 증거에 의하여 이를 입증하여야 한다.

> ### 🔍 관련판례
>
> 1. 다만, 실거주지에 등기우편을 보내야만 추정됨 (97누8977)
>   ① 우편물이 **등기취급의 방법으로 발송**된 경우, 특별한 사정이 없는 한, 그 무렵 수취인에게 배달되었다고 보아도 좋을 것이나,
>   ② 수취인이나 그 가족이 주민등록지에 실제로 거주하고 있지 아니하면서 전입신고만을 해 둔 경우에는 그 사실만으로써 주민등록지 거주자에게 송달수령의 권한을 위임하였다고 보기는 어려울 뿐 아니라 **수취인이 주민등록지에 실제로 거주하지 아니하는 경우에도 우편물이 수취인에게 도달하였다고 추정할 수는 없고**, 따라서 이러한 경우에는 우편물의 도달사실을 과세관청이 입증해야 할 것이다.
>
> 2. 번호변경안내 서비스 (98두1161)
>   납세고지서의 명의인이 **다른 곳으로 이사하였지만** 주민등록을 옮기지 아니한 채 주민등록지로 배달되는 우편물을 **새로운 거주자가 수령하여 자신에게 전달하도록 한 경우**, 그 새로운 거주자에게 우편물 수령권한을 위임한 것으로 보아 그에게 한 납세고지서의 송달이 적법하다.

③ **정보통신망**: E-mail에 의한 송달을 의미하고, 상대방이 동의하는 경우 E-mail 주소를 지정받음으로써 가능한 방법이다.

(2) 공고에 의한 효력발생

아래의 경우에는 그 성질상 개별적인 송달이 불가능하므로, 대신 송달받을 자가 알기 쉽도록 관보, 공보, 게시판, 일간신문 중 하나 이상에 공고하고 인터넷에도 공고하는 방법으로 효력 발생을 도모한다.

① **일반처분 및 처분적 고시❶**: 상대방이 불특정 다수인 행정행위는 개별적인 송달이 아닌, 공고가 불가피하다.

② **주소불명/기타 송달불능 사유**: ㉠ 송달받을 자의 주소 등을 통상적인 방법으로 확인할 수 없는 경우 및 ㉡ 송달이 불가능한 경우 또한 일반처분과 마찬가지로 송달이 아닌 공고를 통해 효력을 발생시킨다.

❶
처분적 고시의 경우, 항상 일반처분적 성격을 갖는 것은 아니나 효력발생요건을 논할 때에는 본 유형으로 분류함

(3) "있은 날"과 "안 날"의 관계

처분의 상대방은 처분이 있은 날에 반드시 처분을 알게 되는 것은 아니겠으나, 통상적으로는 처분이 있은 날 곧바로 처분을 알게 되는 경우가 많을 것이다. 이에, 위 개별적인 송달에 의해 효력이 발생하는 경우에는 있은 날을 안 날로 추정하고, 일반처분 및 처분적 고시에 의해 효력이 발생하는 경우에는 있은 날을 안 날로 간주한다.

구분		있은 날 (객관적)	안 날 (주관적/현실적)
송달		송달일	≒추정
공고	일반처분 / 처분적 고시	근거법규가 정한 날 (미정: 공고 +5일)	=간주
	예외: 개별토지가격 결정 (개별공시지가)	공고일	간주
	주소불명 / 송달불능	공고 +14일	간주

7 행정행위의 효력

적법요건과 효력발생요건이 모두 충족되면, 해당 "행정행위"는 다음의 효력 중 전부 또는 일부를 부여받게 된다. 행정행위가 아닌 행정입법, 공법상 계약, 사실행위, 사인의 공법행위 등에는 이러한 효력이 인정되지 않는다.

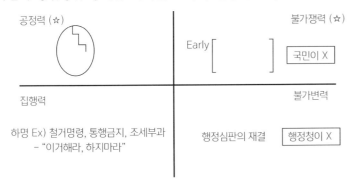

1. 공정력

행정행위의 하자는 중대명백한 무효사유 및 그에 미치지 못하는 취소사유로 구분된다. 공정력은 이 중 취소사유가 있는 행정행위에만 부여되는 효력으로서, 권한이 있는 기관이 취소 또는 철회하거나 기간의 경과 등으로 소멸되기 전까지는 유효한 것으로 통용되는 힘을 의미한다. 이때 처분은 **위법**함에도 불구하고 **유효**한 상태로 존속한다.

행정행위가 아닌 행정작용은 공정력이 인정되지 않으므로, 위법사유가 존재한다면 이것이 취소사유인지 무효사인지를 구분할 필요 없이 무효가 된다.

구분	취소사유	무효사유
행정행위	유효 (공정력)	무효
그 밖의 행정작용	무효	

(1) 선결문제 개관

민사재판 또는 형사재판이 진행 중인데, 이에 대한 결론을 내기 위해서 먼저 일정한 행정행위가 위법한지 여부 또는 효력이 있는지 여부(이하 "선결문제")에 대한 판단이 내려져야 하는 경우가 있다.

민사재판 및 형사재판은 각각 민사법원 및 형사법원에서 진행 중일텐데, 선결문제는 원칙적으로 행정법원에서 판단되어야 할 사항이다. 행정법원에서 먼저 선결문제에 대한 판결을 내린 후, 그 결론을 토대로 민사재판 및 형사재판이 이루어진다면 바람직하겠으나, 상황에 따라서는 행정법원을 거치지 않고 곧바로 민사재판 및 형사재판이 진행되는 경우가 있다.

이때 민사법원 또는 형사법원이 직접 선결문제에 대한 판단을 토대로 당해 민사/형사사건에서 원고 또는 검사의 청구를 인용하는 판결을 내릴 수 있을 것인지가 문제된다.

구분	선결문제		민사/형사소송	판단 가부	
민사	조세부과처분	효력유무	부당이득반환청구	무효	인용
				취소	기각
	처분	위법여부	국가배상청구	무효	인용(可)
				취소	
형사	면허/허가	효력유무	무면허/무허가××죄	무효	유죄
				취소	무죄
	명령	위법여부	명령위반죄	무효	무죄
				취소	

① 민사법원에서의 선결문제

㉠ 조세부과처분의 효력유무 & 부당이득반환청구

□ "민사" 법원이 "행정" 행위의 위법/효력 여부를 심리할 수 있는가?

① 행정행위의 <효력 유무까지> 선결문제인 경우

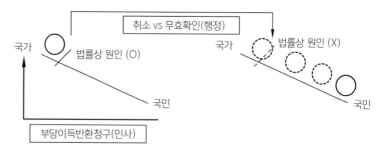

부당이득반환청구란, 법률상 원인 없이 타인의 재산 등으로 인하여 이익을 얻고 이로 인하여 타인에게 손해를 가한 자에게 그 이익의 반환을 구하는 민사소송을 말한다. 만약 국가가 위법한 조세부과처분을 통해 세금을 거두어 갔다면, 납세자는 부당이득반환청구를 통해 과오납된 세금을 돌려받고 싶을 것이다.

문제는 부당이득반환청구가 그 요건으로서 "법률상 원인이 없을 것"을 요구한다는 점이다. 만약 조세부과처분에 취소사유가 있음에 불과하다면, 공정력으로 인해 위 처분은 취소되기 전까지 유효한 것으로 통용될 것이다. 즉, 행정법원의 취소판결이 확정되기 전까지는 조세부과처분이 유효하여 "법률상 원인"이 있게 되므로, 부당이득반환청구는 인용될 수 없다.

반면 조세부과처분에 무효사유가 존재한다면, 공정력은 인정될 여지가 없다. 따라서, 행정법원의 무효확인판결이 없어도 해당 처분은 처음부터, 누구나 무효임을 확인해 줄 수가 있다. 즉, 민사법원은 조세부과처분이 무효인 탓에 "법률상 원인"이 없다는 점을 확인함으로써 부당이득반환청구를 인용할 수 있다.

> **행정소송법 제11조 【선결문제】**
> ① 처분등의 효력 유무 또는 존재 여부가 민사소송의 선결문제로 되어 당해 민사소송의 수소법원이 이를 심리·판단하는 경우에는 제17조, 제25조, 제26조 및 제33조의 규정을 준용한다.
> ② 제1항의 경우 당해 수소법원은 그 처분등을 행한 행정청에게 그 선결문제로 된 사실을 통지하여야 한다.

🔍 관련판례 표현 숙지 (70다1439)

국세등의 부과 및 징수처분과 같은 행정처분이 당연무효임을 전제로 하여 민사소송을 제기한 때에는 그 행정처분이 당연무효인지의 여부가 선결문제이므로 법원은 이를 심사하여 그 행정처분의 하자가 중대하고도 명백하여 당연무효라고 인정될 경우에는 이를 전제로 하여 판단할 수 있으나 그 하자가 단순한 취소사유에 그칠 때에는 법원은 그 효력을 부인할 수 없다.

🔍 유사판례

1. 방향만 반대 (2015다230730)

① "요양급여비용 지급결정"의 처분성
요양기관의 공단에 대한 요양급여비용청구권은 요양기관의 청구에 따라 공단이 지급결정을 함으로써 구체적인 권리가 발생하는 것이지, 공단의 결정과 무관하게 국민건강보험법령에 의하여 곧바로 발생한다고 볼 수 없다.

② 행정주체 → 사인
따라서 요양기관의 요양급여비용 수령의 법률상 원인에 해당하는 요양급여비용 지급결정이 취소되지 않았다면, 요양급여비용 지급결정이 당연무효라는 등의 특별한 사정이 없는 한 그 결정에 따라 지급된 요양급여비용이 법률상 원인 없는 이득이라고 할 수 없고, 공단의 요양기관에 대한 요양급여비용 상당 부당이득반환청구권도 성립하지 않는다.

2. 세금 납부의무가 있어야 조세포탈죄 성립 (83도2933)

조세의 부과처분을 취소하는 행정판결이 확정된 경우 그 부과처분의 효력은 처분 시에 소급하여 효력을 잃게 되어 그에 따른 납세의무가 없으므로 확정된 행정판결 은 조세포탈에 대한 무죄 내지 원심판결이 인정한 죄보다 경한 죄를 인정할 명백한 증거에 해당한다.

㉡ 처분의 위법 여부 & 국가배상청구

□ "민사"법원이 "행정"행위의 위법 / 효력 여부를 심리할 수 있는가?
② 행정행위의 <위법 여부만> 선결문제인 경우

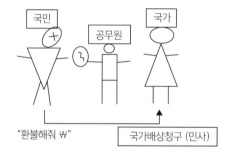

국가배상청구란, 공무원이 직무를 집행하면서 고의 또는 과실로 법령 을 위반하여 타인에게 손해를 입힌 경우에, 공무원 대신 국가 또는 지방자치단체에 대하여 손해배상을 청구하는 민사소송을 말한다. 처 분이 위법하다고 하여 곧바로 이를 집행한 공무원이 위법행위를 했다 고 볼 수는 없겠지만, 처분이 위법하다면 "현실적으로" 공무원이 저 지른 행위의 위법성이 인정될 가능성이 높다.

🔍 관련판례 처분 취소판결 → 국가배상청구소송(?) (99다70600)

어떠한 행정처분이 후에 항고소송에서 취소되었다고 할지라도 그 기판력에 의하여 당 해 행정처분이 곧바로 공무원의 고의 또는 과실로 인한 것으로서 불법행위를 구성한 다고 단정할 수는 없다.

처분에 취소사유가 있음에 불과할 경우, 공정력으로 인해 위 처분이 위법함에도 불구하고 취소되기 전까지는 유효한 것으로 통용될 것임은 앞서 살펴본 바와 같다(＝위법유효). 다만, 국가배상청구가 인용되기 위해서는 해당 처분이 위법한지 여부가 확인되면 족한 것이지, 실제로 취소될 필요까지는 없다. 국가배상청구는 부당이득반환청구와 달리 "법률상 원인이 없을 것"을 요구하지 않기 때문이다.

만약 처분에 취소사유를 뛰어넘는 무효사유가 있다면, 위법성은 더욱 손쉽게 인정될 수 있을 것이다. 이에, 처분의 위법 여부를 선결문제로 하는 국가배상청구 소송에서는 처분의 하자가 취소사유인지 무효사유인지를 불문하고 위법성이 있기만 하면 원고의 청구가 인용될 수 있다.

> **⊜ 관련판례** 표현 숙지 (72다337)
>
> 위법한 행정대집행이 완료되면 그 처분의 무효확인 또는 취소를 구할 소의 이익은 없다 하더라도, 미리 그 행정처분의 취소판결이 있어야만, 그 행정처분의 위법임을 이유로 한 손해배상 청구를 할 수 있는 것은 아니다.

② 형사법원에서의 선결문제

㉠ 면허/허가의 효력유무 & 무면허/무허가××죄

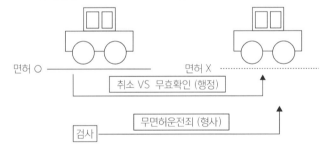

□ "형사"법원이 "행정"행위의 위법 / 효력 여부를 심리할 수 있는가?
① 행정행위의 <효력 유무까지> 선결문제인 경우

면허/허가가 있어야만 영업(운전)을 할 수 있음에도, 면허/허가를 제대로 갖추지 않았다면 무면허운전/무허가영업죄가 성립할 수 있다. 분명 행정청으로부터 면허/허가를 받고 영업을 개시하였지만, 면허/허가에 무효사유가 있는 경우, 법적으로는 처음부터 면허/허가를 받지 않고 영업을 한 것이나 마찬가지이다. 따라서, 이때는 형사법원이 면허/허가에 무효사유가 있는지를 판단한 뒤, 무효사유가 있다면 무면허/무허가××죄에 대해 유죄판결이 내려진다.

반면, 면허/허가에 취소사유가 있는데 불과하다면, 공정력으로 인해 위 처분은 취소되기 전까지 유효한 것으로 통용될 것이다. 즉, 행정법원의 취소판결이 확정되기 전까지는 면허/허가처분이 유효하여 "유면허/유허가" 상태가 되므로, 무면허/무허가××죄에 대해 무죄판결이 내려진다.

1. 면허증만으로 명백하지 않음 (80도2646)

① 명백 × → 취소사유

연령미달의 결격자인 피고인이 소외인의 이름으로 운전면허시험에 응시, 합격하여 교부받은 운전면허는 당연무효가 아니고,

② 有면허 (공정력)

도로교통법 제65조 제3호의 사유에 해당함에 불과하여 취소되지 않는 한 유효하므로 피고인의 운전행위는 무면허 운전에 해당하지 아니한다.

2. 취소처분의 취소 = 有허가 (93도277)

영업의 금지를 명한 영업허가취소처분 자체가 나중에 행정쟁송절차에 의하여 <u>취소</u>되었다면 그 영업허가취소처분은 그 처분시에 소급하여 효력을 잃게 되며, 그 영업허가취소처분에 복종할 의무가 원래부터 없었음이 확정되었다고 봄이 타당하고, 영업허가취소처분이 장래에 향하여서만 효력을 잃게 된다고 볼 것은 아니므로 그 **영업허가취소처분 이후의 영업행위를 무허가영업이라고 볼 수는 없다.**

© 명령의 위법 여부 & 명령위반죄

행정청이 위법상태를 시정하라는 취지의 명령을 내렸음에도(하명), 국민이 이에 불응하였다면 명령위반죄가 성립할 수 있다.

다만, 행정청의 명령이 애시당초 위법하다면 국민은 이를 준수할 의무가 없으므로, 위법한 명령에 불응한 행위는 범죄를 구성하지 않는다. 이때 준수의무가 없는 것으로 인정되기 위해서는 명령이 위법한지 여부가 확인되면 족한 것이지, 실제로 취소될 필요까지는 없다.

만약 명령에 취소사유를 뛰어넘는 무효사유가 있다면, 위법성은 더욱 손쉽게 인정될 것이다. 이에, 명령의 위법 여부를 선결문제로 하는 형사소송에서는 명령에 내포된 하자가 취소사유인지 무효사유인지를 불문하고 위법성이 있기만 하면 무죄판결이 선고된다.

□ "형사" 법원이 "행정"행위의 위법 / 효력 여부를 심리할 수 있는가?
② 행정행위의 <위법 여부만> 선결문제인 경우

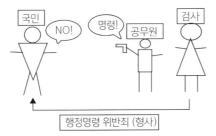

국민 NO! 명령! 공무원 검사

행정명령 위반죄 (형사)

> **@ 관련판례** 표현 숙지 (2001도2841)
>
> 개발제한구역 안에 건축되어 있던 비닐하우스를 매수한 자에게 구청장이 이를 철거하여 토지를 원상회복하라고 시정지시한 조치는 위법하므로 이러한 시정지시를 따르지 않았다고 하여 구 도시계획법 제92조 제4호에 정한 조치명령등 위반죄로 처벌할 수는 없다.

2. 불가쟁력(확정력) – 절차법적 효력

(1) 의의

처분의 상대방이 제소기간이 경과한 이후 행정행위를 더 이상 다툴 수 없게 되는 효력을 말한다. ① 제소기간의 적용을 전제로 한다는 점에서 이는 취소사유 있는 하자에만 부여되는 효력에 해당하고, ② 처분의 "상대방"에게 미치는 효력이라는 점에서 불가변력과 구분된다.

(2) 불가쟁력이 발생한 행정행위에 대한 취소·변경 신청권 인정 여부

행정행위에 대해 취소소송을 제기하고자 하였는데, 이미 제소기간이 도과되었다면 더 이상 해당 행정행위 자체를 대상으로 하는 취소소송은 제기할 수 없다. 이에 대한 대안으로는 불가쟁력이 발생한 행정행위를 취소하거나 원하는 내용으로 변경하여 달라고 신청한 뒤, 신청이 거부당하면 "거부처분"을 대상으로 취소소송을 제기하는 방법을 생각해 볼 수 있다. 거부처분 취소소송의 제소기간은 거부행위가 있었던 시점을 기준으로 새롭게 기산되기 때문이다.

그러나 판례는 위와 같은 우회적인 시도가 제소기간(불가쟁력) 제도에 대한 탈법행위에 해당한다는 취지에서 원고의 신청권을 부정하는 입장이다. 이에, 거부처분 취소소송은 대상적격의 흠결을 이유로 각하되는 것이 원칙이다.

다만, 극히 예외적으로 환경영향평가 대상지역 "안"에 거주하는 주민❶에 대해서는 10여 년 전에 불가쟁력이 발생한 매립면허처분에 대한 취소·변경 신청권을 인정한 사례가 존재한다(새만금 사건).

❶
같은 이유로 이웃주민(인인) 소송에서의 제3자 원고적격 또한 인정되었음

📖 관련판례

1. 원칙: 신청권 인정 × (2005두11104)

<u>제소기간이 이미 도과하여 불가쟁력이 생긴 행정처분</u>에 대하여는 개별 법규에서 그 변경을 요구할 신청권을 규정하고 있거나 관계 법령의 해석상 그러한 신청권이 인정될 수 있는 등 특별한 사정이 없는 한 국민에게 그 **행정처분의 변경을 구할 신청권이 있다 할 수 없다.**

2. 예외: 새만금사건 (2006두330)

구체적인 공유수면매립면허에 의하여 매립사업이 진행되는 과정에서 환경 및 생태계 또는 경제성에 있어 예상하지 못한 변화가 발생하였다면, 처분청은 매립기본계획의 타당성을 검토하여야 함이 공유수면매립법의 취지에 부합하는 점 등을 종합하면, **환경영향평가 대상지역 안에 거주하는 주민에게는** 공유수면매립면허의 처분청에게 공유수면매립법 제32조에서 정한 취소·변경 등의 사유가 있음을 내세워 <u>면허의 취소·변경을 요구할 조리상의 신청권이 있다</u>고 보아야 함이 상당하다.

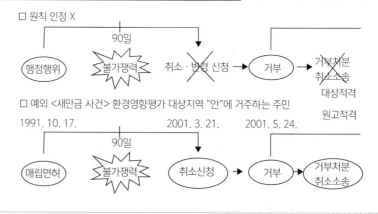

(3) 처분의 재심사 제도

제소기간이 도과하여 처분을 다툴 수 없게 된 때에도 처분에 기초가 되었던 사실관계 또는 법률관계가 사회적 관념이나 헌법질서와 충돌하는 경우에는 종전의 처분을 유지하는 것이 오히려 정의의 관념에 반하는 경우가 있다. 이에, 일정한 요건을 갖춘 경우에 한하여 종전의 처분을 다툴 수 있도록 하여 당사자의 권리를 보호할 필요가 있다. 이러한 필요를 반영하여 행정기본법을 통해 도입된 것이 처분에 대한 재심사 제도이다.

> **행정기본법 제37조 【처분의 재심사】 [시행일 2023.3.24]**
> ① 당사자는 처분(제재처분 및 행정상 강제는 제외한다. 이하 이 조에서 같다)이 행정심판, 행정소송 및 그 밖의 쟁송을 통하여 다툴 수 없게 된 경우(<u>법원의 확정판결이 있는 경우는 제외한다</u>)라도 **다음 각 호의 어느 하나에 해당하는 경우**에는 해당 <u>처분을 한 행정청에 처분을 취소·철회하거나 변경하여 줄 것을 신청할 수 있다.</u>
> 1. 처분의 근거가 된 사실관계 또는 법률관계가 <u>추후에 당사자에게 유리하게 바뀐 경우</u>
> 2. 당사자에게 유리한 결정을 가져다주었을 <u>새로운 증거가 있는 경우</u>
> 3. 민사소송법 제451조에 따른 <u>재심사유에 준하는 사유</u>가 발생한 경우 등 대통령령으로 정하는 경우

② 제1항에 따른 신청은 해당 처분의 절차, 행정심판, 행정소송 및 그 밖의 쟁송에서 당사자가 중대한 과실 없이 제1항 각 호의 사유를 주장하지 못한 경우에만 할 수 있다.

③ 제1항에 따른 신청은 당사자가 제1항 각 호의 사유를 안 날부터 60일 이내에 하여야 한다. 다만, 처분이 있은 날부터 5년이 지나면 신청할 수 없다.

⑤ 제4항에 따른 처분의 재심사 결과 중 처분을 유지하는 결과에 대해서는 행정심판, 행정소송 및 그 밖의 쟁송수단을 통하여 불복할 수 없다.

Tip) 재심사 청구권은 신청권으로 인정되지 않음.

3. 불가변력 – 실체법적 효력

행정청이 자신의 입장을 함부로 번복하지 못하도록 하는 효력을 말하며, 그 대표적인 사례로는 행정심판의 재결을 들 수 있다.

> **관련판례** 당해 행정행위에만 인정 (73누129)
>
> 국민의 권리와 이익을 옹호하고 법적안정을 도모하기 위하여 특정한 행위에 대하여는 행정청이라 하여도 이것을 자유로이 취소, 변경 및 철회할 수 없다는 행정행위의 불가변력은 당해 행정행위에 대하여서만 인정되는 것이고, 동종의 행정행위라 하더라도 그 대상을 달리할 때에는 이를 인정할 수 없다.

4. 집행력

하명에 의해 부과된 의무를 강제로 이행시킬 수 있는 힘을 말한다. "행정상의 의무이행확보수단"의 전제가 되는 효력이다.

8 행정행위의 하자

1. 취소사유와 무효사유의 구분기준 = 중대 + 명백설

□ 원칙: 중대 + 명백설

	무효	취소사유		
중대한 법규위반	○	○	X	X
외관상 명백	○	X	○	X

□ 예외: 명백성 보충요건설 ◀
　　Ex. 취득세 신고행위
　　　∵ 취득세 신고행위의 존재를 신뢰하는 제3자 보호 문제X

행정행위가 적법요건을 갖추지 못하면 하자(위법성)을 내포하게 된다. 행정행위의 하자는 그 정도에 따라 취소사유 및 무효사유로 구분되고, 그 구분기준은 "중대명백설"이다. 즉, 하자가 중대할 뿐 아니라 명백하기까지 하면, 누구나 언제든지(처음부터) 행정행위가 무효임을 주장하거나 확인해 줄 수 있다.

구체적으로, 하자의 중대성은 행정행위가 중요한 법률요건을 위반한 것을 의미하고, 명백성은 하자의 존재가 외관상 객관적으로 명백한 것을 의미한다. 명백성이 인정되는 대표적인 사례로는, 대법원 및 헌재의 판단이 내려진 "이후" 이에 위반되는 행정행위를 발령한 것을 들 수 있다.

> **관련판례** 중대 + 명백설 (94누4615)
>
> [다수의견] 하자 있는 행정처분이 당연무효가 되기 위하여는 그 하자가 법규의 중요한 부분을 위반한 중대한 것으로서 객관적으로 명백한 것이어야 하며 하자가 중대하고 명백한 것인지 여부를 판별함에 있어서는 그 법규의 목적, 의미, 기능 등을 목적론적으로 고찰함과 동시에 구체적 사안 자체의 특수성에 관하여도 합리적으로 고찰함을 요한다.

> **비교판례** 명백성 보충적요건설
>
> 1. [반대의견] 행정행위의 무효사유를 판단하는 기준으로서의 명백성은 행정처분의 법적 안정성 확보를 통하여 행정의 원활한 수행을 도모하는 한편 그 행정처분을 유효한 것으로 믿은 제3자나 공공의 신뢰를 보호하여야 할 필요가 있는 경우에 보충적으로 요구되는 것으로서, 그와 같은 필요가 없거나 하자가 워낙 중대하여 그와 같은 필요에 비하여 처분 상대방의 권익을 구제하고 위법한 결과를 시정할 필요가 훨씬 더 큰 경우라면 그 하자가 명백하지 않더라도 그와 같이 중대한 하자를 가진 행정처분은 당연무효라고 보아야 한다.
>
> 2. 취득세 신고행위 - 명백성 없지만 무효 인정 (2008두11716)

2. 구체적 사례

> **관련판례**
>
> 1. 제3자에 대한 압류처분 - 무효 (2005두15151)
>   제3자의 재산을 대상으로 한 압류처분은 그 처분의 내용이 법률상 실현될 수 없는 것이어서 당연무효이다.
>   [비교] 압류된 재산가액 > 징수액: 무효 X (86누479)
>
> 2. 안 팔았는데 양도세 부과하면 무효 (83누179)
>   부동산을 양도한 사실이 없음에도 세무당국이 부동산을 양도한 것으로 오인하여 양도소득세를 부과하였다면 그 부과처분은 당연무효이다.
>
> 3. 무효인 선행처분에 기한 후속처분 - 무효 (99다1260)
>   압류의 원인이 된 부가가치세가 완납되었음에도 양도소득세 등 징수처분에 따른 양도소득세 등이 체납되었음을 이유로 하여 압류가 해제되지 아니한 채 공매절차가 진행된 경우, 위 양도소득세 등 징수처분이 무효라면 토지에 대한 공매처분 역시 당연무효이다.

9 위헌인 법률에 근거한 처분의 효력

2023. 1. 1.자 위헌결정이 있은 후, 그 대상이 된 법률에 근거하여 2023. 2. 1.자 행정행위가 발령되었다면, 이는 위헌결정에 명백히 배치되는 행정행위이므로 무효이다.

Case 1. 先 결정 後 처분

문제는 다음과 같이 행정행위가 먼저 있고 난 이후에 위헌결정이 내려진 경우이다.

1. 위헌결정의 소급효 – 취소사유 발생

Case 2. 先 처분 後 결정

위헌결정은 원칙적으로 그 결정이 있는 날부터 효력을 상실한다(이른바 장래효; 헌법재판소법 제47조 제2항). 다만, 대법원 및 헌재는 국민의 권리 구제를 도모하는 차원에서 소급효를 널리 인정하되, 불가쟁력이 발생한 처분에 대해서는 소급효를 제한하는 입장에 서 있다.

예컨대, 2023. 1. 1.자 행정행위가 있은 후 2023. 2. 1.자 위헌결정이 있었다면, 위헌결정의 소급효로 인하여 위 행정행위에는 하자가 발생한다. 이때의 하자는 위헌법률에 근거하였다는 점에서 중대성은 있으나, 위법성의 판단 시점인 2023. 1. 1.을 기준으로 아직 위헌결정이 내려지기 전이라는 점에서 명백성은 인정되지 않는다. 따라서, 위 행정행위는 취소사유에 불과한 하자를 내포하게 된다.

> ### 🔍 관련판례
>
> **1. 선처분 후결정 – 취소사유 (96누1689)**
>
> ① 중대성(○)
> 행정청이 법률에 근거하여 **행정처분을 한 후에** 헌법재판소가 그 법률을 위헌으로 결정하였다면 그 행정처분은 결과적으로 법률의 근거가 없이 행하여진 것과 마찬가지가 되어 하자가 있다고 할 것이나,
>
> ② 명백성(×)
> 일반적으로 법률이 헌법에 위반된다는 사정은 헌법재판소의 **위헌결정이 있기 전에는 객관적으로 명백한 것이라고 할 수 없으므로** 특별한 사정이 없는 한 이러한 하자는 위 행정처분의 **취소사유에 해당**할 뿐 당연무효 사유는 아니라고 봄이 상당하다.

2. 당해/동종/병행/일반사건(△) (2010헌마535)

	당해사건	동종사건	병행사건	불가쟁력 X 일반사건	불가쟁력 O 일반사건
위헌심판제청 (or 신청)	O	O	X	X	X
직접 판단	O	X	X	X	X
소급효		O		O	X

구 헌법재판소법 제47조 제2항 본문은 위헌결정의 시간적 효력 범위에 관하여 장래효를 원칙으로 규정하고 있으나, 위헌결정을 위한 계기를 부여한 사건(**당해 사건**), 위헌결정이 있기 전에 이와 동종의 위헌 여부에 관하여 헌법재판소에 위헌제청을 하였거나 법원에 위헌제청신청을 한 사건(**동종사건**), 따로 위헌제청신청을 아니하였지만 당해 법률조항이 재판의 전제가 되어 법원에 계속중인 사건(**병행사건**)에 대하여 예외적으로 **소급효가 인정**되고, 위헌결정 이후에 제소된 사건(**일반사건**)이라도 구체적 타당성의 요청이 현저하고 소급효의 부인이 정의와 형평에 반하는 경우에는 **예외적으로 소급효를** 인정할 수 있다.

2. 위헌결정의 장래효 – 불가쟁력이 발생한 경우

(1) 제소기간이 도과한 경우

불가쟁력이 발생한 경우라 함은 제소기간이 도과하여 행정행위의 취소사유를 더 이상 다툴 수 없게 된 때를 말한다. 불가쟁력이 발생하였음에도 취소소송을 제기한다면, 이는 제소기간의 흠결을 이유로 각하될 것이다. 그럼에도 불구하고, 만약 이에 대해 소급효를 인정하여 다툴 수 있도록 할 경우, 취소소송에 제소기간을 둔 의미가 무색해지게 된다.

이러한 이유에서, 제소기간이 도과하여 불가쟁력이 발생한 경우에는 위헌결정의 소급효를 인정하지 않는 것이다.

(2) 체납처분 절차의 속행 중지

다툼의 대상이 되는 행정행위가 부담금이나 조세와 같은 금전부과처분이었다고 가정해 보자. 이로 인해 금전납부의무가 발생하였음에도 납부가 이루어지지 않을 경우, 과세관청은 독촉, 압류, 매각, 청산 순으로 체납처분(강제징수) 절차에 착수할 것이다.

판례는 위 절차가 채 끝나기 전, 즉 2022. 1. 19. 압류까지 이루어졌으나, 그 다음 순서인 매각으로 나아가기 전인 2022. 2. 1. 위헌결정이 내려졌다면, 나머지 체납처분 절차인 매각 및 청산 절차는 그 진행을 중지하여야 한다는 입장이다. 만약 위헌결정 이후에도 체납처분 절차를 속행한다면 그 절차는 모두 무효로 보고 있다.

조세 부과의 근거가 되었던 법률규정이 위헌으로 선언된 경우, 비록 그에 기한 과세처분이 위헌결정 전에 이루어졌고, 과세처분에 대한 제소기간이 이미 경과하여 조세채권이 확정되었으며, **조세채권의 집행을 위한 체납처분의 근거규정 자체에 대하여는 따로 위헌결정이 내려진 바 없다고 하더라도,** 위와 같은 위헌결정 이후에 조세채권의 집행을 위한 새로운 체납처분에 착수하거나 이를 속행하는 것은 더 이상 허용되지 않고, 나아가 이러한 **위헌결정의 효력에 위배하여 이루어진 체납처분은 그 사유만으로 하자가 중대하고 객관적으로 명백하여 당연무효**라고 보아야 한다.

10 하자의 승계

1. 의의

<둘 이상의 행정행위가 연속적으로 이루어지는 경우>

선행처분 취소사유

But 제소기간 도과

후행처분 하자 X

앞서 이루어진 행정행위(선행행위)에 하자가 있음에도 제소기간을 놓쳐 이를 다투지 못한 경우, 뒤이어 이루어진 행정행위(후행행위)를 대상으로 하는 소송 과정에서 선행행위의 하자를 뒤늦게라도 다툴 수 있을지의 문제가 바로 하자의 승계 문제다.

즉, 하자의 승계는 ① 선행행위에 취소사유에 해당하는 하자가 있는데 ② 제소기간이 도과하여, ③ 후행행위에 아무런 하자가 없음에도 후행행위에 대한 소송에서 선행행위의 하자를 다투려는 상황을 전제한다.

2. 허용되는 경우

(1) 서로 합하여 1개의 법률효과를 완성하는 때

<둘 이상의 행정행위가 연속적으로 이루어지는 경우>

선행처분 취소사유

But 제소기간 도과

후행처분 하자 X

서로 합하여 1개의 법률효과 발생

선행행위와 후행행위가 객관적으로 하나의 행정행위나 다름이 없다면, 앞부분에서 발생한 하자를 뒷부분에 대한 소송에서 주장하는 것을 막을 이유는 없을 것이다.

📖 관련판례

1. 대집행의 각 절차

대집행 계고 & 비용납부명령 (93누14271)	철거명령이 "무효"면 계고/통지/실행/비용징수도 무효 (97누6780)
후행처분인 대집행비용납부명령의 취소를 청구하는 소송에서 청구원인으로 선행처분인 계고처분이 위법한 것이기 때문에 그 계고처분을 전제로 행하여진 대집행비용납부명령도 위법한 것이라는 주장을 할 수 있다.	적법한 건축물에 대한 철거명령은 그 하자가 중대하고 명백하여 당연무효라고 할 것이고, 그 후행행위인 건축물철거 대집행계고처분 역시 당연무효라고 할 것이다.

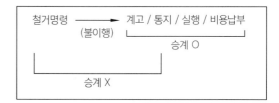

2. 조세 관련 각 절차

체납처분 각 세부절차 간 하자승계	소득금액변동통지 & 징수처분 (2009두14439)
(통설; 판례 ×)	과세관청의 소득처분과 그에 따른 소득금액변동통지가 있는 경우 원천징수하는 소득세의 납세의무에 관하여는 이를 확정하는 소득금액변동통지에 대한 항고소송에서 다투어야 하고, 소득금액변동통지가 당연무효가 아닌 한 징수처분에 대한 항고소송에서 이를 다툴 수는 없다.
	조세 부과처분 & 체납처분 (87누383)
	조세의 부과처분과 압류 등의 체납처분은 별개의 행정처분으로서 독립성을 가지므로 부과처분에 하자가 있더라도 그 부과처분이 취소되지 아니하는 한 그 부과처분에 의한 체납처분은 위법이라고 할 수는 없다.

3. 안경사 시험합격 취소 & 면허박탈 (92누4567)

<u>국립보건원장이 안경사 국가시험의 합격을 무효로 하는 처분을 함에 따라 보건사회부장관이 안경사면허를 취소하는 처분을 한 경우</u> 합격무효처분과 면허취소처분은 동일한 행정목적을 달성하기 위하여 단계적인 일련의 절차로 연속하여 행하여지는 행정처분으로서, 안경사 국가시험에 합격한 자에게 주었던 안경사면허를 박탈한다는 하나의 법률효과를 발생시키기 위하여 서로 결합된 선행처분과 후행처분의 관계에 있다.

🔍 **비교판례** 하자 승계 ×

1. 앞뒤가 바뀐 경우 (96누15428)

계고처분의 후속절차인 대집행에 위법이 있다고 하더라도, 그와 같은 후속절차에 위법성이 있다는 점을 들어 선행절차인 계고처분이 부적법하다는 사유로 삼을 수는 없다.

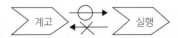

2. 토지보상법상 사업인정 & 수용재결 (87누395)

사업 인정단계에서의 하자를 다투지 아니하여 이미 쟁송기간이 도과한 수용재결단계에 있어서는 위 사업인정처분에 중대하고 명백한 하자가 있어 당연무효라고 볼만한 특단의 사정이 없다면 그 처분의 불가쟁력에 의하여 사업인정처분의 위법부당함을 이유로 수용재결처분의 취소를 구할 수 없다.

3. 직위해제 & 면직처분 (84누191)

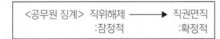

직위해제처분과 면직처분은 후자가 전자의 처분을 전제로 한 것이기는 하나 각각 단계적으로 별개의 법률효과를 발생하는 행정처분이어서 선행 직위해제 처분의 위법사유가 면직처분에는 승계되지 아니한다 할 것이므로 선행된 직위해제 처분의 위법사유를 들어 면직처분의 효력을 다툴 수는 없다.

4. 보충역편입처분 & 공익근무요원소집처분 (2001두5422)

위 두 처분은 후자의 처분이 전자의 처분을 전제로 하는 것이기는 하나 각각 단계적으로 별개의 법률효과를 발생하는 독립된 행정처분이라고 할 것이므로, 그 처분을 다투지 아니하여 이미 불가쟁력이 생겨 그 효력을 다툴 수 없게 된 경우에는, 보충역편입처분에 하자가 있다고 할지라도 그것이 당연무효라고 볼만한 특단의 사정이 없는 한 그 위법을 이유로 공익근무요원소집처분의 효력을 다툴 수 없다.

5. 사업시행계획 & 관리처분계획 (2010두13463)

사업시행계획 수립에 조합원 3분의 2 이상의 동의를 얻지 못한 하자는 취소사유에 불과하고 이를 들어 관리처분계획의 적법 여부를 다툴 수 없으므로, 관리처분계획은 적법하다.

[참고]
- 사업시행계획 – 재개발 등을 위한 포괄적인 계획
- 관리처분계획 – 재개발된 부동산의 구체적 배분계획

Cf. 조합을 설립하지 않는 경우
→ 사업시행계획은 처분성 ×
  (행정청의 행위 ×)

6. 도시·군계획시설결정 & 실시계획인가 (2016두49938)

도시·군계획시설결정과 실시계획인가는 도시·군계획시설사업을 위하여 이루어지는 단계적 행정절차에서 별도의 요건과 절차에 따라 별개의 법률효과를 발생시키는 독립적인 행정처분이다. 그러므로 선행처분인 도시·군계획시설결정에 하자가 있더라도 그것이 당연무효가 아닌 한 원칙적으로 후행처분인 실시계획인가에 승계되지 않는다.

(2) 위 (1)이 아님에도, 수인한도 초과+예측가능성 ×

<둘 이상의 행정행위가 연속적으로 이루어지는 경우

선행처분 취소사유

But 제소기간 도과

후행처분 하자 X

서로 합하여 1개의 법률효과 발생 X

+ ④ 예측가능성 X, 수인한도 ↑

원고의 주관적인 입장에서 하자승계를 불허하는 것이 도저히 참을 수 없는 결과를 초래하고(수인한도 초과), 이러한 결과가 애초에 예측할 수도 없었던 경우(예측가능성 ×)라면, 서로 합하여 1개의 법률효과를 완성하지 않더라도 하자의 승계가 허용된다.

📖 관련판례

1. 개별공시지가결정(통지×) & 과세처분 (93누8542)
   ① 개별공시지가결정은 이를 기초로 한 <u>과세처분</u> 등과는 <u>별개의 독립된 처분</u>으로 서 서로 독립하여 별개의 법률효과를 목적으로 하는 것이나,
   ② **개별공시지가는 이를 토지소유자나 이해관계인에게 개별적으로 고지하도록 되어 있는 것이 아니어서** 토지소유자 등이 개별공시지가결정 내용을 알고 있었다고 전제하기도 곤란할 뿐만 아니라 결정된 개별공시지가가 자신에게 유리하게 작용될 것인지 또는 불이익하게 작용될 것인지 여부를 쉽사리 **예견할 수 있는 것도 아니며**, 위법한 개별공시지가결정에 대하여 그 정해진 시정절차를 통하여 시정하도록 요구하지 아니하였다는 이유로 위법한 개별공시지가를 기초로 한 과세처분 등 후행 행정처분에서 개별공시지가결정의 위법을 주장할 수 없도록 하는 것은 **수인한도를 넘는 불이익을 강요**하는 것으로서
   ③ <u>과세처분 등 행정처분의 취소를 구하는 행정소송에서도 선행처분인 개별공시지가결정의 위법을 독립된 위법사유로 주장할 수 있다고 해석함이 타당하다.</u>

   [비교] **원고가 개별공시지가결정에 대한 재조사 청구에 따른 감액조정을 통지받고 더 이상 다투지 않은 경우: 승계 × (96누6059)**

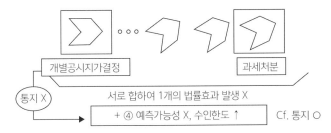

개별공시지가결정 ··· 과세처분

통지 X

서로 합하여 1개의 법률효과 발생 X

+ ④ 예측가능성 X, 수인한도 ↑   Cf. 통지 O

2. 표준지공시지가결정&<u>수용재결(보상금)</u> "인근 토지 소유자" 사안(○) (2007두13845)

표준지공시지가는 이를 인근 토지의 소유자나 기타 이해관계인 에게 개별적으로 고지하도록 되어 있는 것이 아니어서 하자 승 계 ○

인근 토지 (통지 X)

표준지 (통지 O)

🔍 비교판례 표준지공시지가결정 & <u>과세처분</u> "표준지 소유자" 사안(×) (2018두50147)

토지 등에 관한 재산세 등 부과처분의 취소를 구하는 소송에서 표준지공시지가결 정의 위법성을 다투는 것은 원칙적으로 허용되지 않는다.

---

3. 친일반민족행위자 최종발표 & 독립유공자 적용배제 결정 (2012두6964)

진상규명위원회가 甲의 친일반민족행위자 결정 사실을 통지하지 않아 乙은 후행처 분이 있기 전까지 선행처분의 사실을 알지 못하였으므로, 선행처분의 하자를 이유 로 후행처분의 효력을 다툴 수 없게 하는 것은 乙에게 수인한도를 넘는 불이익을 주고 그 결과가 乙에게 예측가능한 것이라고 할 수 없어 선행처분의 후행처분에 대한 구속력을 인정할 수 없으므로 선행처분의 위법을 이유로 후행처분의 효력을 다툴 수 있다.

4. 사업종류 변경결정의 처분성 및 하자승계 여부 (2019두61137)

[1] 사업종류 변경결정＝실체법적 처분 OR 쟁송법적 처분

<u>근로복지공단이 사업종류 변경결정</u>을 하면서 개별 사업주에 대하여 <u>사전통지 및 의견청취, 이유제시 및 불복방법 고지가 포함된 처분서를 작성하여 교부하는 등 실질적으로 행정절차법에서 정한 처분절차를 준수함으로써</u> **사업주에게 방 어권행사 및 불복의 기회가 보장된 경우**에는, 그 사업종류 변경결정은 그 내 용·형식·절차의 측면에서 단순히 조기의 권리구제를 가능하게 하기 위하여 행 정소송법상 처분으로 인정되는 소위 '쟁송법적 처분'이 아니라, **개별·구체적 사 안에 대한 규율로서 외부에 대하여 직접적 법적 효과를 갖는 행정청의 의사표 시인 소위 '실체법적 처분'에 해당**하는 것으로 보아야 한다.

[2] 사업종류 변경결정(실체법적 처분) & 산재보험료 부과처분: 하자승계 ×

이 경우 사업주가 행정심판법 및 행정소송법에서 정한 기간 내에 불복하지 않아 불가쟁력이 발생한 때에는 그 사업종류 변경결정이 중대·명백한 하자가 있어 당연무효가 아닌 한, 사업주는 그 **사업종류 변경결정에 기초하여 이루어진 각 각의 산재보험료 부과처분에 대한 쟁송절차에서는 선행처분인 사업종류 변경 결정의 위법성을 주장할 수 없다**고 봄이 타당하다. 이 경우 근로복지공단의 사 업종류 변경결정을 항고소송의 대상인 처분으로 인정하여 행정소송법에 따른 불복기회를 보장하는 것은 '행정법관계의 조기 확정'이라는 단기의 제소기간 제 도의 취지에도 부합한다.

[3] 사업종류 변경결정(쟁송법적 처분) & 산재보험료 부과처분: 하자승계 ○

다만, 근로복지공단이 사업종류 변경결정을 하면서 실질적으로 행정절차법에서 정한 처분절차를 준수하지 않아 **사업주에게 방어권행사 및 불복의 기회가 보장되지 않은 경우**에는 이를 항고소송의 대상인 처분으로 인정하는 것은 사업주에게 조기의 권리구제기회를 보장하기 위한 것일 뿐이므로, 이 경우에는 사업주가 사업종류 변경결정에 대해 제소기간 내에 취소소송을 제기하지 않았다고 하더라도 후행처분인 각각의 산재보험료 부과처분에 대한 쟁송절차에서 비로소 선행처분인 사업종류 변경결정의 위법성을 다투는 것이 허용되어야 한다.

(3) 선행행위가 무효인 경우

<둘 이상의 행정행위가 연속적으로 이루어지는 경우>

선행처분 "무효" 사유

~~But 재소기간 도과~~

후행처분 하자 X

서로 합하여 1개의 법률효과 발생 X

선행행위가 무효인 경우라면 누구나 언제든지(처음부터) 이를 주장할 수 있는 것이므로, 후행행위가 이를 승계하는 것도 무제한적으로 허용된다.

> **관련판례** 도시계획시설사업 시행자 지정 처분(소유/동의요건 × → 무효) & 실시계획 인가처분 (2016두35144)
>
> [1] 대통령령으로 정하는 자를 제외한 사인(사인)이 도시 · 군계획시설사업의 시행자로 지정받기 위해서는 도시계획시설사업의 대상인 토지(국 · 공유지는 제외한다) 면적의 3분의 2 이상에 해당하는 토지를 소유하고, 토지 소유자 총수의 2분의 1 이상에 해당하는 자의 동의를 받아야 한다.
> [2] 이 사건 사업시행자 지정 처분에서 소유 요건을 충족하지 못한 하자는 중대할 뿐만 아니라 객관적으로 명백하다.
> [3] 선행처분과 후행처분이 서로 독립하여 별개의 법률효과를 목적으로 하는 때에도 선행처분이 당연무효이면 선행처분의 하자를 이유로 후행처분의 효력을 다툴 수 있다.
>
> 도시계획시설사업
> 사업시행자 지정 ⟶ 실시계획 인가
> · 대상 토지 2/3 이상 소유
> · 토지소유자 총수 1/2 이상 동의
> 누락시 무효

11 하자의 치유 및 전환

구분	치유	전환
원칙	허용 ×	
예외	행정행위의 무용한 반복을 피하고, 당사자의 법적 안정성을 보호하기 위한 경우 허용	
적용범위	취소사유 (형식/절차 only)	(무효사유)
소급효	○	× (새로운 행정행위)
제3자 보호	경업자 등이 있을 때 허용 ×	
시간적 한계	행정쟁송 제기 전	–

1. 의의 및 소급효

하자의 치유는 하자를 발생시킨 원인이 사후에 보완되었을 때 처음부터 하자를 없는 것으로 취급하는 것(소급효)이며, 하자의 전환은 본래 의도했던 행정행위로서는 요건이 충족되지 않는 경우 이를 다른 행정행위로 간주하는 것을 말한다. 하자의 치유와 전환은 원칙적으로 허용되지 않지만, **예외적으로** "행정행위의 무용한 반복을 피하고 당사자의 법적 안정성을 위해 이를 허용하는 때에도 국민의 권리와 이익을 침해하지 않는 범위에서" **허용**된다.

> ## 관련판례
>
> 1. 원칙: 허용 × (2010두2579)
>   ① 행정소송에서 행정처분의 위법 여부는 행정처분이 있을 때의 법령과 사실상태를 기준으로 하여 판단하여야 하고, 처분 후 법령의 개폐나 사실상태의 변동에 의하여 영향을 받지는 않는다고 할 것이며, 흠이 있는 행정행위의 치유는 행정행위의 성질이나 법치주의 관점에서 볼 때 **원칙적으로 허용될 수 없는 것**이고,
>   ② **예외적으로 행정행위의 무용한 반복을 피하고 당사자의 법적 안정성을 위해 이를 허용**하는 때에도 국민의 권리나 이익을 침해하지 않는 범위에서 구체적 사정에 따라 합목적적으로 인정하여야 할 것이다.
>   ③ 이 사건 설립인가처분 당시 동의율을 충족하지 못한 하자는 후에 추가동의서가 제출되었다는 사정만으로 치유될 수 없다.
>
> 2. 납세고지서 기재사항 누락 (84누431)
>   세액산출근거가 기재되지 아니한 납세고지서에 의한 부과처분은 강행법규에 위반하여 취소대상이 된다 할 것이므로 이와 같은 하자는 납세의무자가 전심절차에서 이를 주장하지 아니하였거나, 그 후 부과된 세금을 자진납부하였다거나, 또는 조세채권의 소멸시효기간이 만료되었다 하여 치유되는 것이라고는 할 수 없다.
>
>   **비교** 과세예고통지서로 보완 (95누665)
>   과세관청이 과세처분에 앞서 납세의무자에게 보낸 과세예고통지서 등에 납세고지서의 필요적 기재사항이 제대로 기재되어 있어 납세의무자가 그 처분에 대한 불복여부의 결정 및 불복신청에 전혀 지장을 받지 않았음이 명백하다면, 이로써 납세고지서의 흠결이 보완되거나 하자가 치유될 수는 있다.

3. 예외 – 청문서가 늦게 도달하였으나, 이의 없이 출석하여 의견 진술 (92누2844)

행정청이 식품위생법상의 청문절차를 이행함에 있어 소정의 **청문서 도달기간을 지키지 아니하였다면 이는 청문의 절차적 요건을 준수하지 아니한 것**이므로 이를 바탕으로 한 행정처분은 일단 위법하다고 보아야 할 것이지만 이러한 청문제도의 취지는 처분으로 말미암아 받게 될 영업자에게 미리 변명과 유리한 자료를 제출할 기회를 부여함으로써 부당한 권리침해를 예방하려는 데에 있는 것임을 고려하여 볼 때, 가령 행정청이 청문서 도달기간을 다소 어겼다 하더라도 영업자가 이에 대하여 **이의하지 아니한 채 스스로 청문일에 출석하여 그 의견을 진술하고 변명하는 등 방어의 기회를 충분히 가졌다면 청문서 도달기간을 준수하지 아니한 하자는 치유되었다**고 봄이 상당하다.

2. 적용 범위

하자의 치유는 **형식·절차상의 하자**로 인해 처분에 취소사유가 있는 경우에 한하여 허용된다(**내용상 하자 ✕**). 형식·절차상의 하자를 이유로 취소판결이 내려진 이후 이를 보완하여 취소된 처분과 같은 내용의 처분을 하여도 기속력에 반하지 않으므로, 처음부터 치유를 인정하여 이와 같은 번거로움을 예방하고자 하는 것이다.

이와 달리, 하자의 전환은 무효인 처분에 한하여 인정된다는 것이 일반적인 견해에 해당한다.

3. 한계

제3자의 이해관계가 걸려있는 처분의 경우, 함부로 하자의 치유나 전환을 인정할 수 없다. 예컨대, 경원자관계가 성립해 있다면 제3자로서는 처분에 하자가 있음을 다툴 수 있는데, 하자가 치유 또는 전환되어 버리면 더 이상 이를 다툴 수가 없는 불이익이 발생하기 때문이다.

아울러, 하자의 치유는 이에 대한 **행정쟁송이 제기되기 전까지만 허용된다❶**.

❶ 한창 행정심판 또는 행정소송이 진행 중인데 하자가 치유되어 버린다면, 원고(청구인)이 그간 기울인 노력이 허사가 되어버릴 수 있다는 취지로 이해됨

🔎 관련판례 소제기 이후

소제기 이후 하자 치유 ✕ (82누420)

과세처분시 납세고지서에 과세표준, 세율, 세액의 산출근거 등이 누락된 경우에는 늦어도 과세처분에 대한 **불복여부의 결정 및 불복신청에 편의를 줄 수 있는 상당한 기간 내에 보정행위를 하여야** 그 하자가 치유된다 할 것이므로, 과세처분이 있은 지 4년이 지나서 그 취소소송이 제기된 때에 보정된 납세고지서를 송달하였다는 사실이나 오랜 기간(4년)의 경과로써 과세처분의 하자가 치유되었다고 볼 수는 없다.

> ### 🔎 비교판례 소제기 이후 직권취소 ○ (2016두56721, 56738)
>
> 흠 있는 부분에 해당하는 점용료를 감액하는 처분은 당초 처분 자체를 일부 취소하는 변경처분에 해당하고, 그 실질은 종래의 위법한 부분을 제거하는 것으로서 흠의 치유와는 차이가 있다. 그러므로 이러한 **변경처분**은 흠의 치유와는 성격을 달리하는 것으로서, 변경처분 자체가 신뢰보호 원칙에 반한다는 등의 특별한 사정이 없는 한 **점용료 부과처분에 대한 취소소송이 제기된 이후에도 허용될 수 있다.**

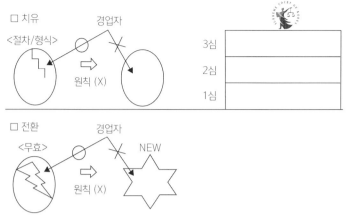

□ 치유

경업자

〈절차/형식〉

원칙 (X)

3심	
2심	
1심	

□ 전환

경업자

NEW

〈무효〉

원칙 (X)

⬆ 하자의 치유와 전환

12 행정행위의 취소 및 철회

구분	취소	철회
근거	행정기본법	
신뢰보호	〈수익적 처분 한정〉 공익 vs 사익	
	절대적 취소사유 (2)	✕
절차	〈수익적 처분 한정〉 행정절차법상 사전통지, 의견청취, 이유제시 등 준수	
소급효	원칙 ○, 예외 ✕	✕
사유	〈성립 당시〉 원처분의 위법/부당	〈성립 이후〉 ① 법정 사유 ② 법률/사정변경 ③ 중대한 공익
취소(철회)의 취소	침익적 행정행위: ✕	
	수익적 행정행위: ○ (단, 제3자 이해관계 있다면 ✕)	

1. 의의

행정행위의 **취소**란 행정행위에 **처음부터 하자**가 있는 경우 행정청이 자진해서 직권으로 행정행위의 효력을 **소급적**으로 상실시키는 것을 말하고, **철회**란 처음에는 하자가 없었으나 **나중에 발생**한 사유를 이유로 행정행위의 효력을 **장래에 향하여** 상실시키는 것을 말한다.

법률유보원칙에 따르면, 수익적 행정행위의 경우 그 취소 또는 철회가 침익적이라는 점에서 법률상 근거가 필요한 것이 원칙이나, 종전 판례는 법적 근거가 없이도 이를 허용하여 다소 논란이 있었다. 이와 같은 논란은 최근 행정기본법에 취소 및 철회의 법적 근거가 명시됨으로써 모두 해소된 바 있다.

처분청은 행정처분에 하자가 있는 경우에는 별도의 법적 근거가 없더라도 스스로 이를 취소할 수 있다.

행정기본법 제18조 【위법 또는 부당한 처분의 취소】
① 행정청은 **위법 또는 부당**한 처분의 전부나 일부를 **소급하여** 취소할 수 있다. 다만, 당사자의 신뢰를 보호할 가치가 있는 등 정당한 사유가 있는 경우에는 장래를 향하여 취소할 수 있다.
② 행정청은 제1항에 따라 당사자에게 권리나 이익을 부여하는 처분을 취소하려는 경우에는 취소로 인하여 당사자가 입게 될 불이익을 취소로 달성되는 공익과 비교·형량하여야 한다. 다만, 다음 각 호의 어느 하나에 해당하는 경우에는 그러하지 아니하다.
1. 거짓이나 그 밖의 부정한 방법으로 처분을 받은 경우
2. 당사자가 처분의 위법성을 알고 있었거나 중대한 과실로 알지 못한 경우

행정기본법 제19조 【적법한 처분의 철회】
① 행정청은 **적법한 처분**이 다음 각 호의 어느 하나에 해당하는 경우에는 그 처분의 전부 또는 일부를 **장래를 향하여** 철회할 수 있다.
1. 법률에서 정한 철회 사유에 해당하게 된 경우
2. 법령등의 변경이나 사정변경으로 처분을 더 이상 존속시킬 필요가 없게 된 경우
3. 중대한 공익을 위하여 필요한 경우
② 행정청은 제1항에 따라 처분을 철회하려는 경우에는 철회로 인하여 당사자가 입게 될 불이익을 철회로 달성되는 공익과 비교·형량하여야 한다.

관련판례 원칙: 국민의 철회·변경 신청권 인정 × (96누6219)

처분청이 처분 후에 원래의 처분을 그대로 존속시킬 필요가 없게 된 사정변경이 생겼거나 중대한 공익상의 필요가 발생한 경우에는 별도의 법적 근거가 없어도 별개의 행정행위로 이를 철회·변경할 수 있지만 이는 그러한 철회·변경의 권한을 처분청에게 부여하는 데 그치는 것일 뿐 **상대방 등에게 그 철회·변경을 요구할 신청권까지를 부여하는 것은 아니라 할 것**이므로, 이와 같이 법규상 또는 조리상의 신청권이 없이 한 국민들의 토지형질변경행위 변경허가신청을 반려한 당해 반려처분은 항고소송의 대상이 되는 처분에 해당되지 않는다.

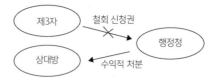

예외판례

1. 예외: 본인 토지 위에 제3자(건축주) 명의의 건축허가가 남아 있는 경우 (2014두41190)
건축주가 토지 소유자로부터 토지사용승낙서를 받아 그 토지 위에 건축물을 건축하는 대물적 성질의 건축허가를 받았다가 착공에 앞서 건축주의 귀책사유로 해당 토지를 사용할 권리를 상실한 경우, 건축허가의 존재로 말미암아 토지에 대한 소유권 행사에 지장을 받을 수 있는 토지 소유자로서는 건축허가의 철회를 신청할 수 있다고 보아야 한다. 따라서 토지 소유자의 위와 같은 신청을 거부한 행위는 항고소송의 대상이 된다.

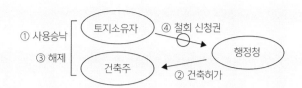

2. 예외: 공사중지명령의 원인사유가 해소된 경우 (2014두37665)

행정청이 관련 법령에 근거하여 행한 공사중지명령의 상대방이 명령의 취소를 구한 소송에서 패소함으로써 그 명령이 적법한 것으로 이미 확정되었다면, 이후 이러한 공사중지명령의 상대방은 그 명령의 해제신청을 거부한 처분의 취소를 구하는 소송에서 그 명령의 적법성을 다툴 수 없다. 그와 같은 공사중지명령에 대하여 그 명령의 상대방이 해제를 구하기 위해서는 명령의 내용 자체로 또는 성질상으로 명령 이후에 원인사유가 해소되었음이 인정되어야 한다.

2. 제한 및 절차

부담적 행정행위의 취소 및 철회는 상대방에게 수익적이므로 특별한 제한은 없다. 반면, **수익적 행정행위의 취소 및 철회**는 상대방에게 침익적이므로 신뢰보호 원칙에 입각하여 달성되는 **공익과 박탈되는 사익 간 비교형량**을 거쳐야 하고, 침익적 행정행위에 적용되는 행정절차(사전통지, 의견청취, 이유제시)를 모두 준수하여야 한다.

다만, **"취소"의 경우** ① 애초에 상대방이 거짓이나 그 밖의 부정한 방법으로 처분을 받음으로써 그 하자를 초래한 경우 또는 ② 상대방이 하자를 초래하지 않았더라도 그 하자를 알고 있었거나, 중과실로 알지 못한 경우라면 **공익과 사익 간 비교형량을 거치지 않고** 곧바로 행정행위를 취소할 수 있다.

📑 관련판례

1. 지급결정취소(앞으로 안 준다)≠징수처분(줬다 뺏기) (2013두27159)

산재보상법상 각종 보험급여 등의 지급결정을 변경 또는 취소하는 처분과 처분에 터 잡아 잘못 지급된 보험급여액에 해당하는 금액을 징수하는 처분이 적법한지를 판단하는 경우 비교·교량할 각 사정이 동일하다고는 할 수 없으므로, **지급결정을 변경 또는 취소하는 처분이 적법하다고 하여 그에 터 잡은 징수처분도 반드시 적법하다고 판단해야 하는 것은 아니다.**

2. 권한 없는 행정청이 직접 취소 (결자해지) (84누463)

권한 없는 행정기관이 한 당연무효인 행정처분을 취소할 수 있는 권한은 **당해 행정처분을 한 처분청**에게 속하고, 당해 행정처분을 할 수 있는 **적법한 권한을 가지는 행정청**에게 그 취소권이 귀속되는 것이 아니다.

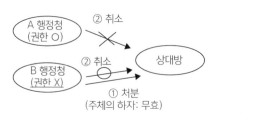

3. 소급효 여부

취소에는 원칙적으로 **소급효**가 인정되나, 예외적으로 당사자의 신뢰를 보호할 가치가 있는 등 정당한 사유가 있는 경우에는 장래효를 갖는다.

반면, **철회에는 장래효**만이 인정되고, (개별법에 별도의 규정이 없는 한) 예외적인 소급효가 인정되지 않는다.

> **관련판례** 철회는 원칙적으로 소급효 × (2015두58195)
>
> 1. 영유아보육법 제30조 제5항 제3호에 따른 평가인증의 **취소는** 평가인증 당시에 존재하였던 하자가 아니라 **그 이후에 새로이 발생한 사유로 평가인증의 효력을 소멸시키는 경우에 해당하므로,** 법적 성격은 평가인증의 '**철회**'에 해당한다.
>
> 2. 평가인증을 철회하는 처분을 하면서도, 평가인증의 **효력을 과거로 소급하여 상실시키기 위해서는,** 특별한 사정이 없는 한 영유아보육법 제30조 제5항과는 **별도의 법적 근거가 필요**하다.

4. 취소의 취소(철회의 취소)

1차적으로 일정한 행정행위(①)를 취소 또는 철회(②)하고, 2차적으로 ②를 취소(③)할 경우, ③으로 인하여 ①이 소급적으로 부활하게 된다. 판례는 ①이 소멸하였음을 전제로 형성된 이해관계에 혼란이 올 가능성이 있는 점을 감안하여 ③을 제한적으로 인정하는 입장에 서있다.

구체적으로, ③은 ①의 부활로 인하여 이해관계자 중 1명이라도 불의의 타격을 입게 되면 허용되지 않는다. 예컨대, ㉠ ①이 침익적 행정행위라면 이로 인해 ①의 상대방이 불의의 타격을 입게 되므로 이는 허용되지 않고, ㉡ ①이 수익적 행정행위라면 이는 허용될 여지가 많겠으나, 만약 제3자가 경원자 등의 지위에 있을 경우 제3자의 입장에서 불의의 타격을 입게 되므로 이는 허용되지 않는다.

> **관련판례**
>
> 1. 과세처분의 부활(상대방: 침익적) (94누7027)
>   과세관청은 부과의 **취소를 다시 취소함으로써 원부과처분을 소생시킬 수는 없고** 납세의무자에게 종전의 과세대상에 대한 납부의무를 지우려면 다시 법률에서 정한 부과절차에 좇아 동일한 내용의 새로운 처분을 하는 수밖에 없다.

2. 현역 입대처분의 부활(상대방: 침익적) (2001두9653)

지방병무청장이 재신체검사 등을 거쳐 현역병입영대상편입처분을 보충역편입처분이나 제2국민역편입처분으로 변경하거나, 보충역편입처분을 제2국민역편입처분으로 변경하는 경우,

비록 새로운 병역처분의 성립에 하자가 있다고 하더라도 그것이 당연무효가 아닌 한 일단 유효하게 성립하고 제소기간의 경과 등 형식적 존속력이 생김과 동시에 종전의 병역처분의 효력은 취소 또는 철회되어 확정적으로 상실된다고 보아야 할 것이므로, 그 후 새로운 병역처분의 성립에 하자가 있었음을 이유로 하여 이를 취소한다고 하더라도 종전의 병역처분의 효력이 되살아난다고 할 수 없다.

행정행위 (①)	취소 (②)	취소 (③)	
침익적		상대방	**침익적**
		(경원자)	수익적
수익적		상대방	수익적
		(경원자)	**침익적**

5. 일부 취소(철회)

외형상 하나의 행정처분이라 하더라도, **가분성**이 있거나 그 처분대상의 일부가 특정될 수 있다면 그 일부만의 취소(철회)도 가능하고 그 일부의 취소(철회)는 당해 취소(철회) 부분에 관하여 효력이 생긴다.

> 🔍 **관련판례** 국세 감액결정 처분(100 → 80) = 일부취소 (94다16045)
> *Cf. 일부취소 "판결"*
>
> 국세 감액결정 처분은 이미 부과된 과세처분에 하자가 있음을 이유로 사후에 이를 일부취소하는 처분이므로, 취소의 효력은 그 취소된 국세 부과처분이 있었을 당시에 소급하여 발생하는 것이고, 이는 판결 등에 의한 취소이거나 과세관청의 직권에 의한 취소이거나에 따라 차이가 있는 것이 아니다.

제3장 나머지 행정작용

13 그 밖의 행정의 주요행위형식

1. 확약

> **행정절차법 제40조의2【확약】**
> ① 법령등에서 당사자가 신청할 수 있는 처분을 규정하고 있는 경우 행정청은 당사자의 신청에 따라 장래에 어떤 처분을 하거나 하지 아니할 것을 내용으로 하는 의사표시(이하 "확약"이라 한다)를 할 수 있다.
> ② 확약은 문서로 하여야 한다.
> ③ 행정청은 다른 행정청과의 협의 등의 절차를 거쳐야 하는 처분에 대하여 확약을 하려는 경우에는 확약을 하기 전에 그 절차를 거쳐야 한다.

(1) 의의 및 처분성

법령에 일정한 처분을 신청할 수 있도록 규정하고 있고, 이에 따라 행정청이 향후 처분을 해주거나 하지 않겠다고 약속하는 것을 확약이라고 한다. <u>원칙적으로 확약은 **처분성이 부정**</u>되지만, 확약이 있었음에도 처분을 거부할 경우 <u>**거부행위의 처분성이 인정되기 위한 신청권은 인정된**</u>다.

> **⑥ 관련판례** 어업면허우선순위결정: 처분성 × (94누6529)
>
> 어업권면허에 선행하는 우선순위결정은 행정청이 우선권자로 결정된 자의 신청이 있으면 어업권면허처분을 하겠다는 것을 약속하는 행위로서 **강학상 확약에 불과하고 행정처분은 아니므로,** 우선순위결정에 공정력이나 불가쟁
>
>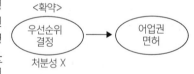
>
> 력과 같은 효력은 인정되지 아니하며, 따라서 우선순위결정이 잘못되었다는 이유로 종전의 어업권면허처분이 취소되면 행정청은 <u>종전의 우선순위결정을 무시하고 다시 우선순위를 결정한 다음 새로운 우선순위결정에 기하여 새로운 어업권면허를 할 수 있다.</u>

> **⑥ 비교판례** 내인가취소 = 본인가 거부처분 (90누4402)
>
>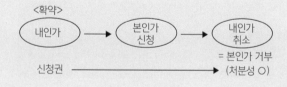

자동차운송사업양도양수계약에 기한 양도양수인가신청에 대하여 피고 시장이 ① 내인가를 한 후 위 ② 내인가에 기한 본인가신청이 있었으나 자동차운송사업 양도양수인가신청서가 합의에 의한 정당한 신청서라고 할 수 없다는 이유로 위 ③ **내인가를 취소**한 경우, 위 내인가의 법적 성질이 행정행위의 일종으로 볼 수 있든 아니든 그것이 행정청의 상대방에 대한 의사표시임이 분명하고, 피고가 위 내인가를 취소함으로써 다시 본인가에 대하여 따로이 인가 여부의 처분을 한다는 사정이 보이지 않는다면 위 내인가취소를 **인가신청을 거부하는 처분**으로 보아야 할 것이다.

(2) 확약의 기속력이 부정되는 경우

① 확약이 처음부터 위법하였거나, ② 적법하였더라도 이후 법령 또는 사정이 변경되었다면 행정청은 반드시 확약에 따라 처분을 할 의무가 없다.

> **행정절차법 제40조의2【확약】**
>
> ④ 행정청은 다음 각 호의 어느 하나에 해당하는 경우에는 확약에 기속되지 아니한다.
>   1. 확약을 한 후에 확약의 내용을 이행할 수 없을 정도로 법령등이나 사정이 변경된 경우
>   2. 확약이 위법한 경우
> ⑤ 행정청은 확약이 제4항 각 호의 어느 하나에 해당하여 확약을 이행할 수 없는 경우에는 지체없이 당사자에게 그 사실을 통지하여야 한다.

📖 **관련판례** 유효기간 경과하면 자동실효 (95누10877)

행정청이 상대방에게 장차 어떤 처분을 하겠다고 확약 또는 공적인 의사표명을 하였다고 하더라도, 그 자체에서 상대방으로 하여금 언제까지 처분의 발령을 신청을 하도록 유효기간을 두었는데도 그 기간 내에 상대방의 신청이 없었다거나 확약 또는 공적인 의사표명이 있은 후에 사실적·법률적 상태가 변경되었다면, 그와 같은 확약 또는 공적인 의사표명은 행정청의 별다른 의사표시를 기다리지 않고 실효된다.

2. 행정계획

(1) 의의 및 처분성

행정계획이란 행정주체가 일정한 행정활동을 추진하기 위하여 수립하는 계획을 말한다. 행정계획의 처분성은 일률적으로 판단하기 어려우므로, 원칙으로 돌아가 국민의 권리·의무에 직접 영향을 미치는지 여부(규율성)를 기준으로 하여 사안별로 판단하여야 할 것이다.

📖 **관련판례**

1. 사업시행계획: 처분성 ○ (2009마596)

재건축정비사업조합이 행정주체의 지위에서 위 법에 기초하여 수립한 사업시행계획은 인가·고시를 통해 확정되면 이해관계인에 대한 구속적 행정계획으로서 독립된 행정처분에 해당한다.

2. 도시계획결정: 처분성 ○ (99두11257)

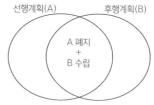

선행계획(A)   후행계획(B)

A 폐지
+
B 수립

① 행정청이 도시계획에 관한 권한을 가진 경우

이미 도시계획이 결정·고시된 지역에 대하여 다른 내용의 도시계획을 결정·고시할 수 있고, 이 때에 후행 도시계획에 선행 도시계획과 <u>서로 양립할 수 없는 내용</u>이 포함되어 있다면, 특별한 사정이 없는 한 **선행 도시계획은 후행 도시계획과 같은 내용으로 변경**되는 것이나,

② 행정청이 도시계획에 관한 권한을 가지지 않은 경우

선행 도시계획과 서로 양립할 수 없는 내용이 포함된 후행 도시계획결정을 하는 것은 ① 아무런 권한 없이 선행 도시계획결정을 폐지하고, ② 양립할 수 없는 새로운 내용이 포함된 후행 도시계획결정을 하는 것으로서, ① **선행 도시계획결정의 폐지 부분**은 권한 없는 자에 의하여 행해진 것으로서 **무효**이고, ② 같은 대상지역에 대하여 선행 도시계획결정이 적법하게 폐지되지 아니한 상태에서 그 위에 다시 한 **후행 도시계획결정** 역시 위법하고, 그 하자는 중대하고도 명백하여 다른 특별한 사정이 없는 한 **무효**라고 보아야 한다.

3. (일반)처분이므로 효력발생요건 충족되어야 함 (85누186)

도시계획결정 등의 처분을 하였다고 하더라도 이를 관보에 게재하여 <u>고시하지 아니한 이상</u> 대외적으로는 아무런 효력도 발생하지 아니한다.

4. 도시계획안의 공고 절차 ≒ 사전통지 (87누388)

공람공고절차를 위배한 도시계획변경결정신청은 위법하다고 아니할 수 없고 행정처분에 위와 같은 법률이 보장한 절차의 흠결이 있는 위법사유가 존재하는 이상 그 내용에 있어 재량권의 범위 내이고 변경될 가능성이 없다 하더라도 그 행정처분은 위법하다.

---

⑤ 비교판례

1. 도시기본계획: 처분성 × (2000두8226)

[1] 도시기본계획은 <u>장래의 도시개발의 일반적인 방향이 제시되지만, 그 계획은 도시계획입안의 지침이 되는 것에 불과</u>하여 일반 국민에 대한 직접적인 구속력은 없는 것이다.

[2] 도시기본계획에서의 대상면적이 실제 면적보다 크다고 하더라도 그것만으로 도시기본계획의 효력이 좌우되는 것은 아니다.

2. 환지계획: 처분성 × (97누6889)

환지예정지 지정이나 환지처분은 그에 의하여 직접 토지소유자 등의 권리의무가 변동되므로 이를 항고소송의 대상이 되는 처분이라고 볼 수 있으나, 환지계획은 위와 같은 환지예정지 지정이나 환지처분의 근거가 될 뿐 그 자체가 직접 토지소유자 등의 법률상의 지위를 변동시키거나 또는 환지예정지 지정이나 환지처분과는 다른 고유한 법률효과를 수반하는 것이 아니어서 이를 항고소송의 대상이 되는 처분에 해당한다고 할 수가 없다.

구분	환지계획	환지예정지 지정	환지처분
처분성	×	○	○

3. 원주시를 혁신도시 최종입지로 선정한 행위: 처분성 × (2007두10198)

법령에는 혁신도시입지 후보지에 관련된 지역 주민 등의 권리의무에 직접 영향을 미치는 규정을 두고 있지 않으므로, 피고가 원주시를 혁신도시 최종입지로 선정한 행위는 항고소송의 대상이 되는 행정처분으로 볼 수 없다.

행정청은 행정계획을 입안함에 있어 광범위한 재량을 가지나❶, 무수한 이해 관계자들의 이익을 정당하게 비교형량해야 한다는 제한을 받는다.

> 행정절차법 제40조의4【행정계획】
> 행정청은 행정청이 수립하는 계획 중 국민의 권리·의무에 직접 영향을 미치는 계획을 수립하거나 변경·폐지할 때에는 관련된 여러 이익을 정당하게 형량하여야 한다.

🔍 관련판례

1. 행정계획 입안·결정의 광범위한 재량 및 한계 (96누8567)
① 행정주체는 구체적인 행정계획을 입안·결정함에 있어서 비교적 광범위한 형성의 자유를 가진다.
② 행정주체가 가지는 이와 같은 형성의 자유는 무제한적인 것이 아니라 그 행정계획에 관련되는 자들의 이익을 공익과 사익 사이에서는 물론이고 공익 상호간과 사익 상호간에도 정당하게 비교교량하여야 한다는 제한이 있는 것이고,
③ 따라서 행정주체가 행정계획을 입안·결정함에 있어서 ㉠ 이익형량을 전혀 행하지 아니하거나 ㉡ 이익형량의 고려 대상에 마땅히 포함시켜야 할 사항을 누락한 경우 또는 ㉢ 이익형량을 하였으나 정당성·객관성이 결여된 경우에는 그 행정계획결정은 **재량권을 일탈·남용한 것으로서 위법**하다.

2. 변경신청 수용여부 결정할 때도 마찬가지 (2010두5806)
… 이러한 법리는 행정주체가 구 국토의 계획 및 이용에 관한 법률 제26조에 의한 주민의 도시관리계획 입안 제안을 받아들여 도시관리계획결정을 할 것인지를 결정할 때에도 마찬가지이고, 나아가 **도시계획시설구역 내 토지 등을 소유하고 있는 주민**이 장기간 집행되지 아니한 도시계획시설의 결정권자에게 도시계획시설의 변경을 신청하고, 결정권자가 이러한 신청을 받아들여 도시계획시설을 변경할 것인지를 결정하는 경우에도 동일하게 적용된다고 보아야 한다.

(2) 행정계획 입안·변경청구권

국민의 신청에 대한 행정청의 거부처분이 항고소송의 대상이 되는 행정처분이 되기 위하여는, 국민이 행정청에 대하여 그 신청에 따른 행정행위를 해줄 것을 요구할 수 있는 법규상 또는 조리상의 권리가 있어야 한다. 행정계획을 입안해달라, 변경해달라는 청구를 거부당한 경우에도 마찬가지이다.

❶ 처분성이 인정된다 하더라도 재량권의 일탈 남용이 인정되기 어려우며, 이미 계획이 상당 부분 진척되었을 경우 사정판결이 내려질 가능성이 큼

즉, 형량의 하자별로 위법의 판단기준을 달리하여 개별화하지 않음

그런데, 보통은 법령에 주민이 행정계획 및 그 변경에 대하여 어떤 신청을 할 수 있는지 여부에 관한 규정이 없는 경우가 많다. 아울러, 장기성·종합성이 요구되는 행정계획의 특성상, 일단 그 계획이 확정된 후에 어떤 사정의 변동이 있다고 하여 지역주민에게 일일이 그 계획의 변경을 청구할 조리상의 권리를 인정해 줄 수도 없다.

따라서, 행정계획에 대한 입안·변경청구권은 **원칙적으로 부정**되고, 극히 예외적인 경우에 한하여 인정된다.

관련판례

원칙: 입안·변경청구권 × → 거부처분 대상적격 부정 (84누227)

도시계획과 같이 장기성·종합성이 요구되는 행정계획에 있어서는 그 계획이 일단 확정된 후에 어떤 사정의 변동이 있다고 하여 지역주민에게 일일이 그 계획의 변경을 청구할 권리를 인정해 줄 수도 없는 이치이므로 도시계획시설변경**신청을 불허한 행위는 항고소송의 대상이 되는 행정처분이라고 볼 수 없다.**

비교판례

1. 도시계획구역 내 토지소유자 (2003두1806)

도시계획구역 내 토지 등을 소유하고 있는 주민으로서는 입안권자에게 도시계획입안을 요구할 수 있는 법규상 또는 조리상의 신청권이 있다고 할 것이고, 이러한 신청에 대한 거부행위는 항고소송의 대상이 되는 행정처분에 해당한다.

2. 문화재보호구역 내 토지소유자 (2003두8821)

문화재보호구역 내에 있는 토지소유자 등으로서는 위 보호구역의 지정해제를 요구할 수 있는 법규상 또는 조리상의 신청권이 있다고 할 것이고, 이러한 신청에 대한 거부행위는 항고소송의 대상이 되는 행정처분에 해당한다.

3. 산업단지 내 토지소유자

산업단지 안에는 다수의 기반시설 등 도시계획시설 등을 포함하고 있고, 국토의 계획 및 이용에 관한 법률의 해석상 도시계획시설부지 소유자에게는 그에 관한 도시·군관리계획의 변경 등을 요구할 수 있는 법규상 또는 조리상 신청권이 인정된다고 해석되고 있다.

4. 폐기물처리업 적정통보받은 자의 국토이용계획변경 (2001두10936)

① 폐기물처리사업계획의 적정통보를 받은 자는 장래 일정한 기간 내에 관계 법령이 규정하는 시설 등을 갖추어 폐기물처리업허가신청을 할 수 있는 법률상 지위에 있다고 할 것인바,

② 피고로부터 폐기물처리사업계획의 적정통보를 받은 원고가 폐기물처리업허가를 받기 위하여는 이 사건 부동산에 대한 용도지역을 '농림지역 또는 준농림지역'에서 '준도시지역(시설용지지구)'으로 변경하는 국토이용계획변경이 선행되어야 하고, **원고의 위 계획변경신청을 피고가 거부한다면 이는 실질적으로 원고에 대한 폐기물처리업허가신청을 불허하는 결과가 되므로**, 원고는 위 국토이용계획변경의 입안 및 결정권자인 피고에 대하여 그 계획변경을 신청할 법규상 또는 조리상 권리를 가진다.

원칙적으로 국토이용계획변경 신청권은 인정되지 않는 점을 주의

3. 공법상 계약

(1) 의의 및 특징

> **행정기본법 제27조 【공법상 계약의 체결】**
> ① 행정청은 법령등을 위반하지 아니하는 범위에서 *(법률우위원칙)* 행정목적을 달성하기 위하여 필요한 경우에는 공법상 법률관계에 관한 계약(이하 "공법상 계약"이라 한다)을 체결할 수 있다. **[문서주의]** 이 경우 계약의 목적 및 내용을 명확하게 적은 계약서를 작성하여야 한다.
> ② 행정청은 공법상 계약의 상대방을 선정하고 계약 내용을 정할 때 공법상 계약의 공공성과 제3자의 이해관계를 고려하여야 한다.

Cf. 법률유보원칙은 적용되지 않는다고 봄

공법상 계약이란 공법적 법률관계의 발생을 목적으로 대등한 당사자 간에 의사표시의 합치로써 체결되는 계약을 말한다. 대표적인 사례로는 계약직(전문직)공무원 채용계약을 들 수 있다.

공법상 계약은 처분이 아니라는 점에서 처분에 적용되는 행정절차(사전통지, 의견청취, 이유제시 등)가 적용되지 않고, 공정력이 인정되지 않는다는 점에서 하자가 있는 공법상 계약은 그 경중을 불문하고(즉, 중대명백성을 따지지 않고) 곧바로 무효가 된다.

📖 관련판례

1. 일반론 – 개별적 판단 필요 (2013두6244)

행정청이 자신과 상대방 사이의 **근로관계를 일방적인 의사표시로 종료**시켰다고 하더라도 곧바로 그 의사표시가 행정청으로서 공권력을 행사하여 행하는 행정처분이라고 단정할 수는 없고, 관계 법령이 상대방의 근무관계에 관하여 구체적으로 어떻게 규정하고 있는지에 따라 그 의사표시가 항고소송의 대상이 되는 행정처분에 해당하는 것인지 아니면 공법상 계약관계의 일방 당사자로서 대등한 지위에서 행하는 의사표시인지 여부를 **개별적으로 판단**하여야 한다.

2. 대표적 사례 – 계약직공무원 채용계약해지의 의사표시 (2002두5948)

계약직공무원 채용계약해지의 의사표시는 일반공무원에 대한 징계처분과는 달라서 항고소송의 대상이 되는 처분 등의 성격을 가진 것으로 인정되지 아니하므로, **행정처분과 같이 행정절차법에 의하여 근거와 이유를 제시하여야 하는 것은 아니다.**

---

(2) 구체적 사례

일정한 계약이 사법상 계약으로서 민사소송으로 다투어야 할지, 공법상 계약이라면 이를 행정소송 중 항고소송 또는 당사자소송 중 어느 것으로 다투어야 할지를 따져보아야 한다.

서울특별시립무용단원의 해촉 (95누4636) 서울특별시립무용단 단원의 위촉은 공법상의 계약이라고 할 것이고, 따라서 그 단원의 해촉에 대하여는 공법상의 당사자소송으로 그 무효확인을 청구할 수 있다. **지방전문직공무원 채용계약 해지 (92누4611)** 지방전문직공무원채용계약 해지의 의사표시에 대하여는 대등한 당사자 간의 소송형식인 공법상 당사자소송으로 그 의사표시의 무효확인을 청구할 수 있다. **시립합창단원에 대한 재위촉 거부 (2001두7794)** (시립합창단원 위촉계약은) 공법상 근로계약에 해당한다고 보아야 할 것이므로, 광주시문화예술회관장이 재위촉을 하지 아니한 것을 항고소송의 대상이 되는 불합격처분이라고 할 수는 없다. **공보의 채용계약 해지 (95누10617)** 공중보건의사 채용계약 해지의 의사표시에 대하여는 대등한 당사자 간의 소송 형식인 공법상의 당사자소송으로 그 의사표시의 무효확인을 청구할 수 있는 것이다. **서울시 옴부즈만 불채용통보 (2013두6244)** 지방계약직공무원인 이 사건 옴부즈만 채용행위는 공법상 대등한 당사자 사이의 의사표시의 합치로 성립하는 공법상 계약에 해당한다. **"중소기업 정보화지원사업 협약"의 해지/환수통보 (2015두41449)** 중소기업 정보화지원사업 지원대상인 사업의 지원에 관한 협약이 회사에 책임이 있는 사업실패로 해지되었다는 이유로 협약에서 정한 대로 지급 받은 정부지원금을 반환할 것을 통보한 사안에서, 협약의 해지 및 그에 따른 환수통보는 행정청이 우월한 지위에서 행하는 공권력의 행사로서 행정처분에 해당한다고 볼 수 없다.	**계약직공무원에 대한 보수삭감 = 징계처분 (2006두16328)** 지방계약직공무원에 대하여 지방공무원법, 지방공무원 징계 및 소청 규정에 정한 징계절차에 의하지 않고서는 보수를 삭감할 수 없다고 봄이 상당하다.

공법상 계약의 한쪽 당사자가 다른 당사자를 상대로 **효력을 다투거나(해촉)** 이행을 **청구(채용)**하는 소송은 공법상 **당사자소송**으로 제기하여야 한다(2019다277133).

□ 처분성　　　　　　　징계(보수삭감) (O)

채용 (X) ━━━━━━━━━ 해촉 (X) ━ 당사자소송 O / 행정절차법 X

재단법인 한국연구재단이 甲 대학교 총장에게 연구개발비의 부당집행을 이유로 '해양생물유래 고부가식품·향장·한약 기초소재 개발 인력양성사업에 대한 2단계 두뇌한국(BK)21 사업' **협약을 해지**하고 연구팀장 乙에 대한 (A) 국가연구개발사업의 3년간 참여제한을 명하는 통보 및 (B) 대학자체 징계 요구 등을 통보를 하자 乙이 위 각 통보의 취소를 청구함

1. (A) 국가연구개발사업의 참여제한을 명하는 통보 (O)

과학기술기본법령상 사업 협약의 해지 통보는 단순히 대등 당사자의 지위에서 형성된 공법상 계약을 계약당사자의 지위에서 종료시키는 의사표시에 불과한 것이 아니라, 행정청이 우월적 지위에서 연구개발비의 회수 및 관련자에 대한 국가연구개발사업 참여제한 등의 법률상 효과를 발생시키는 행정처분에 해당한다.

2. (B) 대학자체 징계 요구 등을 통보 (X)

한국연구재단이 甲 대학교 총장에게 乙에 대한 대학 자체징계를 요구한 것은 법률상 구속력이 없는 권유 또는 사실상의 통지로서 乙의 권리, 의무 등 법률상 지위에 직접적인 법률적 변동을 일으키지 않는 행위에 해당하므로, 항고소송의 대상인 행정처분에 해당하지 않는다.

4. 사실행위

사실행위란 법적 효과가 아닌, 단순히 사실상의 결과를 발생시키는 것을 목적으로 하는 행위를 의미한다. 다만, 행정청이 사실행위를 하다 보면 결과적으로는 (의도치 않게) 국민의 신체·재산 등을 제한하는 영향을 미침으로써 일정한 법적 효과를 발생시키는 경우가 있는데, 이를 권력적 사실행위라고 한다. 이와 달리, 순수하게 사실상의 결과만을 발생시키는 것을 비권력적 사실행위라고 한다. **권력적 사실행위는** 국민의 신체·재산 등에 직접 영향을 미친다는 점에서 **처분성을 갖는다.** 다만, 사실행위는 단기간 내에 종료되기 때문에, 막상 소를 제기하는 시점에서는 이미 행위가 종료되어 **소의 이익이 부정**되는 경우가 대부분이다.

구분	행위 시작	행위 종료	소송 제기
소의 이익	○	×	×

관련판례

1. 영치품(티셔츠) 사용불허: 대상적격 ○ / 소의 이익 ○ (2007두13203)
   ① 소의 이익: 예외적 인정
      수형자의 영치품에 대한 사용신청 불허처분 후 수형자가 다른 교도소로 이송되었다 하더라도 수형자의 권리와 이익의 침해 등이 해소되지 않은 점 등에 비추어, 위 영치품 사용신청 불허처분의 취소를 구할 이익이 있다.
   ② 근거
      원고의 형기가 만료되기까지는 아직 상당한 기간이 남아 있을 뿐만 아니라, 진주교도소가 전국 교정시설의 결핵 및 정신질환 수형자들을 수용·관리하는 의료교도소인 사정을 감안할 때 원고의 진주교도소로의 재이송 가능성이 소멸하였다고 단정하기 어려운 점 등을 종합적으로 고려한 것이다.

2. 마약검사 위해 소변 제출하도록 한 것 = 공권력 행사(헌법소원 대상) (2005헌마277)
      교도소 수형자에게 소변을 받아 제출하게 한 것은, 형을 집행하는 우월적인 지위에서 외부와 격리된 채 형의 집행에 관한 지시, 명령을 복종하여야 할 관계에 있는 자에게 행해진 것으로서 권력적 사실행위로서 헌법재판소법 제68조 제1항의 공권력의 행사에 해당한다.

5. 행정지도

행정지도란 행정기관이 그 소관 사무의 범위에서 일정한 행정목적을 실현하기 위하여 특정인에게 일정한 행위를 하거나 하지 아니하도록 지도, 권고, 조언 등을 하는 행정작용을 말한다.
원칙적인 모습은 국민의 **임의적인 협력을 전제로** 하는 비권력적 사실행위이므로, **처분성이 인정되지 않는다.** 아울러, 위법한 행정지도를 따른 결과 손해가 발생했다 하더라도, 이는 **국민이 자발적으로 행정지도에 응한 것**이므로 **국가배상청구의 상당인과관계 요건이 충족되지 않는다.**
다만, 그 실질에 비추어 행정지도가 사실상 행정명령이나 다름 없다면 처분성이 인정되지 않을 이유는 없을 것이다. 이때에는 국가배상청구의 상당인과관계 요건도 충족될 수 있다.

> **행정절차법 제48조【행정지도의 원칙】**
> ① 행정지도는 그 목적 달성에 필요한 최소한도에 그쳐야 하며, 행정지도의 상대방의 의사에 반하여 부당하게 강요하여서는 아니 된다.
> ② 행정기관은 행정지도의 상대방이 행정지도에 따르지 아니하였다는 것을 이유로 불이익한 조치를 하여서는 아니 된다.
>
> **행정절차법 제49조【행정지도의 방식】**
> ① 행정지도를 하는 자는 그 상대방에게 그 행정지도의 취지 및 내용과 신분을 밝혀야 한다.
> ② 행정지도가 말로 이루어지는 경우에 상대방이 제1항의 사항을 적은 서면의 교부를 요구하면 그 행정지도를 하는 자는 직무 수행에 특별한 지장이 없으면 이를 교부하여야 한다.
>
> **행정절차법 제50조【의견제출】**
> 행정지도의 상대방은 해당 행정지도의 방식·내용 등에 관하여 행정기관에 의견제출을 할 수 있다.
>
> **행정절차법 제51조【다수인을 대상으로 하는 행정지도】**
> 행정기관이 같은 행정목적을 실현하기 위하여 많은 상대방에게 행정지도를 하려는 경우에는 특별한 사정이 없으면 행정지도에 공통적인 내용이 되는 사항을 공표하여야 한다.

처분성 (×)	처분성 (O)
전기·전화공급 중단 요청 (96누433) 위법 건축물에 대한 전기·전화공급을 하지 말아 줄 것을 요청한 행위는 <u>권고적 성격의 행위에 불과</u>한 것으로서 전기·전화공급자나 특정 인의 법률상 지위에 직접적인 변동을 가져오는 것은 아니므로 이를 항고소송의 대상이 되는 행정처분이라고 볼 수 없다.	인권위 성희롱 시정조치 권고 (2005두487) 이러한 결정과 시정조치의 권고는 성희롱 행위자로 결정된 자의 인격권에 영향을 미침과 동시에 공공기관의 장 또는 사용자에게 일정한 법률상의 의무를 부담시키는 것이므로 행정소송의 대상이 되는 행정처분에 해당한다고 보지 않을 수 없다.
세무당국의 주류거래 중지 요청 (80누395) 세무당국이 소외 회사에 대하여 원고와의 주류거래를 일정기간 중지하여 줄 것을 요청한 행위는 권고 내지 협조를 요청하는 <u>권고적 성격의 행위</u>로서 소외 회사나 원고의 법률상의 지위에 직접적인 법률상의 변동을 가져오는 행정처분이라고 볼수 없는 것이므로 항고소송의 대상이 될 수 없다.	교육부장관의 학칙시정요구 (2002헌마337) 이는 행정지도의 일종이지만, 그에 따르지 않을 경우 일정한 불이익조치를 예정하고 있어 사실상 상대방에게 그에 따를 의무를 부과하는 것과 다를 바 없으므로 헌법소원의 대상이 되는 공권력의 행사라고 볼 수 있다.
	방통위의 시정요구 (2011헌가13) 정보통신서비스제공자 등이 이에 따르지 않는 경우 방송통신위원회의 해당 정보의 취급거부·정지 또는 제한명령이라는 법적조치가 예정되어 있으므로, 헌법소원 또는 항고소송의 대상이 되는 공권력의 행사라고 봄이 상당하다.

관련판례 위법한 행정지도

1. 위법한 행정지도에 따른 국가배상책임× (2006다18228)

① 행정지도가 **강제성을 띠지 않은** 비권력적 작용으로서 행정지도의 한계를 일탈하지 아니하였다면, 그로 인하여 상대방에게 어떤 손해가 발생하였다 하더라도 **행정기관은 손해배상책임이 없다.**

② 행정기관의 위법한 행정지도로 일정기간 어업권을 행사하지 못하는 손해를 입은 자가 그 어업권을 타인에게 매도하여 매매대금 상당의 이득을 얻었더라도 그 이득은 손해배상책임의 원인이 되는 행위인 위법한 행정지도와 **상당인과관계에 있다고 볼 수 없다.❶**

2. 위법한 행정지도에 따랐어도 형사처벌 可 (93도3247)

행정관청이 국토이용관리법 소정의 토지거래계약신고에 관하여 공시된 기준시가를 기준으로 매매가격을 신고하도록 **행정지도를 하여 그에 따라 허위신고를 한 것이라 하더라도** 이와 같은 행정지도는 법에 어긋나는 것으로서 그와 같은 행정지도나 관행에 따라 허위신고행위에 이르렀다고 하여도 이것만 가지고서는 그 **범법행위가 정당화될 수 없다.**

❶
직무행위에는 해당함

해커스공무원 학원·인강
gosi.Hackers.com

제 3 편

행정절차법

제1장 행정행위를 할 때 지켜야 할 절차

제1장 행정행위를 할 때 지켜야 할 절차

1 서론

1. 사전적 권리구제수단

공법관계에서 분쟁이 발생할 경우, 궁극적인 권리구제수단은 행정소송이 될 것이다. 구체적으로, 처분의 효력을 소멸시키기 위해서는 항고소송을, 경제적 손해 또는 손실을 보전 받기 위해서는 국가배상청구/손실보상청구 소송을 제기할 수 있다.

다만, 소송은 생각보다 번거로운 절차이므로, 소송에 들어가기에 앞서 보다 원만한 분쟁 해결을 도모할 필요가 있다. 이에, 행정절차법은 처분을 하기 전에 미리 알려주고(사전통지), 반박할 수 기회를 제공하며(의견청취), 상대방의 반박에도 불구하고 처분을 해야 하는 이유를 알려주고(이유제시), 문서에 구체적인 내용을 적도록(문서주의) 하는 절차를 규정함으로써, 하자가 있는 처분은 애초부터 발령되지 않을 수 있게끔 하는 제도적 장치를 마련하고 있다.

한편, 정보공개법을 마련함으로써 처분을 둘러싼 정보를 상세히 알 수 있도록 하고 있기도 하다.

권리구제수단	목적	내용
사전적	절차	사전통지, 의견청취, 이유제시, 문서주의 등
	정보	정보공개청구
사후적	손해/손실(₩)	국가배상 / 손실보상
	처분 등	항고소송

2. 법 자체의 적용배제 사유

행정절차법은 ① 타법에 특별한 규정이 있는 경우 및 ② 일정한 9가지 사항에 해당하는 경우에는 법 자체가 적용되지 않는 예외를 두고 있다. 다만, 판례는 행정절차를 준수하는 것이 사전적 권리구제 수단인 점을 감안하여, 최대한 법의 적용 범위를 넓히려는 입장에 서 있다. 즉, **아래 9가지 사항❶을 엄격하게 해석**하고 있는 것이다.

❶
행정절차법 제3조 제2항 제1~9호

> **행정절차법 제3조 【적용 범위】**
> ① 처분, 신고, **확약, 위반사실 등의 공표, 행정계획**, 행정상 입법예고, 행정예고 및 행정지도의 절차(이하 "행정절차"라 한다)에 관하여 다른 법률에 특별한 규정이 있는 경우를 제외하고는 이 법에서 정하는 바에 따른다.
> ② 이 법은 **다음 각 호의 어느 하나**에 해당하는 사항에 대하여는 적용하지 아니한다.
> 1. 국회 또는 지방의회의 의결을 거치거나 동의 또는 승인을 받아 행하는 사항
> 2. 법원 또는 군사법원의 재판에 의하거나 그 집행으로 행하는 사항

3. 헌법재판소의 심판을 거쳐 행하는 사항

4. 각급 선거관리위원회의 의결을 거쳐 행하는 사항

5. 감사원이 감사위원회의의 결정을 거쳐 행하는 사항

6. 형사(刑事), 행형(行刑) 및 보안처분 관계 법령에 따라 행하는 사항

7. 국가안전보장·국방·외교 또는 통일에 관한 사항 중 행정절차를 거칠 경우 국가의 중대한 이익을 현저히 해칠 우려가 있는 사항

8. 심사청구, 해양안전심판, 조세심판, 특허심판, 행정심판, 그 밖의 불복절차에 따른 사항

9. 병역법에 따른 징집·소집, **외국인**의 출입국·난민인정·귀화, **공무원** 인사 관계 법령에 따른 징계와 그 밖의 처분, 이해 조정을 목적으로 하는 법령에 따른 알선·조정·중재(仲裁)·재정(裁定) 또는 그 밖의 처분 등 해당 행정작용의 **성질상 행정절차를 거치기 곤란하거나 거칠 필요가 없다고 인정**되는 사항과 행정절차에 준하는 절차를 거친 사항으로서 대통령령으로 정하는 사항

□ 개별법 우선 적용
　별도 절차 / 행정절차법 적용 배제
□ 적용 배제 - 9가지
　- ① 국회, 지방의회 ② 법원의 재판 ③ 헌재 심판 ...
　- ⑨ ┌ 외국인의 출입국, 난민인정, 귀화 등
　　　 └ 공무원의 인사(징계 등)
　　　　 ⊕ 성질상 곤란 OR 불요 only

📖 관련판례

1. 선택적 제외 불가 (2000두10212)

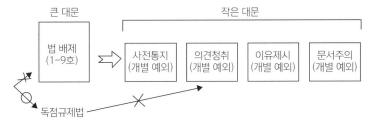

① 행정절차법 제3조 제2항 (제9호), 같은 법 시행령 제2조 제6호에 의하면 공정거래위원회의 의결·결정을 거쳐 행하는 사항에는 **행정절차법의 적용이 제외**되게 되어 있으므로,

② 설사 공정거래위원회의 시정조치 및 과징금납부명령에 행정절차법 소정의 의견청취절차 생략사유가 존재한다고 하더라도, 공정거래위원회는 행정절차법을 적용하여 의견청취절차를 생략할 수는 없다.

2. 행정청이 주관하는 행정절차에만 적용 (2005두1893)

묘지공원과 화장장의 후보지를 선정하는 과정에서 서울특별시, **비영리법인, 일반기업 등이 공동발족**한 협의체인 추모공원건립추진**협의회가** 후보지 주민들의 의견을 청취하기 위하여 그 명의로 개최한 공청회는 **행정청이 도시계획시설결정을 하면서 개최한 공청회가 아니므로,** 위 공청회의 개최에 관하여 행정절차법에서 정한 절차를 준수하여야 하는 것은 아니다.

1. 공무원의 정규임용처분 취소(배제 ×) (2008두16155)

정규임용처분을 취소하는 처분은 성질상 행정절차를 거치는 것이 불필요하여 행정절차법의 적용이 배제되는 경우에 해당하지 않으므로, 그 처분을 하면서 사전통지를 하거나 의견제출의 기회를 부여하지 않은 것은 위법하다.

2. 군인 진급선발 취소(배제 ×) (2006두20631)

군인사법령에 의하여 진급예정자명단에 포함된 자에 대하여 의견제출의 기회를 부여하지 아니한 채 진급선발을 취소하는 처분을 한 것은 절차상 하자가 있어 위법하다.

3. 사관생도 퇴학처분(배제 ×) (2016두33339)

육군3사관학교의 사관생도에 대한 징계절차에서 징계심의대상자가 대리인으로 선임한 변호사가 징계위원회 심의에 출석하여 진술하려고 하였음에도, 징계권자나 그 소속 직원이 **변호사가 징계위원회의 심의에 출석하는 것을 막았다면** 징계위원회 심의·의결의 절차적 정당성이 상실되어 그 징계의결에 따른 징계처분은 위법하여 원칙적으로 취소되어야 한다.

4. KBS 사장 해임처분(배제 ×) (2011두5001)

해임처분 과정에서 뿌이 처분 내용을 사전에 통지받거나 그에 대한 의견제출 기회 등을 받지 못했고 해임처분 시 법적 근거 및 구체적 해임 사유를 제시받지 못하였으므로 해임처분이 행정절차법에 위배되어 위법하다.

5. 판례 비교

별정직 공무원(대통령기록관장) 면직처분 (배제 ×) (2011두30687)	공무원 직위해제처분 (배제 ○) (2012두26180)
성질상 행정절차를 거치기 곤란하거나 불필요하다고 인정되는 처분이나 행정절차에 준하는 절차를 거치도록 하고 있는 처분의 경우에만 행정절차법의 적용이 배제되는 것으로 보아야 하고, 이러한 법리는 '공무원 인사관계 법령에 의한 처분'에 해당하는 별정직 공무원에 대한 직권면직 처분의 경우에도 마찬가지로 적용된다.	국가공무원법상 직위해제처분은 당해 행정작용의 성질상 행정절차를 거치기 곤란하거나 불필요하다고 인정되는 사항 또는 행정절차에 준하는 절차를 거친 사항에 해당하므로, 처분의 사전통지 및 의견청취 등에 관한 행정절차법의 규정이 별도로 적용되지 아니한다고 봄이 상당하다❶.

❶ 국가공무원법에 따른 절차가 보다 엄격함

3. 행정절차법의 "당사자등"

행정절차의 적용을 받는 자는 ① 행정청의 처분에 대하여 직접 그 상대가 되는 "당사자" 및 ② 행정청이 직권으로 또는 신청에 따라 행정절차에 "참여하게 한 이해관계인"을 모두 포함한다.

주의할 점은, ②는 모든 이해관계인을 포함하는 것이 아니라, 행정청의 결정에 의해 행정절차에 참여한 이해관계인만을 의미한다는 것이다. 이 때문에 경업자 관계 등에 있는 제3자라 하여도 언제나 행정절차법의 "당사자등"에 포함되는 것은 아니다.

행정절차법 제2조 【정의】

이 법에서 사용하는 용어의 뜻은 다음과 같다.
4. "당사자등"이란 다음 각 목의 자를 말한다.
   가. 행정청의 처분에 대하여 직접 그 상대가 되는 당사자
   나. 행정청이 직권으로 또는 신청에 따라 행정절차에 **참여하게 한** 이해관계인

🔍 관련판례

1. 종전 영업자(양도인)에 대한 사전통지 의무 (2001두7015)

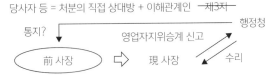

당사자 등 = 처분의 직접 상대방 + 이해관계인 ~~제3자~~

영업자지위승계신고를 수리하는 처분은 **종전의 영업자**의 권익을 제한하는 처분이라 할 것이고 따라서 종전의 영업자는 그 처분에 대하여 직접 그 상대가 되는 자에 해당한다고 봄이 상당하므로, 행정청으로서는 위 신고를 수리하는 처분을 함에 있어서 행정절차법 규정 소정의 당사자에 해당하는 종전의 영업자에 대하여 위 규정 소정의 행정절차를 실시하고 처분을 하여야 한다.

2. 국가에 대한 행정처분에도 행정절차법 적용 (2023두39724)

[1] 한국전력이 2020년 12월 13일부터 약 1년간 해당 비행단 영내 독신자숙소 및 외래자숙소에 있는 수상기에 관해 TV수신료를 부과하자, 국가가 부과처분 취소소송을 제기함.

[2] 행정절차법상 열거된 이 법이 적용되지 않는 사항에 '국가를 상대로 하는 행정행위'는 해당되지 않는다.
이처럼 행정절차법의 규정과 행정의 공정성·투명성, 신뢰성 확보라는 행정절차법의 입법취지 등을 고려하면 행정기관의 처분에 의해 불이익을 입게 되는 국가를 일반 국민과 달리 취급할 이유가 없다.

[3] '군 영내'에 있는 수상기는 그 사용 목적과는 관계없이 등록의무가 면제되는 수상기로, 이에 대해서는 수신료를 부과할 수 없다.

2 주요 절차

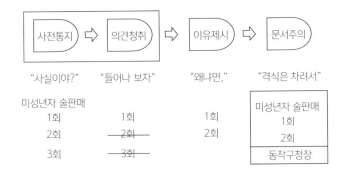

1. 사전통지

행정절차법 제21조 【처분의 사전 통지】

① 행정청은 당사자에게 의무를 부과하거나 권익을 제한하는 처분을 하는 경우에는 미리 다음 각 호의 사항을 당사자등에게 통지하여야 한다.

4. 제3호에 대하여 의견을 제출할 수 있다는 뜻과 의견을 제출하지 아니하는 경우의 처리방법

사전통지는 처분의 상대방으로부터 의견을 청취하기 위해 먼저 처분이 발령될 것임을 알려주는 절차에 해당한다. 당사자에게 의무를 부과하거나, 권익을 제한하는 처분(침익적 처분)에 한하여 적용이 있다.

아울러, 이는 의견청취 절차와 한 세트나 다름이 없기 때문에, 적용범위가 거의 중첩되는 특징이 있다.

(1) 거부처분에 대한 사전통지 여부

거부처분이 있게 되면 권익의 부여를 신청하였다가 이를 거부당한 결과 아무런 권익이 부여되지 않은 상태에 머무르기 때문에, 아직 존재하지도 않는 권익이 제한될 수는 없다. 따라서, 침익적 처분을 전제로 하는 사전통지가 적용되지 않는다.

> **관련판례** 권익 미부여 → 침해 불가 (2003두674)
>
> <u>신청에 따른 처분이 이루어지지 아니한 경우에는 아직 당사자에게 권익이 부과되지 아니하였으므로</u> 특별한 사정이 없는 한 신청에 대한 거부처분이라고 하더라도 직접 당사자의 권익을 제한하는 것은 아니어서 신청에 대한 거부처분을 여기에서 말하는 '당사자의 권익을 제한하는 처분'에 해당한다고 할 수 없는 것이어서 <u>처분의 사전통지 대상이 된다고 할 수 없다.</u>
>
>

(2) 적용 예외사유

❶ 행정절차법 제21조 제4항 제3호

행정절차법 자체의 적용이 배제되는 것은 아니지만, 사전통지만큼은 적용이 없는 예외사유는 다음 3가지 및 앞에서 다룬 거부처분까지 총 4가지가 있다. 이 중 아래 3호**❶**의 대표적인 사례는 불특정 다수를 상대방으로 하는 일반처분이다.

> **행정절차법 제21조 【처분의 사전 통지】**
>
> ② 행정청은 청문을 하려면 <u>청문이 시작되는 날부터 10일 전까지</u> 제1항 각 호의 사항을 당사자등에게 통지하여야 한다. 이 경우 제1항 제4호부터 제6호까지의 사항은 청문 주재자의 소속·직위 및 성명, 청문의 일시 및 장소, 청문에 응하지 아니하는 경우의 처리방법 등 청문에 필요한 사항으로 갈음한다.
>
> ③ 제1항 제6호에 따른 기한은 <u>의견제출에 필요한 기간을 10일 이상으로</u> 고려하여 정하여야 한다.
>
> > 바로 다음 날 시정명령 (2016두41811)
> > 이 사건 **처분이 현장조사 바로 다음 날 이루어진 사정**에 비추어 보면, **의견제출에 필요한 상당한 기간**을 고려하여 의견제출기한이 부여되었다고 보기도 어렵다.
>
> ④ 다음 각 호의 어느 하나에 해당하는 경우에는 제1항에 따른 통지를 하지 아니할 수 있다.
> 1. 공공의 안전 또는 복리를 위하여 <u>긴급히</u> 처분을 할 필요가 있는 경우

2. 법령등에서 요구된 자격이 없거나 없어지게 되면 반드시 일정한 처분을 하여야 하는 경우에 그 자격이 없거나 없어지게 된 사실이 법원의 재판 등에 의하여 객관적으로 증명된 경우

> 이는 의견청취가 행정청의 **처분 여부나 그 수위 결정에 영향을 미치지 못하는 경우를 의미**한다고 보아야 한다. ① 처분의 전제가 되는 '**일부**' 사실만 증명된 경우이거나 ② 의견청취에 따라 행정청의 처분 여부나 처분 수위가 달라질 수 있는 경우라면 위 예외사유에 해당하지 않는다(2017두66602).

3. 해당 처분의 **성질상 의견청취가 현저히 곤란하거나 명백히 불필요**하다고 인정 될 만한 상당한 이유가 있는 경우

> **도로구역변경처분(=일반처분)은 사전통지 × (2007두1767)**
> 도로법이 도로구역을 결정하거나 변경할 경우 이를 고시에 의하도록 하면서, 그 도면을 일반인이 열람할 수 있도록 한 점 등을 종합하여 보면, 도로구역을 변경한 이 사건 처분은 행정절차법의 사전통지나 의견청취의 대상이 되는 처분은 아니라고 할 것이다.

🔍 **비교판례** 예외사유 ×

1. **당사자의 자진 폐공 약속 (99두5870)**

   행정청이 온천지구임을 간과하여 지하수개발·이용신고를 수리하였다가 행정절차 법상의 사전통지를 하거나 의견제출의 기회를 주지 아니한 채 그 **신고수리처분을 취소하고 원상복구명령의 처분을 한 경우**, **행정지도방식에 의한 사전고지나 그에 따른 당사자의 자진 폐공의 약속 등의 사유**만으로는 사전통지 등을 하지 않아도 되는 행정절차법 소정의 예외의 경우에 해당한다고 볼 수 없으므로 그 처분은 위법 하다.

2. **많은 액수의 손실보상금을 기대하여 공사를 강행할 우려가 있다는 사정 (2004두1254)**

   건축법상의 공사중지명령에 대한 사전통지를 하고 의견제출의 기회를 준다면 **많은 액수의 손실보상금을 기대하여 공사를 강행할 우려가 있다는 사정**이 사전통지 및 의견제출절차의 예외사유에 해당하지 아니한다.

⊕ 각 절차별 개별적 예외사유

구분	사전통지	의견청취	이유제시	문서주의	
1	긴급성			전자문서	당사자등 동의
2	법원의 재판에 의한 객관적 증명	신청내용 그대로 인정			전자문서에 의한 신청
3	성질상 매우 곤란 or 불요	단순, 반복, 경미 + 이유 명백		문서 × (말 등)	for 공공의 안전/복리 + 긴급성 or 경미함
4		당사자 포기의사 명백			

2. 의견청취

행정절차법 제22조 【의견청취】
① 행정청이 처분을 할 때 다음 각 호의 어느 하나에 해당하는 경우에는 **청문**을 한다.
1. 다른 법령등에서 청문을 하도록 규정하고 있는 경우
2. 행정청이 필요하다고 인정하는 경우
3. 다음 각 목의 처분을 하는 경우 (*개정 전: 의견제출기한 내에 당사자등의 신청이 있는 경우*)
   가. 인허가 등의 취소
   나. 신분·자격의 박탈
   다. 법인이나 조합 등의 설립허가의 취소
② 행정청이 처분을 할 때 다음 각 호의 어느 하나에 해당하는 경우에는 **공청회**를 개최한다.
1. 다른 법령등에서 공청회를 개최하도록 규정하고 있는 경우
2. 해당 처분의 영향이 광범위하여 널리 의견을 수렴할 필요가 있다고 행정청이 인정하는 경우
3. 국민생활에 큰 영향을 미치는 처분으로서 대통령령으로 정하는 처분에 대하여 대통령령으로 정하는 수 이상의 당사자등이 공청회 개최를 요구하는 경우
③ 행정청이 당사자에게 의무를 부과하거나 권익을 제한하는 처분을 할 때 제1항 또는 제2항의 경우 외에는 당사자등에게 **의견제출**의 기회를 주어야 한다.

의견청취란 침익적 처분의 당사자등에게 미리 처분에 대한 의견을 진술하도록 하는 절차를 의미한다. 이는 ① 정식절차인 청문, ② 공개적인 토론을 요하는 공청회 및 ③ 약식절차인 의견제출로 구분된다.

(1) 청문

청문은 행정청이 어떠한 처분을 하기 전에 당사자등의 의견을 직접 듣고 증거를 조사하는 절차를 말한다. 청문이 적용되는 경우는 다음과 같다. 위 3호의 경우, **구법에서는 당사자등이 신청을 하여야만 청문이 가능**하였으나, 현행법에서는 이러한 요건이 **삭제**되었다는 점을 유의하여야 한다.

(2) 공청회

공청회란 행정청이 공개적인 토론을 통하여 어떠한 행정작용에 대하여 당사자등, 전문지식과 경험을 가진 사람, 그 밖의 일반인으로부터 의견을 널리 수렴하는 절차를 말한다.

(3) 의견제출

의견제출이란 행정청이 어떠한 행정작용을 하기 전에 당사자등이 의견을 제시하는 절차로서, 청문이나 공청회에 해당하지 아니하는 절차를 말한다.

관련판례 청취 의무 ○, 따라야 할 의무 × (95누30)

1. 행정청은 처분을 할 때에 당사자등이 제출한 의견이 상당한 이유가 있다고 인정하는 경우에는 이를 반영하여야 한다(행정절차법 제27조의2 제1항).

2. 소유자나 기타 권리자가 의견을 반영할 기회를 주어 이를 참작하도록 하고자 하는 데 있을 뿐, **처분청이 그 의견에 기속되는 것은 아니다.**

---

(4) 적용 예외사유: 행정절차법 자체의 적용이 배제되는 것은 아니지만, 의견청취 만큼은 적용이 되지 않는 예외사유는 앞에서 다룬 사전통지의 예외사유 3가지 및 "당사자가 의견진술의 기회를 포기한다는 뜻을 명백히 표시한 경우"까지 총 4가지가 있다.

행정절차법 제22조【의견청취】

④ 제1항부터 제3항까지의 규정에도 불구하고 제21조 제4항 각 호의 어느 하나에 해당하는 경우와 **당사자가 의견진술의 기회를 포기한다는 뜻을 명백히 표시한 경우**에는 의견청취를 하지 아니할 수 있다.

행정절차법 제21조【처분의 사전 통지】

④ 다음 각 호의 어느 하나에 해당하는 경우에는 제1항에 따른 통지를 하지 아니할 수 있다.

1. 공공의 안전 또는 복리를 위하여 긴급히 처분을 할 필요가 있는 경우
2. 법령등에서 요구된 자격이 없거나 없어지게 되면 반드시 일정한 처분을 하여야 하는 경우에 그 자격이 없거나 없어지게 된 사실이 법원의 재판 등에 의하여 객관적으로 증명된 경우
3. 해당 처분의 성질상 의견청취가 현저히 곤란하거나 명백히 불필요하다고 인정될 만한 상당한 이유가 있는 경우

> **퇴직연금 환수결정 – 성질상 불요 (99두5443)**
> 퇴직연금의 환수결정은 당사자에게 의무를 과하는 처분이기는 하나, **관련 법령에 따라 당연히 환수금액이 정하여지는 것**이므로, 퇴직연금의 환수결정에 앞서 당사자에게 의견진술의 기회를 주지 아니하여도 행정절차법 제22조 제3항이나 신의칙에 어긋나지 아니한다.

🔍 관련판례

1. 2번 반송 + 불출석해도 청문 배제 ✕ (2000두3337)

행정절차법 제21조 제4항 제3호는 침해적 행정처분을 할 경우 청문을 실시하지 않을 수 있는 사유로서 "당해 처분의 성질상 의견청취가 현저히 곤란하거나 명백히 불필요하다고 인정될 만한 상당한 이유가 있는 경우"를 규정하고 있으나, 여기에서 말하는 '의견청취가 현저히 곤란하거나 명백히 불필요하다고 인정될 만한 상당한 이유가 있는지 여부'는 **당해 행정처분의 성질에 비추어 판단하여야 하는 것이지,** 청문통지서의 반송 여부, 청문통지의 방법 등에 의하여 판단할 것은 아니며, 또한 행정처분의 **상대방이 통지된 청문일시에 불출석하였다는 이유만으로 행정청이 관계 법령상 그 실시가 요구되는 청문을 실시하지 아니한 채 침해적 행정처분을 할 수는 없을 것**이므로, 행정처분의 상대방에 대한 청문통지서가 반송되었다거나, 행정처분의 상대방이 청문일시에 불출석하였다는 이유로 청문을 실시하지 아니하고 한 침해적 행정처분은 위법하다.

2. 배제 협약 체결에도 불구, 청문 배제 ✕ (2002두8350)

행정청이 당사자와 사이에 도시계획사업의 시행과 관련한 **협약을 체결하면서 관계 법령 및 행정절차법에 규정된 청문의 실시 등 의견청취절차를 배제하는 조항을 두었다고 하더라도**, 이러한 협약이 체결되었다고 하여 청문의 실시에 관한 규정의 적용이 배제된다거나 청문을 실시하지 않아도 되는 예외적인 경우에 해당한다고 할 수 없다.

3. 미리 인정하고 설명 들었어도, 청문 배제 × (2016두63224)

① 처분상대방인 원고가 피고 소속 공무원에게 '처분을 좀 연기해 달라'는 내용의 서류를 제출한 사정만으로 청문을 실시한 것으로 볼 수 없고,
② 담당공무원이 원고에게 관련 법규와 행정처분 절차에 대하여 설명하였다거나 그 자리에서 청문절차를 진행하려고 하였음에도 원고가 응하지 않았다는 사정만으로 위 청문 예외사유에 해당한다거나 의견진술 기회를 포기한 것으로 볼 수 없다.

📑 **비교판례** 청문서가 늦게 도달하였으나, 이의 없이 출석하여 의견 진술 (92누2844)

1. 원칙: 위법

행정청이 식품위생법상의 청문절차를 이행함에 있어 소정의 청문서 도달기간을 지키지 아니하였다면 이를 바탕으로 한 행정처분은 일단 위법하다고 보아야 할 것이지만,

2. 예외: 하자 치유

행정청이 청문서 도달기간을 다소 어겼다하더라도 영업자가 이에 대하여 **이의하지 아니한 채 스스로 청문일에 출석하여 그 의견을 진술하고 변명하는 등 방어의 기회를 충분히 가졌다면** 청문서 도달기간을 준수하지 아니한 하자는 치유되었다고 봄이 상당하다.

---

3. 이유제시

처분의 상대방이 의견청취 단계에서 행정청을 설득하는 데 실패하였더라도, 처분청이 납득할만한 이유를 잘 제시한다면 그 취지를 수긍하여 분쟁이 예방될 수도 있다. 만약 이에 수긍이 가지 않더라도, **처분청이 제시한 이유를 토대로 행정소송에 나아갈 수 있는 토대가 마련된다는** 점에서 이유제시 절차는 의의를 갖는다.

특기할 점으로는, 사전통지 및 의견청취와는 달리, 이유제시는 침익적 처분뿐 아니라 **수익적 처분 및 거부처분에도 적용이 있다**는 것을 들 수 있다.

(1) 이유제시의 구체성

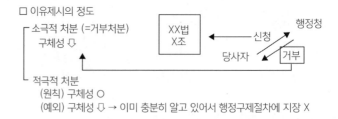

적극적 처분의 경우, **원칙**적으로는 구체적으로 이유를 제시해야 하나, **예외**적으로 당사자가 행정구제절차로 나아가는 데 별다른 지장이 없을 것으로 인정된다면 이유제시를 반드시 구체적으로 할 필요는 없다.

소극적 처분(거부처분)의 경우, 당사자가 신청 단계에서 이미 처분과 관련된 내용을 숙지하고 있었을 것이라는 점에서 이유제시의 **구체성이 완화될 수 있다**.

🔍 관련판례

1. 원칙: 적극적 처분은 구체적이어야 함 (90누1786)

면허의 취소처분에는 그 근거가 되는 법령이나 취소권 유보의 부관 등을 명시하여야 함은 물론 처분을 받은 자가 어떠한 위반사실에 대하여 당해 처분이 있었는지를 알 수 있을 정도로 사실을 적시할 것을 요하며, 이와 같은 취소처분의 근거와 위반사실의 적시를 빠뜨린 하자는 피처분자가 처분 당시 그 취지를 알고 있었다거나 그 후 알게 되었다 하여도 치유될 수 없다.

2. 원칙: 납세고지서 기재사항 누락시 위법 (84누289)

① 과세표준과 세율, 세액, 세액산출근거 등의 필요한 사항을 납세자에게 서면으로 통지하도록 한 세법상의 제 규정들은 단순히 세무행정의 편의를 위한 훈시규정이 아니라 **강행규정**으로서,

② 납세고지서에 그와 같은 기재가 누락되면 그 **과세처분 자체가 위법**한 처분이 되어 취소의 대상이 된다.

🔍 비교판례 구체성이 완화되는 경우

1. 적극적 처분: 불복에 지장이 없다면 구체성 완화 (2011두18571)

처분 당시 당사자가 어떠한 근거와 이유로 처분이 이루어진 것인지를 **충분히 알 수 있어서 그에 불복하여 행정구제절차로 나아가는 데에 별다른 지장이 없었던 것으로 인정되는 경우에는** 처분서에 처분의 근거와 이유가 구체적으로 명시되어 있지 않았다고 하더라도 그로 말미암아 그 처분이 위법한 것으로 된다고 할 수는 없다.

2. 거부처분: 근거 알 수 있다면 법조문 명시 불요 (2000두8912)

당사자가 그 **근거를 알 수 있을 정도로 상당한 이유를 제시한 경우에는** 당해 처분의 근거 및 이유를 **구체적 조항 및 내용까지 명시하지 않았더라도** 그로 말미암아 그 처분이 위법한 것이 된다고 할 수 없다.

🔍 관련판례 적격자 중 최적격자 선정시 이유제시 완화 (2016두57564)

1. 부적격자 vs 적격자 (○)

교육부장관이 어떤 후보자를 총장 임용에 부적격하다고 판단하여 배제하고 다른 후보자를 임용제청하는 경우라면 배제한 후보자에게 연구윤리 위반, 선거부정, 그 밖의 비위행위 등과 같은 부적격사유가 있다는 점을 구체적으로 제시할 의무가 있다.

2. 적격자 vs 적격자 (×)

그러나 부적격사유가 없는 후보자들 사이에서 어떤 후보자를 상대적으로 더욱 적합하다고 판단하여 임용제청하는 경우라면, 교육부장관이 어떤 후보자를 총장으로 **임용제청하는 행위 자체에** 그가 총장으로 더욱 적합하다는 정성적 평가 결과가 당연히 포함되어 있는 것으로, 이로써 **행정절차법상 이유제시의무를 다한 것**이라고 보아야 한다.

월드컵 본선		월드컵 결승		우승
부적격자 vs 적격자	*한국 탈락 (구체적 해명 필요)*	적격자 vs 적격자	아르헨티나	*아르헨티나 ∵ 메시 (구체적 해명 불필요)*
	나머지 32개국 진출		프랑스	

(2) 적용 예외사유

> **행정절차법 제23조【처분의 이유 제시】**
> ① 행정청은 처분을 할 때에는 <u>다음 각 호의 어느 하나에 해당하는 경우를 제외하</u>고는 당사자에게 그 근거와 이유를 제시하여야 한다.
> 1. 신청 내용을 모두 그대로 인정하는 처분인 경우
> 2. 단순·반복적인 처분 또는 경미한 처분으로서 당사자가 그 이유를 명백히 알 수 있는 경우
> 3. 긴급히 처분을 할 필요가 있는 경우
> ② 행정청은 제1항 **제2호 및 제3호**의 경우에 처분 후 당사자가 요청하는 경우에는 그 근거와 이유를 제시하여야 한다.

4. 문서주의

처분을 할 때에는 원칙적으로 문서로 그 내용을 기재하여야 하며, 이를 위반하여 구두로 한 처분은 무효가 되는 것이 원칙이다.

> **관련판례** 문언이 부실할 경우 해석으로 보완 가능 (2009두18035)
>
> 행정청이 문서에 의하여 처분을 하였으나 그 처분서의 <u>문언만으로는 행정처분의 내용이 불분명</u>한 경우, 처분 경위나 처분 이후의 상대방의 태도 등을 고려하여 <u>처분서의 문언과 달리</u> 그 처분의 내용을 해석할 수 있다.

> **행정절차법 제24조【처분의 방식】** *[행정청 → 국민]*
> ① 행정청이 처분을 할 때에는 <u>다른 법령등에 특별한 규정이 있는 경우를 **제외**하고는</u> 문서로 하여야 하며, <u>다음 각 호의 어느 하나에 해당하는 경우에는 **전자문서**로 할 수 있다.</u>
> 1. 당사자등의 <u>동의</u>가 있는 경우
> 2. 당사자가 전자문서로 처분을 <u>신청</u>한 경우
> ② 제1항에도 불구하고 공공의 안전 또는 복리를 위하여 <u>긴급히 처분을 할 필요가 있거나 사안이 경미한 경우</u>에는 말, 전화, 휴대전화를 이용한 문자 전송, 팩스 또는 전자우편 등 <u>**문서가 아닌 방법**</u>으로 처분을 할 수 있다. 이 경우 당사자가 요청하면 지체 없이 처분에 관한 문서를 주어야 한다.
>
> > **비교** 행정절차법 제17조【처분의 신청】 *[국민 → 행정청]*
> > ① 행정청에 처분을 구하는 <u>신청은 문서로</u> 하여야 한다. 다만, 다른 법령등에 특별한 규정이 있는 경우와 행정청이 미리 다른 방법을 정하여 공시한 경우에는 그러하지 아니하다.
> > ② 제1항에 따라 처분을 <u>신청할 때 전자문서로 하는 경우</u>에는 행정청의 컴퓨터 등에 <u>입력된 때</u>에 신청한 것으로 본다.
> > ⑤ 행정청은 신청에 <u>구비서류의 미비 등 흠이 있는 경우</u>에는 보완에 필요한 상당한 기간을 정하여 지체 없이 신청인에게 보완을 요구하여야 한다.
> > ⑥ 행정청은 신청인이 제5항에 따른 기간 내에 <u>보완을 하지 아니하였을 때</u>에는 그 이유를 구체적으로 밝혀 접수된 신청을 <u>되돌려 보낼 수 있다.</u>

🔍 관련판례

1. 실체적 요건에 흠이 있을 때는 적용 × (2020두36007)

행정청으로 하여금 신청에 대하여 거부처분을 하기 전에 반드시 신청인에게 <u>신청의 내용이나 처분의 실체적 발급요건에 관한 사항까지</u> 보완할 기회를 부여하여야 할 의무를 정한 것은 아니라고 보아야 한다.

비교 단순 착오·일시적 사정에 의한 실체적 요건 흠결: 적용 ○ (2003두6573)

보완의 대상이 되는 흠은 보완이 가능한 경우이어야 함은 물론이고, 그 내용 또한 형식적·절차적인 요건이거나, 실질적인 요건에 관한 흠이 있는 경우라도 그것이 민원인의 단순한 착오나 일시적인 사정 등에 기한 경우 등이라야 한다.

2. 위반시 무효

소방공무원이 구술로 고지한 시정보완명령 – 무효 (2011도11109)	재미동포 인기가수 父에게 전화로 사증발급 거부통보 – 무효 (2017두38874)
집합건물 중 일부 구분건물의 소유자인 피고인이 관할 소방서장으로부터 소방시설 불량사항에 관한 시정보완명령을 받고도 따르지 아니하였다는 내용으로 기소된 사안에서, 담당 소방공무원이 행정처분인 위 명령을 구술로 고지한 것은 당연 무효이므로 명령 위반을 이유로 행정형벌을 부과할 수 없다.	피고는 2015. 9. 2. 원고의 아버지에게 전화로 처분 결과를 통보하고 그 무렵 여권과 사증발급 신청서를 반환하였을 뿐이고 원고에게 처분 이유를 기재한 사증발급 거부처분서를 작성해 주지 않았다. 따라서 피고의 사증발급 거부처분에는 행정절차법 제24조 제1항을 위반한 하자가 있다.

3 형식·절차상 하자가 있는 처분의 취급

원칙	(곧바로) 취소사유		多
예외	①	무효	• 환경영향평가를 아예 "누락"한 경우 (2006두330) • 폐기물처리시설 입지선정위원회가 군수와 주민대표가 선정·추천한 전문가를 포함시키지 않은 채 임의로 구성되어 의결을 한 경우 (2006두20150) • 과세관청이 세무조사결과통지 후 과세전적부심사 청구나 그에 대한 결정이 있기 전에 과세처분을 한 경우 (2017두51174) • 문서주의 위반
	②	절차상 하자 × = 내용상 하자의 판단요소 中 1 = 곧바로 취소사유 ×	• 환경영향평가를 "부실"하게 한 경우 (2006두330) • 도시계획위원회 심의를 누락한 경우 (2012두28728) • 민원조정위원회 일정 사전통지 누락 (2013두1560) • 예비타당성 조사를 누락한 경우 (2011두32515)

1. 원칙 – 독자적인 취소사유

처분의 주체 및 내용에 아무런 하자가 없어도, 형식·절차상에 하자가 있으면 대체로 취소사유를 구성한다. 다만, 형식·절차상의 하자를 이유로 취소판결이 확정된 후, 형식·절차를 보완하여 동일한 처분을 하여도 기속력에 위반되지는 않는다.

> **관련판례**
>
> **1. 원칙 – 취소사유 (91누971)**
>
> 식품위생법 제64조, 같은 법 시행령 제37조 제1항 소정의 청문절차를 전혀 거치지 아니하거나 거쳤다고 하여도 그 절차적 요건을 제대로 준수하지 아니한 경우에는 가사 영업정지사유 등 위 법 제58조 등 소정 사유가 인정된다고 하더라도 그 처분은 위법하여 취소를 면할 수 없다.
>
> **2. 사전환경성검토협의 누락 – 취소사유 (2009두2825)**
>
> 행정청이 사전환경성검토협의를 거쳐야 할 대상사업에 관하여 법의 해석을 잘못한 나머지 세부용도지역이 지정되지 않은 개발사업 부지에 대하여 사전환경성검토협의를 할지 여부를 결정하는 절차를 생략한 채 승인 등의 처분을 한 사안에서, 그 하자가 객관적으로 명백하다고 할 수 없다.
>
> **3. 위법하게 수집된 자료로 부과된 세금은 위법(독수독과) (2016두47659)**
>
> 세무조사가 과세자료의 수집 또는 신고내용의 정확성 검증이라는 본연의 목적이 아니라 부정한 목적을 위하여 행하여진 것이라면 이는 세무조사에 중대한 위법사유가 있는 경우에 해당하고, 이러한 세무조사에 의하여 수집된 과세자료를 기초로 한 과세처분 역시 위법하다.
>
> **유사** 위법한 채혈을 기초로 내려진 운전면허 정지·취소 처분 (2014두46850)
>
> 음주운전 여부에 대한 조사 과정에서 운전자 본인의 동의를 받지 아니하고 또한 법원의 영장도 없이 채혈조사를 한 결과를 근거로 한 운전면허 정지·취소 처분은 도로교통법 제44조 제3항을 위반한 것으로서 특별한 사정이 없는 한 위법한 처분으로 볼 수밖에 없다.

> **비교판례** 절차적 하자 ×
>
> **1. 성비위행위 관련 징계에서 피해자 실명 공개 불필요 (2022두33323)**
>
> ① 성비위행위의 경우 각 행위가 이루어진 상황에 따라 그 행위의 의미 및 피해자가 느끼는 불쾌감 등이 달라질 수 있으므로, 징계대상자의 방어권을 보장하기 위해서 각 행위의 일시, 장소, 상대방, 행위 유형 및 구체적 상황이 다른 행위들과 구별될 수 있을 정도로 특정되어야 함이 원칙이다.
>
> ② 그러나 각 징계혐의사실이 서로 구별될 수 있을 정도로 특정되어 있고, 징계대상자가 징계사유의 구체적인 내용과 피해자를 충분히 알 수 있다고 인정되는 경우에는 징계대상자에게 피해자의 '실명' 등 구체적인 인적사항이 공개되지 않는다고 하더라도, 그와 같은 사정만으로 징계대상자의 방어권 행사에 실질적인 지장이 초래된다고 볼 수 없다. 특히 성희롱 피해자의 경우 2차 피해 등의 우려가 있어 실명 등 구체적 인적사항 공개에 더욱 신중히 처리할 필요가 있다는 점에서 더욱 그러하다.

2. 음주운전 유죄판결 확정 전 면허취소처분 가능 (2015두59808)

법규가 예외적으로 형사소추 선행 원칙을 규정하고 있지 않은 이상 **형사판결 확정에 앞서 일정한 위반사실을 들어 행정처분**을 하였다고 하여 절차적 위반이 있다고 할 수 없다.

비교 기소 사실만으로 직위해제 불가 (2016두38273)

원고에 대한 2014. 1. 28.자 직위해제처분(이하 '이 사건 처분'이라고 한다) 당시 원고가 기소된 공소사실에 관하여 당연퇴직 사유인 국가공무원법 제33조 제3호 내지 제6호의2에 해당하는 유죄판결을 받을 고도의 개연성이 있다거나, 원고가 계속 직무를 수행함으로 인하여 공무집행의 공정성과 그에 대한 국민의 신뢰를 저해할 구체적인 위험이 생길 우려가 있었다고 인정하기 어렵다고 보아, 원고가 형사 사건으로 기소되었다는 이유만으로 한 이 사건 처분은 재량권을 일탈·남용한 것으로서 위법하다고 판단하였다.

2. 예외 - 무효 or 내용상 하자의 판단요소 中 1

예외적으로, ① 사안에 따라 형식·절차상의 하자가 무효사유를 구성하거나, ② 하자가 경미하다면 이를 그 자체로 독립적인 취소사유로 보지는 않고, 내용상의 하자(재량권의 일탈·남용)가 있는지 판단하는 요소 중 하나로 보는 경우가 있다.

관련판례 환경영향평가를 아예 누락한 경우 (2006두330)

환경영향평가법령에서 정한 환경영향평가를 거쳐야 할 대상사업에 대하여 그러한 환경영향평가를 거치지 아니하였음에도 승인 등 처분을 하였다면 그 처분은 위법(무효)하다 할 것이나,

비교판례

1. 환경영향평가를 부실하게 한 경우 (2006두330)
   그러한 절차를 거쳤다면, 비록 그 환경영향평가의 내용이 다소 부실하다 하더라도, 그 부실의 정도가 환경영향평가제도를 둔 입법 취지를 달성할 수 없을 정도이어서 환경영향평가를 하지 아니한 것과 다를 바 없는 정도의 것이 아닌 이상, **그 부실은 당해 승인 등 처분에 재량권 일탈·남용의 위법이 있는지 여부를 판단하는 하나의 요소로 됨에 그칠 뿐, 그 부실로 인하여 당연히 당해 승인 등 처분이 위법하게 되는 것이 아니다.**

2. 도시계획위원회 심의를 누락한 경우 (2012두28728)
   도시계획위원회의 심의를 거치지 않았다고 하여 이러한 사정만으로 곧바로 그 불허가처분에 취소사유에 이를 정도의 절차상 하자가 있다고 보기는 어렵다.
   다만 행정기관의 장이 도시계획위원회의 심의를 거치지 아니한 결과 개발행위 불허가처분을 함에 있어 마땅히 고려하여야 할 사정을 참작하지 아니하였다면 그 불허가처분은 **재량권을 일탈·남용한 것으로서 위법하다고 평가할 수 있을 것이다.**

3. 민원조정위원회 일정 사전통지 누락 (2013두1560)

민원사무를 처리하는 행정기관이 민원 1회방문 처리제를 시행하는 절차의 일환으로 민원사항의 심의·조정 등을 위한 민원조정위원회를 개최하면서 민원인에게 **회의일정 등을 사전에 통지하지 아니하였다** 하더라도, 이러한 사정만으로 곧바로 민원사항에 대한 행정기관의 장의 거부처분에 **취소사유에 이를 정도의 흠이 존재한다고 보기는 어렵다.**

다만 행정기관의 장의 거부처분이 재량행위인 경우에, 위와 같은 **사전통지의 흠결로 민원인에게 의견진술의 기회를 주지 아니한 결과** 민원조정위원회의 심의과정에서 **고려대상에 마땅히 포함시켜야 할 사항을 누락**하는 등 재량권의 불행사 또는 해태로 볼 수 있는 구체적 사정이 있다면, **거부처분은 재량권을 일탈·남용한 것으로서 위법**하다.

4. 예비타당성 조사를 누락한 경우 (2011두32515)

甲 등이 '4대강 살리기 사업' 중 한강 부분에 관한 각 하천공사시행계획 및 각 실시계획승인처분에 보의 설치와 준설 등에 대한 구 국가재정법 제38조 등에서 정한 **예비타당성 조사를 하지 않은** 절차상 하자가 있다는 이유로 각 처분의 취소를 구한 사안에서, 예산이 각 처분 등으로써 이루어지는 '4대강 살리기 사업' 중 한강 부분을 위한 재정 지출을 내용으로 하고 있고, 예산의 편성에 절차상 하자가 있다는 사정만으로 곧바로 각 처분에 취소사유에 이를 정도의 하자가 존재한다고 보기 어렵다.

4 인허가 의제제도

행정기본법 제24조 【인허가의제의 기준】

① 이 절에서 "인허가의제"란 하나의 인허가(이하 "주된 인허가"라 한다)를 받으면 **법률로 정하는 바에 따라❶** 그와 관련된 여러 인허가(이하 "관련 인허가"라 한다)를 받은 것으로 보는 것을 말한다.

> 1. 인허가의제 제도는 관련 인허가 행정청의 권한을 제한하거나 박탈하는 효과를 가진다는 점에서 법률 또는 법률의 위임에 따른 법규명령의 근거가 있어야 한다 (2020두40327).
> 2. 인허가의제를 신청할 의무 × (2019두31839)
>   관련 인허가의제 제도는 사업시행자의 이익을 위하여 만들어진 것이므로, 사업시행자가 반드시 관련 인허가의제 처리를 신청할 의무가 있는 것은 아니다.

② 인허가의제를 받으려면 주된 인허가를 신청할 때 관련 인허가에 필요한 서류를 함께 제출하여야 한다. 다만, 불가피한 사유로 함께 제출할 수 없는 경우에는 주된 인허가 행정청이 별도로 정하는 기한까지 제출할 수 있다.

③ 주된 인허가 행정청은 주된 인허가를 하기 전에 관련 인허가에 관하여 미리 관련 인허가 행정청과 협의하여야 한다.

④ 관련 인허가 행정청은 제3항에 따른 협의를 요청받으면 그 요청을 받은 날부터 20일 이내(제5항 단서에 따른 절차에 걸리는 기간은 제외한다)에 의견을 제출하여야 한다. 이 경우 전단에서 정한 기간(민원 처리 관련 법령에 따라 의견을 제출하여야 하는 기간을 연장한 경우에는 그 연장한 기간을 말한다) 내에 협의 여부에 관하여 의견을 제출하지 아니하면 협의가 된 것으로 본다.

❶
행정기본법상 "법률로 정하는 바에 따라"
• 자동적 처분(제20조)
• 인허가 의제(제24조)
• 과징금(제28조)
• 행정상 강제(제30조)

⑤ 제3항에 따라 협의를 요청받은 관련 인허가 행정청은 해당 법령을 위반하여 협의에 응해서는 아니 된다. 다만, 관련 인허가에 필요한 심의, 의견 청취 등 절차에 관하여는 법률에 인허가의제 시에도 해당 절차를 거친다는 명시적인 규정이 있는 경우에만 이를 거친다.

행정기본법 제25조【인허가의제의 효과】
① 제24조 제3항·제4항에 따라 협의가 된 사항에 대해서는 주된 인허가를 받았을 때 관련 인허가를 받은 것으로 본다.
② 인허가의제의 효과는 주된 인허가의 해당 법률에 규정된 관련 인허가에 한정된다.

행정기본법 제26조【인허가의제의 사후관리 등】
① 인허가의제의 경우 관련 인허가 행정청은 관련 인허가를 직접 한 것으로 보아 관계 법령에 따른 관리·감독 등 필요한 조치를 하여야 한다.
② 주된 인허가가 있은 후 이를 변경하는 경우에는 제24조·제25조 및 이 조 제1항을 준용한다.
③ 이 절에서 규정한 사항 외에 인허가의제의 방법, 그 밖에 필요한 세부 사항은 대통령령으로 정한다.

1. 의의(절차집중)

인허가의제란 하나의 인허가(주된 인허가 A)를 받으면 법률로 정하는 바에 따라 그와 관련된 여러 인허가(관련 인허가 b)를 받은 것으로 보는 것을 말한다.

구분	주된 인허가 A (햄버거)	관련 인허가	
		b (감자튀김)	c (콜라)
주문 (절차집중〇)	카운터에서 한번에 세트로 주문		
결제 (실체집중✕)	₩5,000	~~₩2,000~~ ₩1,200	~~₩1,000~~ ₩500

📖 관련판례

1. 절차집중(실체집중) (92누1162)
건설부장관이 구 주택건설촉진법 제33조에 따라 관계기관의 장과의 협의를 거쳐 사업계획승인을 한 이상 같은 조 제4항의 허가·인가·결정·승인 등이 있는 것으로 볼 것이고, **그 절차와 별도로 도시계획법 제12조 등 소정의 중앙도시계획위원회의 의결이나 주민의 의견청취 등 절차를 거칠 필요는 없다.**

2. 2004다19715
주된 인허가에 관한 사항을 규정하고 있는 甲 법률에서 주된 인허가가 있으면 乙 법률에 의한 인허가를 받은 것으로 의제한다는 규정을 둔 경우에는, 주된 인허가가 있으면 乙 법률에 의한 인허가가 있는 것으로 보는데 그치는 것이고, 그에서 더 나아가 乙 법률에 의하여 인허가를 받았음을 전제로 한 乙 법률의 모든 규정들까지 적용되는 것은 아니다.

3. 관련 인허가(b)를 이유로 주된 인허가(A) 거부 가능 (2001두151)

공유수면 점용허가를 필요로 하는 채광계획 인가신청에 대하여도, 공유수면 관리청이 재량적 판단에 의하여 공유수면 점용을 허가 여부를 결정할 수 있고, 그 결과 **공유수면 점용(b)을 허용하지 않기로 결정하였다면, 채광계획 인가관청은 이를 사유로 하여 채광계획(A)을 인가하지 아니할 수 있는 것이다.**

4. 관련 인허가(b)는 주된 인허가(A)에 필요한 범위 내에서만 효력 유지 (2009두18547)

인허가 의제제도는 목적사업의 원활한 수행을 위해 행정절차를 간소화하고자 하는 데 그 취지가 있는 것이므로 위와 같은 실시계획승인에 의해 의제되는 도로공사시행허가 및 도로점용허가(b)는 원칙적으로 당해 택지개발사업을 시행(A)하는 데 필요한 범위 내에서만 그 효력이 유지된다고 보아야 한다. 따라서 원고가 이 사건 택지개발사업과 관련하여 그 사업시행의 일환으로 이 사건 도로예정지 또는 도로에 전력관을 매설하였다고 하더라도 사업시행완료 "후" 이를 계속 유지·관리하기 위해 도로를 점용하는 것에 대한 도로점용허가까지 그 실시계획 승인에 의해 의제된다고 볼 수는 없다.

2. 절차 – 관계행정청과의 협의

> **관련판례** 협의 누락시 취소사유(무효사유) (2005두14363)
>
> 1. 국방·군사시설 사업에 관한 법률 및 구 산림법에서 보전임지를 다른 용도로 이용하기 위한 사업에 대하여 승인 등 처분을 하기 전에 미리 산림청장과 **협의를 하라고 규정한 의미는 그의 자문을 구하라는 것이지 그 의견을 따라 처분을 하라는 의미는 아니라 할 것**이므로,
>
> 2. 이러한 협의를 거치지 아니하였다고 하더라도 이는 당해 승인처분을 **취소할 수 있는 원인이 되는 하자** 정도에 불과하고 그 승인처분이 당연무효가 되는 하자에 해당하는 것은 아니라고 봄이 상당하다.

> **비교판례**
>
> 1. 주된 인허가가 의제되면, 관련 인허가는 의제 × (2017다290538)
>   ① 시장 등이 사업계획을 승인하기 전에 관계 행정청과 미리 협의한 사항에 한하여 사업계획승인처분을 할 때에 관련 인허가가 의제되는 효과가 발생할 뿐이다.
>   ② 관련 인허가 사항에 관한 사전 협의가 이루어지지 않은 채 중소기업창업법에서 정한 20일의 처리기간이 지난 날의 다음 날에 사업계획승인처분이 이루어진 것으로 의제된다고 하더라도, 창업자는 중소기업창업법에 따른 사업계획승인처분을 받은 지위를 가지게 될 뿐이고 관련 인허가까지 받은 지위를 가지는 것은 아니다.
>
> 2. 일부만 협의하여 의제하는 것도 가능 (2009두16305)
>   법령에서 인허가의제 사항 중 일부만에 대하여도 관계 행정기관의 장과 협의를 거치면 인허가의제 효력이 발생할 수 있음을 명확히 하고 있는 점 등에 비추어 보면, 사업시행승인을 하는 경우 같은 법 제29조 제1항에 규정된 사업과 관련된 **모든 인허가의제 사항에 관하여 관계 행정기관의 장과 일괄하여 사전 협의를 거칠 것을 요건으로 하는 것은 아니고,** 사업시행승인 후 인허가의제 사항에 관하여 관계 행정기관의 장과 협의를 거치면 그때 해당 인허가가 의제된다고 보는 것이 타당하다.

3. 불복방법(대상적격)

인허가의제와 관련하여 불복방법이 문제되는 유형은 크게 ① 부분 인허가 의제의 경우, ② 의제되는 인허가를 이유로 주된 인허가를 거부하는 경우가 있다. 두 경우 모두 **의제되는 인허가가 실재하는지를 따져 대상을 특정**한다.

즉, ①의 경우 의제되는 인허가가 부분적으로나마 존재하므로 이를 다투면 되고, ②의 경우 거부처분이 있은 결과, 의제되는 인허가가 존재하지도 않으므로, 주된 인허가에 대한 거부처분을 대상으로 소송을 제기하여야 한다.

관련판례

1. "A+b+c+d" 중 b만 불만 → b 취소소송 (2016두38792)

'부분 인허가 의제'가 허용되는 경우에는 그 효력을 제거하기 위한 법적 수단으로 의제된 인허가의 취소나 철회가 허용될 수 있고, 이러한 직권 취소·철회가 가능한 이상 그 의제된 인허가에 대한 쟁송취소 역시 허용된다. 따라서 <u>주택건설사업계획 승인처분(A)에 따라 의제된 인허가(b)가 위법함을 다투고자 하는 이해관계인은, 주택건설사업계획 승인처분(A)의 취소를 구할 것이 아니라 의제된 인허가(b)의 취소를 구하여야 하며,</u> 의제된 인허가(b)는 주택건설사업계획 승인처분(A)과 별도로 항고소송의 대상이 되는 처분에 해당한다.

2. b 및 c를 이유로 A를 거부 → A 거부처분 취소소송 (99두10988)

건축불허가처분을 하면서 그 처분사유로 건축불허가 사유(A)뿐만 아니라 형질변경불허가 사유(b)나 농지전용불허가 사유(c)를 들고 있다고 하여 그 **건축불허가처분(A) 외에 별개로 형질변경불허가처분(b)이나 농지전용불허가처분(c)이 존재하는 것이 아니므로**, 그 건축불허가처분(A)을 받은 사람은 그 건축불허가처분(A)에 관한 쟁송에서 건축법상의 건축불허가 사유(A)뿐만 아니라 같은 도시계획법상의 형질변경불허가 사유(b)나 농지법상의 농지전용불허가 사유(c)에 관하여도 다툴 수 있는 것이지, 그 **건축불허가처분(A)에 관한 쟁송과는 별개로 형질변경불허가처분(b)이나 농지전용불허가처분(c)에 관한 쟁송을 제기하여 이를 다투어야 하는 것은 아니며**, 그러한 쟁송을 제기하지 아니하였어도 형질변경불허가 사유(b)나 농지전용불허가 사유(c)에 관하여 불가쟁력이 생기지 아니한다.

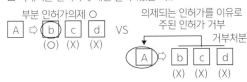

□ 의제되는 인허가에 대한 불복 (있는 거!)

부분 인허가의제 ○ VS 의제되는 인허가를 이유로 주된 인허가 거부

제 4 편

공공기관의 정보공개에 관한 법률

제1장   알 권리 보장을 위한 제도

제1장 알 권리 보장을 위한 제도

1 의의

우리 헌법은 국가 권력에 대한 원활한 감시를 위하여 국민의 알 권리를 보장하고 있다. 알 권리는 정보에 대한 자유로운 접근이 보장되어야 비로소 구현이 가능한바, 이러한 취지를 감안하여 공공기관으로 하여금 자신이 보유한 정보를 공개하도록 하는 법이 바로 "공공기관의 정보공개에 관한 법률(이하 '정보공개법')"이다.

1. 정보공개청구권의 근거 (97누5114)

국민의 알 권리, 특히 국가정보에의 접근의 권리는 우리 헌법상 기본적으로 표현의 자유와 관련 …

2. 정보공개법 제3조【정보공개의 원칙】

공공기관이 보유·관리하는 정보는 <u>국민의 알 권리 보장</u> 등을 위하여 이 법에서 정하는 바에 따라 <u>적극적으로 공개</u>하여야 한다.

2 당사자

```
□ 당사자
   모든 국민 (+ 일정한 외국인)  ───────►  공공기관
    · 자연인                                 · 국가기관
    · 법인                                   · 지자체
    · 비법인사단(종중/교회)                   · 공공기관
    · 비법인재단(장학회/보육원)               · 학교 등
                                             └ 사립(대)학교 포함
```

법인, 비법인사단/재단은 설립목적을 불문함

정보공개법 제5조【정보공개 청구권자】	정보공개법 제2조【정의】
① 모든 국민은 정보의 공개를 청구할 권리를 가진다. 예 **모든 국민 ⊅ 지방자치단체** ② 외국인의 정보공개 청구에 관하여는 대통령령으로 정한다. **정보공개법 시행령 제3조【외국인의 정보공개 청구】** 법 제5조 제2항에 따라 정보공개를 청구할 수 있는 외국인은 다음 각 호의 어느 하나에 해당하는 자로 한다.	이 법에서 사용하는 용어의 뜻은 다음과 같다. 3. **"공공기관"이란** 다음 각 목의 기관을 말한다. 　가. 국가기관 　　1) 국회, 법원, 헌법재판소, 중앙선거관리위원회 　　2) 중앙행정기관(대통령 소속 기관과 국무총리 소속 기관을 포함한다) 및 그 소속 기관

1. 국내에 일정한 주소를 두고 거주하거나 학술·연구를 위하여 일시적으로 체류하는 사람
2. 국내에 사무소를 두고 있는 법인 또는 단체

3) 행정기관 소속 위원회의 설치·운영에 관한 법률에 따른 위원회
나. 지방자치단체
다. 공공기관의 운영에 관한 법률 제2조에 따른 공공기관
 예 *한국방송공사(KBS) (2008두13101)*
라. 지방공기업법에 따른 지방공사 및 지방공단
마. 그 밖에 대통령령으로 정하는 기관
 예 *각급 학교 ㄱ 사립대학 (국비 지원 범위로 국한 X; 2004두2783)*

3 공개 대상

우선, 다른 법령에 그 분야와 관련된 정보공개절차에 대하여 특별한 규정을 두고 있다면, 그러한 정보공개청구는 정보공개법이 아닌, 해당 법령에 따른 절차를 밟아야 한다. 즉, "정보공개법에 근거한" 정보공개청구가 허용되지 아니한다.

> **정보공개법 제4조 【적용 범위】**
> ① 정보의 공개에 관하여는 <u>다른 법률에 특별한 규정이 있는 경우를 제외</u>하고는 이 법에서 정하는 바에 따른다.
> [*형사재판확정기록은 형사소송법에 따라 청구 (2013두20882)*]

공공기관이 보유·관리하는 정보는 공개대상이 되는 것이 원칙이나, 아래 8가지 비공개사항에 대해서는 공공기관의 재량에 따라 공개를 하지 않을 "수 있다". <u>비공개사항에 해당한다고 하여 무조건 비공개하여야 하는 것이 아님을 유의</u>할 필요가 있다.

> **정보공개법 제9조 【비공개 대상 정보】**
> ① 공공기관이 보유·관리하는 정보는 공개 대상이 된다. 다만, 다음 각 호의 어느 하나에 해당하는 정보는 공개하지 아니**할 수 있다**.
> 1. <u>다른 법률 또는 법률에서 위임한 명령</u>(국회규칙·대법원규칙·헌법재판소규칙·중앙선거관리위원회규칙·대통령령 및 조례로 한정한다)에 따라 비밀이나 비공개 사항으로 규정된 정보
> 2. <u>국가안전보장·국방·통일·외교관계</u> 등에 관한 사항으로서 공개될 경우 국가의 중대한 이익을 현저히 해칠 우려가 있다고 인정되는 정보
> 3. 공개될 경우 국민의 <u>생명·신체 및 재산</u>의 보호에 현저한 지장을 초래할 우려가 있다고 인정되는 정보
> 4. 진행 중인 재판에 관련된 정보와 범죄의 예방, 수사, 공소의 제기 및 유지, <u>형의 집행</u>, 교정(矯正), 보안처분에 관한 사항으로서 공개될 경우 그 직무수행을 현저히 곤란하게 하거나 형사피고인의 공정한 재판을 받을 권리를 침해한다고 인정할 만한 상당한 이유가 있는 정보

5. 감사·감독·검사·시험·규제·입찰계약·기술개발·인사관리에 관한 사항이나 의사결정 과정 또는 내부검토 과정에 있는 사항 등으로서 공개될 경우 업무의 공정한 수행이나 연구·개발에 현저한 지장을 초래한다고 인정할 만한 상당한 이유가 있는 정보. 다만, 의사결정 과정 또는 내부검토 과정을 이유로 비공개할 경우에는 제13조 제5항에 따라 통지를 할 때 의사결정 과정 또는 내부검토 과정의 단계 및 종료 예정일을 함께 안내하여야 하며, 의사결정 과정 및 내부검토 과정이 종료되면 제10조에 따른 청구인에게 이를 통지하여야 한다.

6. 해당 정보에 포함되어 있는 성명·주민등록번호 등 개인정보 보호법 제2조 제1호에 따른 개인정보로서 공개될 경우 사생활의 비밀 또는 자유를 침해할 우려가 있다고 인정되는 정보. 다만, 다음 각 목에 열거한 사항은 제외한다.
   가. 법령에서 정하는 바에 따라 열람할 수 있는 정보
   나. 공공기관이 공표를 목적으로 작성하거나 취득한 정보로서 사생활의 비밀 또는 자유를 부당하게 침해하지 아니하는 정보
   다. 공공기관이 작성하거나 취득한 정보로서 공개하는 것이 공익이나 개인의 권리 구제를 위하여 필요하다고 인정되는 정보
   라. 직무를 수행한 공무원의 성명·직위
   마. 공개하는 것이 공익을 위하여 필요한 경우로서 법령에 따라 국가 또는 지방자치단체가 업무의 일부를 위탁 또는 위촉한 개인의 성명·직업

7. 법인·단체 또는 개인(이하 "법인등"이라 한다)의 경영상·영업상 비밀에 관한 사항으로서 공개될 경우 법인등의 정당한 이익을 현저히 해칠 우려가 있다고 인정되는 정보. 다만, 다음 각 목에 열거한 정보는 제외한다.
   가. 사업활동에 의하여 발생하는 위해(危害)로부터 사람의 생명·신체 또는 건강을 보호하기 위하여 공개할 필요가 있는 정보
   나. 위법·부당한 사업활동으로부터 국민의 재산 또는 생활을 보호하기 위하여 공개할 필요가 있는 정보

8. 공개될 경우 부동산 투기, 매점매석 등으로 특정인에게 이익 또는 불이익을 줄 우려가 있다고 인정되는 정보

📖 관련판례

1. 전자적 형태로 보유하는 정보는 검색·편집이 수반되어도 공개 가능 (2009두6001)

공공기관의 정보공개에 관한 법률에 의한 정보공개제도는 공공기관이 보유·관리하는 정보를 그 상태대로 공개하는 제도이지만, **전자적 형태로 보유·관리되는 정보의 경우에는, 그 정보가 청구인이 구하는 대로는 되어 있지 않다고 하더라도, 그 공공기관이 공개청구대상정보를 보유·관리하고 있는 것으로 볼 수 있고, 이러한 경우에 기초자료를 검색·편집하는 것은 새로운 정보의 생산 또는 가공에 해당한다고 할 수 없다.**

2. 사본도 정보공개대상 ○ (2006두3049)

공공기관의 정보공개에 관한 법률상 공개청구의 대상이 되는 정보란 공공기관이 직무상 작성 또는 취득하여 현재 보유·관리하고 있는 문서에 한정되는 것이기는 하나, 그 문서가 반드시 원본일 필요는 없다.

1. 법령상 비밀, 비공개 정보

관련판례

1. '법률에 의한 명령'의 의미 (2010두2913)

① 공공기관의 정보공개에 관한 법률 제9조 제1항 본문은 "공공기관이 보유·관리하는 정보는 공개대상이 된다."고 규정하면서 그 단서 제1호에서는 "다른 법률 또는 법률이 위임한 명령(국회규칙·대법원규칙·중앙선거관리위원회규칙·대통령령 및 조례에 한한다)에 의하여 비밀 또는 비공개 사항으로 규정된 정보"는 이를 공개하지 아니할 수 있다고 규정하고 있는바,

② 여기에서 '법률에 의한 명령'은 정보의 공개에 관하여 **법률의 구체적인 위임 아래 제정된 법규명령(위임명령)**을 의미한다.

2. 부령, 심지어 위임근거 없음 (2002두1342)

검찰보존사무규칙은 법무**부령**으로 되어 있으나, 그 중 재판확정기록 등의 열람·등사에 대하여 제한하고 있는 부분은 **위임근거가 없어** 행정기관 내부의 사무처리준칙으로서 **행정규칙에 불과**하므로, 제1호의 '다른 법률 또는 법률에 의한 명령에 의하여 비공개사항으로 규정된 경우'에 해당한다고 볼 수는 없다.

3. 구체적인 위임이 있어야 함 (2006두11910)

교육공무원법 제13조, 제14조의 위임에 따라 제정된 교육공무원승진규정(대통령령)은 정보공개에 관한 사항에 관하여 **구체적인 법률의 위임**에 따라 제정된 명령이라고 할 수 없고, 따라서 교육공무원승진규정 제26조에서 근무성적평정의 결과를 공개하지 아니한다고 규정하고 있다고 하더라도 위 교육공무원승진규정은 공공기관의 정보공개에 관한 법률 제9조 제1항 제1호에서 말하는 법률이 위임한 명령에 해당하지 아니하므로 위 규정을 근거로 정보공개청구를 거부하는 것은 잘못이다.

2. 안보, 국방, 통일, 외교 관련 정보

관련판례 한일 군사정보보호협정, 상호군수지원협정 – 비공개대상 (2015두46512)

이 사건 처분 당시 한·일 군사정보보호협정은 가서명만 이루어진 단계였고, 한·일 상호군수지원협정은 합의문이 도출되지 않은 단계였다. 따라서 이 사건 쟁점 정보가 공개된다면 이해관계자들의 각종 요구 등으로 협정문이 당초 예정과 다르게 수정되거나 협정 자체가 무산되는 결과를 초래할 가능성이 충분한 점 등에 비추어 보면, 이 사건 쟁점 정보는 구 정보공개법 제9조 제1항 제5호에서 정한 비공개대상정보에도 해당한다.

3. 국민의 생명·신체 등

> **관련판례** 보안관찰 관련 통계자료 – 비공개대상 (2001두8254)
>
> 그 통계자료의 분석에 의하여 대남공작활동이 유리한 지역으로 보안관찰처분대상자가 많은 지역을 선택하는 등으로 위 정보가 북한정보기관에 의한 간첩의 파견, 포섭, 선전선동을 위한 교두보의 확보 등 북한의 대남전략에 있어 매우 유용한 자료로 악용될 우려가 없다고 할 수 없으므로 …

4. 진행 중인 재판, 형의 집행

> **관련판례**
>
> 1. 비공개 대상의 제한 (2009두19021)
>   정보공개를 거부하기 위하여는 ① 반드시 그 정보가 진행 중인 재판의 소송기록 그 자체에 포함된 내용의 정보일 필요는 없으나, 재판에 관련된 일체의 정보가 그에 해당하는 것은 아니고 ② **진행 중인 재판의 심리 또는 재판결과에 구체적으로 영향을 미칠 위험이 있는 정보에 한정된다**고 봄이 상당하다.
>
> | 판례 표현 | 비공개 정도 | 비공개 여부 |
> |---|---|---|
> | 재판에 관련된 일체의 정보 | 100 | × |
> | 결과에 구체적으로 영향을 미칠 위험이 있는 정보 | 60 | **비공개** |
> | 진행 중인 재판의 소송기록 그 자체에 포함된 내용 | 20 | 비공개 |
>
> 2. ① 교도소 근무보고서 (공개)
>   ② 징벌위원회 회의록 중 비공개심사/의결 부분 (비공개)
>   ③ 징벌위원회 회의록 중 재소자 진술, 위원장 및 위원들과 재소자 사이의 문답 등 징벌절차 진행 부분 (공개) (2009두12785)
>   [1] 공공기관의 정보공개에 관한 법률 제9조 제1항 제4호는 직무의 공정하고 효율적인 수행에 직접적이고 구체적으로 **장애를 줄 고도의 개연성**이 있고, 그 **정도가 현저한 경우**를 의미한다.
>   [2] 교도소에 수용 중이던 재소자가 담당 교도관들을 상대로 가혹행위를 이유로 형사고소 및 민사소송을 제기하면서 그 증명자료 확보를 위해 '근무보고서'와 '징벌위원회 회의록' 등의 정보공개를 요청하였으나 교도소장이 이를 거부한 사안

> **비교판례**
>
> 수용자자비부담물품의 판매수익금과 관련하여 교도소장이 재단법인 교정협회로 송금한 수익금 총액과 교도소장에게 배당된 수익금액 및 사용내역 (2003두12707)

5. 감사, 감독, 시험, 계약, 의사결정 관련 정보

관련판례

1. 경위서 공개시 진술 신뢰성 확보 불가 (비공개) (2010두18758)

직무유기 혐의 고소사건에 대한 **내부 감사과정**에서 경찰관들에게서 받은 **경위서를 공개하라는** 고소인 甲의 정보공개신청에 대하여 관할 경찰서장이 비공개결정을 한 사안에서, 위 경위서는 비공개대상정보에 해당한다.

2. 지방자치단체 도시공원위원회의 회의관련자료 및 회의록 (99추85)

결정의 대외적 공표 前 (비공개)	위 위원회의 회의관련자료 및 회의록이 공개된다면 업무의 공정한 수행에 현저한 지장을 초래한다고 할 것이므로, 위 위원회의 심의 후 그 심의사항들에 대한 시장 등의 결정의 대외적 **공표행위가 있기 전까지는** 위 위원회의 회의관련자료 및 회의록은 공공기관의 정보공개에 관한 법률 제7조 제1항 제5호에서 규정하는 **비공개대상정보에 해당**한다고 할 것이고,
결정의 대외적 공표 後 (공개)	결정의 대외적 공표 행위가 있은 후에는 이를 의사결정과정이나 내부검토과정에 있는 사항이라고 할 수 없고 위 위원회의 회의관련자료 및 회의록을 공개하더라도 업무의 공정한 수행에 지장을 초래할 염려가 없으므로, **시장 등의 결정의 대외적 공표행위가 있은 후에는 위 위원회의 회의관련자료 및 회의록은 공개대상이 된다.**

3. 학교환경위생정화위원회의 회의록 (비공개) (2002두12946)

① 의사결정과정에 제공된 **회의관련자료나 의사결정과정이 기록된 회의록** 등은 의사가 결정되거나 의사가 집행된 경우에는 더 이상 **의사결정과정에 있는 사항 그 자체라고는 할 수 없으나, 의사결정과정에 있는 사항에 준하는 사항**으로서 비공개대상정보에 포함될 수 있다.

② 위 정화위원회의 회의록 중 발언내용 이외에 해당 발언자의 인적 사항까지 공개된다면 정화위원들이나 출석자들은 자신의 발언내용에 관한 공개에 대한 부담으로 인한 심리적 압박 때문에 위 정화위원회의 심의절차에서 솔직하고 자유로운 의사교환을 할 수 없고, 심지어 당사자나 외부의 의사에 영합하는 발언을 하거나 침묵으로 일관할 우려마저 있으므로, '**회의록에 기재된 발언내용에 대한 해당 발언자의 인적 사항' 부분은 그것이 공개될 경우 정화위원회의 심의업무의 공정한 수행에 현저한 지장을 초래한다.**

4. 시험 답안 및 채점 결과 관련

비공개	**① 치과의사 국가시험의 문제지/정답지 (비공개) (2006두15936)** 치과의사 국가시험에서 채택하고 있는 문제은행 출제방식이 출제의 시간·비용을 줄이면서도 양질의 문항을 확보할 수 있는 등 많은 장점을 가지고 있는 점, 그 시험문제를 공개할 경우 발생하게 될 결과와 시험업무에 초래될 부작용 등을 감안하면 이를 공개하지 않을 수 있다. **② 채점위원별 채점 결과 (비공개) (2000두6114)** 다의적일 수밖에 없는 평가기준과 주관적 평가 결과 사이의 정합성을 둘러싸고 시험 결과에 이해관계를 가진 자들로부터 제기될지도 모를 시시비비에 일일이 휘말리는 상황이 초래될 우려가 있다.
공개	**① 2002학년도부터 2005학년도까지의 대학수학능력시험 원데이터 (공개) (2007두9877)** 연구 목적으로 수능시험정보의 공개를 청구하는 경우에는 그 공개로 인하여 초래될 부작용이 그 공개로 얻을 수 있는 이익보다 더 클 것이라고 단정하기 어려우므로, 그 공개로 인하여 수능시험 업무의 공정한 수행이 객관적으로 현저하게 지장을 받을 것이라는 고도의 개연성이 존재한다고 볼 수는 없다. **② 사법시험 제2차 시험의 답안지 (공개) (2000두6114)** 응시자가 자신의 답안지를 열람한다고 하더라도 시험문항에 대한 채점위원별 채점 결과가 열람되는 경우와 달리 평가자가 시험에 대한 평가업무를 수행함에 있어서 지장을 초래할 가능성이 적다.

6. 이름, 주민등록번호 등 개인정보

관련판례

1. 피의자신문조서에 기재된 ① 피의자 인적사항 / ② 진술내용 (비공개) (2011두2361)

   ① 정보공개법 제9조 제1항 제6호 본문의 규정에 따라 **비공개대상이 되는 정보에**
   는 ㉠ 구 공공기관의 정보공개에 관한 법률의 이름·주민등록번호 등 정보 형식
   이나 유형을 기준으로 비공개대상정보에 해당하는지를 판단하는 '개인식별정보'
   뿐만 아니라 ㉡ **그 외에 정보의 내용을 구체적으로 살펴 '개인에 관한 사항의**
   공개로 개인의 내밀한 내용의 비밀 등이 알려지게 되고, 그 결과 인격적·정신
   적 내면생활에 지장을 초래하거나 자유로운 사생활을 영위할 수 없게 될 위험
   성이 있는 정보'도 포함된다.

   ② 따라서 **불기소처분 기록 중 피의자신문조서 등에 기재된 피의자 등의 인적사**
   항 이외의 진술내용 역시 개인의 사생활의 비밀 또는 자유를 침해할 우려가 인
   정되는 경우 **비공개**대상에 해당한다.

2. 개인에 관한 정보

2001두6425	2003두8050
지방자치단체의 업무추진비 세부항목별 집행 내역 및 그에 관한 증빙서류에 포함된 **개인에 관한 정보**는 '공개하는 것이 공익을 위하여 필요하다고 인정되는 정보'에 해당하지 않는다.	공무원이 직무와 관련 없이 **개인적인 자격으로** 간담회·연찬회 등 행사에 참석하고 금품을 **수령한 정보**는 '공개하는 것이 공익을 위하여 필요하다고 인정되는 정보'에 해당하지 않는다.

비교판례 공개 대상

사면대상자들의 사면실시건의서와 그와 관련된 국무회의 안건자료 (2005두241)

대통령이 행하는 <u>사면권 행사가 고도의 정치적 행위</u>라고 하더라도, 위 정보의 공개가
정치적 행위로서의 사면권 자체를 부정하려는 것이 아니라 오히려 사면권 행사의 실
체적 요건이 설정되어 있지 아니하여 생길 수 있는 <u>사면권의 남용을 견제할</u> 국민의
자유로운 정치적 의사 등이 형성되도록 위 정보에의 접근을 허용할 필요성이 있다.

7. 영업비밀

관련판례

1. 원본 테이프는 KBS의 영업비밀에 해당 (2008두13101)

   한국방송공사(KBS)가 제작한 '추적 60분' 가제 "새튼은 특허를 노렸나"인 방송용
   편집원본 테이프 1개에 대하여 정보공개청구를 하였으나 한국방송공사가 <u>방송프로</u>
   <u>그램의 기획·편성·제작</u> 등에 관한 정보로서 비공개결정을 한 사안에서, 위 정보는
   비공개대상정보에 해당한다.

2. 판례 비교

   ① [비공개] 법인 등이 거래하는 금융기관의 계좌번호 (2003두8302)
      법인 등의 이름과 결합하여 공개될 경우 당해 법인 등의 영업상 지위가 위협받
      을 우려가 있음 *(가압류 당함)*

   ② [공개] 법인 등의 상호, 단체명, 영업소명, 사업자등록번호 (2003두8302)

8. 투기정보

4 공개 절차

1. 청구권자 – 내용 및 범위의 특정

청구인은 자신이 원하는 정보의 내용과 범위를 특정하여 정보공개를 청구할 필요가 있다. 즉, 지나치게 포괄적이거나 막연한 청구는 수용될 수 없다.

> **🔍 관련판례** 정보공개청구시 요구되는 특정의 정도 (2007두2555)
>
> 1. 청구대상정보를 기재함에 있어서는 **사회일반인의 관점에서** 청구대상정보의 내용과 범위를 확정할 수 있을 정도로 특정함을 요한다.
>
> 2. 정보비공개결정의 취소를 구하는 사건에 있어서, 만일 공개를 청구한 정보의 내용 중 너무 **포괄적이거나 막연**하여서 사회일반인의 관점에서 그 내용과 범위를 확정할 수 있을 정도로 특정되었다고 볼 수 없는 부분이 포함되어 있다면, 이를 심리하는 법원으로서는 마땅히 공공기관의 정보공개에 관한 법률 제20조 제2항의 규정에 따라 **공공기관에게** 그가 보유·관리하고 있는 공개청구정보를 제출하도록 하여 이를 비공개로 열람·심사하는 등의 방법으로 공개청구정보의 내용과 범위를 특정시켜야 하고,
>
> 3. 나아가 위와 같은 방법으로도 특정이 불가능한 경우에는 특정되지 않은 부분과 나머지 부분을 분리할 수 있고 나머지 부분에 대한 비공개결정이 위법한 경우라고 하여도 정보공개의 청구 중 **특정되지 않은 부분**에 대한 비공개결정의 취소를 구하는 부분은 나머지 부분과 분리하여 이를 **기각**하여야 한다.

2. 공개 의무자

(1) 결정기간

공공기관은 정보공개를 청구 받은 날로부터 10일 이내에 공개 여부를 결정하여야 한다(즉, 원칙은 10일 이내). 다만, 부득이한 사유가 있는 경우에는 10일의 범위에서 결정기간을 연장할 수 있다(즉, 최장 20일).

(2) 제3자의 의견청취

공개대상 정보가 제3자와 관련이 있을 때, 공공기관은 그 사실을 제3자에게 지체 없이 통지하여야 하며, 필요한 경우에는 그 의견을 들을 수 있다. 다만, 제3자의 비공개 요청이 있었다고 하여 반드시 이를 수용하여 비공개 결정을 하여야 하는 것은 아니다.

기자 甲 — 공개청구 → A시
의원 乙 ← 통지의무
← 비공개 요청

정보공개법 제21조 【제3자의 비공개 요청 등】
　① 제11조 제3항에 따라 공개 청구된 사실을 통지받은 제3자는 그 통지를 받은 날부터 3일 이내에 해당 공공기관에 대하여 자신과 관련된 <u>정보를 공개하지 아니할 것을 요청할 수 있다.</u>
　② 제1항에 따른 비공개 요청에도 불구하고 공공기관이 공개 결정을 할 때에는 공개 결정 이유와 공개 실시일을 분명히 밝혀 지체 없이 문서로 통지하여야 하며, 제3자는 해당 공공기관에 문서로 이의신청을 하거나 행정심판 또는 행정소송을 제기할 수 있다. 이 경우 이의신청은 통지를 받은 날부터 7일 이내에 하여야 한다.

(3) 공개방법의 선택(×)

정보공개 청구권자는 ① 공공기관에 방문하여 직접 정보를 조회하는 "열람", ② 사본을 건네받는 "교부", ③ 온라인을 통해 정보를 전달 받은 "정보통신망을 통한 정보제공(www.open.go.kr)" 중 한 가지 방법을 선택하여 정보공개를 청구할 수 있다.

공공기관은 청구권자가 선택한 방법을 수용할 수밖에 없다. 즉, <u>공공기관에게 공개방법을 선택할 재량은 인정되지 않으므로</u>, 예컨대 정보를 교부해달라는 청구에 대해 정보를 열람하게 하였다면 이는 "일부" 거부처분을 구성하게 된다. <u>양적으로는 정보를 전부 공개했을지 모르지만, 질적으로는 전부 공개한 것이 아니기 때문이다.</u>

> **관련판례** 정보공개방법을 지정할 신청권 (2016두44674)
>
> 1. 청구인에게는 <u>특정한 공개방법을 지정하여 정보공개를 청구할 수 있는 법령상 신청권</u>이 있다.
>
> 2. 따라서 공공기관이 공개청구의 대상이 된 정보를 공개는 하되, <u>청구인이 신청한 공개방법 이외의 방법으로 공개하기로 하는 결정</u>을 하였다면, 이는 정보공개청구 중 정보공개방법에 관한 부분에 대하여 **일부 거부처분**을 한 것이고, 청구인은 그에 대하여 항고소송으로 다툴 수 있다.

(4) 부분공개 제도

청구권자가 다량의 정보를 공개하여 달라고 청구한 경우, 이 중에는 공개가 가능한 정보와 가능하지 않은 정보가 혼재되어 있을 수 있다. 이에, 어디까지나 가분성이 인정된다는 전제하에 공공기관은 청구의 대상이 된 정보 중 공개가 가능한 정보만을 공개할 수 있다.

3. 비공개결정에 대한 행정소송

여느 분야와 마찬가지로, 정보공개제도와 관련한 불복절차 또한 임의적인 이의신청 및 행정심판을 거쳐 행정소송으로 나아갈 수 있다. 이하에서는 행정소송에 대하여 다룬다.

(1) 소송요건

① **원고적격**: 정보공개법이 정보공개 청구권자를 "모든 국민"으로 광범위하게 규정하고 있는 점을 감안하여, 원고적격이 인정되기 위한 요건인 법률상 이익 또한 광범위하게 인정되는 경향이 있다(단, 일정한 외국인 제외). 예컨대, 시민단체 등이 행정감시를 목적으로 정보공개청구를 하는 것이 허용된다(2003두8395).

② **피고적격**: 정보공개를 거부한 정보공개 의무자는 특별한 사정이 없는 한 피고적격이 인정된다.

③ **대상적격**: 모든 국민에게 인정되는 정보공개청구권이 법규상 신청권으로 기능하는 결과, 정보공개의 거부행위는 거부처분으로서 대상적격을 부여받는다. 이 부분과 관련하여 유의할 점은 정보공개 방법을 변경하여 정보를 공개하는 것이 "일부" 거부처분으로 평가된다는 것이다.

> **정보공개법 제19조【행정심판】**
> ① 청구인이 정보공개와 관련한 공공기관의 결정에 대하여 불복이 있거나 <u>정보공개 청구 후 20일이 경과하도록 정보공개 결정이 없는 때에는</u> 행정심판법에서 정하는 바에 따라 행정심판을 청구할 수 있다. 이 경우 국가기관 및 지방자치단체 외의 공공기관의 결정에 대한 감독행정기관은 관계 중앙행정기관의 장 또는 지방자치단체의 장으로 한다.
>
> **정보공개법 제20조【행정소송】**
> ① 청구인이 정보공개와 관련한 공공기관의 결정에 대하여 불복이 있거나 <u>정보공개 청구 후 20일이 경과하도록 정보공개 결정이 없는 때에는</u> 행정소송법에서 정하는 바에 따라 행정소송을 제기할 수 있다.

④ **소의 이익**: 청구 대상정보가 이미 폐기되었다면 정보를 공개하는 것이 물리적으로 불가능하므로 소의 이익이 인정될 수 없다. 다만, 정보가 타인에게 또는 온라인에 이미 공개된 사실만으로는 소의 이익을 부정할 수 없다.

📖 관련판례

1. 정보공개청구의 목적 고려 ×

① **권리구제 가능성 고려 × (2017두44558)**
정보공개 청구권자가 공개를 청구하는 정보와 어떤 관련성을 가질 것을 요구하거나 정보공개청구의 목적에 특별한 제한을 두고 있지 아니하므로 <u>정보공개 청구권자의 **권리구제 가능성** 등은 정보의 공개 여부 결정에 아무런 영향을 미치지 못한다.</u>

② **징계처분 취소소송 승소를 위해 정부공개 청구하였으나, 목적 고려 × (2022두33439)**
견책의 징계처분을 받은 甲이 사단장에게 징계위원회에 참여한 징계위원의 성명과 직위에 대한 정보공개청구를 하였으나 위 정보가 비공개사유에 해당한다는 이유로 공개를 거부한 사안에서, 징계처분 취소사건에서 **甲의 청구를 기각하는 판결이 확정되었더라도,** 甲으로서는 여전히 정보공개거부처분의 취소를 구할 법률상 이익이 있다.

<aside>20일이 경과하면 거부처분이 아닌, 부작위로 봄</aside>

2. 오히려 공개의 근거가 됨 (2008두13101)

공개청구의 대상이 되는 정보가 **이미 다른 사람에게 공개되어 널리 알려져 있다거나 인터넷 등을 통하여 공개되어 인터넷검색 등을 통하여 쉽게 알 수 있다는 사정**만으로는 소의 이익이 없다거나 비공개결정이 정당화될 수 없다.

3. 정식으로 공개해야 함 (2012두11409 · 11416)

청구인이 정보공개거부처분의 취소를 구하는 소송에서 공공기관이 청구정보를 증거 등으로 법원에 제출하여 법원을 통하여 그 사본을 청구인에게 교부 또는 송달되게 하여 **결과적으로 청구인에게 정보를 공개하는 셈이 되었다고 하더라도**, 이러한 우회적인 방법은 정보공개법이 예정하고 있지 아니한 방법으로서 **정보공개법에 의한 공개라고 볼 수는 없으므로**, 당해 정보의 비공개결정의 취소를 구할 소의 이익은 소멸되지 않는다.

🔍 비교판례

1. 권리를 남용하는 경우 (2014두9349)

① 국민의 정보공개청구는 정보공개법 제9조에 정한 비공개대상 정보에 해당하지 아니하는 한 원칙적으로 폭넓게 허용되어야 하지만, 실제로는 해당 정보를 취득 또는 활용할 의사가 전혀 없이 정보공개 제도를 이용하여 사회통념상 용인될 수 없는 부당한 이득을 얻으려 하거나, 오로지 공공기관의 담당공무원을 괴롭힐 목적으로 정보공개청구를 하는 경우처럼 **권리의 남용에 해당하는 것이 명백한 경우**에는 정보공개청구권의 행사를 허용하지 아니하는 것이 옳다.

② (교도소에 복역 중인 甲이 지방검찰청 검사장에게 자신에 대한 불기소사건 수사기록 중 타인의 개인정보를 제외한 부분의 공개를 청구한 사안에서) 甲은 위 정보에 접근하는 것을 목적으로 정보공개를 청구한 것이 아니라, 청구가 거부되면 거부처분의 취소를 구하는 소송에서 승소한 뒤 소송비용확정절차를 통해 자신이 그 소송에서 실제 지출한 소송비용보다 다액을 소송비용으로 지급받아 금전적 이득을 취하거나, 수감 중 변론기일에 출정하여 강제노역을 회피하는 것 등을 목적으로 정보공개를 청구하였다고 볼 여지가 큰 점 등에 비추어 甲의 정보공개청구는 권리를 남용하는 행위로서 허용되지 않는다.

2. 미보유시 공개 불가 (2003두9459)

정보공개를 구하는 자가 공개를 구하는 정보를 행정기관이 보유 · 관리하고 있을 상당한 개연성이 있다는 점을 입증함으로써 족하다 할 것이지만, 공공기관이 그 정보를 보유 · 관리하고 있지 아니한 경우에는 특별한 사정이 없는 한 정보공개거부처분의 취소를 구할 법률상의 이익이 없다.

---

(2) 본안심리

① **심리순서**: 정보공개청구 소송은 ⊙ 비공개 사항 8가지에 해당하는지를 먼저 심리한 뒤, 비공개사항이 아니라면 인용판결을 선고하고, ⓒ 비공개사항에 해당할 경우 곧바로 기각판결을 선고할 것이 아니라, 이를 비공개로 결정한 것에 재량권의 일탈 · 남용이 있는지를 추가적으로 심리하는 순으로 진행된다.

② **증명책임**: 일반적인 거부처분 취소소송과 구조가 유사하다.

구분	원고	피고	원고
정보비공개 결정	당해 정보를 공공기관이 보유· 관리하고 있다는 "개연성"	보유 ✕ (폐기)	–
		보유 ○ (비공개대상)	재량권 일탈·남용 (비공개 "할 수 있다")
거부처분	수익적 처분의 요건 충족사실	거부사유에 해당 (= 처분의 적법성)	재량권 일탈·남용

🔍 관련판례

1. 비공개사유에 해당 – 피고 (2014두5477)

   국민으로부터 보유·관리하는 정보에 대한 공개를 요구받은 공공기관으로서는, 정보공개법 제9조 제1항 몇 호에서 정하고 있는 비공개사유에 해당하는지를 주장·증명하여야만 하고, 그에 이르지 아니한 채 **개괄적인 사유만을 들어 공개를 거부하는 것은 허용되지 아니한다.**

2. 정보의 존재에 대한 개연성 – 원고 / 정보가 이미 폐기됨 – 피고 (2003두12707)

   ① 정보공개제도는 공공기관이 보유·관리하는 정보를 그 상태대로 공개하는 제도로서 공개를 구하는 정보를 공공기관이 보유·관리하고 있을 상당한 개연성이 있다는 점에 대하여 원칙적으로 공개청구자에게 증명책임이 있다고 할 것이지만,

   ② 공개를 구하는 정보를 공공기관이 한 때 보유·관리하였으나 후에 그 정보가 담긴 문서등이 폐기되어 존재하지 않게 된 것이라면 **그 정보를 더 이상 보유·관리하고 있지 아니하다는 점에 대한 증명책임은 공공기관에게 있다.**

---

③ **일부취소판결**: 부분공개가 가능함에도 공공기관이 청구대상 정보 전부를 비공개하였다면, 법원은 해당 정보에 가분성이 있음을 전제로 공개가 필요한 정보를 특정함으로써 일부취소판결을 선고할 수 있다.

제 5 편

행정상의 의무이행확보수단

제1장 국민의 의무불이행 상태를 해소하기 위한 수단

제1장 국민의 의무불이행 상태를 해소하기 위한 수단

1 의의

행정청이 하명 등을 통하여 의무를 부과하였음에도 상대방이 이를 이행하지 않는다면, 행정청은 강제력을 동원해서라도 의무를 이행시킬 필요가 있다. 이때 동원되는 수단을 "행정상의 의무이행확보수단"이라고 한다.

행정상의 의무이행확보수단은 ① "현재"의 의무불이행상태를 개선하고자 하는 "행정강제", ② "과거"의 의무불이행 사실에 대하여 제재를 가하는 "행정벌", ③ 위와 같은 전통적인 수단 외에도, 사회현상의 변화에 맞추어 새롭게 고안된 "새로운 의무이행확보수단"으로 나뉜다.

한 가지 참고할 점은, 국민의 신체에 직접적으로 영향을 가하는 수단은 예외적, 최후적 수단으로서 고려되는 경향이 있다는 것이다(대집행, 즉시강제, 직접강제 관련).

행정강제 (현재 의무불이행△)	강제집행	대집행 (대체적 의무)	직접강제
		이행강제금(집행벌) (대체적 + 비대체적 의무)	
		강제징수 (₩)	
	즉시강제 (현재 의무불이행 or 의무불이행 ✕)		
행정벌 (과거 의무불이행)	행정형벌 (통고처분 → 범칙금)	납부 ✕ → 실효	즉결심판 → 정식재판
	행정질서벌 (과태료)		과태료재판

2 행정강제

행정강제는 "현재"의 의무불이행상태를 장래의 어느 시점에 개선하는 것을 목표로 하는 수단으로서, 즉시강제와 그 밖의 수단인 강제집행(대집행, 이행강제금, 강제징수, 직접강제)으로 나뉜다. 이하에서는 강제집행의 주된 내용을 살핀 뒤, 즉시강제에 대해 설명하도록 한다.

1. 대집행

(1) 의의

대집행이란, 타인이 대신하여 행할 수 있는 행위를 의무자가 이행하지 아니하는 경우, 행정청이 스스로 의무자가 하여야 할 행위를 하거나 또는 제3자로 하여금 이를 하게 하여 그 비용을 의무자로부터 징수하는 것을 의미한다.

> **행정기본법 제30조【행정상 강제】**
> ① 행정청은 행정목적을 달성하기 위하여 필요한 경우에는 법률로 정하는 바에 따라 필요한 최소한의 범위에서 다음 각 호의 어느 하나에 해당하는 조치를 할 수 있다.
> 1. 행정대집행: 의무자가 행정상 의무(법령등에서 직접 부과하거나 행정청이 법령 등에 따라 부과한 의무를 말한다. 이하 이 절에서 같다)로서 타인이 대신하여 행할 수 있는 의무를 이행하지 아니하는 경우 법률로 정하는 <u>다른 수단으로는 그 이행을 확보하기 곤란하고 그 불이행을 방치하면 공익을 크게 해칠 것으로 인정될 때에</u> 행정청이 의무자가 하여야 할 행위를 스스로 하거나 제3자에게 하게 하고 그 비용을 의무자로부터 징수하는 것
>
> **행정대집행법 제2조【대집행과 그 비용징수】**
> <u>법률</u>(법률의 위임에 의한 명령, 지방자치단체의 조례를 포함한다. 이하 같다)<u>에 의하여 직접 명령되었거나 또는 법률에 의거한 행정청의 명령에 의한 행위로서 타인이 대신하여 행할 수 있는 행위를 의무자가 이행하지 아니하는 경우 <u>다른 수단으로써 그 이행을 확보하기 곤란하고 또한 그 불이행을 방치함이 심히 공익을 해할 것으로 인정될 때에는</u> 당해 행정청은 스스로 의무자가 하여야 할 행위를 하거나 또는 제삼자로 하여금 이를 하게 하여 그 비용을 의무자로부터 징수할 수 있다.

🔍 **관련판례** 증명책임 – 행정청 (96누8086)

철거의무를 대집행하기 위한 계고처분을 하려면 다른 방법으로는 이행의 확보가 어렵고 불이행을 방치함이 심히 공익을 해하는 것으로 인정될 때에 한하여 허용되고 이러한 요건의 <u>주장·입증책임은 처분 행정청</u>에 있다.

🔍 **비교판례** 무단건축자의 항변 (91누4140)

<u>무허가증축부분으로 인하여 건물의 미관이 나아지고 위 증축부분을 철거하는 데 비용이 많이 소요된다고 하더라도</u> 위 무허가증축부분을 그대로 방치한다면 이를 단속하는 당국의 권능이 무력화되어 건축행정의 원활한 수행이 위태롭게 되며 건축법 소정의 제한규정을 회피하는 것을 사전예방하고 또한 도시계획구역 안에서 토지의 경제적이고 효율적인 이용을 도모한다는 더 큰 공익을 심히 해할 우려가 있다고 보아 건물철거대집행계고처분을 할 요건에 해당된다.

(2) 요건

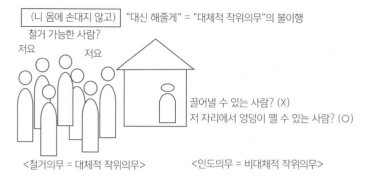

<철거의무 = 대체적 작위의무>   <인도의무 = 비대체적 작위의무>

대집행의 요건으로는 ① 공법상 의무로서 대체적 작위의무의 불이행, ② 다른 수단으로는 의무의 이행이 곤란할 것, ③ 그 불이행의 방치가 심히 공익을 해하는 것일 것 등이 요구된다. 이 중에서 가장 중요한 요건은 ①이다. 대체적 작위의무는 타인이 대신하여 행할 수 있는 의무를 의미한다. 대체성의 유무는 어디까지나 의무불이행자의 신체에 실력을 행사하지 않는 것을 기본 전제로 하여 판단된다. 예컨대, 불법적으로 건축된 건물의 인도의무(= 점유이전, 퇴거, 명도의무)가 불이행될 경우, 건물 점유자를 강제로 끌어내지 않는다는 전제하에, 위 건물의 점유를 이전받은 유일한 길은 점유자가 자발적으로 건물을 인도해주는 것뿐이다. 따라서, 이는 비대체적 작위의무에 해당한다.

나아가, 장례식장 사용중지의무를 이행시킬 방법 역시 현재 사용 중인 자가 자발적으로 사용을 중지하는 것뿐이다. 따라서, 이와 같은 부작위의무는 언제나 비대체적일 수밖에 없다.

반면, 건물의 철거의무가 불이행될 경우, 이는 물리력을 갖춘 자라면 누구나 이행할 수 있는 의무이므로, 대체적 작위의무임에 틀림이 없다.

의무의 종류	대체성 여부 (☆)	의무이행확보수단
공법상 의무	○ (철거)	대집행 (A)
		(민사상 조치) (B)
	× (인도, 사용중지)	민사상 조치 (C)
사법상 의무	민사상 조치 (D)	

관련판례

1. **공법상 의무: 대집행 > 민사상 조치** *(A)* (99다18909)
   행정대집행의 절차가 인정되는 경우에는 따로 민사소송의 방법으로 공작물의 철거, 수거 등을 구할 수는 없다.

2. **공법상 의무: 대집행 > 민사상 조치** *(A)* (대부계약 해지되면 무단점유) (2001두4078)
   대부계약이 적법하게 해지된 이상 그 점유자의 공유재산에 대한 점유는 정당한 이유 없는 점유라 할 것이고, 따라서 지방자치단체의 장은 공유재산 및 물품관리법 제83조에 의하여 행정대집행의 방법으로 그 지상물을 철거시킬 수 있다.

구분		공물	사물
공물	정의	행정재산	일반재산 (잡종재산)
	사용 허가	공법관계 (특허)	사법관계 (but 민사소송 X)
	변상금 부과	처분 (기속행위/항고소송)	
사유		사유공물	사유재산

3. 공법상 의무: 민사상 조치 *(C)* (2004다2809)

수용대상 **토지의 인도 또는 그 지장물의 명도의무** 등이 비록 공법상의 법률관계라고 하더라도, 그 권리를 피보전권리로 하는 **명도단행가처분**은 그 권리에 끼칠 현저한 손해를 피하거나 급박한 위험을 방지하기 위하여 또는 그 밖의 필요한 이유가 있을 경우에는 **허용될 수 있다.**

4. 공법상 의무: 민사상 조치 *(C)* (97누157)

도시공원시설인 매점의 관리청이 그 공동점유자 중의 1인에 대하여 소정의 기간 내에 위 매점으로부터 퇴거하고 이에 부수하여 그 판매 시설물 및 상품을 반출하지 아니할 때에는 이를 대집행하겠다는 내용의 계고처분은 매점에 대한 점유자의 **점유를 배제하고 그 점유이전을 받는 데 있다**고 할 것인데, 이러한 의무는 행정대집행법에 의한 대집행의 대상이 되는 것은 아니다.

5. 장례식장 사용중지의무(부작위의무): 민사상 조치 *(C)* (2005두7464)

이 사건 처분에 따른 **'장례식장 사용중지 의무'가 원고 이외의 '타인이 대신' 할 수도 없고, 타인이 대신하여 '행할 수 있는 행위'라고도 할 수 없는 비대체적 부작위의무**에 대한 것이므로, 대집행의 대상이 되는 것은 아니다.

6. 사법상 의무: 대집행 민사상 조치 *(D)* (2006두7096)

① 구 공공용지의 취득 및 손실보상에 관한 특례법에 따른 토지 등의 **협의취득**은 공공사업에 필요한 토지 등을 그 소유자와의 협의에 의하여 취득하는 것으로서 공공기관이 사경제주체로서 행하는 **사법상 매매 내지 사법상 계약**의 실질을 가지는 것이므로,

② 그 협의취득시 건물소유자가 매매대상 건물에 대한 철거의무를 부담하겠다는 취지의 약정을 하였다고 하더라도 이러한 철거의무는 공법상의 의무가 될 수 없고, 이 경우에도 행정대집행법을 준용하여 대집행을 허용하는 별도의 규정이 없는 한 위와 같은 철거의무는 행정대집행법에 의한 대집행의 대상이 되지 않는다.

🔍 관련판례

1. 점유 중인 건물의 철거 (2016다213916)

① 대집행으로 한 번에 처리

행정청이 행정대집행의 방법으로 건물철거의무의 이행을 실현할 수 있는 경우에는 건물철거 대집행 과정에서 **부수적으로** 건물의 점유자들에 대한 퇴거 조치를 할 수 있고*(=건물의 점유자가 철거의무자일 때)*

② 저항하면 경찰 신고

점유자들이 적법한 행정대집행을 위력을 행사하여 방해하는 경우 형법상 공무집행방해죄가 성립하므로, 필요한 경우에는 '경찰관 직무집행법'에 근거한 위험발생 방지조치 또는 형법상 공무집행방해죄의 범행방지 내지 현행범체포의 차원에서 **경찰의 도움**을 받을 수도 있다*(=행정응원).*

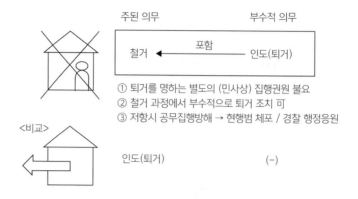

주된 의무　　　　　　　　부수적 의무

철거 ← 포함 — 인도(퇴거)

① 퇴거를 명하는 별도의 (민사상) 집행권원 불요
② 철거 과정에서 부수적으로 퇴거 조치 可
③ 저항시 공무집행방해 → 현행범 체포 / 경찰 행정응원

<비교>

인도(퇴거)　　　　　　　　(−)

2. 행정청이 가만히 있으면 국민이 대신 민사소송 가능 (2009다1122)

① **대위 소송제도: A(원고) → B(행정청) → C(피고)**

A가 B에 대해 청구권을, B가 C에 대해 청구권을 가지고 있을 때, <u>B가 C에 대한 청구권을 행사하지 않을 경우, A가 B를 대신하여 B의 청구권을 C에 대해 행사할 수 있도록</u> 하는 제도

② **행정청이 피고에 대한 대집행 행사 ×시, 원고가 행정청을 대위하여 철거청구소송(민사)**

관리권자인 보령시장으로서는 행정대집행의 방법으로 이 사건 시설물을 철거할 수 있고, 이러한 행정대집행의 절차가 인정되는 경우에는 따로 민사소송의 방법으로 피고들에 대하여 이 사건 시설물의 철거를 구하는 것은 허용되지 않는다고 할 것이다.

다만, 관리권자인 보령시장이 행정대집행을 실시하지 아니하는 경우 국가에 대하여 이 사건 토지 사용청구권을 가지는 원고로서는 위 청구권을 보전하기 위하여 국가를 대위하여 피고들을 상대로 민사소송의 방법으로 이 사건 시설물의 철거를 구하는 이외에는 이를 실현할 수 있는 다른 절차와 방법이 없어 그 보전의 필요성이 인정되므로, <u>원고는 국가를 대위하여 피고들을 상대로 민사소송의 방법으로 이 사건 시설물의 철거를 구할 수 있다고 보아야 할 것이고,</u>

③ **행정청이 피고에 대한 민사소송 ×시, 원고가 행정청을 대위하여 인도청구소송(민사)**

한편 이 사건 청구 중 이 사건 <u>토지 인도청구 부분에 대하여는 관리권자인 보령시장으로서도 행정대집행의 방법으로 이를 실현할 수 없으므로, 원고는 당연히 국가를 대위하여 피고들을 상대로 민사소송의 방법으로 이 사건 토지의 인도를 구할 수 있다</u>고 할 것이다.

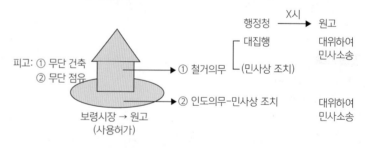

행정청 ──X시──→ 원고

┌ 대집행　　　대위하여
│ (민사상 조치)　민사소송

피고: ① 무단 건축　→ ① 철거의무
　　② 무단 점유

→ ② 인도의무-민사상 조치　대위하여 민사소송

보령시장 → 원고
(사용허가)

(3) 절차

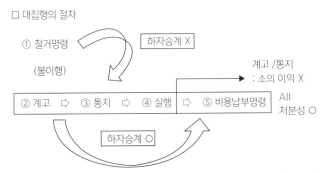

□ 대집행의 절차

의무를 부과하는 명령(예 시정명령)이 있은 뒤 의무가 이행되지 않으면 대집행이 개시되고, 이는 ① 상당한 기간을 정하여 의무 이행의 기회를 부여하는 "계고", ② 대집행 시기 및 비용을 알려주는 "통지", ③ 대집행을 본격적으로 개시하는 "실행", ④ 대집행에 따른 비용을 징수하는 목적의 "비용납부명령" 순으로 진행된다.

> **행정대집행법 제3조【대집행의 절차】**
> ① 전조의 규정에 의한 처분(이하 대집행이라 한다)을 하려 함에 있어서는 상당한 이행기한을 정하여 그 기한까지 이행되지 아니할 때에는 대집행을 한다는 뜻을 미리 문서로써 계고하여야 한다. 이 경우 행정청은 상당한 이행기한을 정함에 있어 의무의 성질·내용 등을 고려하여 사회통념상 해당 의무를 이행하는 데 필요한 기간이 확보되도록 하여야 한다.
> ② 의무자가 전항의 계고를 받고 지정기한까지 그 의무를 이행하지 아니할 때에는 당해 행정청은 대집행영장으로써 대집행을 할 시기, 대집행을 시키기 위하여 파견하는 집행책임자의 성명과 대집행에 요하는 비용의 개산에 의한 견적액을 의무자에게 통지하여야 한다.
> ③ 비상시 또는 위험이 절박한 경우에 있어서 당해 행위의 급속한 실시를 요하여 <u>전2항에 규정한 수속을 취할 여유가 없을 때에는 그 수속을 거치지 아니하고 대집행을 할 수 있다.</u>

🔍 관련판례 오늘 받았는데, 오늘까지 이행해야 함 (90누2048)

행정청인 피고가 <u>의무이행기한이 1988. 5. 24.까지로 된 이 사건 대집행계고서를 5. 19.</u> 원고에게 발송하여 <u>원고가 그 이행종기인 5. 24. 이를 수령하였다면,</u> 설사 피고가 대집행영장으로써 대집행의 시기를 1988. 5. 27. 15:00로 늦추었더라도 위 대집행계고처분은 상당한 이행기한을 정하여 한 것이 아니어서 대집행의 적법절차에 위배한 것으로 위법한 처분이라고 할 것이다.

🔍 관련판례 법에서 금지만 하고, 시정명령 내릴 권한 안 주면 대집행 × (96누4374)

1. 주택건설촉진법은 도지사의 허가를 받지 않고 사업계획에 따른 용도 이외의 용도에 사용하는 행위 등을 금지하고, 그 위반행위에 대하여 <u>벌칙규정만을 두고 있을 뿐, 부작위의무 위반행위에 대하여 대체적 작위의무로 전환하는 규정을 두고 있지 아니하므로, 위 금지규정으로부터 그 위반결과의 시정을 명하는 원상복구명령을 할 수 있는 권한이 도출되는 것은 아니다.</u>

2. 결국 행정청의 원고에 대한 원상복구명령은 권한 없는 자의 처분으로 무효라고 할 것이고, 위 원상복구명령이 당연무효인 이상 후행처분인 계고처분의 효력에 당연히 영향을 미쳐 그 계고처분 역시 무효로 된다.

구분	금지의무	시정명령
내용	불법건축 금지 (부작위의무)	철거의무 부과 (대체적 작위의무)
대집행 대상	×	○

각 절차는 모두 처분성을 가지며, 동일한 법률효과의 발생을 목적으로 한다는 점에서 하자의 승계가 인정된다. 이와 달리, 의무부과명령과 대집행 세부절차 간에는 하자의 승계가 부정된다.

관련판례

1. 처분성 인정 / 소의 이익 부정 (93누6164)

대집행계고처분 취소소송의 변론종결 전에 대집행영장에 의한 통지절차를 거쳐 사실행위로서 **대집행의 실행이 완료된 경우**에는 행위가 위법한 것이라는 이유로 손해배상이나 원상회복 등을 청구하는 것은 별론으로 하고 처분의 **취소를 구할 법률상 이익은 없다.**

1. 1. 대집행 개시	2. 1. 소 제기 (대상적격 ○)	2. 2. 대집행 완료 (소의 이익 X)

2. 제1차, 제2차, 제3차 계고의 처분성 (94누5144)

① 행정청이 행정대집행법 제3조 제1항에 의한 대집행계고를 함에 있어서는 의무자가 스스로 이행하지 아니하는 경우에 대집행할 행위의 내용 및 범위가 구체적으로 특정되어야 하나, 그 행위의 내용 및 범위는 **반드시 대집행계고서에 의하여서만 특정되어야 하는 것이 아니고** 계고처분 전후에 송달된 문서나 기타 사정을 종합하여 행위의 내용이 특정되면 족하다.

② 건물철거의무는 제1차 철거명령 및 계고처분으로서 발생하였고 **제2차, 제3차의 계고처분**은 새로운 철거의무를 부과한 것이 아니고 다만 대집행기한의 **연기통지에 불과**하므로 행정처분이 아니다.

③ 위법한 건물의 공유자 1인에 대한 계고처분은 다른 공유자에 대하여는 그 효력이 없다.

3. 철거명령과 계고를 한 장의 문서로 할 수 있음 (91누13564)

① **계고서라는 명칭의 1장의 문서로서** 일정기간 내에 위법건축물의 **자진철거를** 명함과 동시에 그 소정기한 내에 자진철거를 하지 아니할 때에는 대집행할 뜻을 미리 계고한 경우라도 건축법에 의한 철거명령과 행정대집행법에 의한 계고처분은 **독립하여 있는 것으로서 각 그 요건이 충족되었다고** 볼 것이다.

② 위 ①의 경우, 철거명령에서 주어진 일정기간이 자진철거에 필요한 상당한 기간이라면 그 기간 속에는 계고시에 필요한 '상당한 이행기간'도 포함되어 있다고 보아야 할 것이다.

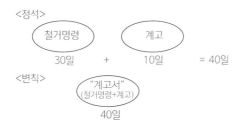

4. 비용징수 – 민사소송 × / 강제징수 ○ (2010다48240)

대한주택공사가 법령에 의하여 대집행권한을 위탁받아 공무인 대집행을 실시하기 위하여 지출한 비용을 행정대집행법 절차에 따라 징수할 수 있음에도 **민사소송절차**에 의하여 그 비용의 상환을 청구한 사안에서, **위 청구는 부적법**하다.

> **행정대집행법 제6조【비용징수】**
> ① 대집행에 요한 **비용은 국세징수법의 예에 의하여 징수**할 수 있다.
> ② 대집행에 요한 비용에 대하여서는 행정청은 사무비의 소속에 따라 **국세에 다음가는 순위의 선취득권**을 가진다.
> ③ 대집행에 요한 비용을 징수하였을 때에는 그 징수금은 사무비의 소속에 따라 **국고 또는 지방자치단체**의 수입으로 한다.

2. 이행강제금

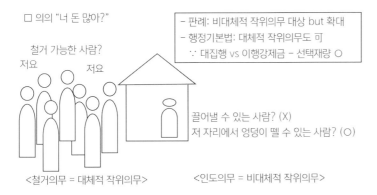

(1) 의의 및 요건

이행강제금은 일정한 기한까지 의무를 이행하지 않을 때에는 일정한 금전적 부담을 과할 뜻을 미리 계고함으로써 의무자에게 심리적 압박을 주어 장래에 그 의무를 이행하게 하려는 행정상 간접적인 강제집행 수단의 하나에 해당한다(2009헌바140).

대집행과 달리, 이행강제금은 대체성이 없는 비대체적 작위의무 및 부작위의무뿐 아니라, 대체성이 있는 대체적 작위의무의 불이행에 대해서도 널리 이용되고 있다.

> **행정기본법 제30조 【행정상 강제】**
> ① 행정청은 행정목적을 달성하기 위하여 필요한 경우에는 법률로 정하는 바에 따라 필요한 최소한의 범위에서 다음 각 호의 어느 하나에 해당하는 조치를 할 수 있다.
> 2. 이행강제금의 부과: 의무자가 행정상 의무를 이행하지 아니하는 경우 행정청이 적절한 이행기간을 부여하고, 그 기한까지 행정상 의무를 이행하지 아니하면 금전급부의무를 부과하는 것

關聯判例 이행강제금의 대상 = 비대체적 작위의무 + 부작위의무 + 대체적 작위의무 (2001헌바80)

전통적으로 행정대집행은 대체적 작위의무에 대한 강제집행수단으로, 이행강제금은 부작위의무나 비대체적 작위의무에 대한 강제집행수단으로 이해되어 왔으나, 이는 이행강제금제도의 본질에서 오는 제약은 아니며, 이행강제금은 대체적 작위의무의 위반에 대하여도 부과될 수 있다.

한편, (이행강제금의 대상이 되는 인도의무 등이 아닌) 이행강제금을 납부할 의무 그 자체는 대체성이 없는 일신전속적 의무로서 타인에게 승계될 여지가 없다.

關聯判例 이행강제금 납부의무의 일신전속성(승계불가) (2006마470)

구 건축법상의 이행강제금은 구 건축법의 위반행위에 대하여 시정명령을 받은 후 시정기간 내에 당해 시정명령을 이행하지 아니한 건축주등에 대하여 부과되는 **간접강제의 일종으로서 그 이행강제금 납부의무는 상속인 기타의 사람에게 승계될 수 없는 일신전속적인 성질**의 것이므로 이미 사망한 사람에게 이행강제금을 부과하는 내용의 처분이나 결정은 당연무효다.

---

(2) 절차

행정상 의무를 부과하는 ① 시정명령을 불이행하는 경우, ② 의무이행의 기회를 부여하는 계고, ③ 통지를 거쳐 이행강제금이 부과된다.

> **행정기본법 제31조 【이행강제금의 부과】**
> ③ 행정청은 이행강제금을 부과하기 전에 미리 의무자에게 적절한 이행기간을 정하여 그 기한까지 행정상 의무를 이행하지 아니하면 이행강제금을 부과한다는 뜻을 문서로 **계고**하여야 한다.
> ④ 행정청은 의무자가 제3항에 따른 계고에서 정한 기한까지 행정상 의무를 이행하지 아니한 경우 이행강제금의 부과 금액·사유·시기를 문서로 명확하게 적어 의무자에게 **통지**하여야 한다.
> ⑤ 행정청은 의무자가 행정상 의무를 이행할 때까지 이행강제금을 반복하여 부과할 수 있다. 다만, 의무자가 의무를 이행하면 새로운 이행강제금의 부과를 즉시 중지하되, 이미 부과한 이행강제금은 징수하여야 한다.

📑 관련판례

1. **<CASE 1> 사실상 이행 완료 (2015두35116)**

   시정명령을 받은 의무자가 그 시정명령의 취지에 부합하는 의무를 이행하기 위한 **정당한 방법으로 행정청에 신청 또는 신고를 하였으나 행정청이 위법하게 이를 거부 또는 반려**함으로써 결국 그 처분이 취소되기에 이르렀다면, 특별한 사정이 없는 한 그 시정명령의 불이행을 이유로 이행강제금을 부과할 수는 없다고 보는 것이 위와 같은 이행강제금 제도의 취지에 부합한다.

2. **<CASE 2> 늦게라도 이행하면 부과 × (2015두35116)**

   이행강제금의 본질상 시정명령을 받은 의무자가 이행강제금이 부과되기 전에 그 의무를 이행한 경우에는 **비록 시정명령에서 정한 기간을 지나서 이행한 경우라도 이행강제금을 부과할 수 없다.**

3. **<CASE 3> "뒤늦게, 한꺼번에 부과 ×" (2015두46598)**

   ① 계고 누락한 연도는 한꺼번에 부과 ×

   비록 건축주 등이 장기간 시정명령을 이행하지 아니하였더라도, 그 기간 중에는 시정명령의 이행 기회가 제공되지 아니하였다가 뒤늦게 시정명령의 이행 기회가 제공된 경우라면, 시정명령의 이행 기회 제공을 전제로 한 1회분의 이행강제금만을 부과할 수 있고, 시정명령의 이행 기회가 제공되지 아니한 과거의 기간에 대한 이행강제금까지 **한꺼번에 부과할 수는 없다.**

   ② 위반하면 무효

   이를 위반하여 이루어진 이행강제금 부과처분의 하자는 **중대·명백**하다.

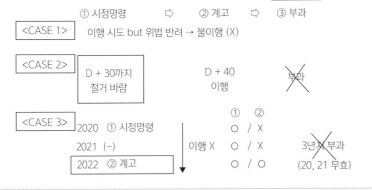

📑 관련판례 시정명령부터가 위법하므로, 이행강제금 부과처분도 위법 (2011두2170)

사용자가 이행하여야 할 **행정법상 의무의 내용을 초과하는 것을 '불이행 내용'으로 기재한 이행강제금 부과 예고서**에 의하여 이행강제금 부과 예고를 한 다음 이를 이행하지 않았다는 이유로 이행강제금을 부과하였다면, 초과한 정도가 근소하다는 등의 특별한 사정이 없는 한 이행강제금 부과 예고는 이행강제금 제도의 취지에 반하는 것으로서 위법하고, 이에 터 잡은 이행강제금 부과처분 역시 위법하다.

> ### 📑 비교판례 시정명령이 다소 지체되었다는 이유만으로 위법 × (2002마1022)
>
> 공무원들이 위법건축물임을 알지 못하여 공사 도중에 시정명령이 내려지지 않아 **위법건축물이 완공**되었다 하더라도, 공공복리의 증진이라는 위 목적의 달성을 위해서는 **완공 후에라도** 위법건축물임을 알게 된 이상 시정명령을 할 수 있다.

(3) 불복수단

행정청의 행위가 처분성을 갖기 위한 요건으로는 ① 행정청의 행위일 것, ② 구체적 사실에 대한 법집행으로서 공권력의 행사일 것(규율성), ③ 외부에 표시되어 효력이 발생될 것, ④ 다른 불복절차가 구비되어 있지 않을 것이 요구된다.

이행강제금의 처분성과 관련해서는 주로 ④ 요건이 문제되는데, 이는 일부 개별법에서 이행강제금에 대한 불복을 항고소송에 의하지 않도록 규정하고 있기 때문이다. 구체적으로, 농지법에 근거한 이행강제금 부과처분에 대한 불복은 항고소송이 아닌, 비송사건절차법에 의한 과태료재판의 절차에 따르도록 규정되어 있다. 따라서, 농지법상 이행강제금에 대해 항고소송을 제기할 경우 대상적격 흠결로 각하판결이 내려지게 된다.

반면, <u>건축법에 규정된 이행강제금의 경우</u>, 구법에는 농지법과 같은 규정이 <u>있었으나 현행법에서는 위 규정이 삭제되어 지금까지도 그와 같은 상태가 유지되고 있다.</u> 즉, <u>건축법상 이행강제금에 대한 불복은 항고소송의 제기가 가능</u>한 것이다.

🔍 관련판례 농지법상 이행강제금 (2018두42955)

1. 과태료재판 절차에 따라야 함

<u>농지법 제62조 제1항에 따른 이행강제금 부과처분에 불복하는 경우에는 비송사건절차법에 따른 재판절차가 적용되어야 하고, 행정소송법상 항고소송의 대상은 될 수 없다.</u>

2. 잘못 안내했어도 처분성 ×

설령 관할청이 이행강제금 부과처분을 하면서 재결청에 행정심판을 청구하거나 관할 행정법원에 행정소송을 할 수 있다고 잘못 안내하거나 관할 행정심판위원회가 각하재결이 아닌 기각재결을 하면서 관할 법원에 행정소송을 할 수 있다고 잘못 안내하였다고 하더라도, 그러한 **잘못된 안내로 행정법원의 항고소송 재판관할이 생긴다고 볼 수도 없다.**

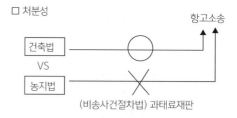

---

3. 직접강제

행정기본법 제30조 【행정상 강제】
① 행정청은 행정목적을 달성하기 위하여 필요한 경우에는 법률로 정하는 바에 따라 필요한 최소한의 범위에서 다음 각 호의 어느 하나에 해당하는 조치를 할 수 있다.
3. 직접강제: 의무자가 행정상 의무를 이행하지 아니하는 경우 행정청이 의무자의 <u>신체나 재산에 실력을 행사하여 그 행정상 의무의 이행이 있었던 것과 같은 상태를 실현하는 것</u>

> **행정기본법 제32조 【직접강제】**
> ① 직접강제는 행정대집행이나 이행강제금 부과의 방법으로는 <u>행정상 의무 이행을 확보할 수 없거나 그 실현이 불가능한 경우</u>에 실시하여야 한다.

직접강제는 대집행, 이행강제금을 동원했음에도 의무가 이행되지 않을 경우, 최후적 수단으로서 의무자의 신체·재산에 직접 실력을 가하는 것을 말한다. 이는 침익적 요소가 강하므로, 법률유보원칙에 입각하여 개별법상 별도의 근거가 있어야만 허용된다(예 식품위생법상 영업소 폐쇄).

4. 강제징수

> **행정기본법 제30조 【행정상 강제】**
> ① 행정청은 행정목적을 달성하기 위하여 필요한 경우에는 법률로 정하는 바에 따라 필요한 최소한의 범위에서 다음 각 호의 어느 하나에 해당하는 조치를 할 수 있다.
> 4. 강제징수: 의무자가 행정상 의무 중 <u>금전급부의무를 이행하지 아니하는 경우</u> 행정청이 의무자의 재산에 실력을 행사하여 그 행정상 의무가 실현된 것과 같은 상태를 실현하는 것

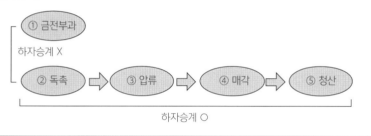

금전납부의무가 이행되지 않을 경우, 의무자의 재산을 경매에 부쳐 그 과정에서 환가된 금전으로 국가의 채권을 충당하도록 하는 절차를 의미한다. 이는 크게 독촉, 압류, 매각, 청산 순으로 진행되며, "체납처분" 절차로도 불리운다.

대집행 절차와 유사하게, 각 절차는 모두 처분성을 가지며, 동일한 법률효과의 발생을 목적으로 한다는 점에서 하자의 승계가 인정된다. 이와 달리, 금전부과처분과 강제징수의 세부절차 간에는 하자의 승계가 부정된다.

(1) 독촉

대집행, 이행강제금의 계고와 비슷한 절차로서, 일정한 기한까지 금전을 납부하지 않을 경우 경매 절차에 나아가겠다는 통지의 의미를 갖는다. 독촉이 여러 번 반복되었다면 이 중 최초의 독촉만이 처분성을 갖는다.

(2) 압류

의무자가 재산을 일찌감치 처분해 버린다면, 강제징수 절차는 무용지물이 되고 말 것이다. 이에, 경매(매각)에 나아가기에 앞서 재산을 처분하지 못하도록 현상유지를 도모할 필요가 있는데, 이를 압류라고 한다.

(3) 매각(공매)

매각은 의무자의 재산을 제3자에게 처분하여 환가하는 절차에 해당하고, 이는 공적인 경매라는 점에서 공매라고도 불리운다.

구분	공매결정	공매통지	공매(처분)
	×	×	○
처분성	성업공사가 당해 부동산을 공매하기로 한 결정 자체는 내부적인 의사결정에 불과하여 항고소송의 대상이 되는 행정처분이라고 볼 수 없다(96누12030).	공매통지 자체가 그 상대방인 체납자 등의 법적 지위나 권리·의무에 직접적인 영향을 주는 행정처분에 해당한다고 할 것은 아니므로 다른 특별한 사정이 없는 한 체납자 등은 공매통지의 결여나 위법을 들어 공매처분의 취소 등을 구할 수 있는 것이지 공매통지 자체를 항고소송의 대상으로 삼아 그 취소 등을 구할 수는 없다(2010두25527).	
		절차상 하자	
		공매처분을 하면서 체납자 등에게 공매통지를 하지 않았거나 공매통지를 하였더라도 그것이 적법하지 아니한 경우에는 **절차상의 흠이 있어 그 공매처분이 위법**하게 되는 것이다(2010두25527).	

(4) 청산

매각 절차에서 의무자의 재산이 100원으로 환가되었고, 이 중 행정청에 납부해야 할 금전이 20원이라면, 20원만을 징수한 뒤 80원은 채무자 또는 그 채권자에게 돌려주는 절차를 의미한다.

5. 즉시강제

(1) 의의

즉시강제란, 현재의 급박한 행정상의 장해를 제거하기 위한 경우로서, ① 행정청이 미리 행정상 의무 이행을 명할 시간적 여유가 없는 경우 또는 ② 그 성질상 행정상 의무의 이행을 명하는 것만으로는 행정목적 달성이 곤란한 경우, 행정청이 곧바로 국민의 신체 또는 재산에 실력을 행사하여 행정목적을 달성하는 것을 의미한다.

다만, 이는 형사절차는 아니므로, 체포·구속·압수·수색 등에 적용되는 영장주의는 즉시강제에 적용되지 않는다.

> **행정기본법 제33조【즉시강제】**
> ① 즉시강제는 다른 수단으로는 행정목적을 달성할 수 없는 경우에만 허용되며, 이 경우에도 최소한으로만 실시하여야 한다.
> ② 즉시강제를 실시하기 위하여 현장에 파견되는 집행책임자는 그가 집행책임자임을 표시하는 증표를 보여 주어야 하며, 즉시강제의 이유와 내용을 고지하여야 한다.
> ③ 제2항에도 불구하고 집행책임자는 즉시강제를 하려는 재산의 소유자 또는 점유자를 알 수 없거나 현장에서 그 소재를 즉시 확인하기 어려운 경우에는 즉시강제를 실시한 후 집행책임자의 이름 및 그 이유와 내용을 고지할 수 있다. 다만, 다음 각 호에 해당하는 경우에는 게시판이나 인터넷 홈페이지에 게시하는 등 적절한 방법에 의한 공고로써 고지를 갈음할 수 있다. <신설 2024. 1. 16.>
> 1. 즉시강제를 실시한 후에도 재산의 소유자 또는 점유자를 알 수 없는 경우
> 2. 재산의 소유자 또는 점유자가 국외에 거주하거나 행방을 알 수 없는 경우
> 3. 그 밖에 대통령령으로 정하는 불가피한 사유로 고지할 수 없는 경우

성질상 현재의 의무불이행을 전제로 하지 않을 수도 있으나, 침익적 작용이므로 법률상 근거를 요함(법률유보원칙)

(2) 종류

즉시강제는 ① 사람의 신체에 실력을 가하는 "대인적 강제"(예 보호조치, 강제진찰, 강제격리), ② 물건에 실력을 가하는 "대물적 강제"(예 임시영치, 물건 파기) 등으로 구분된다.

(3) 불복수단

항고소송을 제기하는 경우, 권력적 사실행위로서 처분성은 인정되겠으나, 소 제기 전에 이미 행위가 종료되는 결과 소의 이익이 부정될 가능성이 높다. 이에, 현실적으로는 위법한 즉시강제로 인한 손해를 배상받기 위하여 국가배상청구 소송을 제기하여야 할 것이다.

3 행정벌

행정벌 (과거 의무불이행)	행정형벌 (통고처분 → 범칙금)	납부 ✕ → 실효	즉결심판 → 정식재판
	행정질서벌 (과태료)		과태료재판

행정벌은 과거의 의무불이행에 대하여 제재를 가하는 조치에 해당한다. 행정벌을 이루는 행정형벌 및 행정질서벌 모두 행정청에 의해 그 절차가 개시되기는 하나, 구체적인 불복절차는 항고소송 이외의 절차를 통해 이루어진다는 공통점이 있다.

1. 행정형벌

(1) 의의

행정형벌은 행정법규 위반을 이유로 형사처벌을 가하는 것을 말하고, 그 대표적인 사례로는 범칙금을 부과하는 통고처분을 들 수 있다. 통고처분은 항고소송의 대상이 되는 처분이 아니므로 이에 대해 불복을 하려면 ① 항고소송을 제기할 것이 아니라, ② 범칙금을 납부하지 않음으로써 경찰서장의 즉결심판청구를 거쳐야 하고, ③ 이마저도 불복할 경우 정식 형사재판으로 나아가야 한다.

행정형벌과 행정질서벌의 공통점
1. 행정법규 위반으로 인한 제재
2. 불복수단: 항고소송 ✕

즉, 통고처분은 "납부하지 않는 것"을 해제
조건으로 함

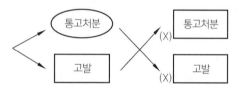 관련판례

1. 판례 비교

통고처분에 대한 불복시 실효 (2002헌마275)	같은 취지 (96헌바4)
통고처분의 상대방이 **범칙금을 납부하지 아니하여** 즉결심판, 나아가 정식재판의 절차로 진행되었다면 당초의 **통고처분은 그 효력을 상실**한다.	통고처분은 상대방의 **임의의 승복을 그 발효요건**으로 하기 때문에 그 자체만으로는 통고이행을 강제하거나 상대방에게 아무런 권리의무를 형성하지 않으므로 행정심판이나 행정소송의 대상으로서의 처분성을 부여할 수 없다.

2. 통고처분 vs 고발 中 택1 했다면 번복 불가 (2014도10748)

① 통고처분 vs 고발 中 택1

지방국세청장 또는 세무서장의 조세범칙사건에 대한 통고처분은 법원에 의하여 형벌에 처하는 형사절차에 갈음하여 과세관청이 조세범칙자에 대하여 금전적 제재를 통고하고 이를 이행한 조세범칙자에 대하여는 고발하지 아니하고 조세범칙사건을 신속·간이하게 처리하는 절차로서, 형사절차의 사전절차로서의 성격을 가진다.

그리고 조세범 처벌절차법에 따른 조세범칙사건에 대한 지방국세청장 또는 세무서장의 고발은 수사 및 공소제기의 권한을 가진 수사기관에 대하여 조세범칙사실을 신고함으로써 형사사건으로 처리할 것을 요구하는 의사표시로서, 조세범칙사건에 대하여 **고발한 경우에는 지방국세청장 또는 세무서장에 의한 조세범칙사건의 조사 및 처분 절차는 원칙적으로 모두 종료**된다.

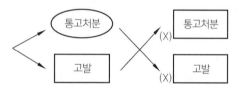

② 이미 정식 형사절차 개시되었으므로, 통고처분 절차 진행 불가

위와 같은 통고처분과 고발의 법적 성질 및 효과 등을 조세범칙사건의 처리 절차에 관한 조세범 처벌절차법 관련 규정들의 내용과 취지에 비추어 보면, 지방국세청장 또는 세무서장이 조세범 처벌절차법 제17조 제1항에 따라 **통고처분을 거치지 아니하고 즉시 고발하였다면 이로써 조세범칙사건에 대한 조사 및 처분 절차는 종료되고 형사사건 절차로 이행되어 지방국세청장 또는 세무서장으로서는 동일한 조세범칙행위에 대하여 더 이상 통고처분을 할 권한이 없다.**

③ 번복했다면 무효

따라서 지방국세청장 또는 세무서장이 조세범칙행위에 대하여 고발을 한 후에 동일한 조세범칙행위에 대하여 통고처분을 하였더라도, **이는 법적 권한 소멸 후에 이루어진 것으로서** 특별한 사정이 없는 한 효력이 없고, 조세범칙행위자가 이러한 통고처분을 이행하였더라도 조세범 처벌절차법 제15조 제3항에서 정한 일사부재리의 원칙이 적용될 수 없다.

3. 범칙금 납부기간까지 불복 여부 결정 가능 (2020도15194)

경찰서장이 범칙행위에 대하여 통고처분을 한 이상, 범칙자의 위와 같은 절차적 지위를 보장하기 위하여 **통고처분에서 정한 범칙금 납부기간까지는 원칙적으로 경찰서장은 즉결심판을 청구할 수 없고, 검사도 동일한 범칙행위에 대하여 공소를 제기할 수 없다.** 또한 범칙자가 범칙금 납부기간이 지나도록 범칙금을 납부하지 아니하였다면 경찰서장이 즉결심판을 청구하여야 하고, 검사는 동일한 범칙행위에 대하여 공소를 제기할 수 없다.

(2) 양벌규정

어떤 범죄가 이루어진 경우에 행위자를 벌할 뿐만 아니라 그 행위자와 일정한 관계가 있는 타인(자연인 또는 법인)에 대해서도 형을 과하도록 정한 규정을 말한다(행정상 제재 ✕). 양벌 규정은 벌칙규정에 행위자만을 처벌하는 것만으로는 형벌의 목적을 달성하기 어렵다는 전제에서 비롯한다.

① 예시

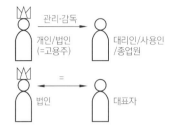

> **산업안전보건법 제173조【양벌규정】**
> 법인의 대표자나 법인 또는 개인의 대리인, 사용인, 그 밖의 종업원이 그 법인 또는 개인의 업무에 관하여 제167조 제1항 또는 제168조부터 제172조까지의 어느 하나에 해당하는 위반행위를 하면 그 **행위자를 벌하는 외에** 그 법인에게 다음 각 호의 구분에 따른 벌금형을, 그 개인에게는 해당 조문의 벌금형을 과(科)한다. 다만, 법인 또는 개인이 그 위반행위를 방지하기 위하여 해당 업무에 관하여 **상당한 주의와 감독을 게을리하지 아니한 경우**에는 그러하지 아니하다.

② 양벌규정의 의의(95도2870): 행위자의 처벌규정임과 동시에 그 위반행위의 **이익귀속주체인 업무주**에 대한 처벌규정이다.

종업원≠고용주 (2005도7673)	비교	대표자 = 법인 (2010헌가61)
양벌규정에 의한 영업주의 처벌은 금지위반행위자인 종업원의 처벌에 종속하는 것이 아니라 독립하여 그 자신의 종업원에 대한 선임감독상의 과실로 인하여 처벌되는 것이므로 종업원의 범죄성립이나 처벌이 영업주 처벌의 전제조건이 될 필요는 없다.		법인 대표자의 법규위반행위에 대한 법인의 책임은 법인 자신의 법규위반행위로 평가될 수 있는 행위에 대한 법인의 직접책임으로서, 대표자의 고의에 의한 위반행위에 대하여는 법인 자신의 고의에 의한 책임을, 대표자의 과실에 의한 위반행위에 대하여는 법인 자신의 과실에 의한 책임을 부담하는 것이다.

공무원 = 종업원, 지자체 = 법인 (2004도2657)
지방자치단체 소속 공무원이 지방자치단체 고유의 자치사무(*Cf. 기관위임사무*)를 수행하던 중 도로법 제81조 내지 제85조의 규정에 의한 위반행위를 한 경우에는 **지방자치단체는 도로법 제86조의 양벌규정에 따라 처벌대상이 되는 법인에 해당한다.**
지방자치단체 소속 공무원이 압축트럭 청소차를 운전하여 고속도로를 운행하던 중 제한축중을 초과 적재 운행함으로써 도로관리청의 차량운행제한을 위반한 사안에서, **해당 지방자치단체가** 도로법 제86조의 **양벌규정에 따른 처벌대상이 된다.**

2. 행정질서벌

행정법규 위반을 이유로 과태료를 부과하는 것을 말한다. 과태료 부과행위는 처분이 아니므로 이에 대해 불복을 하려면 ① 항고소송을 제기할 것이 아니라, ② 이의제기를 함으로써 이미 부과된 과태료를 실효시킨 뒤, ③ 비송사건절차법에 따른 과태료재판으로 나아가야 한다.

질서위반행위규제법 제7조【고의 또는 과실】

> **질서위반행위규제법 제7조【고의 또는 과실】**
> <u>고의 또는 과실</u>이 없는 질서위반행위는 과태료를 부과하지 아니한다.
>
> | 입증책임 | 행정청 (피고) | 상대방 (원고) |
> | --- | --- | --- |
> | 과태료 | 상대방에게
고의 또는 과실이 있음 | - |
> | 과징금 | - | 나에게 정당한 이유
(=고의 또는 과실×)가 있음 |
>
> **질서위반행위규제법 제20조【이의제기】**
> ① 행정청의 과태료 부과에 불복하는 당사자는 제17조 제1항에 따른 과태료 부과 통지를 받은 날부터 60일 이내에 해당 행정청에 서면으로 이의제기를 할 수 있다.
> ② 제1항에 따른 <u>이의제기가 있는 경우에는 행정청의 과태료 부과처분은 **그 효력을 상실**</u>한다.
>
> **질서위반행위규제법 제21조【법원에의 통보】**
> ① 제20조 제1항에 따른 이의제기를 받은 행정청은 이의제기를 받은 날부터 14일 이내에 이에 대한 의견 및 증빙서류를 첨부하여 *(당사자 주소지)* 관할 법원에 통보하여야 한다.

> ### 🔍 관련판례
>
> **1. 과태료재판은 신뢰보호 × (2003마715)**
>
> 법원이 비송사건절차법에 따라서 하는 과태료 재판은 관할 관청이 부과한 과태료 처분에 대한 당부를 심판하는 행정소송절차가 아니라 법원이 직권으로 개시·결정 하는 것이므로, **원칙적으로 과태료 재판에서는 행정소송에서와 같은 신뢰보호의 원칙 위반 여부가 문제로 되지 아니하고**, 다만 위반자가 그 의무를 알지 못하는 것이 무리가 아니었다고 할 수 있어 그것을 정당시할 수 있는 사정이 있을 때 또는 그 의무의 이행을 그 당사자에게 기대하는 것이 무리라고 하는 사정이 있을 때 등 그 의무 해태를 탓할 수 없는 정당한 사유가 있는 때에는 이를 부과할 수 없다.
>
> **2. 과태료+벌금 병과 가능 (96도158)**
>
> □ 병과 가능성 (○)
>
>
>
> 행정법상의 질서벌인 <u>과태료의 부과처분과 형사처벌은 그 성질이나 목적을 달리하는 별개의 것이므로 행정법상의 질서벌인 과태료를 납부한 후에 형사처벌을 한다고 하여 이를 <u>일사부재리의 원칙</u>에 반하는 것이라고 할 수는 없으며,

4 새로운 의무이행확보수단

1. 과징금

(1) 의의(전통적 의미: 불법 이득의 환수)

불법행위를 통해 경제적 이득을 취한 자에 대하여 단순히 제재만을 가하고 끝난다면, 불법행위자로 벌어들인 이득이 고스란히 남게 되어 제재의 효과가 반감될 수 있다. 이에, 위와 같은 이득을 환수하고자 부과하는 것이 바로 과징금이다.

행정기본법 제28조【과징금의 기준】

① 행정청은 법령등에 따른 의무를 위반한 자에 대하여 법률로 정하는 바에 따라 그 위반행위에 대한 제재로서 과징금을 부과할 수 있다.

② 과징금의 근거가 되는 법률에는 과징금에 관한 다음 각 호의 사항을 명확하게 규정하여야 한다.

1. 부과·징수 주체
2. 부과 사유
3. *상한액*

관련판례

1. 현실적 행위사실 + 고의·과실 불요 (2013두5005)

반드시 현실적인 행위자가 아니라도 법령상 책임자로 규정된 자에게 부과되고, 원칙적으로 위반자의 고의·과실을 요하지 아니하나(*≒가산세*), 위반자의 의무 해태를 탓할 수 없는 정당한 사유가 있는 등의 특별한 사정이 있는 경우에는 이를 부과할 수 없다.

입증책임	행정청 (피고)	상대방 (원고)
과태료	상대방에게 고의 또는 과실이 있음	–
과징금	–	나에게 정당한 이유 (= 고의 또는 과실×)가 있음

2. 판례 비교

① 원칙: 재량행위 (2017두56957)

공정거래위원회의 법 위반행위자에 대한 과징금 부과처분은 재량행위이다.

② 예외: 기속행위 (2005두17287)

부동산 실권리자명의 등기에 관한 법률의 규정을 종합하면, 명의신탁자에 대하여 과징금을 부과할 것인지 여부는 기속행위에 해당한다.

명의신탁이 조세를 포탈하거나 법령에 의한 제한을 회피할 목적이 아니어서 '부동산 실권리자명의 등기에 관한 법률 시행령' 제3조의2 단서의 과징금 감경사유가 있는 경우 과징금 감경 여부는 과징금 부과 관청의 재량에 속한다(2010두7031).

3. 재량행위는 일부취소판결 불가 (98두2270)

자동차운수사업면허조건 등을 위반한 사업자에 대하여 행정청이 행정제재수단으로 사업 정지를 명할 것인지, 과징금을 부과할 것인지, 과징금을 부과키로 한다면 그 금액은 얼마로 할 것인지에 관하여 재량권이 부여되었다 할 것이므로 **과징금부과처분이 법이 정한 한도액을 초과하여 위법할 경우 법원으로서는 그 전부를 취소할 수밖에 없고, 그 한도액을 초과한 부분이나 법원이 적정하다고 인정되는 부분을 초과한 부분만을 취소할 수 없다.**

(금 1,000,000원을 부과한 당해 처분 중 금 100,000원을 초과하는 부분은 재량권 일탈·남용으로 위법하다며 그 일부분만을 취소한 원심판결을 파기한 사례)

4. 한 번에 제대로 부과 필요 (99두1571)

과징금은 법이 규정한 범위 내에서 그 부과처분 당시까지 부과관청이 확인한 사실을 기초로 일의적으로 확정되어야 할 것이고, 그렇지 아니하고 부과관청이 과징금을 부과하면서 <u>추후에 부과금 산정 기준이 되는 새로운 자료가 나올 경우에는 과징금액이 변경될 수도 있다고 유보한다든지, 실제로 추후에 새로운 자료가 나왔다고 하여 새로운 부과처분을 할 수는 없다 할 것이다.</u>

<table>
<tr><td>23. 1. 1.</td><td>23. 2. 1.</td></tr>
<tr><td>자료 1: 100억</td><td></td></tr>
<tr><td>자료 2: 100억</td><td>"새로 발견!" (X)</td></tr>
<tr><td>(자료 3: 100억) ──→</td><td>자료 3: 100억</td></tr>
</table>

(2) 변형된 의미의 과징금

과징금은 영업정지 처분에 갈음하여 영업정지기간에 비례하는 액수만큼 부과되기도 한다. 영업의 특성상 이를 정지시켰을 때 이로 인해 침해받는 공익이 클 경우 주로 고려되는 제재수단에 해당한다.

> ### 🔍 관련판례
>
> #### 1. 변형된 과징금 부과 여부는 재량행위 (2017두43968)
>
> ① 이 사건 처분기준 중 영업정지처분 조항은, 행정청에 **영업정지 또는 그를 갈음한 과징금 중 하나를 선택할 수 있도록 재량을 부여** …
>
> 예 영업정지 2개월 vs 과징금 200만원 (=1개월당 100만원×2개월)
>
> ② 행정청이 법 및 시행령의 규정에 따라 건설업자에 대하여 영업정지 처분을 함에 있어 건설업자에게 영업정지 기간의 감경에 관한 **참작 사유(=임의적 감경사유)** 가 존재하는 경우, 행정청이 그 사유까지 **고려하고도** 영업정지 기간을 감경하지 아니한 채 시행령 제80조 제1항 [별표 6] '2. 개별기준'이 정한 영업정지 기간대로 영업정지 처분을 한 때에는 이를 <u>위법하다고 단정할 수 없고,</u> 다만 위와 같은 사유가 있음에도 이를 **전혀 고려하지 않거나 그 사유에 해당하지 않는다고 오인**한 나머지 영업정지 기간을 감경하지 아니하였다면 그 영업정지 처분은 <u>재량권을 일탈·남용한 것으로서 위법하다.</u>
>
> | 구분 | 고려 의무 | 감경 의무 |
> | --- | --- | --- |
> | 임의적 감경사유 | ○ | × |
> | 필요적 감경사유 | ○ | ○ |
>
> #### 2. 고려하려면 제출(제시) 받아야 함 (2012두13245)
>
> 경찰공무원에 대한 징계위원회의 심의과정에 감경사유에 해당하는 <u>공적 사항이 제시되지 아니한 경우에는</u> 그 징계양정이 결과적으로 적정한지와 상관없이 이는 관계법령이 정한 징계절차를 지키지 않은 것으로서 위법하다.

(3) 병과 가능

이행강제금, 과태료, 통고처분(범칙금), 과징금의 공통점은 위와 같은 수단이 모두 금전납부의무를 부과한다는 것이다. 각 수단별로 그 목적 및 효과가 상이하기 때문에, 하나의 행위를 두고도 여러 가지 수단이 동시에 동원될 수 있다.

(4) 수 개의 위반행위에 대한 일괄 부과원칙

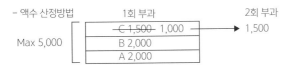
2. 위반사실 등의 공표

행정청은 법령에 따른 의무를 위반한 자의 성명·법인명, 위반사실, 의무 위반을 이유로 한 처분사실 등을 법률로 정하는 바에 따라 일반에게 공표할 수 있다. 이는 주로 세금체납, 병역의무 기피 등의 행위에 대한 제재로 활용되고 있다.

행정절차법 제40조의3 【위반사실 등의 공표】
① [의의] 행정청은 법령에 따른 의무를 위반한 자의 성명·법인명, 위반사실, 의무 위반을 이유로 한 처분사실 등(이하 "위반사실등"이라 한다)을 법률로 정하는 바에 따라 일반에게 공표할 수 있다.

② **[사전확인]** 행정청은 위반사실등의 공표를 하기 전에 사실과 다른 공표로 인하여 당사자의 명예·신용 등이 훼손되지 아니하도록 객관적이고 타당한 증거와 근거가 있는지를 확인하여야 한다.

③ **[사전통지 및 의견제출]** 행정청은 위반사실등의 공표를 할 때에는 미리 당사자에게 그 사실을 통지하고 의견제출의 기회를 주어야 한다. 다만, 다음 각 호의 어느 하나에 해당하는 경우에는 그러하지 아니하다.

1. 공공의 안전 또는 복리를 위하여 긴급히 공표를 할 필요가 있는 경우
2. 해당 공표의 성질상 의견청취가 현저히 곤란하거나 명백히 불필요하다고 인정될 만한 타당한 이유가 있는 경우
3. 당사자가 의견진술의 기회를 포기한다는 뜻을 명백히 밝힌 경우

⑦ 행정청은 위반사실등의 공표를 하기 전에 당사자가 공표와 관련된 의무의 이행, 원상회복, 손해배상 등의 조치를 마친 경우에는 위반사실등의 공표를 하지 아니할 수 있다.

⑧ **[잘못 공표된 내용의 정정]** 행정청은 공표된 내용이 사실과 다른 것으로 밝혀지거나 공표에 포함된 처분이 취소된 경우에는 그 내용을 정정하여, 정정한 내용을 지체 없이 해당 공표와 같은 방법으로 공표된 기간 이상 공표하여야 한다. 다만, 당사자가 원하지 아니하면 공표하지 아니할 수 있다.

위반사실 등의 공표의 처분성에 대한 일률적인 판단은 어려우나, 판례가 최근 병역의무 기피자 명단공개결정의 처분성을 인정한 사례가 있다.

🔍 관련판례 병역의무 기피자 공개결정의 처분성 (2018두49130)

1. 병무청장의 최종 결정은 대상적격 있음

병무청장이 병역법 제81조의2 제1항에 따라 <u>병역의무 기피자의 인적사항 등을 인터넷 홈페이지에 게시하는 등의 방법으로 공개한 경우 병무청장의 공개결정을 항고소송의 대상이 되는 행정처분</u>으로 보아야 한다.

2. 단, 지방병무청장의 1차 공개 대상자 결정은 소의 이익 ×

관할 지방병무청장이 위원회의 심의를 거쳐 공개 대상자를 1차로 결정하기는 하지만, 병무청장에게 최종적으로 공개 여부를 결정할 권한이 있으므로, 관할 지방병무청장의 공개 대상자 결정은 병무청장의 최종적인 결정에 앞서 이루어지는 행정기관 내부의 중간적 결정에 불과하다. 가까운 시일 내에 최종적인 결정과 외부적인 표시가 예정된 상황에서, <u>외부에 표시되지 않은 행정기관 내부의 결정을 항고소송의 대상인 처분으로 보아야 할 필요성은 크지 않다.</u> 관할 지방병무청장이 1차로 공개 대상자 결정을 하고, 그에 따라 병무청장이 같은 내용으로 최종적 공개결정을 하였다면, <u>공개 대상자는 병무청장의 최종적 공개결정만을 다투는 것으로 충분하고, 관할 지방병무청장의 공개 대상자 결정을 별도로 다툴 소의 이익은 없어진다.</u>

	지방병무청장 1차 결정	병무청장 최종 결정
대상적격	×	○
소의 이익	×	○

gosi.Hackers.com

제 6 편

국가배상법

제1장 위법행위로 인한 손해배상

1 의의 및 유형

국가배상이란 위법한 국가작용으로 인하여 국민에게 손해가 발생한 경우, 이를 공무원이 개인적으로 배상하는 것이 아니라, 국가 등이 대신하여 배상하도록 하는 제도를 의미한다.

국가배상이 문제되는 상황은 아래와 같은 3가지 유형으로 분류되고, 이와 관련된 분쟁은 민사소송으로 다투어진다는 점에서 특이점이 있다.

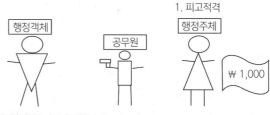

↟ 국가배상청구의 의의 및 특징

• 유형 1: 과실책임
• 유형 2 & 3: 무과실책임

↟ 국가배상청구의 3유형

제2장 국가배상법 제2조 제1항 전단에 따른 책임

2 유형 1 – 공무원의 직무상 불법행위로 인한 손해배상

1. 의의

> **국가배상법 제2조 【배상책임】**
> ① 국가나 지방자치단체는 (1) 공무원 또는 공무를 위탁받은 사인(이하 "공무원"이라 한다)이 / (2) 직무를 집행하면서 / (3) 고의 또는 과실로 / (4) 법령을 위반하여 / (5), (6) 타인에게 손해를 입히거나, (자동차손해배상 보장법에 따라 손해배상의 책임이 있을 때에는) 이 법에 따라 그 손해를 배상하여야 한다. (다만, 군인·군무원·경찰공무원 또는 예비군대원이 전투·훈련 등 직무 집행과 관련하여 전사·순직하거나 공상을 입은 경우에 본인이나 그 유족이 다른 법령에 따라 재해보상금·유족연금·상이연금 등의 보상을 지급받을 수 있을 때에는 이 법 및 민법에 따른 손해배상을 청구할 수 없다)
> ② 제1항 본문의 경우에 공무원에게 고의 또는 중대한 과실이 있으면 국가나 지방자치단체는 그 공무원에게 구상할 수 있다.

유형 1
(제2조 제1항 본문)
이중배상금지
(제2조 제1항 단서)

유형 2
(제2조 제1항 본문)
비용부담자
(제6조)

유형 3
(제5조)

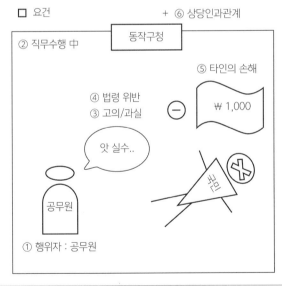

공무원이 공무를 집행하다 보면 실수를 저지르는 경우가 존재한다. 이로 인해 국민에게 손해가 발생할 경우, 누군가는 국민에게 손해를 배상해 주어야 할 것이다. 다만, 가벼운 실수로 인해 손해가 발생한 경우까지 공무원 개인에게 일일이 손해배상책임을 부담지우면, 공무원의 업무 수행이 상당히 위축될 수 있다. 이에, 일정한 경우에 한하여 국가 등이 공무원을 대신하여 국민에 대한 손해배상책임을 부담하는 제도가 국가배상제도이다.

2. 책임의 부담 주체

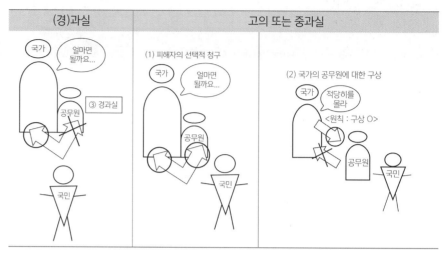

(경)과실	고의 또는 중과실

공무원이 가벼운 실수(경과실)를 저지름으로써 법을 위반하였다면 국가가 대신 책임을 져줄 수 있겠지만, 일부러(고의) 또는 너무 무거운 실수(중과실)를 저지름으로써 법을 위반하였다면 이때는 직접 책임을 질 필요가 있다.

(1) 경과실의 경우

공무원에게 경과실이 있을 뿐인 경우에는 국가가 손해배상책임을 부담할 뿐**❶**, 공무원은 개인적으로 책임을 지지 않는다. 따라서, 손해를 입은 국민 또한 공무원에게는 손해배상을 청구할 수 없고, 국가에게만 이를 청구하여야 한다. 만약 공무원이 국민에게 손해를 배상하였다면, 이는 국가가 부담해야 할 채무를 대신 변제한 셈이 된다. 이때 당해 공무원은 국민으로부터 배상액을 다시 돌려받을 것이 아니라, 국가에게 자신이 지급한 배상액을 지급하여 달라는 청구(구상)를 하여야 한다.

> **❶**
> 양벌규정과는 달리 국가의 관리감독상 과실은 묻지 않음

📖 관련판례

1. 공무원은 면책 (95다38677)

공무원이 직무를 수행함에 있어 **경과실로 타인에게 손해를 입힌 경우**에는 그 직무수행상 통상 예기할 수 있는 흠이 있는 것에 불과하므로, 이러한 공무원의 행위는 여전히 국가 등의 기관의 행위로 보아 그로 인하여 발생한 손해에 대한 배상책임도 전적으로 국가 등에만 귀속시키고 공무원 개인에게는 그로 인한 책임을 부담시키지 아니한다.

2. 경과실인데 공무원이 배상한 경우의 구상 (2012다54478)

① 경과실이 있는 공무원이 피해자에 대하여 손해배상책임을 부담하지 아니함에도 피해자에게 손해를 배상하였다면 그것은 채무자 아닌 사람이 **타인(=국가)의 채무를 변제**한 경우에 해당하고,

② 이는 민법 제469조의 '제3자의 변제' 또는 민법 제744조의 '도의관념에 적합한 비채변제'에 해당하여 **피해자는 공무원에 대하여 이를 반환할 의무가 없고**,

③ 피해자에게 손해를 직접 배상한 경과실이 있는 **공무원은 특별한 사정이 없는 한 국가에 대하여 국가의 피해자에 대한 손해배상책임의 범위 내에서 공무원이 변제한 금액에 관하여 구상권을 취득**한다고 봄이 타당하다.

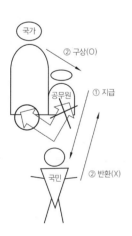

(2) 고의 또는 중과실의 경우

반면 공무원이 경과실을 넘어 고의 또는 중과실로 법령을 위반함으로써 손해를 발생시켰다면, 국가는 더 이상 공무원을 대신하여 책임을 부담할 명분이 없게 된다.

이때는 국민의 권익보호 차원에서 ① 국민이 국가 또는 공무원에 대해 선택적으로 손해배상을 청구하도록 하되, ② 국가가 청구를 받아 배상을 마쳤다면 국가가 공무원에게 구상하도록 하고, ③ 공무원이 청구를 받아 배상을 마쳤다면 국가에게 이를 구상함이 없이 궁극적인 책임을 부담하도록 한다.

🔍 관련판례

1. 중과실 = 약간의 주의조차 기울이지 않은 경우 (2011다34521)

공무원의 중과실이란 공무원에 통상 요구되는 정도의 상당한 주의를 하지 않더라도 약간의 주의를 한다면 손쉽게 위법·유해한 결과를 예견할 수 있는 경우임에도 만연히 이를 간과함과 같은 거의 고의에 가까운 현저한 주의를 결여한 상태를 의미한다.

2. 공무원 or 국가 (But 공무원 최종 책임) (95다38677)

① 공무원의 위법행위가 고의·중과실에 기한 경우에는 비록 그 행위가 그의 직무와 관련된 것이라고 하더라도 그와 같은 행위는 그 본질에 있어서 기관행위로서의 품격을 상실하여 국가 등에게 그 책임을 귀속시킬 수 없으므로 공무원 개인에게 불법행위로 인한 손해배상책임을 부담시키되,

② 다만 이러한 경우에도 그 행위의 외관을 객관적으로 관찰하여 공무원의 직무집행으로 보여질 때에는 피해자인 국민을 두텁게 보호하기 위하여 국가 등이 공무원 개인과 중첩적으로 배상책임을 부담하되 국가 등이 배상책임을 지는 경우에는 공무원 개인에게 구상할 수 있도록 함으로써 궁극적으로 그 책임이 공무원 개인에게 귀속되도록 하려는 것이라고 봄이 합당하다.

3. 신의칙에 의한 구상권 행사 제한(군부대 의문사 사건) (2015다200258)

① 이 경우 국가나 지방자치단체는 손해의 공평한 분담이라는 견지에서 **신의칙상 상당하다고 인정되는 한도 내에서 구상권을 행사**할 수 있다.

② 공무원의 직무상 불법행위로 손해를 입은 피해자가 국가배상청구를 하였을 때, 비록 그 소멸시효 기간이 경과하였다고 하더라도 국가가 소멸시효의 완성 전에 피해자의 권리행사나 시효중단을 불가능 또는 현저히 곤란하게 하였거나 객관적으로 피해자가 권리를 행사할 수 없는 장애사유가 있었다는 등의 사정이 있어 국가에게 채무이행의 거절을 인정하는 것이 현저히 부당하거나 불공평하게 되는 등 특별한 사정이 있는 경우에는, **국가가 소멸시효 완성을 주장하는 것은 신의성실원칙에 반하여 권리남용으로서 허용될 수 없다.**

③ 이와 같이 공무원의 불법행위로 손해를 입은 피해자의 국가배상청구권의 소멸시효 기간이 지났으나 국가가 소멸시효 완성을 주장하는 것이 신의성실의 원칙에 반하는 권리남용으로 허용될 수 없어 배상책임을 이행한 경우에는, 그 소멸시효 완성 주장이 권리남용에 해당하게 된 원인행위와 관련하여 해당 공무원이 그 원인이 되는 행위를 적극적으로 주도하였다는 등의 특별한 사정이 없는 한, **국가가 해당 공무원에게 구상권을 행사하는 것은 신의칙상 허용되지 않는다**고 봄이 상당하다.

고의 또는 중과실	1. 국민 ↔ 국가	2. 국가 ↔ 공무원
	① 국민 → 국가 : 국가배상청구	③ 국가 → 공무원 : 구상
신의칙	② 국민 ← 국가 : 소멸시효 항변	④ 국가 ← 공무원 : 지급

3. 요건

(1) 공무원의 행위

국가배상법에서 공무원이라 함은 ① 법에 따라 공무원의 지위가 인정되는 자뿐 아니라, ② 위탁 받은 범위 내에서 공무를 수행하는 사인(공무수탁사인)을 포함하는 개념이다.

공무수탁사인과 달리, 공법인은 국가배상법상 공무원의 범위에 포함되지 않는다. 이로써, 공무수탁사인은 경과실이 있는 경우 국가가 대신 손해배상책임을 부담하는 반면(면책○), 공법인은 경과실이 있는 경우에도 자신이 직접 손해배상책임을 부담하여야 한다(면책✕).

---

❶
과실의 객관화 ①

> 🔾 **관련판례**
>
> **1. 가해 공무원 특정 불요❶ – 국가 소속 전투경찰들의 시위진압 사례 (95다23897)**
>
> 국가 소속 전투경찰들이 시위진압을 함에 있어서 합리적이고 상당하다고 인정되는 정도로 가능한 한 최루탄의 사용을 억제하고 또한 최대한 안전하고 평화로운 방법으로 시위진압을 하여 그 시위진압 과정에서 타인의 생명과 신체에 위해를 가하는 사태가 발생하지 아니하도록 하여야 하는데도, 이를 게을리한 채 합리적이고 상당하다고 인정되는 정도를 넘어 지나치게 과도한 방법으로 시위진압을 한 잘못으로 시위 참가자로 하여금 사망에 이르게 하였다면 국가의 손해배상 책임이 인정된다.
>
> **2. 국가 or 지방자치단체 소속 청원경찰＝준공무원 (92다47564)**
>
> ① **국가공무원법이나 지방공무원법상의 공무원 (✕)**
>
> 국가나 지방자치단체에 근무하는 청원경찰은 국가공무원법이나 지방공무원법상의 공무원은 아니지만,
>
> ② **국가배상법상 공무원 (○)**
>
> 다른 청원경찰과는 달리 그 임용권자가 행정기관의 장이고, 국가나 지방자치단체로부터 보수를 받으며, 산업재해보상보험법이나 근로기준법이 아닌 공무원연금법에 따른 재해보상과 퇴직급여를 지급받고, 직무상의 불법행위에 대하여도 민법이 아닌 국가배상법이 적용되는 등의 특질이 있으며 그외 임용자격, 직무, 복무의무 내용 등을 종합하여 볼 때,
>
> ③ **근무관계 관련 분쟁≠민사소송**
>
> 그 근무관계를 사법상의 고용계약관계로 보기는 어려우므로 그에 대한 징계처분의 시정을 구하는 소는 행정소송의 대상이지 민사소송의 대상이 아니다.

3. 판례 비교

교통할아버지 = 공무수탁사인 (98다39060)	LH공사 = 공법인 (2007다82950, 82967)
① 국가배상법 제2조 소정의 '공무원'이라 함은 국가공무원법이나 지방공무원법에 의하여 공무원으로서의 신분을 가진 자에 국한하지 않고, 널리 공무를 위탁받아 실질적으로 공무에 종사하고 있는 일체의 자를 가리키는 것으로서, 공무의 위탁이 일시적이고 한정적인 사항에 관한 활동을 위한 것이어도 달리 볼 것은 아니다. ② '교통할아버지'로 선정된 노인이 위탁받은 업무 범위를 넘어 교차로 중앙에서 교통정리를 하다가 교통사고를 발생시킨 경우, 지방자치단체가 국가배상법 제2조 소정의 배상책임을 부담한다.	한국토지공사는 이러한 법령의 위탁에 의하여 대집행을 수권 받은 자로서 공무인 대집행을 실시함에 따르는 권리·의무 및 책임이 귀속되는 행정주체의 지위에 있다고 볼 것이지 지방자치단체 등의 기관으로서 국가배상법 제2조 소정의 공무원에 해당한다고 볼 것은 아니다.

□ 차이점 : 면책 여부

공무원, 공무수탁사인
: 경과실은 면책 ○

VS

공무수탁 공법인
① 경과실도 면책 X
② 고의, 중과실은 당연히 면책 X

4. 공법인의 임직원 = 공무수탁사인 = 국가배상법상 공무원 (2019다260197)

공법인이 국가로부터 위탁받은 공행정사무를 집행하는 과정에서 공법인의 임직원이나 피용인이 고의 또는 과실로 법령을 위반하여 타인에게 손해를 입힌 경우에는, 공법인은 위탁받은 공행정사무에 관한 행정주체의 지위에서 배상책임을 부담하여야 하지만, **공법인의 임직원이나 피용인(대한변호사협회 회장)은 실질적인 의미에서 공무를 수행한 사람으로서 국가배상법 제2조에서 정한 공무원에 해당**하므로 고의 또는 중과실이 있는 경우에만 배상책임을 부담하고 **경과실이 있는 경우에는 배상책임을 면한다**.

(2) 직무행위

① **범위**: 국가작용에 해당한다면 권력적 작용인지, 비권력적 작용인지를 불문하고 일단 직무행위로 볼 여지가 있다. 반면, 사경제적 작용은 공무원의 직무행위의 범위에 포함되지 않는다.

직무행위		
공적 작용	권력작용 (행정지도 – 예외)	비권력적 작용 (행정지도 – 원칙)
사적 작용	사경제 작용	

② **판단기준**: 직무행위에 속하는지 여부는 겉보기에 객관적으로 직무행위인지를 따지되, 공무원에게 실제로 직무집행의 의사가 있었는지를 고려하지 않는다.

□ 직무 포함여부는 객관적(외형적)으로 판단

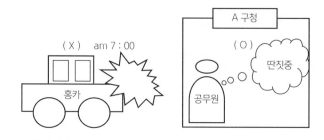

관련판례

1. 공무원증 위조행위 (○) (2004다26805)

울산세관의 통관지원과에서 <u>인사업무를 담당하면서 울산세관 공무원들의 **공무원증 및 재직증명서 발급업무를** 하는 공무원인 소외인이 울산세관의 다른 공무원의 공무원증 등을 위조하는 행위는 비록 그것이 실질적으로는 직무행위에 속하지 아니한다 할지라도 적어도 **외관상으로는** 공무원증과 재직증명서를 발급하는 행위로서 직무집행으로 보여진다.</u>

2. 아직 출근 전 (✕) (94다15271)

<u>공무원이 통상적으로 근무하는 근무지로 **출근하기 위하여 자기 소유의 자동차를 운행하다가** 자신의 과실로 교통사고를 일으킨 경우에는 특별한 사정이 없는 한 국가배상법 제2조 제1항 소정의 공무원이 '직무를 집행함에 당하여' 타인에게 불법행위를 한 것이라고 할 수 없으므로 그 공무원이 소속된 국가나 지방공공단체가 국가배상법상의 손해배상책임을 부담하지 않는다.</u>

③ **구체적 유형**

　㉠ **입법작용**

　　판례는 국회의원의 **적극적인 입법행위**에 대해서는 원칙적으로 국가배상책임이 성립하지 않는다고 보고 있다.

관련판례 국회의원의 입법작위 (2004다33469)

1. 원칙 ✕

국회의원은 입법에 관하여 원칙적으로 <u>**국민 전체에 대한 관계에서 정치적 책임**을 질 뿐 국민 개개인의 권리에 대응하여 법적 의무를 지는 것은 아니므로,</u>

2. 예외 ○

국회의원의 입법행위는 그 <u>입법 내용이 헌법의 문언에 명백히 위배됨에도 불구하고 국회가 굳이 당해 입법을 한 것과 같은 특수한 경우가 아닌 한 국가배상법 제2조 제1항 소정의 위법행위에 해당한다고 볼 수 없고,</u>

　　한편, **입법부작위**의 경우, ⓐ 국회의원의 입법부작위는 국가배상책임이 부정된 반면, ⓑ 행정입법 부작위는 이른바 "군법무관 보수 사건"에서 국가배상책임이 인정된 사례가 있다.

🔍 관련판례 국회의원 입법부작위 (원칙 ×) (2004다33469)

같은 맥락에서 국가가 일정한 사항에 관하여 <u>헌법에 의하여 부과되는 구체적인 입법의무</u>를 부담하고 있음에도 불구하고 그 입법에 필요한 상당한 기간이 경과하도록 고의 또는 과실로 이러한 입법의무를 이행하지 아니하는 등 <u>극히 예외적인 사정이 인정되는 사안에 한정하여</u> 국가배상법 소정의 배상책임이 인정될 수 있다.

🔍 비교판례

1. 행정입법 부작위 – 군법무관 보수 사건 (2006다3561)

   <u>입법부가 법률로써 행정부에게 특정한 사항을 위임했음에도 불구하고 행정부가 정당한 이유 없이 이를 이행하지 않는다면</u> 권력분립의 원칙과 법치국가 내지 법치행정의 원칙에 위배되는 것으로서 **위법함과 동시에 위헌적인** 것이 되는바, **행정부가 정당한 이유 없이 시행령을 제정하지 않은 것은 위 보수청구권을 침해하는 불법행위**에 해당한다.
   행정입법의 부작위가 위헌·위법이라고 하기 위하여는 행정청에게 행정입법을 하여야 할 작위의무를 전제로 하는 것이고, 그 작위의무가 인정되기 위하여는 행정입법의 제정이 법률의 집행에 **필수불가결**한 것이어야 하는바, 만일 하위 행정입법의 제정 없이 상위 법령의 규정만으로도 집행이 이루어질 수 있는 경우라면 하위 행정입법을 제정하여야 할 작위의무는 인정되지 아니한다(2004두10432).

2. 특정다목적댐법: 댐 건설로 인한 손실, 보상절차 및 방법을 대통령령에 위임, But 제정 × (91누11261)

   특정다목적댐법 제41조에 의하면 다목적댐 건설로 인한 손실보상 의무가 국가에게 있고 같은 법 제42조에 의하면 손실보상절차와 그 방법 등 필요한 사항은 대통령령으로 규정하도록 되어 있음에도 피고가 이를 제정하지 아니한 것은 행정소송(부작위위법확인소송)의 대상이 될 수 없으므로 이 사건 소는 부적법하다.

ⓒ **사법작용**: 심급제를 기반으로 상소의 기회가 보장됨을 이유로 법원의 재판에 대해서는 원칙적으로 국가배상책임이 성립하지 않는다고 보면서도, 헌법재판소가 청구기간을 오인하여 잘못된 각하결정을 한 사건에서 국가배상책임을 인정한 사례가 있다.

🔍 관련판례

1. 일반법원의 재판 (99다24218)

   재판에 대하여 따로 불복절차 또는 시정절차가 마련되어 있는 경우에는 스스로 그와 같은 시정을 구하지 아니한 결과 권리 내지 이익을 회복하지 못한 사람은 <u>원칙적으로 국가배상에 의한 권리구제를 받을 수 없다</u>고 봄이 상당하다고 하다.

   ☐ 원칙(X)

   ∵ 재판에 대하여 따로 불복절차 또는 시정절차 ○

3심	
2심	
1심	

> **[같은 취지] 2000다16114**
> 국가배상책임이 인정되려면 당해 법관이 <u>위법 또는 부당한 목적</u>을 가지고 재판을 하는 등 법관이 그에게 부여된 권한의 취지에 **명백히 어긋나게** 이를 행사하였다고 인정할 만한 특별한 사정이 있어야 한다.

2. 헌재의 재판 (99다24218)

① <u>**반면, 재판에 대하여 불복절차 내지 시정절차 자체가 없는 경우**에는 국가배상책임을 인정하지 않을 수 없다.</u>

☐ 예외 (O) 헌재가 청구기간 오인

헌법재판소

② 헌법재판소 재판관 이 청구기간 내에 제기된 **헌법소원심판청구 사건에서 청구기간을 오인하여 각하결정을 한 경우**, 이에 대한 불복절차 내지 시정절차가 없는 때에는 국가배상책임(위법성)을 인정할 수 있다.

③ 헌법재판소 재판관의 위법한 직무집행의 결과 잘못된 각하결정을 함으로써 청구인으로 하여금 본안판단을 받을 기회를 상실하게 한 이상, 설령 본안판단을 하였더라도 어차피 청구가 기각되었을 것이라는 사정이 있다고 하더라도 정신상 고통에 대하여는 위자료를 지급할 의무가 있다.

3. 대법원의 내로남불 (2017다290538)

[1] <u>재판부가 제소기간의 만료일을 오인하여 **잘못된 가압류취소결정**</u>을 내린 사안

[2] 재판작용에 대한 국가배상책임에 관한 판례는 재판에 대한 불복절차 또는 시정절차가 마련되어 있으면 이를 통한 시정을 구하지 않고서는 원칙적으로 국가배상을 구할 수 없다는 것으로, **보전재판이라고 해서 이와 달리 보아야 할 이유가 없다.**

4. 제 식구(판사＋사법보좌관) 감싸기 (2021다202224)

배당표원안을 작성하고 확정하는 사법보좌관의 행위는 재판상 직무행위에 해당하고, 사법보좌관의 이러한 재판상 직무행위에 대한 국가의 손해배상책임에 대하여도 국가배상책임 제한의 법리가 마찬가지로 적용된다고 할 것이다.

ⓒ 수사작용

🔍 **관련판례**

1. 검사의 객관의무 (2001다23447)

1. 형사재판 검사   VS 피고인
　　　　　(피해자)　　　(원고)

2. 국가배상 국가 ◀── 원고
　　　　　(검사)

① <u>무죄판결이 확정되었다고 하더라도 그러한 사정만으로 바로 검사의 구속 및 공소제기가 위법하다고 할 수 없고, 그 구속 및 공소제기에 관한 검사의 판단이 그 당시의 자료에 비추어 경험칙이나 논리칙상 도저히 합리성을 긍정할 수 없는 정도에 이른 경우에만 그 위법성을 인정할 수 있다.</u>

② 검사는 공익의 대표자로서 실체적 진실에 입각한 국가 형벌권의 실현을 위하여 공소제기와 유지를 할 의무뿐만 아니라 그 과정에서 피고인의 정당한 이익을 옹호하여야 할 의무를 진다고 할 것이고, 따라서 <u>검사가 수사 및 공판과정에서 피고인에게 유리한 증거를 발견하게 되었다면 피고인의 이익을 위하여 이를 법원에 제출하여야 한다.</u>

③ 강도강간의 피해자가 제출한 팬티에 대한 국립과학수사연구소의 유전자검사결과 그 팬티에서 범인으로 지목되어 기소된 원고나 피해자의 남편과 다른 남자의 유전자형이 검출되었다는 감정결과를 검사가 공판과정에서 입수한 경우 그 감정서는 원고의 무죄를 입증할 수 있는 결정적인 증거에 해당하는데도 검사가 그 감정서를 법원에 제출하지 아니하고 은폐하였다면 검사의 그와 같은 행위는 위법하다.

2. 중학생 집단 성폭행 사건 (2007다64365)

① 어린 학생 보호의무

경찰관은 특히 이 사건과 같이 성폭력범죄의 피해자가 나이 어린 학생인 경우에는 수사과정에서 또 다른 심리적·신체적 고통으로 인한 가중된 피해를 입지 않도록 더욱 세심하게 배려할 직무상 의무가 있다.

② 범인을 공개 지목하도록 한 행위

(성폭력범죄의 담당 경찰관이 범인식별실을 사용하지 않은 채 **공개된 장소인 형사과 사무실에서 피의자 41명을 한꺼번에 세워 놓고** 피해자로 하여금 범행일시와 장소별로 범인을 지목하게 한 사안에서) 경찰관의 이와 같은 행위는 직무상 의무를 소홀히 하여 피해자들에게 불필요한 수치심과 심리적 고통을 느끼도록 하는 행위로서 법규상 또는 조리상의 한계를 위반한 것이므로 국가배상법이 정하는 법령 위반 행위에 해당한다.

③ 피해자 신상을 기자들에게 함부로 유출

성폭력범죄의 수사를 담당하거나 수사에 관여하는 경찰관이 위와 같은 직무상 의무에 반하여 피해자의 인적사항 등을 공개 또는 누설하였다면 국가는 그로 인하여 피해자가 입은 손해를 배상하여야 한다.

3. 용의자 진술 조작 (2015다224797)

① 수사기관은 특히 피의자가 소년 등 사회적 약자인 경우에는 수사과정에서 방어권 행사에 불이익이 발생하지 않도록 더욱 세심하게 배려할 직무상 의무가 있다.

② 따라서 경찰관은 피의자의 진술을 조서화하는 과정에서 조서의 객관성을 유지하여야 하고, 고의 또는 과실로 위 **직무상 의무를 위반하여 피의자신문조서를 작성**함으로써 피의자의 방어권이 실질적으로 침해되었다고 인정된다면, 국가는 그로 인하여 피의자가 입은 손해를 배상하여야 한다.

4. 누가 봐도 재범 가능성 높음 (2017다290538)

① 다수의 성폭력범죄로 여러 차례 처벌을 받은 뒤 위치추적 전자장치를 부착하고 보호관찰을 받고 있던 갑이 을을 강간하였고, 그로부터 13일 후 병을 강간하려다 살해하였는데, 병의 유족들이 경찰관과 보호관찰관의 위법한 직무수행을 이유로 국가를 상대로 손해배상을 구한 사안이다.

② 경찰관과 보호관찰관의 직무수행은 객관적 정당성을 결여하여 위법하다.

5. 음주운전자에게 차량열쇠 반환(고양이에게 생선 맡김) (97다54482)

음주운전으로 적발된 주취운전자가 도로 밖으로 차량을 이동하겠다며 **단속경찰관으로부터 보관 중이던 차량열쇠를 반환 받아** 몰래 차량을 운전하여 가던 중 사고를 일으킨 경우, 국가배상책임을 인정한 사례이다.

6. 공안사건 수사과정에서 변호사 접견 배제시 위법 (2016다266736)

수사기관이 법령에 의하지 않고는 변호인의 접견교통권을 제한할 수 없다는 것은 대법원이 오래전부터 선언해 온 확고한 법리로서 변호인의 접견신청에 대하여 허용 여부를 결정하는 수사기관으로서는 마땅히 이를 숙지해야 한다. 이러한 법리에 반하여 변호인의 접견신청을 허용하지 않고 변호인의 접견교통권을 침해한 경우에는 접견 불허결정을 한 공무원에게 고의나 과실이 있다고 볼 수 있다.

(3) 고의 또는 과실(귀책사유)로 법령 위반(위법성)

① 일반론: 객관적 정당성

판례는 귀책사유와 위법성 요건을 한데 묶어 "보통 일반의 공무원을 표준으로 하여 볼 때 객관적 주의의무를 결하여 그 행정처분이 **객관적 정당성을 상실**하였다고 인정될 정도에 이르렀는지"를 판단하는 입장이다.

---

❶
과실의 객관화 ②

> **관련판례**
>
> **1. 객관적 정당성의 의미 / 처분취소소송과의 관계 (99다70600)**
>
> ① [A] 어떠한 행정처분이 후에 항고소송에서 취소되었다고 할지라도 그 **기판력에 의하여 당해 행정처분이 곧바로 공무원의 고의 또는 과실로 인한 것으로서 불법행위를 구성한다고 단정할 수는 없는 것**이고, [B] 그 행정처분의 담당공무원이 **보통 일반의 공무원을 표준❶**으로 하여 볼 때 객관적 주의의무를 결하여 그 **행정처분이 객관적 정당성을 상실하였다고 인정될 정도에 이른 경우**에 국가배상법 제2조 소정의 국가배상책임의 요건을 충족하였다고 봄이 상당할 것이며,
>
> ② 이 때에 **객관적 정당성을 상실하였는지 여부**는 피침해이익의 종류 및 성질, 침해행위가 되는 행정처분의 태양 및 그 원인, 행정처분의 발동에 대한 피해자측의 관여의 유무, 정도 및 손해의 정도 등 제반 사정을 종합하여 손해의 전보책임을 국가 또는 지방자치단체에게 부담시켜야 할 실질적인 이유가 있는지 여부에 의하여 판단하여야 한다.

23. 1. 1.	23. 2. 2.	23. 4. 4.	
행정청의 처분	처분 취소판결 (=처분의 위법성)		
공무원의 직무수행		국가배상청구 (=직무수행의 위법성)	• [A] 처분 취소판결 직접 영향 × • 그렇다면 어떤 기준? : [B] 객관적 정당성 상실 여부 =[C] 공무원이 관계 법규를 알지 못하거나 필요한 지식을 갖추지 못 하고 법규의 해석을 그르쳤는지

> **2. 법령 해석의 오류**
>
> | 법령 해석의 오류 (1) (98다52988) | 법령 해석의 오류 (2) (97다7608) |
> |---|---|
> | 법령에 대한 해석이 복잡, 미묘하여 워낙 어렵고, 이에 대한 학설, 판례조차 귀일되어 있지 않은 등의 특별한 사정이 없는 한 [C] 일반적으로 **공무원이 관계 법규를 알지 못하거나 필요한 지식을 갖추지 못하고 법규의 해석을 그르쳐 행정처분을 하였다면** 그가 법률전문가가 아닌 행정직 공무원이라고 하여 과실이 없다고는 할 수 없다. | 행정청이 관계 법령의 해석이 확립되기 전에 어느 한 설을 취하여 업무를 처리한 것이 결과적으로 위법하게 되어 그 법령의 부당집행이라는 결과를 빚었다고 하더라도 [C] 처분 당시 그와 같은 처리 방법 이상의 것을 성실한 평균적 공무원에게 기대하기 어려웠던 경우라면 특별한 사정이 없는 한 이를 두고 공무원의 과실로 인한 것이라고는 할 수 없기 때문에, [A] 그 행정처분이 후에 항고소송에서 취소되었다고 할지라도 당해 행정처분이 곧바로 공무원의 고의 또는 과실로 인한 불법행위를 구성한다고 단정할 수는 없다. |

3. 유사판례

사후적 판례변경: 영향 × (2009다30946)	시행령에 대한 사후적 위헌 선언: 영향 × (2011다14428)
(대법원 전원합의체 판결이 선고되기 전에 재임용심사에서 탈락한 국립대학 교원이 위 판결 선고 후 '대학교원 기간임용제 탈락자 구제를 위한 특별법'에 의하여 교원소청심사특별위원회에 재심사를 청구하여 재임용거부처분취소결정을 받고 복직한 다음 재임용거부로 입은 손해에 대하여 국가배상청구를 한 사안에서) [A] 위 판결 선고 전까지 당해 교원이 복직하지 못함으로써 발생한 손해에 관하여는 임용권자의 고의나 과실을 인정할 수 없다.	시험에서 불합격처분을 받았다가 그 후 위 시행령 부칙 중 위 조항을 공포 즉시 시행하도록 한 부분이 헌법에 위배되어 무효라는 대법원판결이 내려져 추가합격처분을 받은 甲 등이 국가배상책임을 물은 사안에서, 제반 사정에 비추어 위 시행령과 부칙의 입법에 관여한 공무원들은 [C] 입법 당시 상황에서 다양한 요소를 고려하여 나름대로 합리적인 근거를 찾아 어느 하나의 견해에 따라 위 시행령을 경과규정 등의 조치 없이 그대로 시행한 것이므로, [A] 비록 대법원판결에서 위 시행령 부칙 중 위 조항을 즉시 시행하도록 한 부분이 헌법에 위배된다고 판단하여 결과적으로 부칙 제정행위가 위법한 것으로 되고 그에 따른 불합격처분 역시 위법하게 되어 위법한 법령의 제정 및 법령의 부당집행이라는 결과를 가져오게 되었더라도, 이러한 경우에까지 국가배상책임의 성립요건인 공무원의 과실이 있다고 단정할 수 없다.

4. 판결문에 대한 위조 확인의무 (×) (2003다13048)

등기신청의 첨부 서면으로 제출한 판결서가 위조된 것으로서 그 기재사항 및 기재형식이 일반적인 판결서의 작성 방식과 다르다는 점만을 근거로 등기관에게 판결서의 진정성립에 관하여 자세한 확인절차를 할 의무는 없다.

5. 유사판례 비교

행정규칙은 법규성 X이므로 고려 X (2017다211559)	행정규칙은 법규성 X이므로 고려 X (2021두39362)
공무원의 조치가 행정규칙을 위반하였다고 해서 그러한 사정만으로 곧바로 위법하게 되는 것은 아니고, 공무원의 조치가 행정규칙을 따른 것이라고 해서 적법성이 보장되는 것도 아니다. 공무원의 조치가 적법한지는 행정규칙에 적합한지 여부가 아니라 상위법령의 규정과 입법 목적 등에 적합한지 여부에 따라 판단해야 한다.	처분이 행정규칙을 위반하였다고 해서 그러한 사정만으로 곧바로 위법하게 되는 것은 아니고, 처분이 행정규칙을 따른 것이라고 해서 적법성이 보장되는 것도 아니다. 처분이 적법한지는 행정규칙에 적합한지 여부가 아니라 상위법령의 규정과 입법 목적 등에 적합한지 여부에 따라 판단해야 한다.
행정규칙을 따랐다면 (섣불리) 과실 인정 X (2001다62312)	**법규성 X But 가급적 존중 (2021두60960)**
구체적인 경우 어느 행정처분을 할 것인가에 관하여 행정청 내부에 일응의 기준을 정해 둔 경우 그 기준에 따른 행정처분을 하였다면 이에 관여한 공무원에게 그 직무상의 과실이 있다고 할 수 없다.	처분기준에 부합한다 하여 곧바로 처분이 적법한 것이라고 할 수는 없지만, 처분기준이 그 자체로 헌법 또는 법률에 합치되지 않거나 그 기준을 적용한 결과가 처분사유인 위반행위의 내용 및 관계 법령의 규정과 취지에 비추어 현저히 부당하다고 인정할 만한 합리적인 이유가 없는 한, 섣불리 그 기준에 따른 처분이 재량권의 범위를 일탈하였다거나 재량권을 남용한 것으로 판단해서는 안 된다.

6. **"특별"송달까지 시킬 정도면 정말 중요한 서류** (○) (2006다87798)

① 특별송달우편물의 배달업무에 종사하는 우편집배원으로서는 압류 및 전부명령 결정 정본에 대하여 <u>적법한 송달이 이루어지지 아니할 경우에는 법령에 정해진 일정한 효과가 발생하지 못하고 그로 인하여 국민의 권리 실현에 장애를 초래하여 당사자가 불측의 피해를 입게 될 수 있음을 충분히 예견할 수 있다</u>고 봄이 상당하다.

② 우편집배원이 압류 및 전부명령 결정 정본을 특별송달하는 과정에서 민사소송법을 위반하여 부적법한 송달을 하고도 적법한 송달을 한 것처럼 우편송달보고서를 작성하여 압류 및 전부의 효력이 발생한 것과 같은 외관을 형성시킨 사례이다.

② 작위로 인한 국가배상 사례

🔍 관련판례

1. 일반론

시험출제 오류: 같은 취지 (2001다33789)	국립대 교수 재임용거부: 같은 취지 (2009다30946)
국가배상책임을 인정하기 위하여는, 공무원 혹은 시험위원이 객관적 주의의무를 결하여 그 시험의 출제와 정답 및 합격자 결정 등의 행정처분이 객관적 정당성을 상실하고, 이로 인하여 손해의 전보책임을 국가에게 부담시켜야 할 실질적인 이유가 있다고 인정되어야 한다.	고의·과실이 인정되려면 국·공립대학 교원 임용권자가 객관적 주의의무를 결하여 그 재임용거부처분이 객관적 정당성을 상실하였다고 인정될 정도에 이르러야 한다.

2. 예술작품 철거로 인한 국가배상책임 (○) (2012다204587)

① **위법성 요건의 확장**

여기서 '법령을 위반하여'라고 함은 엄격하게 <u>형식적 의미의 법령에 명시적으로 공무원의 행위의무가 정하여져 있음에도 이를 위반하는 경우만을 의미하는 것은 아니고, **인권존중·권력남용금지·신의성실과 같이 공무원으로서 마땅히 지켜야 할 준칙이나 규범을 지키지 아니하고 위반한 경우를 비롯하여 널리 그 행위가 객관적인 정당성을 결여하고 있는 경우도 포함**</u>한다.

② **국가가 작품 설치일로부터 3년 만에 작가 동의도 없이 벽화를 철거 및 소각**

예술작품이 공공장소에 전시되어 일반대중에게 상당한 인지도를 얻는 등 예술작품의 종류와 성격 등에 따라서는 저작자로서도 자신의 예술작품이 공공장소에 전시·보존될 것이라는 점에 대하여 정당한 이익을 가질 수 있으므로, 국가 소속 공무원의 해당 <u>저작물의 폐기행위가 현저하게 합리성을 잃고 저작자로서의 명예감정 및 사회적 신용과 명성 등을 침해하는 방식으로 이루어진 경우에는 객관적 정당성을 결여한 행위로서 위법</u>하다.

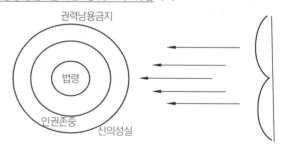

3. 의외의 결론

정치적 목적의 집단적 항의성 게시글 삭제 (×) (2015다233807)	미니컵 젤리 사건 (×) (2008다77795)
① 원칙: 선별적 삭제 × 일반적으로 국가기관이 자신이 관리·운영하는 홈페이지에 게시된 글에 대하여 정부의 정책에 찬성하는 내용인지, 반대하는 내용인지에 따라 선별적으로 삭제 여부를 결정하는 것은 특별한 사정이 없는 한 국민의 기본권인 표현의 자유와 자유민주적 기본질서에 배치되므로 허용되지 않는다. ② 이 사안은 예외적 허용 (해군본부가 해군 홈페이지 자유게시판에 집단적으로 게시된 '제주해군기지 건설사업에 반대하는 취지의 항의글' 100여 건을 삭제하는 조치를 취하자, 항의글을 게시한 甲 등이 위 조치가 위법한 직무수행에 해당하며 표현의 자유 등이 침해되었다고 주장하면서 국가를 상대로 손해배상을 구한 사안에서) 위 삭제 조치가 객관적 정당성을 상실한 위법한 직무집행에 해당한다고 보기 어렵다.	어린이가 '미니컵 젤리'를 먹다가 질식하여 사망한 사안에서, 그 사고 발생 전에 미니컵 젤리에 대한 세계 각국의 규제 내용이 주로 곤약 등 미니컵 젤리의 성분과 용기의 규격에 대한 규제에 머물러 있었고, 대한민국 정부도 그 수준에 맞추어 미니컵 젤리의 기준과 규격, 표시 등을 규제하는 조치를 취하여 위 사고 발생 전까지 미니컵 젤리와 관련한 질식사고가 발생하지 않았던 점 등에 비추어, 여러 사정을 고려하여 보면, 식품의약품안전청장 및 관계 공무원이 위 사고 발생 시까지 구 식품위생법상의 규제 권한을 행사하여 미니컵 젤리의 수입·유통 등을 금지하거나 그 기준과 규격, 표시 등을 강화하고 그에 필요한 검사 등을 실시하는 조치를 취하지 않은 것이 현저하게 합리성을 잃어 사회적 타당성이 없다거나 객관적 정당성을 상실하여 위법하다고 할 수 있을 정도에까지 이르렀다고 보기 어렵고, 그 권한 불행사에 과실이 있다고 할 수도 없다.

4. 도주차량 추적 중 제3자 사망 (×) (2000다26807)

① 국가배상책임은 공무원의 직무집행이 법령에 위반한 것임을 요건으로 하는 것으로서, 공무원의 직무집행이 법령이 정한 요건과 절차에 따라 이루어진 것이라면 특별한 사정이 없는 한 이는 법령에 적합한 것이고 그 과정에서 개인의 권리가 침해되는 일이 생긴다고 하여 그 법령적합성이 곧바로 부정되는 것은 아니다.

② 경찰관이 교통법규 등을 위반하고 도주하는 차량을 순찰차로 추적하는 직무를 집행하는 중에 그 도주차량의 주행에 의하여 제3자가 손해를 입었다고 하더라도 그 추적이 당해 직무 목적을 수행하는 데에 불필요하다거나 또는 도주차량의 도주의 태양 및 도로교통상황 등으로부터 예측되는 피해발생의 구체적 위험성의 유무 및 내용에 비추어 추적의 개시·계속 혹은 추적의 방법이 상당하지 않다는 등의 특별한 사정이 없는 한 그 추적행위를 위법하다고 할 수는 없다.

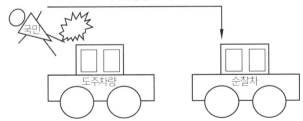

국가배상청구 (X)

5. 시위대가 화염병을 던진 잘못 (×) (94다2480)

① 공무원의 직무집행이 법령이 정한 요건과 절차에 따라 이루어진 것이라면 특별한 사정이 없는 한 이는 법령에 적합한 것이고 그 과정에서 개인의 권리가 침해되는 일이 생긴다고 하여 그 법령 적합성이 곧바로 부정되는 것은 아니다.

② 경찰관들의 시위진압에 대항하여 시위자들이 던진 화염병에 의하여 발생한 화재로 인하여 손해를 입은 주민의 국가배상청구를 부정한 사례이다.

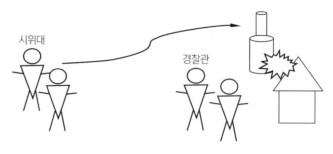

6. 땅 안 돌려주고 남에게 처분 (○) (2016다243306)

국가의 담당공무원이 농지가 <u>원소유자의 소유로 환원되었음을 제대로 확인하지 않</u>은 채 제3자에게 농지를 처분하여 원소유자에게 손해를 입혔다면, 이는 특별한 사정이 없는 한 국가배상법 제2조 제1항에서 정한 <u>공무원의 고의 또는 과실에 의한 위법행위에 해당</u>한다.

③ 부작위로 인한 국가배상 사례

부작위는 적극적인 행위를 하지 않는 것을 의미하므로, 그 자체가 위법하다고 판단되기 위해서는 법령상 작위의무가 있음에도 이를 이행하지 않고 있다는 점이 인정되어야 한다. 반면, 법령상 작위의무가 없다면 부작위가 문제될 이유가 없다. 결국 중요한 판단기준은 법령상 작위의무의 존재 여부이다.

아울러, 부작위는 작위와 비교할 때 상대적으로 손해 발생이라는 결과와의 인과관계가 뚜렷하게 인식되기 어려운 경우가 많다. 이에, 부작위로 인한 국가배상책임의 사안에서는 상당인과관계 요건이 문제되는 경우가 많다.

관련판례

1. 경찰의 권한 불행사 (○) (2013다20427)

경찰관으로서는 제반 상황에 대응하여 자신에게 부여된 여러 가지 권한을 적절하게 행사하여 필요한 조치를 할 수 있고, 그러한 권한은 일반적으로 경찰관의 전문적 판단에 기한 합리적인 재량에 위임되어 있으나, 경찰관에게 권한을 부여한 취지와 목적에 비추어 볼 때 구체적인 사정에 따라 **경찰관이 권한을 행사하여 필요한 조치를 하지 아니하는 것이 현저하게 불합리하다고 인정되는 경우에는 권한의 불행사는 직무상 의무를 위반**한 것이 되어 위법하게 된다.

2. 토지형질변경허가권자의 권한 불행사 (○) (99다64278)

① 시장 등은 토지형질변경허가를 함에 있어 허가지의 인근 지역에 토사붕괴나 낙석 등으로 인한 피해가 발생하지 않도록 허가를 받은 자에게 옹벽이나 방책을 설치하게 하거나 그가 이를 이행하지 아니할 때에는 스스로 필요한 조치를 취하는 직무상 의무를 진다고 해석되고, 이러한 의무의 내용은 단순히 공공 일반의 이익을 위한 것이 아니라 전적으로 또는 부수적으로 사회구성원 개인의 안전과 이익을 보호하기 위하여 설정된 것이다.

② (토석채취공사 도중 경사지를 굴러 내린 암석이 가스저장시설을 충격하여 화재가 발생한 사안에서) 토지형질변경허가권자에게 ㉠ 허가 당시 사업자로 하여금 위해방지시설을 설치하게 할 의무를 다하지 아니한 위법과 ㉡ 작업 도중 구체적인 위험이 발생하였음에도 작업을 중지시키는 등의 사고예방조치를 취하지 아니한 위법이 있다.

① 토지형질변경허가

② 토석채취공사

③ 낙석

LPG

3. 화재는 소방공무원 과실

부산 서면 노래방 화재 대참사 (2014다225083)	군산시 윤락가 화재사건 (2005다48994)
(주점에서 발생한 화재로 사망한 甲 등의 유족들이 乙 광역시를 상대로 손해배상을 구한 사안) **소방공무원들이** 소방검사에서 비상구 중 1개가 폐쇄되고 그곳으로 대피하도록 유도하는 피난구유도등, 피난안내도 등과 일치하지 아니하게 됨으로써 화재 시 피난에 혼란과 장애를 유발할 수 있는 상태임을 발견하지 못하여 업주들에 대한 시정명령이나 행정지도, 소방안전교육 등 적절한 지도·감독을 하지 아니한 것은 구체적인 소방검사 방법 등이 소방공무원의 재량에 맡겨져 있음을 감안하더라도 **현저하게 합리성을 잃어 사회적 타당성이 없는 경우**에 해당한다.	(유흥주점에 감금된 채 윤락을 강요받으며 생활하던 여종업원들이 유흥주점에 화재가 났을 때 미처 피신하지 못하고 유독가스에 질식해 사망한 사안에서) ① 일반 공무원 책임 × 지방자치단체의 담당 공무원이 식품위생법상 취하여야 할 조치를 게을리 한 직무상 의무위반행위와 위 종업원들의 사망 사이에 상당인과관계가 존재하지 않는다. ② 소방공무원 책임 ○ 소방법의 규정들은 단순히 전체로서의 공공 일반의 안전을 도모하기 위한 것에서 더 나아가 국민 개개인의 인명과 재화의 안전보장을 목적으로 하여 둔 것이다. **소방공무원이 시정조치를 명하지 않은 직무상 의무 위반과 위 사망의 결과 사이에 상당인과관계가 존재한다.**

4. 초법규적 작위의무가 인정되기 위한 요건 (2010다95666)

국민의 생명·신체·재산 등에 대하여 절박하고 중대한 위험상태가 발생하였거나 발생할 상당한 우려가 있어서 국민의 생명 등을 보호하는 것을 본래적 사명으로 하는 국가가 초법규적·일차적으로 그 위험의 배제에 나서지 아니하면 국민의 생명 등을 보호할 수 없는 경우에는 **형식적 의미의 법령에 근거가 없더라도** 국가나 관련 공무원에 대하여 그러한 위험을 배제할 작위의무를 인정할 수 있을 것이다.

살려주세요..

법령 좀 확인하고 올게요!

공무원

국민

(X)

(4) 타인의 손해

손해란 금전적으로 환산 가능한 것을 말하며, 재산적 손해 및 비재산적 손해 (생명 · 신체 · 정신)를 모두 포함한다.

@ 관련판례

1. 손해배상금액의 구체적 특정 필요 (2015두60617)

   국가배상책임이 성립하기 위해서는 공무원의 직무집행이 위법하다는 점만으로는 부족하고, 그로 인해 타인의 권리 · 이익이 침해되어 **구체적 손해가 발생하여야 한다.**

2. "절차"에 "일시적으로" 참여 못했다고 해서 "정신"적 손해 × (2015다221668)

   ① 원칙 – 정신적 손해 ×

   관련 행정처분의 성립이나 무효 · 취소 여부 등을 따지지 않은 채 주민들이 **일시적으로 행정절차에 참여할 권리를 침해받았다는 사정만으로** 곧바로 국가나 지방자치단체가 주민들에게 정신적 손해에 대한 배상의무를 부담한다고 단정할 수 없다.

   ② 일시적 침해의 예시

   ㉠ 그 후 이를 시정하여 절차를 다시 진행한 경우
   ㉡ 종국적으로 행정처분 단계까지 이르지 않거나 처분을 직권으로 취소하거나 철회한 경우
   ㉢ 행정소송을 통하여 처분이 취소되거나 처분의 무효를 확인하는 판결이 확정된 경우

   ③ 예외 – 정신적 손해 ○, But 원고(주민들) 입증책임

   다만, 이러한 조치로도 주민들의 절차적 권리 침해로 인한 정신적 고통이 여전히 남아 있다고 볼 특별한 사정이 있는 경우에 국가나 지방자치단체는 그 정신적 고통으로 인한 손해를 배상할 책임이 있다. 이때 특별한 사정이 있다는 사실에 대한 주장 · 증명책임은 이를 청구하는 주민들에게 있다.

---

(5) 상당인과관계

공무원의 행위와 국민의 손해 발생 간에 상당한 인과관계가 있어야 한다. 상당인과관계는 특히 부작위로 인한 국가배상책임 사안에서 자주 문제된다.

@ 관련판례

1. 개인의 안전과 이익을 보호하기 위한 의무를 위반하여야 함 (91다43466)

   ① 공무원에게 부과된 직무상 의무의 내용이 **단순히 공공 일반의 이익을 위한 것이거나 행정기관 내부의 질서를 규율하기 위한 것이 아니고 / 전적으로 또는 "부수적으로" 사회구성원 개인의 안전과 이익을 보호하기 위하여 설정된 것이라면,** 공무원이 그와 같은 직무상 의무를 위반함으로 인하여 피해자가 입은 손해에 대하여는 상당인과관계가 인정되는 범위 내에서 국가가 배상책임을 지는 것이다.

---

② 선박안전법이나 유선 및 도선업법의 각 규정은 공공의 안전 외에 **일반인의 인명과 재화의 안전보장도 그 목적**으로 하는 것이라고 할 것이므로 국가 소속 선박검사관이나 시 소속 공무원들이 직무상 의무를 위반하여 시설이 불량한 선박에 대하여 선박중간검사에 합격하였다 하여 선박검사증서를 발급하고, 해당 법규에 규정된 조치를 취함이 없이 계속 운항하게 함으로써 화재사고가 발생한 것이라면, 화재사고와 공무원들의 직무상 의무위반행위와의 사이에는 상당인과관계가 있다.

2. 같은 취지 (×) (94다16045)

① 신제품 인증을 받은 제품(이하 '인증신제품'이라 한다) 구매의무는 기업에 신기술개발제품의 판로를 확보하여 줌으로써 산업기술개발을 촉진하기 위한 국가적 지원책의 하나로 국민경제의 지속적인 발전과 국민의 삶의 질 향상이라는 공공 일반의 이익을 도모하기 위한 것이고, **공공기관이 구매의무를 이행한 결과 신제품 인증을 받은 자가 재산상 이익을 얻게 되더라도 이는 반사적 이익에 불과**할 뿐 위 법령이 보호하고자 하는 이익으로 보기는 어렵다.

② 따라서 공공기관이 위 법령에서 정한 인증신제품 구매의무를 위반하였다고 하더라도, 이를 이유로 신제품 인증을 받은 자에 대하여 국가배상법 제2조가 정한 배상책임을 지는 것은 아니다.

3. 판례 비교

탈옥 사건 (○) (2002다62678)	금감원: 투자자 개인의 이익 직접 보호 × (×) (2015다210194)
군행형법과 군행형법 시행령이 군교도소나 미결수용실(이하 '교도소 등'이라 한다)에 대한 경계 감호를 위하여 관련 공무원에게 각종 직무상의 의무를 부과하고 있는 것은, 일차적으로는 그 수용자들을 격리보호하고 교정교화함으로써 공공 일반의 이익을 도모하고 교도소 등의 내부 질서를 유지하기 위한 것이라 할 것이지만, **부수적으로는 그 수용자들이 탈주한 경우에 그 도주과정에서 일어날 수 있는 2차적 범죄행위로부터 일반 국민의 인명과 재화를 보호하고자 하는 목적도 있다.**	금융위원회의 설치 등에 관한 법률의 입법취지 등에 비추어 볼 때, 피고 금융감독원에 금융기관에 대한 검사·감독의무를 부과한 법령의 목적이 금융상품에 투자한 **투자자 개인의 이익을 직접 보호하기 위한 것이라고 할 수 없으므로,** 피고 금융감독원 및 그 직원들의 위법한 직무집행과 B의 후순위사채에 투자한 원고들이 입은 손해 사이에 상당인과관계가 있다고 보기 어렵다.
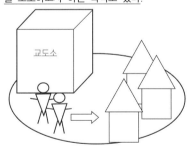	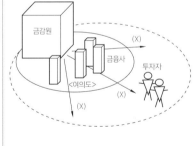

4. 판례 비교

수사기관이 전과 없다고 회신해서 공천했지만, 전과 4범(○) (2011다34521)	수돗물 먹고 배탈날 염려 (×) (99다36280)
① 공직선거법이 위와 같이 후보자가 되고자 하는 자와 그 소속 정당에게 전과기록을 조회할 권리를 부여하고 수사기관에 회보의무를 부과한 것은 단순히 유권자의 알 권리 보호 등 공공 일반의 이익만을 위한 것이 아니라, 그와 함께 후보자가 되고자 하는 자가 자신의 피선거권 유무를 정확하게 확인할 수 있게 하고, **정당이 후보자가 되고자 하는 자의 범죄경력을 파악함으로써 부적격자를 공천함으로 인하여 생길 수 있는 정당의 신뢰도 하락을 방지할 수 있게 하는 등 개별적인 이익도 보호**하기 위한 것이다. ② 공무원 甲이 내부전산망을 통해 乙에 대한 범죄경력자료를 조회하여 공직선거 및 선거부정방지법 위반죄로 실형을 선고받는 등 실효된 4건의 금고형 이상의 전과가 있음을 확인하고도 乙의 공직선거 후보자용 범죄경력조회 회보서에 이를 기재하지 않은 사안에서, 甲의 중과실을 인정하여 국가배상책임 외에 공무원 개인의 배상책임까지 인정한 사례이다.	국가 등에게 일정한 기준에 따라 상수원수의 수질을 유지하여야 할 의무를 부과하고 있는 법령의 규정은 국민에게 양질의 수돗물이 공급되게 함으로써 **국민 일반의 건강을 보호하여 공공 일반의 전체적인 이익을 도모하기 위한 것이지, 국민 개개인의 안전과 이익을 직접적으로 보호하기 위한 규정이 아니므로,** 국민에게 공급된 수돗물의 상수원의 수질이 수질기준에 미달한 경우가 있고, 이로 말미암아 국민이 법령에 정하여진 수질기준에 미달한 상수원수로 생산한 수돗물을 마심으로써 **건강상의 위해 발생에 대한 "염려" 등에 따른 정신적 고통**을 받았다고 하더라도, 이러한 사정만으로는 국가 또는 지방자치단체가 국민에게 손해배상책임을 부담하지 아니한다.

5. 자살 징후 뚜렷한데 조치 안 취하면 책임 ○ (2017다211559)

① 자살 사고가 발생할 수 있음을 **예견할 수 있었고** 그러한 조치를 취했을 경우 자살 사고의 결과를 **회피할 수 있었다면**, 특별한 사정이 없는 한 해당 관계자의 직무상 의무 위반과 이에 대한 과실이 인정되고, 국가는 국가배상법 제2조 제1항에 따라 배상책임을 진다.

② 해군 기초군사교육단에 입소하여 교육을 받은 후 하사로 임관한 甲이 해군교육사령부에서 받은 인성검사에서 '부적응, 관심, 자살예측'이라는 결과가 나왔으나, 甲의 소속 부대 당직소대장 乙은 위 검사 결과를 교관 등에게 보고하지 않았고, 甲은 그 후 실시된 면담 및 검사에서 특이사항이 없다는 판정을 받고 신상등급 C급(신상에 문제점이 없는 자)으로 분류한 사안이다.

6. 신청에 따른 수익적 처분해준 경우

해달라는 대로 해줌 (×) (99다37047)	같은 취지 (×) (2017다211726)
수익적 행정처분이 위법성이 있는 것으로 평가되기 위하여는 객관적으로 보아 그 행위로 인하여 신청인이 손해를 입게 될 것임이 분명하다고 할 수 있어 신청인을 위하여도 당해 행정처분을 거부할 것이 요구되는 경우이어야 할 것이다.	수익적 행정처분인 허가 등을 신청한 사안에서 행정처분을 통하여 달성하고자 하는 **신청인의 목적 등을 자세하게 살펴 목적 달성에 필요한 안내나 배려 등을 하지 않았다는 사정만으로** 직무집행에 있어 위법한 행위를 한 것이라고 보아서는 아니 된다.

	해달라는 대로 해줌		같은 취지
①	중소기업 창업승인 처분	①	하천점용허가 (잔디실험연구소 설치 목적)
②	공장 설립	②	컨테이너 설치
③	고속도로 건설 → 공장 철거 위기	③	개발제한구역 지정 → 하천점용허가 취소
④	*원고: ① 왜 해줬냐? (×)*	④	*원고: ① 왜 해줬냐? (×)*

제3장 국가배상법 제2조 제1항 후단에 따른 책임

3 유형 2 – 관용차 운행으로 인한 손해배상

1. 의의

공무원이 직무를 수행하는 방식은 여러 가지이다. 경우에 따라서는 관용차를 운전하여 직무를 수행하는 때도 있는데, 국가배상법은 이를 통상적인 공무원의 불법행위와는 별도의 요건이 적용되도록 하여 특별히 다루고 있다. 주된 취지는 관용차로 인한 사고에 자동차손해배상보장법(이하 '자배법')이 적용되도록 하여 공무원의 **고의·과실이 없어도** 국가배상책임을 인정하도록 하고자 함이다(**무과실책임**).

다만, 자배법이 적용되는 범위는 어디까지나 국가배상책임의 "성립"에 관한 부분이고, 이후 손해배상의 **"액수"**를 어떻게 산정할 것인지, 이렇게 정해진 액수를 어떤 **"절차"**에 따라 배상할 것인지에 대해서는 **국가배상법**이 정하고 있다.

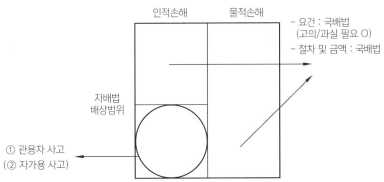

2. 요건

> **국가배상법 제2조 【배상책임】**
> ① <u>국가나 지방자치단체는 공무원 또는 공무를 위탁받은 사인(이하 "공무원"이라 한다)이 직무를 집행하면서</u>(고의 또는 과실로 법령을 위반하여 타인에게 손해를 입히거나), <u>자동차손해배상 보장법에 따라 손해배상의 책임이 있을 때에는 이 법에 따라 그 손해를 배상하여야 한다.</u> (다만, 군인·군무원·경찰공무원 또는 예비군대원이 전투·훈련 등 직무 집행과 관련하여 전사(戰死)·순직(殉職)하거나 공상(公傷)을 입은 경우에 본인이나 그 유족이 다른 법령에 따라 재해보상금·유족연금·상이연금 등의 보상을 지급받을 수 있을 때에는 이 법 및 민법에 따른 손해배상을 청구할 수 없다)

운전석			운전석			운전석	
소유자 A (= *운행자* & 운전자)	–		비소유자 A (= 운전자)	–		공무원 (= 운전자)	–
–	–		소유자 B (= *운행자*)	–		(국가) (= *운행자*)	–

관용차 운행으로 인한 손해배상의 성립요건으로는 ① 국가가 운행자일 것, ② 일정한 규모의 인적 손해가 발생할 것, ③ 자배법상의 면책사유가 없을 것이 요구되며, 이때 운전자인 공무원의 고의·과실은 요구되지 않는다.

이 중 ① 요건의 운행자라 함은 자동차의 운행 과정 전반을 **지배**하고, 그로 인한 **이익**을 향수하는 책임주체를 의미한다. 일반적인 경우에는 운전자와 운행자 개념이 일치할 것이나, 예컨대 고용주가 운전기사에게 운전을 지시한 경우라면 운행 과정을 지배하고 그로 인한 이익을 향수하는 자는 고용주이므로, 운전기사가 아닌 고용주가 운행자에 해당하게 된다.

따라서, 공무원이 관용차를 운전하는 경우 이는 국가가 고용주가 되어 공무원으로 하여금 운전을 하도록 하는 상황과 유사하므로, **운행자는** 공무원이 아닌 **국가라고 보아야** 한다.

3. 금액 산정 및 배상절차

책임의 성립 단계에서 요건은 자배법에 따르되, 책임이 일단 성립하고 나면 그 금액의 산정 및 배상절차는 국가배상법에 따른다. 구체적으로, 이중배상금지 원칙이 적용되고, 임의적 절차인 배상심의위원회의 심의를 거칠 수 있다.

4. 요건 미충족시

자배법에 따른 요건이 충족되지 않을 경우, 다시 원칙으로 돌아가 "공무원의 직무상 불법행위로 인한 손해배상"의 요건을 검토하여야 한다. 즉, 고의·과실이 있는지 등을 검토하여 일반적인 국가배상책임의 성립 여부를 따져보아야 한다.

이와 관련하여 흔히 문제되는 요건은 ② 일정한 인적 손해와 관련된 것이다. **물적 손해이거나, 인적 손해의 규모가 자배법의 보상범위를 초과**한다면 더 이상 자배법은 적용될 수가 없다.

관련판례 미군 장갑차 사고: 1유형 (○), 2유형 (×) (2023다205968)

[1] 미합중국 군대의 공용 차량(M1046 궤도장갑차)에 대해서는 *[유형 2: 무과실책임]* 국가배상법 제2조 제1항 본문 후단의 자동차손배법에 따른 손해배상책임 규정은 적용되지 않고, *[유형 1: 과실책임]* 국가배상법 제2조 제1항 본문 전단에 따른 손해배상책임 규정만 적용된다.

[2] 「대한민국과 아메리카합중국 간의 상호방위조약 제4조에 의한 시설과 구역 및 대한민국에서의 합중국 군대의 지위에 관한 협정」(이하 'SOFA'라 한다) 제23조 제5항은 공무집행 중인 미합중국 군대의 구성원이나 고용원의 작위나 부작위 또는 **미합중국 군대가** 법률상 책임을 지는 기타의 작위나 부작위 또는 사고로서 대한민국 안에서 대한민국 정부 이외의 제3자에게 손해를 가한 것으로부터 발생하는 청구권은 **대한민국이 이를 처리**하도록 규정하고 있으므로 위 청구권의 실현을 위한 소송은 **대한민국을 상대**로 제기하는 것이 원칙이고, 이에 따른 대한민국에 대한 청구권에 대해서는 **국가배상법이 적용**된다.

4 유형 3 - 공공시설의 설치·관리 하자로 인한 손해배상

1. 의의 및 요건

공공시설의 설치·관리에 하자가 있어 이를 이용하는 국민에게 손해가 발생한 경우, 공무원의 고의·과실을 따지지 않고 국가로 하여금 손해를 배상하도록 하는 것을 의미한다(무과실책임). 본 책임의 성립요건은 다음과 같다.

국가배상법 제5조 【공공시설 등의 하자로 인한 책임】

① (1) 도로·하천, 그 밖의 공공의 영조물의 (2) 설치나 관리에 하자가 있기 때문에 (3) 타인에게 손해를 발생하게 하였을 때에는 국가나 지방자치단체는 그 손해를 배상하여야 한다. // 이 경우 제2조 제1항 단서(이중배상금지), 제3조 및 제3조의2를 준용한다.

□ 요건

① 공공의 영조물
Ex. 가변차로

② 설치·관리상 하자
= 통상적인 안정성 X
= +수인한도 ⇧
= -예견/회피가능성 O

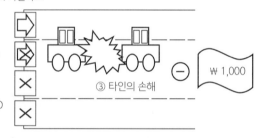

③ 타인의 손해

₩ 1,000

---

(1) 공공시설

공공시설(영조물)은 행정주체에 의하여 **공공의 목적에 제공**된 물적 설비를 말한다. 중요한 점은 그 용도가 공적이면 족한 것이지, 소유관계가 국·공유인지 사유인지를 불문한다는 것이다. 즉, 공공시설은 강학상 **공물과 같은 의미로 해석**된다.

관련판례 권한은 없어도 되지만, 관리는 하고 있어야 함 (98다17381)

1. 국가배상법 제5조 제1항 소정의 '공공의 영조물'은 국가 또는 지방자치단체가 소유권, 임차권 그 밖의 권한에 기하여 관리하고 있는 경우뿐만 아니라 사실상의 관리를 하고 있는 경우도 포함된다.

2. 사고 당시 **설치하고 있던** 옹벽은 소외 회사가 공사를 도급받아 공사 중에 있었을 뿐만 아니라 아직 완성도 되지 아니하여 일반 공중의 이용에 제공되지 않고 있었던 이상 국가배상법 제5조 제1항 소정의 영조물에 해당한다고 할 수 없다.

---

(2) 설치·관리상의 하자

이는 객관적인 관점에서 ① "영조물이 그 용도에 따라 **통상 갖추어야 할 안전성**을 결여한 상태에 있는지 여부"를 기준으로 판단된다.

그러나, 소음 등의 공해를 일으키는 공항 등의 경우에는 시설 그 자체에는 하자가 있다고 할 수 없으나, 인근의 주민들에게 상당한 피해를 입힌다는 점에서 국가배상책임이 인정될 필요가 있다. 이에 판례는 주관적인 관점에서 ② "제3자에게 수인하기 어려운 피해(**수인한도 초과**/참을 수 없는 피해)가 초래되는지"를 함께 고려하고 있다.

한편, 판례는 위와 같이 하자가 인정될 여지를 넓히면서도, 이를 적절히 제한할 여지 또한 남겨두고 있다. 구체적으로 ③ "설치·관리를 담당하는 공무원이 그 영조물의 위험성에 비례하는 **방호조치의무를 다하였는지**, 즉 위 공무원에게 손해가 발생하리라는 점에 대한 **예견가능성 및 회피가능성**이 있었는지"를 아울러 살피고 있다.

설치·관리상의 하자 – 기준 3가지		
A. 기본형	객관적 관점	통상 갖추어야 할 안전성을 갖추었는지 여부
B. 확장 (+)	주관적 관점 (피해자)	수인하기 어려운(수인한도 초과) 피해 초래 여부
C. 제한 (−)	주관적 관점 (공무원)	방호조치 의무를 다하였는지 여부 = 손해발생의 예견가능성과 회피가능성

A.와 관련하여, 통상의 안전성을 요구할 뿐, 완전무결함 또는 고도의 안전성을 요구하지는 않음

🔍 **관련판례** A. 기본형: 통상 갖추어야 할 안전성을 갖추었는지 여부

1. 판례 비교

상수도 균열 및 한파의 공동행위 (○) (94다32924)	화장실 밖 난간을 지나간 개인의 과실 (×) (96다54102)
① 지방자치단체가 관리하는 도로 지하에 매설되어 있는 상수도관에 균열이 생겨 그 틈으로 새어 나온 물이 도로 위까지 유출되어 **노면이 결빙**되었다면 도로로서의 안전성에 결함이 있는 상태로서 설치·관리상의 하자가 있다.	① 영조물의 설치·보존의 하자라 함은 영조물이 **그 용도에 따라 통상 갖추어야 할 안전성**을 갖추지 못한 상태에 있음을 말하는 것이고, 영조물의 설치 및 보존에 있어서 항상 완전무결한 상태를 유지할 정도의 고도의 안전성을 갖추지 아니하였다고 하여 영조물의 설치 또는 관리에 하자가 있는 것으로는 할 수 없는 것이므로, 따라서 영조물의 설치자 또는 관리자에게 부과되는 방호조치 의무의 정도는 영조물의 위험성에 비례하여 사회통념상 일반적으로 요구되는 정도의 것을 말한다.
② 국가배상법 제5조 소정의 영조물의 설치·관리상의 하자로 인한 책임은 **무과실책임**이고 국가 또는 지방자치단체는 손해의 방지에 필요한 **주의를 해태하지 아니하였다**하여 면책을 주장할 수 없다.	② (고등학교 3학년 학생이 교사의 단속을 피해 **담배를 피우기 위하여 3층 건물 화장실 밖의 난간을 지나가다 실족**하여 사망한 사안에서) 학교 관리자에게 그와 같은 이례적인 사고가 있을 것을 예상하여 복도나 화장실 창문에 난간으로의 출입을 막기 위하여 **출입금지장치나 추락위험을 알리는 경고표지판을 설치할 의무가 있다고 볼 수는 없다**는 이유로 학교시설의 설치·관리상의 하자가 없다.
③ 영조물의 설치 또는 관리상의 하자로 인한 사고라 함은 영조물의 설치 또는 관리상의 하자만이 손해발생의 원인이 되는 경우만을 말하는 것이 아니고, **다른 자연적 사실이나 제3자의 행위 또는 피해자의 행위와 경합하여 손해가 발생하더라도** 영조물의 설치 또는 관리상의 하자가 **공동원인의 하나가 되는 이상** 그 손해는 영조물의 설치 또는 관리상의 하자에 의하여 발생한 것이라고 해석함이 상당하다.	

2. 판례 비교

재정사정: 절대적 면책사유 × (66다1723)	단, 배상액 감경요소로 기능 (2013다208074)
원판결은 본건 병사는 견고하지 아니한 자재를 사용 건축한 사실을 인정하면서, 국가의 재정상태와 군사적 임무의 특수성을 들어, 영조물인 위병사의 설치에 하자가 없다는 이유를 설시하고 있는바, 영조물 설치의 하자유무는 객관적 견지에서 본 안전성의 문제이고, 재정사정이나 사용목적에 의한 사정은, 안전성을 요구하는데 대한 정도 문제로서의 참작사유에는 해당할지언정, 안전성을 결정지을 절대적 요건에는 해당하지 아니한다.	안전성의 구비 여부는 영조물의 설치자 또는 관리자가 그 영조물의 위험성에 비례하여 사회통념상 일반적으로 요구되는 정도의 방호조치 의무를 다하였는지를 기준으로 판단하여야 하고, 아울러 그 설치자 또는 관리자의 재정적·인적·물적 제약 등도 고려하여야 한다.

위험에의 접근 이론
- 원칙: 알고 접근(용인) → 가해자 면책 ○
- 예외: 예상 초과 / 이후 증대 → 면책 ×

🔍 **관련판례** B. 확장: 수인하기 어려운(수인한도 초과) 피해 초래 여부

1. 사격장 총소리의 위험성 (2002다14242)

① 개념의 확장

안전성을 갖추지 못한 상태, 즉 타인에게 위해를 끼칠 위험성이 있는 상태라 함은 당해 ㉠ 영조물을 구성하는 물적 시설 그 자체에 있는 물리적·외형적 흠결이나 불비로 인하여 그 이용자에게 위해를 끼칠 위험성이 있는 경우뿐만 아니라 ㉡ 그 영조물이 공공의 목적에 이용됨에 있어 그 이용상태 및 정도가 일정한 한도를 초과하여 제3자에게 사회통념상 **참을 수 없는 피해를 입히는 경우**까지 포함된다.

② 위험에의 접근 이론

소음 등을 포함한 공해 등의 위험지역으로 이주하여 들어가서 거주하는 경우와 같이 위험의 존재를 인식하면서 그로 인한 피해를 용인하며 접근한 것으로 볼 수 있는 경우에 위험에 접근한 후 실제로 입은 피해 정도가 위험에 **접근할 당시에 인식하고 있었던 위험의 정도를 초과**하는 것이거나 위험에 접근한 후에 그 **위험이 특별히 증대하였다는 등의 특별한 사정이 없는 한** 가해자의 **면책**을 인정하여야 하는 경우도 있을 수 있을 것이나,

일반인이 공해 등의 위험지역으로 이주하여 거주하는 경우라고 하더라도 위험에 **그와 같은 위험의 존재를 인식하면서 굳이 위험으로 인한 피해를 용인하였다고 볼 수 없는 경우에는 그 책임이 감면되지 아니한다**고 봄이 상당하다.

2. 비행기 소음의 위험성 (2007다74560)

① 위험에의 접근 이론

소음 등의 공해로 인한 **법적 쟁송이 제기**되거나 그 피해에 대한 **보상이 실시**되는 등 피해지역임이 구체적으로 드러나고 또한 이러한 사실이 그 지역에 **널리 알려진 이후**에 이주하여 오는 경우에는 위와 같은 위험에의 접근에 따른 **가해자의 면책** 여부를 보다 적극적으로 인정할 여지가 있다.

다만 일반인이 공해 등의 위험지역으로 이주하여 거주하는 경우라고 하더라도 그와 같은 위험의 존재를 인식하면서도 위험으로 인한 피해를 **용인하면서 접근하였다고 볼 수 없는 경우**에는 손해배상액의 산정에 있어 형평의 원칙상 과실상계에 준하여 **감액사유로 고려**하여야 한다.

② 설립 시점 이후 인구 밀집

대구비행장 주변 지역의 항공기소음으로 인한 피해의 내용 및 정도, 그 비행장 및 군용항공기의 운항이 가지는 공공성과 아울러 그 비행장이 **개설 당시와 달리 점차 주거지 및 도시화**되어 인구가 밀집되는 등으로 비도시지역에 위치한 국내의 다른 비행장과 확연히 구별되는 지역적, 환경적 특성을 갖는 점 등 여러 사정을 종합적으로 고려하여, 대구비행장 주변 지역의 소음 피해가 소음도 85WECPNL(가중등가지속 감각소음도) 이상인 경우 **사회생활상 통상의 수인한 도를 넘어 위법**하다.

3. 공군 "소속"이라는 이유만으로 국가 면책 × (2013다23914)

공군비행장 주변의 항공기 소음 피해로 인한 손해배상 사건에서 공군에 속한 군인이나 군무원의 경우 일반인에 비하여 그 피해에 관하여 잘 인식하거나 인식할 수 있는 지위에 있다는 이유만으로 가해자의 면책이나 손해배상액의 감액에 있어 달리 볼 수는 없다.

📖 **관련판례** C. 방호조치 의무를 다하였는지 여부 = 손해발생의 예견가능성과 회피가능성

고장 가능성이 있다면 설치·운영 중단 필요 (○) (2000다56822)

① 개념의 제한

국가배상법 제5조 제1항에 정해진 영조물의 설치 또는 관리의 하자라 함은 영조물이 그 용도에 따라 통상 갖추어야 할 안전성을 갖추지 못한 상태에 있음을 말하는 것이며, 다만 영조물이 완전무결한 상태에 있지 아니하고 그 기능상 어떠한 결함이 있다는 것만으로 영조물의 설치 또는 관리에 하자가 있다고 할 수 없는 것이고, 위와 같은 안전성의 구비 여부를 판단함에 있어서는 **영조물의 위험성에 비례하여 사회통념상 일반적으로 요구되는 정도의 방호조치의무를 다하였는지 여부**를 그 기준으로 삼아야 하며, 만일 객관적으로 보아 시간적·장소적으로 영조물의 기능상 결함으로 인한 **손해발생의 예견가능성과 회피가능성이 없는 경우** 즉 그 영조물의 결함이 영조물의 설치·관리자의 관리행위가 미칠 수 없는 상황 아래에 있는 경우임이 입증되는 경우라면 영조물의 설치·관리상의 하자를 인정할 수 없다.

② 가변차로에 설치된 신호등의 용도와 오작동시에 발생하는 사고의 위험성과 심각성을 감안할 때, 만일 **가변차로에 설치된 두 개의 신호기에서 서로 모순되는 신호가 들어오는 고장을 예방할 방법이 없음에도 그와 같은 신호기를 설치하여 그와 같은 고장을 발생하게 한 것이라면**, 그 고장이 자연재해 등 외부요인에 의한 불가항력에 기인한 것이 아닌 한 그 자체로 설치·관리자의 방호조치의무를 다하지 못한 것으로서 신호등이 그 용도에 따라 통상 갖추어야 할 안전성을 갖추지 못한 상태에 있었다고 할 것이고, 따라서 설령 적정전압보다 낮은 저전압이 원인이 되어 위와 같은 오작동이 발생하였고 그 고장은 **현재의 기술수준상 부득이한 것이라고 가정하더라도** 그와 같은 사정만으로 손해발생의 예견가능성이나 회피가능성이 없어 영조물의 하자를 인정할 수 없는 경우라고 단정할 수 없다.

📖 비교판례

1. 일반인의 상식: 'ㅏ' 형태의 교차로에서 좌회전 불가 (×) (2022다225910)

① 영조물이 그 설치 및 관리에 있어 완전무결한 상태를 유지할 정도의 고도의 안전성을 갖추지 아니하였다고 하여 하자가 있다고 단정할 수는 없고, 영조물 이용자의 상식적이고 질서 있는 이용 방법을 기대한 상대적인 안전성을 갖추는 것으로 족하다.

② 위 표지의 내용으로 인하여 운전자에게 착오나 혼동을 가져올 우려가 있는지 여부는 일반적이고 평균적인 운전자의 인식을 기준으로 판단하여야 한다.

③ 위 표지에 위 신호등의 신호체계 및 위 교차로의 도로구조와 맞지 않는 부분이 있더라도 거기에 통상 갖추어야 할 안전성이 결여된 설치·관리상의 하자가 있다고 보기 어렵다.

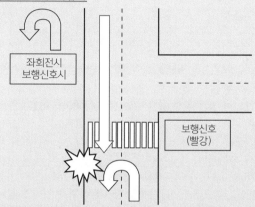

2. 고속도로 실시간 감시의무 × (×) (97다3194)

① 도로의 **설치 후 제3자의 행위**에 의하여 그 본래 목적인 통행상의 안전에 결함이 발생한 경우에는 도로에 그와 같은 결함이 있다는 것만으로 성급하게 도로의 보존상 하자를 인정하여서는 안 되고, 당해 도로의 구조, 장소적 환경과 이용상황 등 제반 사정을 종합하여 그와 같은 결함을 제거하여 **원상으로 복구할 수 있는데도 이를 방치한 것인지 여부**를 개별적, 구체적으로 심리하여 하자의 유무를 판단하여야 한다.

② 승용차 운전자가 편도 2차선의 국도를 진행하다가 **반대차선 진행차량의 바퀴에 튕기어 승용차 앞유리창을 뚫고 들어온 쇠파이프에 맞아 사망**한 경우, 국가의 손해배상책임을 부정한 사례이다.

3. 중앙선을 침범한 중과실 (×) (2013다208074)

① 안전성의 구비 여부는 영조물의 설치자 또는 관리자가 그 영조물의 위험성에 비례하여 사회통념상 일반적으로 요구되는 정도의 방호조치의무를 다하였는지를 기준으로 판단하여야 하고, 아울러 그 설치자 또는 관리자의 재정적·인적·물적 제약 등도 고려하여야 한다. 따라서 영조물인 도로의 경우도 그 설치 및 관리에 있어 완전무결한 상태를 유지할 정도의 고도의 안전성을 갖추지 아니하였다고 하여 하자가 있다고 단정할 수는 없고, 그것을 **이용하는 자의 상식적이고 질서 있는 이용 방법을 기대한 상대적인 안전성을 갖추는 것으로 족하다.**

② (甲이 차량을 운전하여 지방도 편도 1차로를 진행하던 중 **커브길에서 중앙선을 침범하여 반대편 도로를 벗어나 도로 옆 계곡으로 떨어져 동승자인 乙이 사망**한 사안에서) 좌로 굽은 도로에서 운전자가 무리하게 앞지르기를 시도하여 중앙선을 침범하여 반대편 도로로 미끄러질 경우까지 대비하여 도로 관리자인 지방자치단체가 **차량용 방호울타리를 설치하지 않았다고 하여** 도로에 통상 갖추어야 할 안전성이 결여된 설치·관리상의 하자가 있다고 보기 어려운데도, 이와 달리 본 원심판결에 법리오해의 위법이 있다.

4. 홍수로 인한 국가배상책임

1,000년 발생빈도 홍수는 대비 불가 (2001다48057)	50년 발생빈도 홍수는 대비 가능 (99다53247)
① 하천의 관리청이 관계 규정에 따라 설정한 계획홍수위를 변경시켜야 할 사정이 생기는 등 특별한 사정이 없는 한, 이미 존재하는 하천의 제방이 **계획홍수위를 넘고 있다면(여유고 확보 불요)** 그 하천은 용도에 따라 통상 갖추어야 할 **안전성을 갖추고 있다**고 보아야 한다. ② 100년 발생빈도의 강우량을 기준으로 책정된 계획홍수위를 초과하여 **600년 또는 1,000년 발생빈도의 강우량에 의한 하천의 범람**은 예측가능성 및 회피가능성이 없는 **불가항력적인 재해**로서 그 영조물의 관리청에게 책임을 물을 수 없다.	집중호우로 제방도로가 유실되면서 그곳을 걸어가던 보행자가 강물에 휩쓸려 익사한 경우, 사고 당일의 집중호우가 50년 빈도의 최대강우량에 해당한다는 사실만으로 불가항력에 기인한 것으로 볼 수 없으므로 제방도로의 설치·관리상의 하자가 인정된다.

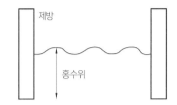

5. 강원도 깊은 산 속 빙판길 → 운전자 개개인의 주의의무 요구됨 (×) (99다54998)

① **강설은** 기본적 환경의 하나인 자연현상으로서 그것이 도로교통의 안전을 해치는 위험성의 정도나 그 시기를 **예측하기 어렵고** 통상 광범위한 지역에 걸쳐 일시에 나타나고 일정한 시간을 경과하면 소멸되는 일과성을 띠는 경우가 많은 점에 비하여, 이로 인하여 발생되는 도로상의 위험에 대처하기 위한 **완벽한 방법**으로서 도로 자체에 융설 설비를 갖추는 것은 현대의 과학기술의 수준이나 재정사정에 비추어 사실상 **불가능**하고, 가능한 방법으로 인위적으로 제설작업을 하거나 제설제를 살포하는 등의 방법을 택할 수밖에 없는데, 그러한 경우에 있어서도 *적설지대에 속하는 지역의 도로라든가 최저속도의 제한이 있는 고속도로 등 특수 목적을 갖고 있는 도로가 아닌* 일반 보통의 도로까지도 도로관리자에게 **완전한 인적, 물적 설비를** 갖추고 제설작업을 하여 도로통행상의 위험을 **즉시 배제**하여 그 안전성을 확보하도록 하는 관리의무를 부과하는 것은 도로의 안전성의 성질에 비추어 **적당하지 않고,** 오히려 그러한 경우의 도로통행의 안전성은 그와 같은 위험에 대면하여 도로를 이용하는 **통행자 개개인의 책임으로 확보**하여야 한다.

② 강설의 특성, 기상적 요인과 지리적 요인, 이에 따른 도로의 상대적 안전성을 고려하면 **겨울철 산간지역에 위치한 도로에 강설로 생긴 빙판을 그대로 방치하고 도로상황에 대한 경고나 위험표지판을 설치하지 않았다는 사정만으로 도로관리상의 하자가 있다고 볼 수 없다.**

6. 금지시켰으면 족하고, 각별히 주의시킬 필요 × (×) (2013다211865)

① 익사사고에 대비한 하천 자체의 위험관리에는 일정한 한계가 있을 수밖에 없어, 하천 관리주체로서는 익사사고의 위험성이 있는 모든 하천구역에 대해 위험관리를 하는 것은 불가능하므로, 당해 하천의 현황과 이용 상황, 과거에 발생한 사고 이력 등을 종합적으로 고려하여 하천구역의 위험성에 비례하여 사회통념상 **일반적으로 요구되는 정도의 방호조치의무**를 다하였다면 하천의 설치·관리상의 하자를 인정할 수 없다.

② (수련회에 참석한 미성년자 甲이 유원지 옆 작은 하천을 가로질러 수심이 깊은 맞은 편 바위 쪽으로 이동한 다음 바위 위에서 하천으로 **다이빙을 하며 놀다가 익사**하자, 甲의 유족들이 하천 관리주체인 지방자치단체를 상대로 손해배상을 구한 사안에서) 하천 관리인 지방자치단체가 유원지 입구나 유원지를 거쳐 하천에 접근하는 길에 **수영금지의 경고표지판과 현수막을 설치**함으로써 하천을 이용하는 사람들의 안전을 보호하기 위하여 통상 갖추어야 할 시설을 갖추었다고 볼 수 있고, 지방자치단체에게 **사고지점에 각별한 주의를 촉구하는 내용의 위험표지나 부표를 설치하는 것과 같은 방호조치를 취하지 않은 과실이 인정되더라도** 익사사고와 상당인과관계가 있다고 보기 어렵다.

(3) 공무원의 고의 또는 과실(×)

본 조에 의한 국가배상책임은 무과실책임이므로, 제2조에 따른 일반적인 책임과는 달리 공무원의 귀책사유는 요구되지 않는다.

(4) 손해의 발생

금전적으로 환산 가능한 손해를 말하며, 재산적 손해 및 비재산적 손해(생명·신체·정신)를 모두 포함한다(90다카25604).

제5장 기타 쟁점

5 배상책임자

앞서 살펴본 세 가지 유형 중 어느 것에 해당하는지를 불문하고, **배상책임자는 원칙적으로** 공무원이 집행한 사무가 귀속되는 국가 또는 지방자치단체이다(**사무귀속주체**). 다만, 문제되는 공무원의 직무가 국가 및 지방자치단체에 동시에 연관되어 있거나, 복수의 지방자치단체가 동시에 연루되어 있다면 배상책임자를 특정하는 것이 애매할 수가 있다.

이에, 국가배상법은 사무귀속주체 외에도 사무와 관련된 비용을 부담하는 주체(비용부담주체)가 따로 존재할 경우, 피해자 보호를 위해 이들을 부진정연대채무관계로 보아 **비용부담주체 "또한" 배상책임자**의 지위에 서도록 하고 있다.

> **국가배상법 제6조 【비용부담자 등의 책임】**
> ① 제2조·제3조 및 제5조에 따라 국가나 지방자치단체가 손해를 배상할 책임이 있는 경우에 [**사무귀속주체**] 공무원의 선임·감독 또는 영조물의 설치·관리를 맡은 자와 [**비용부담주체**] 공무원의 봉급·급여, 그 밖의 비용 또는 영조물의 설치·관리 비용을 부담하는 자가 동일하지 아니하면 그 비용을 부담하는 자**도** 손해를 배상하여야 한다.
> ② 제1항의 경우에 손해를 배상한 자는 내부관계에서 그 손해를 배상할 책임이 있는 자에게 구상할 수 있다.

기관위임사무		위임인	수임인
사무귀속주체(제2조 or 제5조)		○	–
비용부담주체 (제6조)	실질적	○	–
	대외적	–	○

🔍 관련판례

1. 국가 → 지자체장 (94다38137)

① 국가배상법 제6조 제1항 소정의 '공무원의 봉급·급여 기타의 비용'이란 공무원의 인건비만을 가리키는 것이 아니라 당해 사무에 필요한 일체의 경비를 의미한다고 할 것이고, 적어도 ㉠ **대외적으로 그러한 경비를 지출하는 자**는 ㉡ 경비의 실질적·궁극적 부담자가 아니더라도 그러한 경비를 부담하는 자에 포함된다.

② 구 지방자치법 제131조, 구 지방재정법 제16조 제2항의 규정상, 지방자치단체의 장이 기관위임된 국가행정사무를 처리하는 경우 그에 소요되는 경비의 실질적·궁극적 부담자는 국가라고 하더라도 당해 **지방자치단체**는 국가로부터 내부적으로 교부된 금원으로 그 사무에 필요한 경비를 **대외적으로 지출**하는 자이므로, 이러한 경우 지방자치단체는 국가배상법 제6조 제1항 소정의 비용부담자로서 공무원의 불법행위로 인한 같은 법에 의한 손해를 배상할 책임이 있다.

기관위임사무		국가	지자체장
사무귀속주체		○	–
비용부담주체	실질적	○	–
	대외적	–	○ (지자체)

2. 지자체 → 지방경찰청장(국가, 경찰) (99다11120)

① 도로교통법 시행령 제71조의2 제1항 제1호는 **특별시장·광역시장이 위 법률규정에 의한 신호기 및 안전표지의 설치·관리에 관한 권한을 지방경찰청장에게 위임**하는 것으로 규정하고 있는바, 이와 같이 **행정권한이 기관위임된 경우** 권한을 위임받은 기관은 권한을 위임한 기관이 속하는 지방자치단체의 산하 행정기관의 지위에서 그 사무를 처리하는 것이므로 <u>사무귀속의 주체가 달라진다고 할 수 없다.</u>

② 국가배상법 제6조 제1항은 같은 법 제2조, 제3조 및 제5조의 규정에 의하여 국가 또는 지방자치단체가 손해를 배상할 책임이 있는 경우에 공무원의 선임·감독 또는 영조물의 설치·관리를 맡은 자와 공무원의 봉급·급여 기타의 비용 또는 영조물의 설치·관리의 비용을 부담하는 자가 동일하지 아니한 경우에는 <u>그 비용을 부담하는 자도 손해를 배상하여야 한다</u>고 규정하고 있으므로 **교통신호기를 관리하는 지방경찰청장 산하 경찰관들에 대한 봉급을 부담하는 국가도 국가배상법 제6조 제1항**에 의한 배상책임을 부담한다.

기관위임사무		지자체	지방경찰청장
사무귀속주체		○	–
비용부담주체	실질적	○	–
	대외적	–	○ (국가)

3. 서울시장 → 영등포구청장 (94다57671)

① <u>여의도광장의 관리청이 본래 서울특별시장이라 하더라도 그 **관리사무의 일부가 영등포구청장에게 위임**되었다면, 그 위임된 관리사무에 관한 한 여의도광장의 관리청은 영등포구청장이 된다.</u>

② 같은 법 제56조에 의하면 여의도광장의 관리비용부담자는 그 위임된 관리사무에 관한 한 관리를 위임받은 영등포구청장이 속한 영등포구가 되므로, **영등포구는 여의도광장에서 차량진입으로 일어난 인신사고에 관하여 국가배상법 제6조 소정의 비용부담자로서의 손해배상책임**이 있다.

기관위임사무		서울시장	영등포구청장
사무귀속주체		○	–
비용부담주체	실질적	○	–
	대외적	–	○ (영등포구)

③ <u>**차량진입으로 인한 인신사고**</u> 당시에는 차도와의 <u>경계선 일부에만 이동식 쇠기둥이 설치되어 있고 나머지 부분에는 별다른 차단시설물이 없었으며 경비원도 없었던 것</u>은, 평소 시민의 휴식공간으로 이용되는 여의도광장이 <u>통상 요구되는 안전성을 결여하고 있었다 할 것이다.</u>

4. 국가 → (도지사) → 군수 (99다70600)

국가사무로 규정되어 있는 개간허가와 개간허가의 취소사무는 같은 법 제61조 제1항, 같은 법 시행령 제37조 제1항에 의하여 <u>도지사에게 위임</u>되고, 같은 법 제61조 제2항에 근거하여 <u>도지사로부터 하위 지방자치단체장인 군수에게 재위임</u>되었으므로 이른바 **기관위임사무**라 할 것이고, 이러한 경우 군수는 그 **사무의 귀속 주체인 국가** 산하 행정기관의 지위에서 그 사무를 처리하는 것에 불과하므로, 군수 또는 군수를 보조하는 공무원이 위임사무처리에 있어 고의 또는 과실로 타인에게 손해를 가하였다 하더라도 원칙적으로 군에는 국가배상책임이 없고 그 **사무의 귀속 주체인 국가가 손해배상책임**을 지는 것이며, 다만 **국가배상법 제6조에 의하여 군이 비용을 부담**한다고 볼 수 있는 경우에 **한하여** 국가와 함께 손해배상책임을 부담한다.

기관위임사무		국가	군수
사무귀속주체		○	–
비용부담주체	실질적	○	–
	대외적	–	○ (군)

5. 업무 이관 과정에서 사고 났으면 둘 다 책임지고, 나중에 알아서 정산 (96다42819)

① 원래 광역시가 점유·관리하던 일반국도 중 일부 구간의 포장공사를 <u>건설교통부 국토관리청이 시행하고 이를 준공한 후 광역시에 이관</u>하려 하였으나 서류의 미비 기타의 사유로 이관이 이루어지지 않고 있던 중 도로의 관리상의 하자로 인한 교통사고가 발생하였다면 **광역시와 국가가 함께 그 도로의 점유자 및 관리자로서 손해배상책임**을 부담한다.

② 원래 광역시가 점유·관리하던 일반국도 중 일부 구간의 포장공사를 국가가 대행하여 광역시에 도로의 관리를 이관하기 전에 교통사고가 발생한 경우, 광역시와 국가 모두가 국가배상법 제6조 제2항 소정의 궁극적으로 손해를 배상할 책임이 있는 자라고 할 것이고, 결국 광역시와 국가의 **내부적인 부담** 부분은, 그 도로의 인계·인수 경위, 사고의 발생 경위, 광역시와 국가의 그 도로에 관한 분담비용 등 제반 사정을 종합하여 결정함이 상당하다.

---

6 이중배상금지

1. 의의

군인 및 경찰 등은 국가의 부름을 받아 전투 및 훈련을 하는 과정에서 다치거나 사망할 수 있는 위험에 상시적으로 노출되어 있다. 만약 **군인 및 경찰 등이 위** 과정에서 피해를 입게 될 경우, 이들 또한 국민의 지위에서 국가에 대하여 국가배상책임을 물을 수 있을 것이다.

그런데, 대개는 이와 같은 경우에 대비하여 개별 법령상 보상금 지급방안이 규정되어 있는 경우가 많다. 이에 국가배상법은 **개별 법령에 따른 손해배상금이 지급**되었거나, 그 지급이 예상되는 상황이라면, 국가배상법에 따른 배상을 중복하여 받지 못하게 하고 있다. 이를 **이중배상금지 원칙**이라고 한다.

*	피해자 (국민)	가해자 (공무원)	배상주체 (국가)
	피해자 (공무원)	가해자 (공무원)	배상주체 (국가)

* 다른 보상	○	X
	⇩	⇩
국가배상	X	○

> **헌법 제29조**
> ② 군인·군무원·경찰공무원 기타 법률이 정하는 자가 전투·훈련 등 직무집행과 관련하여 받은 손해에 대하여는 법률이 정하는 보상 외에 국가 또는 공공단체에 공무원의 직무상 불법행위로 인한 배상은 청구할 수 없다.
>
> **국가배상법 제2조 【배상책임】**
> ① 국가나 지방자치단체는 공무원 또는 공무를 위탁받은 사인(이하 "공무원"이라 한다)이 직무를 집행하면서 고의 또는 과실로 법령을 위반하여 타인에게 손해를 입히거나, 자동차손해배상 보장법에 따라 손해배상의 책임이 있을 때에는 이 법에 따라 그 손해를 배상하여야 한다. 다만, 군인·군무원·경찰공무원 또는 예비군대원이 전투·훈련 등 직무 집행과 관련하여 전사·순직하거나 공상을 입은 경우에 본인이나 그 유족이 **다른 법령에 따라 재해보상금·유족연금·상이연금 등의 보상을 지급 받을 수 있을 때에는 이 법 및 민법에 따른 손해배상을 청구할 수 없다.**

> **🔍 관련판례** 국가배상법 제2조 제1항 단서의 위헌 여부 (2000헌바38)
>
> 1. 헌법의 개별규정에 대한 위헌심사는 허용될 수 없다.
>
> 2. 국가배상법 제2조 제1항 단서는 헌법 제29조 제2항에 직접 근거하고, 실질적으로 그 내용을 같이하는 것이므로 헌법에 위반되지 아니한다.

2. 요건

(1) 피해자가 군인·경찰 등일 것

우선, 이는 민간인이 군인(공무원) 등의 행위로 인해 손해를 입은 결과 국가에 대해 배상을 요구하는 상황이 아님에 주의할 필요가 있다. 이중배상금지 원칙이 상정하고 있는 사안은 군인(국민)이 국가의 지시로 인한 전투·훈련 중에 손해를 입은 결과, 국가에 대해 배상을 요구하는 내용에 해당한다.

법에서 열거하는 피해자는 "군인·군무원·경찰공무원 또는 예비군대원"에 한정되나, 판례는 **경비교도**(97다45919) 및 **공익근무요원**(97다4036)을 여기에서 배제하고 있다[Cf. 전투경찰순경: 포함(94헌마118)].

(2) 전투·훈련 "등" 직무 집행과 관련하여 피해를 입었을 것

본래 해당 조항은 전투·훈련 과정에서의 부상 또는 사망을 염두에 두고 입법된 것이나, 판례는 **전투·훈련에 준하는 직무행위**뿐 아니라, 이와 연관성이 떨어지는 **일반 직무집행**에 대해서도 이중배상금지 원칙에 따라 국가 또는 지방자치단체의 책임을 제한하는 입장이다.

> **🔍 관련판례** 일반 직무집행 과정에서 입은 손해도 이중배상금지 (2010다85942)
>
> 경찰공무원이 낙석사고 현장 주변 **교통정리를 위하여 사고현장 부근으로 이동**하던 중 대형 낙석이 순찰차를 덮쳐 사망하자, 도로를 관리하는 지방자치단체가 국가배상법 제2조 제1항 단서에 따른 면책을 주장한 사안에서, 경찰공무원 등이 '전투·훈련 등 직무집행과 관련하여' 순직 등을 한 경우 같은 법 전투·훈련 또는 이에 준하는 직무집행뿐만 아니라 **'일반 직무집행'에 관하여도** 국가나 지방자치단체의 배상책임을 제한하는 것이라고 해석함이 타당하다.

비교판례 숙직실에서의 당직: 이중배상금지 × (77다2389)

경찰서지서의 숙직실은 국가배상법 제2조 제1항 단서에서 말하는 전투·훈련에 관련된 시설이라고 볼 수 없으므로 위 숙직실에서 순직한 경찰공무원의 유족들은 국가배상법 제2조 제1항 본문에 의하여 국가배상법 및 민법의 규정에 의한 손해배상을 청구할 권리가 있다.

(3) 본인 또는 유족이 다른 법령 규정에 의한 손해배상금을 지급 받을 수 있을 것

관련판례

1. 다른 법령에 따른 보상을 받을 수 없다면, 국가배상 가능 (96다28066)

   군인 또는 경찰공무원으로서 교육훈련 또는 직무 수행중 상이(공무상의 질병 포함)를 입고 전역 또는 퇴직한 자라고 하더라도 국가유공자 예우 등에 관한 법률에 의하여 국가보훈처장이 실시하는 신체검사에서 대통령령이 정하는 상이등급에 해당하는 신체의 장애를 입지 않은 것으로 판명되고 또한 군인연금법상의 재해보상 등을 받을 수 있는 장애등급에도 해당하지 않는 것으로 판명된 자는 **위 각 법에 의한 적용 대상에서 제외되고, 따라서 그러한 자는 국가배상법 제2조 제1항 단서의 적용을 받지 않아 국가배상을 청구할 수 있다.**

2. 다른 법령에 따른 보상을 받을 수 있다면, 그 보상이 우선 (2015두60075)

   전투·훈련 등 직무집행과 관련하여 공상을 입은 군인·군무원·경찰공무원 또는 향토예비군대원이 먼저 국가배상법에 따라 손해배상금을 지급받은 다음 보훈보상대상자 지원에 관한 법률(이하 '보훈보상자법'이라 한다)이 정한 보상금 등 보훈급여금의 지급을 청구하는 경우, 국가보훈처장은 국가배상법에 따라 손해배상을 받았다는 사정을 들어 보상금 등 보훈급여금의 지급을 거부할 수 없다.

구분	사실관계	적법 여부
①	국가배상금 수령	×
②	보훈급여금 지급 청구	○
③	(국가배상금 반환)	○

3. 시효 완성될 때까지 행사 게을리한 자의 귀책사유 (2000다39735)

   국가배상법 제2조 제1항 단서 규정은 다른 법령에 보상제도가 규정되어 있고, 그 법령에 규정된 상이등급 또는 장애등급 등의 요건에 해당되어 그 권리가 발생한 이상, 실제로 그 권리를 행사하였는지 또는 그 권리를 행사하고 있는지 여부에 관계 없이 적용된다고 보아야 하고, 그 각 법률에 의한 **보상금청구권이 시효로 소멸되었다 하여 적용되지 않는다고 할 수는 없다.**

4. 복지개념의 요양비 ≠ 손해배상금 (2017다16174)

   구 공무원연금법에 따라 각종 급여를 지급하는 제도는 **공무원의 생활안정과 복리 향상에 이바지하기 위한 것**이라는 점에서 국가배상법 제2조 제1항 단서에 따라 **손해배상금을 지급하는 제도와 그 취지 및 목적을 달리하므로**, 경찰공무원인 피해자가 구 공무원연금법의 규정에 따라 공무상 요양비를 지급받는 것은 국가배상법 제2조 제1항 단서에서 정한 '다른 법령의 규정'에 따라 보상을 지급받는 것에 해당하지 않는다.

7 군인과 공동불법행위를 한 민간인의 국가에 대한 구상

1. 부진정연대채무 관계

2인 이상의 자가 공동으로 불법행위를 한 경우, 피해자는 이들 중 **그 누구에게라도 피해액 전부를 청구**할 수 있다. 가령 가해자 丙과 甲의 과실비율이 8 : 2라 하더라도, 피해자 乙은 丙에게도 10을, 甲에게도 10을 청구할 수 있고, 다만 이들로부터 중복으로 배상을 받을 수 없을 뿐이다.

만약 丙이 10을 배상하였다면, 丙은 甲에게 **자신의 과실비율을 초과하여 배상한 2**를 구상할 수 있다. 반대로 甲이 10을 배상하였다면, 甲은 丙에게 **자신의 과실비율을 초과하여 배상한 8**을 구상할 수 있다.

한 마디로, 가해자(채무자)들은 피해자(채권자)와의 대외적 관계에서 피해자가 청구하는 전액을 부담하되, 내부적으로는 자신의 과실비율에 맞게 구상하는 식으로 정산을 하는 것이다.

위와 같이 채무를 부담하는 관계를 연대채무 관계라고 하고, 불법행위로 발생하는 연대채무 관계는 당사자 간의 합의가 기반이 되지 않는다는 점에서 일반적인 연대채무와 구분하기 위해 '부진정'이라는 표현을 덧붙이는 것이다.

2. 이중배상금지 원칙과 부진정연대채무 법리의 충돌

민간인 丙이 운전하는 차량과 군인 甲이 직무 수행을 위해 군인 乙을 태우고 가던 차량이 각 운전자들의 과실(丙 : 甲 = 8 : 2)로 인해 충돌하여 교통사고가 일어났다고 가정해 보자. 그 과정에서 군인 乙이 다쳤다면, **피해자는 乙 / 가해자는 민간인 丙 및 군인 甲이고, 가해자 2인은 공동불법행위자로서 부진정연대채무 관계**에 서게 된다.

군인 乙은 공동불법행위자 중 누구에게라도 피해액 전부를 청구할 수 있다. 이 중 **군인 甲의 행위**에 대해서는 국가배상청구를 고려해 볼 수 있겠으나, **이중배상금지** 원칙에 따라 청구가 배척될 것이다. 이에, 군인 乙의 남은 선택지는 민간인 丙에 대한 청구뿐이다.

민간인 丙이 군인 乙에게 피해액 10 전부를 배상하였다. 그렇다면, **민간인 丙은 군인 甲 측에게 자신의 과실비율을 초과하여 배상을 마친 2를 구상하고 싶어 할 것**이다. 문제는, 국가가 위 구상에 응하여 군인 甲의 행위에 대해 2를 지급하고 나면, 실질적으로는 피해자 乙이 이중배상금지 원칙에 위반하여 국가로부터 배상을 받은 것이나 다름이 없게 된다는 것이다.

이와 관련하여 민간인 丙의 국가에 대한 구상을 허용해야 할지가 문제되는바, ① **헌법재판소는 이를 긍정**하는 반면, ② **대법원은 이를 부정**하는 입장에서 애초부터 **민간인 丙이 자신의 과실비율에 해당하는 8만을 군인 乙에게 배상**함으로써 구상의 문제를 발생시키지 말았어야 한다는 입장을 고수하고 있다.

헌법재판소 및 대법원 판례의 구체적인 내용은 아래와 같다.

---

1. **공동불법행위**
   - 주관적 공모 (○)
   - 객관적 관련성 (○)
2. **부진정연대채무 = TAXI**

운전기사 (피해자)	
친구 1 (가해자 1)	친구 2 (가해자 2)

관련판례

1. 헌재: 구상 가능 (민법 > 국가배상법) (93헌바21)

국가배상법 제2조 제1항 단서 중 군인에 관련되는 부분을, **일반국민(丙)이** 직무집행 중인 군인(甲)과의 공동불법행위로 직무집행 중인 다른 군인(乙)에게 공상을 입혀 그 피해자(乙)에게 공동의 불법행위로 인한 **손해(10)를 배상한 다음** 공동불법행위자인 군인(甲)의 부담부분(2)에 관하여 **국가에 대하여 구상권을 행사하는 것을 허용**하지 않는다고 해석한다면, 이는 위 단서 규정의 헌법상 근거규정인 헌법 제29조가 구상권의 행사를 배제하지 아니하는데도 이를 배제하는 것으로 해석하는 것으로서 합리적인 이유 없이 일반국민을 국가에 대하여 지나치게 차별하는 경우에 해당한다.

2. 대법: 구상 불가능 / 애초에 자기 부분만 배상해야 (민법 < 국가배상법) (96다42420)

일반국민(丙)(법인을 포함한다. 이하 '민간인'이라 한다)이 공동불법행위책임, 사용자책임, 자동차운행자책임 등에 의하여 그 손해를 자신의 **귀책부분(8)을 넘어서 배상(10)**한 경우에도, **국가 등은** 피해 군인(乙) 등에 대한 국가배상책임을 면할 뿐만 아니라, 나아가 **민간인(丙)에 대한 국가의 귀책비율(2)에 따른 구상의무도 부담하지 않는다**고 하여야 할 것이다.

이러한 부당한 결과를 방지하면서 위 헌법 및 국가배상법 규정의 입법 취지를 관철하기 위하여는, **민간인(丙)은** 피해 군인(乙) 등에 대하여 그 손해 중 국가 등이 민간인(丙)에 대한 구상의무를 부담한다면 그 내부적인 관계에서 부담하여야 할 부분(2)을 제외한 나머지 **자신의 부담부분(8)에 한하여 손해배상의무를 부담하고, 한편 국가 등에 대하여는 그 귀책부분(2)의 구상을 청구할 수 없다**고 해석함이 상당하다.

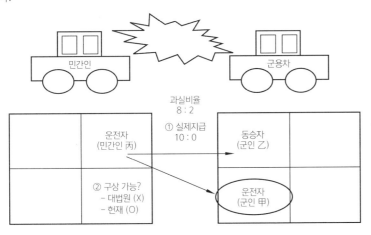

8 기타 조문

국가배상법 제4조【양도 등 금지】
　생명·신체(재산)의 침해로 인한 국가배상을 받을 권리는 양도하거나 압류하지 못한다.

국가배상법 제7조【외국인에 대한 책임】
　이 법은 외국인이 피해자인 경우에는 해당 국가와 상호 보증이 있을 때에만 적용한다.

> **한국과 일본의 제도적 유사성 (2013다208388)**
> ① 실제 사례 없어도 됨
> 　상호보증은 외국의 법령, 판례 및 관례 등에 의하여 발생요건을 비교하여 인정되면 충분하고 반드시 당사국과의 조약이 체결되어 있을 필요는 없으며, 당해 **외국에서 구체적으로 우리나라 국민에게 국가배상청구를 인정한 사례가 없더라도** 실제로 인정될 것이라고 **기대할 수 있는 상태이면 충분**하다.
> ② 한국인 → 일본 국가배상청구 可 / 따라서, 반대로도 가능
> 　일본인 甲이 대한민국 소속 공무원의 위법한 직무집행에 따른 피해에 대하여 국가배상청구를 한 사안에서, **일본 국가배상법이 국가배상청구권의 발생요건 및 상호보증에 관하여 우리나라 국가배상법과 동일한 내용을 규정하고 있는 점** 등에 비추어 우리나라와 일본 사이에 국가배상법 제7조가 정하는 상호보증이 있다.

국가배상법 제9조【소송과 배상신청의 관계】
　이 법에 따른 손해배상의 소송은 배상심의회에 배상신청을 하지 아니하고도 제기할 수 있다.

1. 부진정연대채무 = TAXI

군인 乙 (피해자)	
민간인 丙 (가해자 1)	군인 甲 (가해자 2)

① 甲: 면책
② 국가: 이중배상금지
③ 결국, 丙이 전액 배상

2. 丙의 국가에 대한 구상
- 국가가 구상에 응할 경우: 이중배상금지 위반
- 국가가 구상에 응하지 않을 경우: 부진정연대채무 법리(민법) 위반

gosi.Hackers.com

제 7 편

손실보상

제1장 적법행위로 인한 손실보상

1 의의

국가배상이 "위법"한 행정작용으로 인해 발생한 손해를 배상하여 주는 제도였다고 한다면, **손실보상은 "적법"한 행정작용**으로 인해 발생한 손실을 보상해 준다는 점에서 주된 차이가 있다.

예컨대, 법률에 근거를 두고 토지를 수용하여 공익사업을 실시하는 경우, 분명 적법한 행정작용임에도 토지를 수용 당하는 자는 자신의 재산을 송두리째 잃게 되는 불이익을 겪게 된다. 이때 공익이라는 미명하에 개인의 권리가 지나치게 침해당하는 것을 방지하기 위하여, 손실보상 제도를 둠으로써 적절히 보상하고자 하는 것이다.

손실보상의 헌법적 근거는 일반적으로 아래 헌법 제23조 제3항이라고 이해된다.

> 헌법 제23조
> ① 모든 국민의 재산권은 보장된다. 그 내용과 한계는 법률로 정한다.
> ② [사회적 제약] 재산권의 행사는 공공복리에 적합하도록 하여야 한다.
> ③ [특별한 희생] 공공필요에 의한 재산권의 수용·사용 또는 제한 및 그에 대한 보상은 법률로써 하되, 정당한 보상을 지급하여야 한다.

2 손실보상청구권의 법적 성격(공권)

금전의 지급을 청구하는 소송은 일반적으로 민사소송 또는 당사자소송의 형식을 취한다. 이 때문에 손실보상청구를 민사소송 및 당사자소송 중 어느 소송으로 제기하여야 하는지가 문제가 되곤 한다.

판례는 과거 **하천법에 근거한 손실보상청구권**을 사법상의 권리로 보아 이를 민사소송으로 청구하도록 하였으나, 그 이후 입장을 변경하여 이를 공법상의 권리로 보는 전제에서 **당사자소송**을 제기하도록 한 바 있다. 어디까지나 공법상의 원인으로 인해 손실보상의 문제가 대두된다는 점을 감안하면, 이와 관련된 법률관계는 행정소송의 한 유형인 당사자소송으로 다투어지는 것이 타당하다.

> **관련판례** 하천법에 따른 손실보상 – 당사자소송 (2004다6207)
>
> | 구분 | | 적용 규정 | 소송 유형 |
> |---|---|---|---|
> | 구법 | 보상규정 × | 하천법 내 다른 규정 **유추적용** | 민사소송 |
> | 신법 | 보상규정 ○ | 보상규정 직접 적용 | **당사자소송** |

1. 하천법 규정들에 의한 손실보상청구권은 모두 종전의 <u>하천법 규정 자체에 의하여</u> **하천구역으로 편입**되어 국유로 되었으나 그에 대한 보상규정이 없었거나 보상청구권이 시효로 소멸되어 보상을 받지 못한 토지들에 대하여, 국가가 반성적 고려와 국민의 권리구제 차원에서 그 손실을 보상하기 위하여 규정한 것으로서, <u>그 **법적 성질**은 하천법 본칙이 원래부터 규정하고 있던 하천구역에의 편입에 의한 손실보상청구권과 하등 다를 바가 없는 것이어서 **공법상의 권리**임이 분명하므로 그에 관한 쟁송도 **행정소송절차**에 의하여야 한다.</u>

2. 위 규정들에 의한 손실보상청구권은 1984. 12. 31. 전에 토지가 **하천구역으로 된 경우**에는 **당연히 발생**되는 것이지, 관리청의 보상금지급**결정에 의하여 비로소 발생하는 것은 아니므로**, 위 규정들에 의한 손실보상금의 지급을 구하거나 손실보상청구권의 확인을 구하는 소송은 행정소송법 제3조 제2호 소정의 **당사자소송**에 의하여야 한다.

☐ 하천법에 의한 입법수용

3 요건

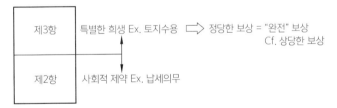

① 적법한 ② 행정작용❶으로 인해 ③ 재산권❷의 ④ 침해가 발생하여 ⑤ 국민에게 특별한 희생이 요구되는 경우라면 손실보상을 청구할 수 있다.

이 중 해석상 가장 문제되는 것은 ⑤번 요건이다.

우리는 사회 내에서 나의 사익과 타인의 사익 또는 공동체의 이익(공익)이 충돌하는 것을 상시적으로 경험하며 살아가게 되는데, 그 과정에서 나의 사익이 일정한 제약을 받는 것은 불가피하다. 이러한 제약을 "사회적 제약"이라고 하며, 이는 개인이 사회 공동체의 일원으로서 당연히 감내해야 하는 것이지, 국가에 대하여 별도의 보상을 요구할 수 있는 성질의 것은 아니다.

헌법 제23조 제2항이 "재산권의 행사는 공공복리에 적합하도록 하여야 한다."고 규정한 것이 이러한 취지를 반영하고 있다. 나의 사익을 위해 재산권을 자유로이 행사하고 싶어도, 이와 충돌하는 공공복리에 적합하게 하여야 한다는 사회적 제약이 발생하는 것이다.

그런데, 만약 사회적 제약을 넘는 수준의 침해가 발생한다면, 이에 대해 보상을 하지 않을 경우 타인의 이익 또는 공익을 위해 개인의 사익이 지나치게 침해 당하는 결과가 야기된다. 이러한 침해를 <u>"특별한 희생"</u>이라고 하며, 이를 보전하기 위한 제도가 바로 손실보상 제도인 것이다.

❶
행정작용: 사실행위 포함(권력적/비권력적 불문)

❷
재산권: 포괄적(종류, 공법상/사법상 권리 불문)
Cf. 기대이익, 반사적 이익, 경제적 기회

이에 대해서는 헌법 제23조 제3항이 "공공필요에 의한 재산권의 수용·사용 또는 제한"과 같은 특별한 희생이 발생할 경우, 법률이 정한 정당한 보상을 지급하도록 함으로써 손실보상의 헌법적 근거를 제공하고 있다.

여기에서 정당한 보상이란, 원칙적으로 수용 대상 토지의 객관적인 재산가치를 완전하게 보상하는 완전보상을 의미한다. 다만, 당해 공익사업의 발표가 이루어지면 위 토지의 가격에는 **개발로 인한 기대이익**이 반영되는데, 이는 토지 소유자의 노력과 비용으로 인해 형성된 가치가 아니므로(즉, 불로소득이므로) **보상대상에서 배제된다**.

해당 공익사업과는 관계없는 "다른" 사업의 시행으로 인한 개발이익은 이를 포함한 가격으로 평가하여야 함

> **토지보상법 제67조 【보상액의 가격시점 등】**
> ① 보상액의 산정은 협의에 의한 경우에는 협의 성립 **당시의 가격**을, 재결에 의한 경우에는 수용 또는 사용의 재결 **당시의 가격**을 기준으로 한다.
> ② 보상액을 산정할 경우에 **해당 공익사업으로 인하여 토지등의 가격이 변동**되었을 때에는 이를 고려하지 아니한다.
>
> **토지보상법 제70조 【취득하는 토지의 보상】**
> ① 협의나 재결에 의하여 취득하는 토지에 대하여는 부동산 가격공시에 관한 법률에 따른 공시지가를 기준으로 하여 보상하되, 그 공시기준일부터 가격시점까지의 관계 법령에 따른 그 토지의 이용계획, 해당 공익사업으로 인한 지가의 영향을 받지 아니하는 지역의 대통령령으로 정하는 지가변동률, 생산자물가상승률(한국은행법 제86조에 따라 한국은행이 조사·발표하는 생산자물가지수에 따라 산정된 비율을 말한다)과 그 밖에 그 토지의 위치·형상·환경·이용상황 등을 고려하여 평가한 적정가격으로 보상하여야 한다.
> ④ 사업인정 후의 취득의 경우에 제1항에 따른 공시지가는 사업인정고시일 전의 시점을 공시기준일로 하는 공시지가로서, 해당 토지에 관한 협의의 성립 또는 재결 당시 공시된 공시지가 중 그 사업인정고시일과 **가장 가까운 시점**에 공시된 공시지가로 한다.

◎ 관련판례

1. **최신 공시지가를 기준으로 함 (2006헌바79)**

   토지수용법 제46조 제3항은 공시지가의 기준시점에 관한 조항인바, 손실보상액 산정의 기준이 되는 공시지가는 사업인정고시일 전의 시점을 공시기준일로 하는 공시지가로서, 당해 토지의 협의성립 또는 재결 당시 공시된 공시지가 중 당해 **사업인정의 고시일에 가장 근접한 시점**에 공시된 공시지가로 하도록 규정한 것은, **시점보정의 기준이 되는 공시지가에 개발이익이 포함되는 것을 방지**하기 위한 것으로서 개발이익이 배제된 손실보상액을 산정하는 적정한 수단에 해당된다.

2. **개별공시지가가 아닌, 표준지공시지가를 기준으로 해도 무방 (2000헌바31)**

   공시지가는 그 평가의 기준이나 절차로 미루어 대상토지가 대상지역공고일 당시 갖는 객관적 가치를 평가하기 위한 것으로서 적정성을 갖고 있으며, 표준지와 지가선정 대상토지 사이에 가격의 유사성을 인정할 수 있도록 표준지 선정의 적정성이 보장되므로 위 조항이 헌법 제23조 제3항이 규정한 정당보상의 원칙에 위배되거나 과잉금지의 원칙에 위배된다고 볼 수 없고, 토지수용시 개별공시지가에 따라 손실보상액을 산정하지 아니하였다고 하여 위헌이 되는 것은 아니다.

> 토지보상법 제65조 【일괄보상】 *개인별 보상 (O) / 물건별 보상 (X)*
> 사업시행자는 동일한 사업지역에 보상시기를 달리하는 동일인 소유의 토지등이 여러 개 있는 경우 토지소유자나 관계인이 요구할 때에는 <u>한꺼번에</u> 보상금을 지급하도록 하여야 한다. *Cf. 단계적으로 (X)*

4 보상규정 흠결시 손실보상 방법

헌법 제23조 제3항은 법률에 근거하여 손실보상을 하도록 요구하고 있는바, 개별법에서 합리적인 보상방안을 규정하고 있다면 이에 따라 보상을 실시하면 될 것이다. <u>문제는 **개별법에 아무런 규정을 두고 있지 않은 경우**</u>인데, 대법원과 헌법재판소가 각자 제시한 해결방안이 아래와 같이 차이점을 보인다는 사실을 숙지할 필요가 있다.

관련판례

1. 대법원: 보상규정 ×시 유추적용 (99다27231)

공공사업의 시행 결과 그 <u>공공사업의 시행이 기업지 밖에 미치는 **간접손실**</u>에 관하여 그 피해자와 사업시행자 사이에 협의가 이루어지지 아니하고 <u>그 보상에 관한 명문의 근거 법령이 없는 경우</u>라고 하더라도, ① 공공사업의 시행으로 인하여 그러한 손실이 발생하리라는 것을 **쉽게 예견할 수 있고**, ② 그 손실의 범위도 구체적으로 이를 특정할 수 있는 경우라면 그 손실의 보상에 관하여 공공용지의 취득 및 손실보상에 관한 특례법 **시행규칙의 관련 규정 등을 유추적용**할 수 있다고 해석함이 상당하다.

2. 헌재: 보상입법 "기다려" (89헌마214)

도시계획법 제21조에 규정된 개발제한구역제도 그 자체는 원칙적으로 합헌적인 규정인데, 다만 개발제한구역의 지정으로 말미암아 일부 토지소유자에게 사회적 제약의 범위를 넘는 가혹한 부담이 발생하는 예외적인 경우에 대하여 **보상규정을 두지 않은 것에 위헌성**이 있는 것이고,

① 입법자는 되도록 빠른 시일 내에 보상입법을 하여 위헌적 상태를 제거할 의무가 있고, ② **행정청**은 보상입법이 마련되기 전에는 새로 개발제한구역을 지정하여서는 아니되며, ③ **토지소유자**는 보상입법을 기다려 그에 따른 권리행사를 할 수 있을 뿐 <u>개발제한구역의 지정이나 그에 따른 토지재산권의 제한 그 자체의 효력을 다투거나</u> 위 조항에 위반하여 행한 자신들의 행위의 정당성을 <u>주장할 수는 없다.</u>

제 2 장 토지수용 등에 따른 보상

5 공익사업을 위한 토지 등의 취득 및 보상에 관한 법률(이하 '토지보상법')

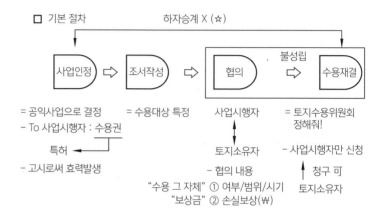

1. 의의

국가배상제도는 국가배상법이라는 일반법을 기반으로 어느 정도 통일적 체계를 갖추고 있다. 이와 달리 손실보상제도는 헌법 제23조가 개별 법령으로 하여금 각 사안에 적합한 보상제도를 규정하도록 하고 있고, 손실보상법이라는 일반법이 존재하지 않아 전체를 관통하는 일관된 체계를 갖추었다고 보기가 어렵다. 따라서, 각 사안마다 적용되는 법령을 개별적으로 살펴볼 필요가 있다.

손실보상이 이루어지는 가장 대표적인 사례는 공익사업을 추진하는 과정에서 발생하는 토지수용에 대해 보상금을 지급하는 경우이다. 공익사업을 추진해야 할 필요성은 절실한데, 토지 소유자가 자발적으로 토지를 매도할 것을 기대하기 어려운 상황이라면, 토지보상법을 근거로 대상 토지의 소유권을 강제적으로 이전받아오는 것이다. 다만, 이때 개인의 재산권에 대한 중대한 침해가 발생하는 점을 고려하여, "특별한 희생"에 대한 보상으로서 손실보상을 실시할 필요가 있다.

2. 토지수용의 절차

토지의 수용은 다음과 같은 절차를 거쳐 이루어진다.

(1) 사업인정

일정한 공익사업을 진행함에 있어 토지의 수용이 수반되는지를 확인하고, 만약 수용이 필요하다면 사업시행자에 대하여 토지수용권을 부여하는 행위를 말한다(제20조). 이는 재량행위에 해당하고, 특별한 권한을 설정하여 준다는 점에서 강학상 특허에 해당한다.

사업인정은 <u>고시를 통해 그 효력이 발생</u>된다.

⬚ 관련판례

1. 사업인정의 의의 및 성질(특허) (2017두71031)

[1] 사업인정이란 공익사업을 토지 등을 수용 또는 사용할 사업으로 결정하는 것으로서 공익사업의 시행자에게 그 후 일정한 절차를 거칠 것을 조건으로 일정한 내용의 <u>수용권을 설정하여 주는 형성행위</u>이다.

[2] 공익사업을 수행하여 공익을 실현할 의사나 능력이 없는 자에게 타인의 재산권을 공권력적·강제적으로 박탈할 수 있는 수용권을 설정하여 줄 수는 없으므로, <u>사업시행자에게 해당 공익사업을 수행할 의사와 능력이 있어야 한다는 것도 사업인정의 한 요건</u>이라고 보아야 한다.

2. 민간기업(건설사)도 토지수용의 주체가 될 수 있음 (2007헌바114)

헌법 제23조 제3항은 정당한 보상을 전제로 하여 재산권의 수용 등에 관한 가능성을 규정하고 있지만, 재산권 수용의 주체를 한정하지 않고 있다. 따라서 위 수용 등의 주체를 국가 등의 공적 기관에 한정하여 해석할 이유가 없다. 그렇다면 **민간 기업을 수용의 주체로 규정한 자체를 두고 위헌이라고 할 수 없다**.

3. 사업시행자 = 보상의 주체

> **토지보상법 제40조【보상금의 지급 또는 공탁】**
> ① 사업시행자는 제38조 또는 제39조에 따른 사용의 경우를 제외하고는 수용 또는 사용의 개시일(토지수용위원회가 재결로써 결정한 수용 또는 사용을 시작하는 날을 말한다. 이하 같다)까지 관할 토지수용위원회가 재결한 보상금을 지급하여야 한다.

---

(2) 조서 작성

토지를 수용하는 것이 불가피하다면, 수용 대상이 되는 토지를 정확히 특정하고 이에 대한 구체적인 사항을 미리 파악하기 위하여 토지 및 물건조서를 작성한다(제26조, 제14조).

(3) 당사자 간 협의

① **의의**: 강제적인 수용에 나아가기 전에, 최대한 원만하게 절차가 진행될 수 있도록 자율적인 협의를 거친다(제26조). 이는 행정청의 개입을 배제한 상태에서 사업시행자와 토지소유자가 ㉠ 토지의 수용 여부, 범위, 시기 등("수용 그 자체") 및 ㉡ 손실보상금액("보상금")의 규모에 대해 논의하는 단계에 해당된다.

② **효과**

구분	협의	(수용)재결
성질	사법상의 계약 (대집행 ×)	원처분 (행정심판의 재결)
취득방식	원칙: 승계취득 예외: 협의성립의 확인 → 원시취득 = (수용)재결	원시취득

만약 협의가 성립할 경우, 이로써 **사법상의 매매계약이 체결**되는 결과 강제력에 의한 토지수용은 불필요하게 된다. 이 경우 사업시행자가 위 매매계약의 이행으로써 토지의 소유권을 취득하기 위해서는 소유권이전등기를 마쳐야 하고, 토지 위에 존재하던 제한부담(예 근저당권)을 그대로 승계한다(이른바 "승계취득").

다만, 협의 성립 이후에 발생할지 모르는 다툼의 소지를 제거하고 싶다면, 행정청으로부터 협의 성립 사실을 확인받는 방법을 생각해 볼 수 있다(제29조). 이 경우 <u>협의의 확인</u>은 뒤에서 살펴볼 <u>"수용재결"</u>로 간주되고, 토지 위에 존재하던 제한부담이 전부 소멸된 상태로 이를 <u>원시취득</u>하게 된다.

🔍 관련판례

1. 사법상 의무: 대집행 민사상 조치 (2006두7096)

행정대집행법상 대집행의 대상이 되는 대체적 작위의무는 공법상 의무이어야 할 것인데, 구 공공용지의 취득 및 손실보상에 관한 특례법에 따른 토지 등의 **협의취득은** 공공사업에 필요한 토지 등을 그 소유자와의 협의에 의하여 취득하는 것으로서 공공기관이 **사경제주체로서 행하는 사법상 매매 내지 사법상 계약의 실질**을 가지는 것이므로, 그 협의취득시 건물소유자가 매매대상 건물에 대한 철거의무를 부담하겠다는 취지의 약정을 하였다고 하더라도 이러한 **철거의무는 공법상의 의무가 될 수 없고,** 이 경우에도 행정대집행법을 준용하여 대집행을 허용하는 별도의 규정이 없는 한 위와 같은 철거의무는 행정대집행법에 의한 **대집행의 대상이 되지 않는다.**

2. 사적자치이므로 법령상 기준에 구애 받지 아니함 (2012다3517)

공익사업법에 의한 보상을 하면서 손실보상금에 관한 <u>당사자 간의 합의가 성립하면</u> 그 합의 내용대로 구속력이 있고, 손실보상금에 관한 합의 내용이 공익사업법에서 정하는 **손실보상 기준에 맞지 않는다고 하더라도** 합의가 적법하게 취소되는 등의 특별한 사정이 없는 한 **추가로** 공익사업법상 기준에 따른 **손실보상금 청구를 할 수는 없다.**

3. 수용재결 이후 다시 협의취득 가능 (2016두64241)

[1] 토지보상법은 사업시행자로 하여금 우선 협의취득 절차를 거치도록 하고, 협의가 성립되지 않거나 협의를 할 수 없을 때에 수용재결취득 절차를 밟도록 예정하고 있기는 하다.

[2] 그렇지만 토지소유자 등은 수용재결에 대하여 이의를 신청하거나 행정소송을 제기하여 보상금의 적정 여부를 다툴 수 있는데, 그 절차에서 사업시행자와 보상금액에 관하여 임의로 합의할 수 있는 점, 공익사업의 효율적인 수행을 통하여 공공복리를 증진시키고, 재산권을 적정하게 보호하려는 토지보상법의 입법목적(제1조)에 비추어 보더라도 수용재결이 있은 후에 사법상 계약의 실질을 가지는 협의취득 절차를 금지해야 할 별다른 필요성을 찾기 어려운 점 등을 종합해 보면, 토지수용위원회의 <u>수용재결이 있은 후라고 하더라도 토지소유자 등과 사업시행자가 다시 협의하여 토지 등의 취득이나 사용 및 그에 대한 보상에 관하여 임의로 계약을 체결할 수 있다</u>고 보아야 한다.

(4) (수용)재결

① 의의 및 성질

수용재결은 명칭과는 다르게 행정심판의 재결이 아니라 **원처분**을 의미한다. 재결이라고 할 수 있으려면 이전에 행정심판의 대상이 되는 원처분이 존재하여야 하는데, 수용재결 이전까지는 "수용 그 자체" 및 "보상금"에 대해 결정을 내린 처분이 존재하지 않기 때문이다❶.

한편, 판례는 사업인정과 수용재결 사이의 **하자 승계를 부정**하는 입장이다(87누395).

② 처분청

수용재결의 처분청은 관할토지수용위원회이다. 토지수용위원회는 국토교통부 산하의 중앙토지수용위원회 및 특별시·광역시·도별로 설치된 지방토지수용위원회로 구분된다.

중앙토지수용위원회는 ㉠ 국가 또는 시·도가 사업시행자인 사업, ㉡ 수용 대상 토지가 둘 이상의 시·도에 걸쳐 있는 사업에 관한 것을 관할하며, 지방토지수용위원회는 나머지를 관할한다(제51조).

명칭에서 알 수 있듯이, 토지수용위원회는 합의제 행정청이다. **항고소송의 피고적격**은 토지수용위원회 위원장이 아닌, **위원회 그 자체**에 부여됨을 유의하여야 한다.

③ 수용재결의 신청 및 청구

> **토지보상법 제28조【재결의 신청】**
> ① 제26조에 따른 협의가 성립되지 아니하거나 협의를 할 수 없을 때(제26조 제2항 단서에 따른 협의 요구가 없을 때를 포함한다)에는 **사업시행자는** 사업인정고시가 된 날부터 1년 이내에 대통령령으로 정하는 바에 따라 관할 토지수용위원회에 **재결을 신청**할 수 있다.
>
> **토지보상법 제30조【재결 신청의 청구】**
> ① 사업인정고시가 된 후 협의가 성립되지 아니하였을 때에는 **토지소유자와 관계인은** 대통령령으로 정하는 바에 따라 서면으로 **사업시행자에게** 재결을 신청할 것을 **청구**할 수 있다.
> ② 사업시행자는 제1항에 따른 청구를 받았을 때에는 그 청구를 받은 날부터 60일 이내에 대통령령으로 정하는 바에 따라 관할 토지수용위원회에 재결을 신청하여야 한다. 이 경우 수수료에 관하여는 제28조 제2항을 준용한다.

협의가 불성립되었을 경우, 사업시행자는 관할 토지수용위원회에 수용재결을 하여 달라고 "신청"할 수 있다.

위 신청권은 사업시행자에게만 인정되는 권리이다. 토지소유자(및 관계인)는 사업시행자에게 수용재결을 신청하여 달라고 "청구"할 수 있을 뿐이다. 토지소유자의 청구를 받은 사업시행자는 60일 이내에 수용재결을 신청하여야 한다.

❶ 사업인정에 처분성이 인정되기는 하나, 그 내용은 해당 공익사업에 토지수용이 필요하다는 점을 확인해 주는데 불과함. 즉, 수용에 관한 내용을 구체적으로 결정하는 처분이 아님

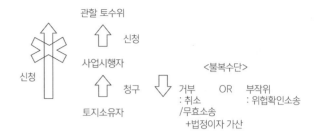

3. 수용재결에 대한 불복

(1) 이의신청(특별행정심판/임의적 절차)

① 의의

> **토지보상법 제83조【이의의 신청】**
> ① 중앙토지수용위원회의 제34조에 따른 재결에 이의가 있는 자는 중앙토지수용위원회에 이의를 신청할 수 있다.
> ② 지방토지수용위원회의 제34조에 따른 재결에 이의가 있는 자는 *해당 지방토지수용위원회를 거쳐* 중앙토지수용위원회에 이의를 신청할 수 있다.
> ③ 제1항 및 제2항에 따른 이의의 신청은 재결서의 정본을 받은 날부터 30일 이내에 하여야 한다.

수용재결의 내용은 "수용 그 자체"와 "보상금"으로 나뉘지만, 이의신청 단계에서는 어느 것에 대해 불복하든지 간에 이의신청이라는 단일한 절차로 불복이 이루어진다. 이는 후술할 행정소송과 확연한 차이가 있는 부분이다.

② 법적 성질

토지보상법상의 이의신청은 그 명칭과는 다르게 이의신청이 아닌, **특별행정심판❶**에 해당한다. 따라서, 토지보상법상의 이의신청을 거친 경우에는 행정심판 재청구금지원칙에 따라 행정심판을 다시 청구할 수 없다. 일반적인 불복절차와 동일하게, 임의적인 절차에 해당하므로 이를 거치지 않고 곧바로 행정소송으로 나아가는 것이 가능하다(제85조)❷.

(2) 행정소송

① 불복 대상에 따른 소송 유형의 차이

> **토지보상법 제85조【행정소송의 제기】**
> ① 사업시행자, 토지소유자 또는 관계인은 제34조에 따른 재결에 불복할 때에는 재결서를 받은 날부터 90일*(구법: 60일)* 이내에, 이의신청을 거쳤을 때에는 이의신청에 대한 재결서를 받은 날부터 60일*(구법: 30일)* 이내에 각각 행정소송을 제기할 수 있다.
> ② **[당사자소송]** 제1항에 따라 제기하려는 행정소송이 보상금의 증감에 관한 소송인 경우 그 소송을 제기하는 자가 토지소유자 또는 관계인일 때에는 사업시행자를, 사업시행자일 때에는 토지소유자 또는 관계인을 각각 피고로 한다.

수용재결의 내용은 크게 수용 여부, 범위, 시기 등에 대한 "수용 그 자체"와 손실보상액의 규모에 관한 "보상금"으로 나뉜다.

지방 토수위의 행정심판을 거쳐 중앙 토수위에서 한 번 더 행정심판을 할 수 있다는 의미가 아님

❶ 행정심판법에 따른 행정심판이 아니므로, 일반행정심판과 구분하는 의미에서 특별행정심판으로 표현함

❷ 판례 곳곳에 "재결을 거쳐야만 행정소송이 가능하다."는 식의 표현이 등장하지만, 이는 필요적 전치주의를 의미하는 것이 아니라, 수용재결을 받은 뒤 이를 대상으로 행정소송을 하라는 의미이므로 유의할 것

수용재결에 대한 행정소송의 가장 중요한 특징은, 불복의 대상이 되는 수용 재결의 내용에 따라 소송의 종류가 완전히 달라진다는 점이다. ㉠ **"수용 그 자체"**를 다투려는 자는 관할 토지수용위원회를 상대로 **수용재결에 대한 항고소송**을 제기하여야 하지만, ㉡ **"보상금(의 액수)"**을 다투려는 경우에는 **사업시행자와 토지소유자 간에 당사자소송**이 제기되어야 한다.

구분	소송유형		당사자			
			원고		피고	
수용 그 자체 (수용여부/ 범위/시기)	항고소송		토지소유자 or 사업시행자	대상	수용 재결	관할 토수위 (지방 or 중앙)
					이의 재결	중앙 토수위
보상금 증감	당사자 소송	증액	토지소유자	사업시행자		
		감액	사업시행자	토지소유자		

② 보상금증감청구 소송의 특징 – 형식적 당사자소송

"보상금"이 다투어지는 경우는 토지소유자가 보상금의 증액을 요구하거나, 사업시행자가 보상금의 감액을 요구하는 경우 두 가지로 나뉜다. 이때 만약 "수용 그 자체"에 대한 불복과 마찬가지로 항고소송을 통해 다투도록 하면 원고의 승소 이후 토지수용위원회가 또 다시 보상금을 결정하는 수용재결을 내리게 될 텐데, 이 경우에도 당사자 중 누군가가 보상금에 불만이 있다면 항고소송이 반복될 수밖에 없다. 따라서, 이러한 우회적인 해결방안 대신, 당사자들 간에 당사자소송이 진행되도록 하여 이들 간에 직접 보상금이 결정되도록 하고 있는 것이다.

보상금증감청구 소송은 수용재결에 대한 불복이라는 점에서 그 실질은 항고소송이라고 볼 수 있지만, 위와 같은 이유로 인해 그 형식은 당사자소송을 취하고 있다. 이렇듯 **실질은 항고소송임에도 당사자소송으로 제기되는 소송을 "형식적" 당사자소송**이라고 하며, 수험적으로는 그 사례로서 보상금증감청구 소송 한 가지 정도를 알아두는 것으로 충분하다.

🔍 관련판례

1. 보상항목 누락 → 당사자소송 (2017두275)

어떤 보상항목이 토지보상법령상 손실보상대상에 해당하는데도 관할 토지수용위원회가 사실을 오인하거나 법리를 오해함으로써 손실보상대상에 해당하지 않는다고 잘못된 내용의 재결을 한 경우에는, 피보상자는 관할 토지수용위원회를 상대로 그 재결에 대한 취소소송을 제기할 것이 아니라 사업시행자를 상대로 토지보상법 제85조 제2항에 따른 **보상금 증감의 소를 제기**하여야 한다.

2. 개별항목별 금액에 오류가 있어도, 총 합계만 맞으면 적법 (2017두41221)

법원이 구체적인 불복신청이 있는 보상항목들에 관해서 감정을 실시하는 등 심리한 결과, 재결에서 정한 보상금액이 **일부** 보상항목의 경우 **과소**하고 **다른** 보상항목의 경우 **과다**한 것으로 판명되었다면, 법원은 **보상항목 상호간의 유용을 허용**하여 항목별로 **과다 부분과 과소 부분을 합산**하여 보상금의 **합계액**을 정당한 보상금으로 결정할 수 있다.

3. 감정 결과 수용 여부는 판사의 재량 (2012두1570)

> 손실보상금 산정을 위한 감정평가 중 어느 한 가지 점이라도 위법사유가 있으면 그
> 것으로써 감정평가결과는 위법하게 되나, 감정평가가 위법하다고 하여도 법원은 그
> 감정내용 중 위법하지 않은 부분을 추출하여 판결에서 참작할 수 있다.

4. 손실보상의 유형

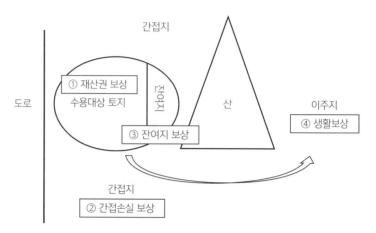

토지수용으로 인한 손실은 아래와 같은 다양한 양상으로 나타나게 된다.

(1) 재산권 보상

가장 떠올리기 쉬운 사례로서, 수용 대상 토지 그 자체의 객관적 가치뿐 아
니라, 부대손실(예 영업기반 상실로 인한 기회비용) 등이 포함된다. 완전보상
원칙을 따르면서도, 개발이익을 보상대상에서 배제해야 함은 이미 앞에서
살펴본 바 있다.

> **관련판례** 사업폐지로 인한 보상청구는 행정소송 제기 (2010다23210)
>
> 1. **사업폐지 등에 대한 보상청구권은** 공익사업의 시행 등 적법한 공권력의 행사에 의
>   한 재산상의 특별한 희생에 대하여 전체적인 공평부담의 견지에서 공익사업의 주
>   체가 그 손해를 보상하여 주는 손실보상의 일종으로 **공법상의 권리**임이 분명하므
>   로 그에 관한 쟁송은 민사소송이 아닌 **행정소송절차**에 의하여야 할 것이다.
>
> 2. 공익사업으로 인한 사업폐지 등으로 손실을 입게 된 자는 구 공익사업법 제34조,
>   제50조 등에 규정된 재결절차를 거친 다음 그 재결에 대하여 불복이 있는 때에 비
>   로소 구 공익사업법 제83조 내지 제85조에 따라 권리구제를 받을 수 있다고 보아야
>   한다.

(2) 간접손실보상

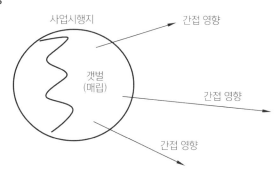

경우에 따라서는 공익사업이 시행됨으로 인해 <u>사업 시행지역 주변이 악영향</u>을 받는 경우가 존재한다. 예컨대, 갯벌에서 어업을 영위하고 있던 중 공익사업의 일환으로 갯벌을 매립해 버린다면, 인근 어민들은 생계에 막대한 타격이 발생하게 된다. 다만, 인근 어민들은 매립 대상지역을 소유하고 있지는 않으므로, 재산권보상의 직접적인 대상이 될 수는 없을 것이다.

이에, 공익사업이 시행되는 <u>지역 밖</u>에 있는 토지등이 공익사업의 시행으로 인하여 본래의 기능을 다할 수 없게 되었다면, 이를 별도의 간접손실로 보아 손실보상의 대상으로 삼고 있는 것이다.

🔍 관련판례

1. 간접손실에 대한 보상규정 흠결시 유추적용 (99다27231)

공공사업의 시행 결과 그 <u>공공사업의 시행이 기업지 밖에 미치는 간접손실에 관하</u>여 그 피해자와 사업시행자 사이에 협의가 이루어지지 아니하고 <u>그 보상에 관한 명문의 근거 법령이 없는 경우</u>라고 하더라도, ① <u>공공사업의 시행으로 인하여 그러한 손실이 발생하리라는 것을 쉽게 예견할 수 있고</u>, ② <u>그 손실의 범위도 구체적으로 이를 특정할 수 있는 경우</u>라면 그 손실의 보상에 관하여 공공용지의 취득 및 손실보상에 관한 특례법 시행규칙의 관련 규정 등을 유추적용할 수 있다고 해석함이 상당하다.

2. 영업손실의 범위 및 보상청구 절차 (2018두227)

① 공익사업시행지구 밖 영업손실보상의 특성과 헌법이 정한 '정당한 보상의 원칙'에 비추어 보면, 공익사업시행지구 밖 영업손실보상의 요건인 '<u>공익사업의 시행으로 인한 그 밖의 부득이한 사유로 일정 기간 동안 휴업이 불가피한 경우</u>'란 ㉠ <u>공익사업의 시행 또는 시행 당시 발생한 사유로 휴업이 불가피한 경우만을 의미하는 것이 아니라</u> ㉡ <u>공익사업의 시행 결과, 즉 그 공익사업의 시행으로 설치되는 시설의 형태·구조·사용 등에 기인하여 휴업이 불가피한 경우도 포함</u>된다고 해석함이 타당하다.

② 영업손실에 대한 보상을 받기 위해서는, 토지보상법 제34조, 제50조 등에 규정된 재결 절차를 거친 다음 그 재결에 대하여 불복이 있는 때에 비로소 토지보상법 제83조 내지 제85조에 따라 권리구제를 받을 수 있을 뿐이다. 이러한 재결절차를 거치지 않은 채 곧바로 사업시행자를 상대로 손실보상을 청구하는 것은 허용되지 않는다.

③ <u>이 사건 잠업사는</u> 이 사건 사업인정고시일 전부터 이 사건 건물, 입목, 설비를 갖추고 계속적으로 행하고 있던 영업으로서 원고는 <u>이 사건 노선의 운행으로 인한 소음·진동</u> 등으로 인하여 이 사건 잠업사를 이전하는 것이 불가피하다.

이 사건 잠업사에 이러한 손실이 발생하리라는 것을 충분히 **예견**할 수 있고, 그 손실의 범위도 **특정**할 수 있으므로 공익사업의 시행으로 인하여 필연적으로 야기되는 손실에 해당한다. 원고는 **토지보상법 관련 규정의 유추적용**에 의하여 이 사건 사업의 시행 결과로 발생한 영업손실의 보상을 청구할 권리가 있다.

3. 실질적 & 현실적 피해 발생 요구됨 (2007두6571)

손실보상은 공공필요에 의한 행정작용에 의하여 사인에게 발생한 특별한 희생에 대한 전보라는 점에서 그 사인에게 특별한 희생이 발생하여야 하는 것은 당연히 요구되는 것이고, 공유수면 매립면허의 **고시가 있다고 하여 반드시 그 사업이 시행되고 그로 인하여 손실이 발생한다고 할 수 없으므로**, 매립면허 고시 이후 매립공사가 실행되어 관행어업권자에게 **실질적이고 현실적인 피해가 발생한 경우에만 공유수면매립법에서 정하는 손실보상청구권이 발생**하였다고 할 것이다.

4. 사업인정고시는 손실보상의 요건이 아님 (2018다204022)

사업인정고시는 수용재결절차로 나아가 강제적인 방식으로 토지소유자나 관계인의 권리를 취득·보상하기 위한 절차적 요건에 지나지 않고 **영업손실보상의 요건이 아니다.** 토지보상법령도 반드시 사업인정이나 수용이 전제되어야 영업손실 보상의무가 발생한다고 규정하고 있지 않다. 따라서 피고가 시행하는 사업이 토지보상법상 공익사업에 해당하고 원고들의 영업이 해당 공익사업으로 폐업하거나 휴업하게 된 것이어서 토지보상법령에서 정한 영업손실 보상대상에 해당하면, 사업인정고시가 없더라도 피고는 원고들에게 영업손실을 보상할 의무가 있다.

(3) 잔여지보상

동일한 소유자에게 속하는 여러 필지의 토지가 한데 합쳐 하나의 목적에 사용되고 있었는데 이 중 일부 토지만 수용이 된다면, 수용되지 않고 남아 있는 나머지 토지(잔여지)의 가치는 종전보다 감소할 가능성이 높다.
경우의 수는 크게 두 가지로 구분된다.

잔여지보상		협의	수용재결	보상금증액청구
사용 가능	"손실보상"	○	○ [A]	○ [A'] (보상항목 누락 포함)
사용 불가능	매수청구 (사업시행자)			
	"수용청구" (토수위)	○	× [B] (형성권)	○ [B']

① 종전의 목적에 사용 가능한 경우 – 손실보상

잔여지의 가격이 감소하는 등의 손실이 있기는 하지만, 종전의 목적에 여전히 사용 가능하다면 토지소유자는 이를 보유하면서 가격 하락분에 대한 손실보상을 청구할 것이다. 이때는 통상적인 경우와 마찬가지로, 토지수용위원회의 수용재결[A]을 거친 뒤에 비로소 보상금증액청구소송[A']으로 나아갈 수 있다.

② 종전의 목적에 사용 불가능한 경우 – 매수/수용청구

반면, 잔여지를 종전의 목적에 사용하는 것이 현전히 곤란하다고 여겨진다면, 토지소유자는 기존의 수용 범위에 포함된 토지 외에 잔여지까지도 마저 수용하여 달라고 청구할 수 있다.

구체적으로, ㉠ 사업인정 이전이라면 사업시행자에게 매수청구를 할 수 있고, ㉡ 사업인정 이후라면 사업시행자와 사이에 매수 협의를 시도해 본 뒤, 협의가 결렬되면 토지수용위원회에 수용청구를 할 수 있다.

㉡에서 토지소유자가 갖는 **수용청구권은 형성권이므로, 이를 행사함으로써 곧바로 수용의 효과가 발생**하게 된다. 즉, 토지수용위원회의 **수용재결이 있지 않아도 수용의 효과가 곧바로 발생**한다[B]. 만약 토지수용위원회가 수용청구를 거부하는 취지의 수용재결을 하더라도, 이는 아무런 법적 효과를 갖지 않는다.

따라서, 토지소유자로서는 위 거부처분수용재결에 대해 항고소송을 제기하여 다툴 것이 아니라, **곧바로 사업시행자에 대하여 보상금증액청구소송[B']을** 당사자소송으로 제기하여야 한다.

(4) 생활보상

① 의의

생활보상이라 함은 공익사업으로 인하여 생활의 근거가 변동되는 자들이 종전과 같이 생활을 영위할 수 있도록 보상을 하는 것을 의미한다. 생활의 기반을 회복하여 준다는 의미에서 앞서 살펴본 손실보상의 다른 유형들과는 다소 차이를 보인다.

생활보상은 크게 이주대책 및 생계대책으로 구분된다.

② 이주대책

주거 기반의 회복을 목적으로 하는 보상으로서, 분양권의 부여, 이주정착금 지급, 이사비용의 지급 등을 주된 내용으로 한다.

헌법재판소는 이주대책이 헌법 제34조의 인간다운 생활을 할 권리 보장을 위해 국가의 사회적 약자에 대한 배려 차원에서 마련되는 제도라는 이유로, 이주대책의 실시 여부는 입법자의 입법정책적 재량의 영역에 속한다는 입장이다. 따라서, 법률이 이주대책을 실시하지 않거나, 일부 이해관계자를 그 대상에서 배제하여도 위헌으로 보기는 어렵다.

입법자가 위와 같은 입법재량을 발휘한 결과, 토지보상법 제78조에는 사업시행자의 이주대책 수립·실시의무가 규정되어 있다. 이에 따라, 사업시행자는 반드시 이주대책을 수립·실시하여야만 한다. 다만, 본 제도가 헌법 제34조의 인간다운 생활을 할 권리 보장을 위해 국가의 사회적 약자에 대한 배려 차원에서 마련되었다는 점을 감안하여, 대상자 선정 여부 및 이주대책 실시 범위 등에 대해서는 사업시행자의 재량을 인정하고 있다. 주의할 점은, 이주대책에 따른 구체적 권리가 위 조항에 의해 곧바로 생겨나는 것은 아니고, 사업시행자가 이해관계자의 신청을 받아 이주대책 대상자로 확인 및 결정하여야만 비로소 권리가 생겨난다는 것이다. 만약 사업시행자가 위 신청을 거부할 경우, 거부 당한 자는 이를 거부처분 취소소송 등으로 다툴 수 있다.

헌법 제23조

① 모든 국민의 재산권은 보장된다. 그 내용과 한계는 법률로 정한다.

② 재산권의 행사는 공공복리에 적합하도록 하여야 한다.

③ 공공필요에 의한 재산권의 수용·사용 또는 제한 및 그에 대한 보상은 법률로써 하되, 정당한 보상을 지급하여야 한다.

헌법 제34조

① 모든 국민은 인간다운 생활을 할 권리를 가진다.

토지보상법 제78조【이주대책의 수립 등】

① 사업시행자는 공익사업의 시행으로 인하여 주거용 건축물을 제공함에 따라 생활의 근거를 상실하게 되는 자(이하 "이주대책대상자"라 한다)를 위하여 대통령령으로 정하는 바에 따라 이주대책을 수립·실시하거나 이주정착금을 지급하여야 한다. *[A']*

구분		이주대책	생계대책
헌재		인간다운 생활을 할 권리 (헌법 제34조)	
	재량 *[A]*	입법 여부 및 내용	
대법원	인간다운 생활을 할 권리 (헌법 제34조)		정당한 보상 (헌법 제23조 제3항) : 내부규정 두었다면 보상 *[D]*
	기속 *[A']*	재량 *[C]*	
	실시여부 및 내용	특별공급 수량 /대상자 선정	
		불복 *[B]*	불복 *[E]*
		거부처분 항고소송	거부처분 항고소송

🔍 관련판례

1. 이주대책 실시여부는 입법재량 *[A]* (2004헌마19)

이주대책은 헌법 제23조 제3항에 규정된 정당한 보상에 포함되는 것이라기 보다는 이에 부가하여 이주자들에게 종전의 생활상태를 회복시키기 위한 생활보상의 일환으로서 국가의 정책적인 배려에 의하여 마련된 제도라고 볼 것이다. 따라서 **이주대책의 실시여부는 입법자의 입법정책적 재량의 영역**에 속하므로 공익사업을 위한 토지 등의 취득 및 보상에 관한 법률 시행령 제40조 제3항 제3호가 이주대책의 **대상자에서 세입자를 제외**하고 있는 것이 세입자의 재산권을 침해하는 것이라 볼 수 없다.

2. 이주대책 실시 및 내용 규정은 강행규정 *[A']* (2011다40465)

사업시행자의 이주대책 수립·실시의무를 정하고 있는 구 공익사업법 제78조 제1항은 물론 그 이주대책의 내용에 관하여 규정하고 있는 같은 법 제78조 제4항 본문 역시 당사자의 합의 또는 사업시행자의 재량에 의하여 그 적용을 배제할 수 없는 강행법규이다.

3. 이주대책대상자 선정이 있어야만 분양권 생김 [B] (92다35783)

① **이주대책은** 공공사업의 시행에 필요한 토지 등을 제공함으로 인하여 **생활의 근거를 상실**하게 되는 이주자들을 위하여 사업시행자가 기본적인 **생활시설이 포함된 택지를 조성**하거나 그 지상에 **주택을** 건설하여 이주자들에게 이를 그 투입비용 **원가만의 부담하에 개별 공급**하는 것으로서, 그 본래의 취지에 있어 이주자들에 대하여 종전의 생활상태를 원상으로 회복시키면서 동시에 **인간다운 생활을 보장**하여 주기 위한 이른바 생활보상의 일환으로 **국가의 적극적이고 정책적인 배려에 의하여** 마련된 제도이다.

② 같은 법 제8조 제1항이 사업시행자에게 이주대책의 수립·실시의무를 부과하고 있다고 하여 그 규정 자체만에 의하여 이주자에게 사업시행자가 수립한 이주대책상의 ○○아파트 입주권 등을 받을 수 있는 구체적인 권리(수분양권)가 직접 발생하는 것이라고는 도저히 볼 수 없으며, 사업시행자가 이주대책에 관한 구체적인 계획을 수립하여 이를 해당자에게 통지 내지 공고한 후, 이주자가 수분양권을 취득하기를 희망하여 이주대책에 정한 절차에 따라 **사업시행자에게 이주대책대상자 선정신청을 하고 사업시행자가 이를 받아들여 이주대책대상자로 확인·결정하여야만 비로소 구체적인 수분양권이 발생**하게 된다.

③ 위와 같은 **사업시행자가 하는 확인·결정**은 곧 구체적인 이주대책상의 수분양권을 취득하기 위한 요건이 되는 행정작용으로서의 **처분**인 것이지, 결코 이를 단순히 절차상의 필요에 따른 사실행위에 불과한 것으로 평가할 수는 없다. 따라서 수분양권의 취득을 희망하는 이주자가 소정의 절차에 따라 이주대책대상자 선정신청을 한 데 대하여 사업시행자가 이주대책대상자가 아니라고 하여 위 확인·결정 등의 처분을 하지 않고 이를 제외시키거나 또는 거부조치한 경우에는, 이주자로서는 당연히 사업시행자를 상대로 항고소송에 의하여 그 제외처분 또는 **거부처분의 취소를 구할 수 있다.**

④ 이주자가 사업시행자에 대한 이주대책대상자 선정신청 및 이에 따른 확인·결정 등 절차를 밟지 아니하여 구체적인 **수분양권을 아직 취득하지도 못한 상태에서 곧바로** 분양의무의 주체를 상대방으로 하여 민사소송이나 공법상 당사자소송으로 이주대책상의 수분양권의 확인 등을 구하는 것은 **허용될 수 없다.**

4. 대상자 선정, 실시 범위 등은 사업시행자의 재량 [C] (2004두7481)

이주대책은 공공사업의 시행으로 생활근거를 상실하게 되는 이주자에게 이주정착지의 택지를 분양하도록 하는 것이고, 사업시행자는 **특별공급주택의 수량, 대상자의 선정** 등에 있어 **재량**을 가진다.

③ 생계대책(생활대책)

종전과 같은 소득수준을 영위할 수 있도록 보상하는 것으로서, 상업용지 또는 상가분양권 등을 공급하는 것을 예로 들 수 있다.

헌법재판소는 이주대책과 마찬가지로, 생계대책 수립 여부는 헌법 제34조의 인간다운 생활을 할 권리보장을 위해 국가의 사회적 약자에 대한 배려 차원에서 마련되는 제도라는 이유로, 생계대책의 실시 여부는 입법자의 입법정책적 재량의 영역에 속한다는 입장이다. 따라서, 개별 법률이 생계대책을 실시하지 않거나, 일부 이해관계자를 그 대상에서 배제하여도 위헌이라고 보기는 어렵다.

이주대책과는 달리, 입법자는 토지보상법에 생활대책에 관한 명문의 근거 규정을 두지 않고 있다. 이러한 상황에서 생업의 근거를 상실한 자가 생계대책에 관한 권리를 주장할 수 있을지가 문제되는데, 대법원은 위 권리가 헌법 제23조 제3항에 근거한 정당한 보상과 관련된 것이라는 전제하에, 사업시행자가 스스로 생활대책에 관한 내부규정을 마련한 경우라면 이에 근거하여 보상이 가능하다는 입장이다.

관련판례

1. 생계대책 실시여부는 입법재량 [A] (2012헌바71)

'생업의 근거를 상실하게 된 자에 대하여 일정 규모의 상업용지 또는 상가분양권 등을 공급하는' **생활대책**은 헌법 제23조 제3항에 규정된 정당한 보상에 포함되는 것이라기보다는 생활보상의 일환으로서 **국가의 정책적인 배려에 의하여 마련**된 제도이므로, 그 실시 여부는 **입법자의 입법정책적 재량**의 영역에 속한다.
이 사건 법률조항이 공익사업의 시행으로 인하여 농업 등을 계속할 수 없게 되어 이주하는 농민 등에 대한 생활대책 수립의무를 **규정하고 있지 않다는 것만으로 재산권을 침해한다고 볼 수 없다.**

2. 굳이 내부규정 두었다면 이에 따라 정당한 보상 (2008두17905)

[D] 사업시행자 스스로 공익사업의 원활한 시행을 위하여 필요하다고 인정함으로써 생활대책을 수립·실시할 수 있도록 하는 내부규정을 두고 있고 내부규정에 따라 생활대책대상자 선정기준을 마련하여 생활대책을 수립·실시하는 경우에는, 이러한 생활대책 역시 "공공필요에 의한 재산권의 수용·사용 또는 제한 및 그에 대한 보상은 법률로써 하되, 정당한 보상을 지급하여야 한다."고 규정하고 있는 헌법 제23조 제3항에 따른 정당한 보상에 포함되는 것으로 보아야 한다.
[E] 따라서 이러한 생활대책대상자 선정기준에 해당하는 자는 사업시행자에게 생활대책대상자 선정 여부의 확인·결정을 신청할 수 있는 권리를 가지는 것이어서, 만일 사업시행자가 그러한 자를 생활대책대상자에서 제외하거나 선정을 거부하면, 이러한 생활대책대상자 선정기준에 해당하는 자는 사업시행자를 상대로 항고소송을 제기할 수 있다고 보는 것이 타당하다.

(5) 환매권

공익사업의 폐지·변경 또는 그 밖의 사유로 취득한 토지의 전부 또는 일부가 필요 없게 된 경우 토지의 협의취득일 또는 수용의 개시일 당시의 토지소유자 또는 그 포괄승계인(환매권자)은 법에서 정한 시점으로부터 10년 이내에 그 토지에 대하여 받은 보상금에 상당하는 금액을 사업시행자에게 지급하고 그 토지를 환매할 수 있다.

관련판례

1. 환매 = 사권 = 민사소송 (92다4673)

환매권은 일종의 형성권으로서 그 존속기간은 제척기간으로 보아야 할 것이며, 위 환매권은 재판상이든 재판외든 그 기간 내에 행사하면 이로써 매매의 효력이 생기고, 위 매매는 같은 조 제1항에 적힌 환매권자와 국가 간의 사법상의 매매라 할 것이다.

2. 환매권 발생기간을 10년으로 제한한 것은 위헌 (2019헌바131)

[1] 2000년대 이후 다양한 공익사업이 출현하면서 공익사업 간 중복·상충 사례가 발생하였고, 산업구조 변화, 비용 대비 편익에 대한 지속적 재검토, 인근 주민들의 반대 등에 직면하여 공익사업이 지연되다가 폐지되는 사례가 다수 발생하고 있다. 이와 같은 상황에서 이 사건 법률조항의 환매권 발생기간 '10년'을 예외 없이 유지하게 되면 토지수용 등의 원인이 된 공익사업의 폐지 등으로 공공필요가 소멸하였음에도 단지 10년이 경과하였다는 사정만으로 환매권이 배제되는 결과가 초래될 수 있다.

[2] 이 사건 법률조항의 위헌성은 환매권의 발생기간을 제한한 것 자체에 있다기보다는 그 기간을 10년 이내로 제한한 것에 있다.

제 8 편

행정소송

제1장 취소소송 중심의 행정소송 체계

1 행정소송의 종류

행정소송은 크게 주관소송(항고소송 및 당사자소송) 및 객관소송(민중소송 및 기관소송)으로 나뉘며, 이 중 수험적으로 중요성을 갖는 것은 항고소송의 일종인 취소소송이다. 나머지 주관소송은 취소소송과의 차이점을 이해하는 것이 중요하고, 객관소송은 각 소송의 의의를 숙지하는 것으로 충분하다❶.

1. 항고소송

행정청의 처분등이나 부작위에 대하여 제기하는 소송으로서, 취소소송/무효등확인소송/부작위위법확인소송으로 구분된다.

2. 당사자소송

행정청의 처분등을 원인으로 하는 법률관계에 관한 소송, 그 밖에 공법상의 법률관계에 관한 소송으로서 그 법률관계의 한쪽 당사자를 피고로 하는 소송이다.

3. 민중소송

국가 또는 공공단체의 기관이 법률에 위반되는 행위를 한 때에 직접 자기의 법률상 이익과 관계없이 그 시정을 구하기 위하여 제기하는 소송이다.

4. 기관소송

국가 또는 공공단체의 기관 상호간에 있어서의 권한의 존부 또는 그 행사에 관한 다툼이 있을 때에 이에 대하여 제기하는 소송이다(단, 헌법상 권한쟁의심판을 제외함).

나아가, 위 열거된 소송 외에 다른 유형의 소송(**의무이행소송**❷, 적극적 형성소송, 작위의무확인소송, 예방적 금지소송, 부작위**청구**소송)은 도입의 필요성에 대한 논의만 있을 뿐, 현행법상 **허용되지 않는다**는 점을 유의할 필요가 있다.

❶
민중소송 및 기관소송은 법률이 정한 경우에 법률에 정한 자에 한하여 제기할 수 있어, 그 사례가 매우 드묾(행정소송법 제45조)

❷
행정심판에서는 의무이행심판의 청구가 가능함

2 취소소송 개관

1. 의의

취소사유에 불과한 하자가 있는 처분은 그 하자에도 불구하고 <u>취소되기 전까지는 유효</u>한 것으로 통용된다. 이러한 힘을 "공정력"이라 한다. 처분청이 처분을 직권으로 취소 또는 철회하지 않는 이상, <u>처분의 상대방은 취소소송을 제기하여 처분의 공정력을 소멸시켜야 할 것이다.</u>

취소소송에서 승소하여 **인용판결이 확정**되면, **피고의 별도 후속조치 없이도** <u>처분의 효력이 소급적으로 무효가 된다.</u> 이러한 취소소송의 인용판결의 효력을 **"형성력"**이라 하고, 위 인용판결을 "형성판결"이라고도 부른다.

2. 무효를 선언하는 의미의 취소소송

처분의 하자가 중대성과 명백성을 모두 갖추었다면 이는 무효사유에 해당하고, 둘 중 하나라도 충족되지 않는다면 이는 취소사유에 불과하다. 즉, <u>무효사유가 취소사유보다 개념적으로 더 큰 하자에 해당한다❶.</u>

따라서, <u>무효인 처분에 대해서도 취소소송을 제기하여 인용판결을 받는 것이 가능</u>하며, 이때 제기하는 취소소송을 "무효를 선언하는 의미의 취소소송"이라고 한다. 다만, 이는 어디까지나 <u>취소소송이므로</u> **전치주의 및 제소기간 등 취소소송의 요건**을 모두 갖추어야 한다(84누175).

구분	무효사유 (100점 실력자)	취소사유 (1점 실력자)
무효확인소송 (100점을 맞아야 합격하는 시험)	○	×
취소소송 (1점만 맞아도 합격하는 시험)	○	○

❶
이를 두고 "취소사유는 무효사유를 포함한다."고 표현하기도 함

3 소송요건의 의의 및 종류

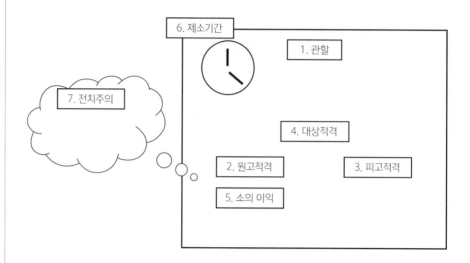

1. 의의

소송요건이라 함은 본안심리를 하기 위해 갖추어야 하는 요건을 의미한다. 논리적으로는 소송요건이 갖추어져야 본안심리로 넘어갈 수 있는 것이지만, 현실에서는 본안심리를 하는 도중에도 소송요건이 흠결된 것으로 판단되면 법원은 소를 부적법 각하한다.

2. 종류

취소소송의 소송요건은 7가지가 있다[관할, 원고적격, 피고적격, 대상적격, 소의이익(권리보호의 필요성), 제소기간, 전치주의]. 판례는 이 중 대상적격, 원고적격, 소의이익을 한데 묶어 "소의 이익" 내지는 "법률상의 이익"으로 통칭하는 경향이 있으므로, 용어 해석에 혼동을 겪지 않도록 유의할 필요가 있다.

제2장 취소소송

제1절 소송요건

1 대상적격

1. 의의

대상적격은 해당 행정작용이 항고소송의 대상이 될 수 있는지와 관련된 문제이다. 대상적격을 갖는 행정작용을 두고 "처분성"이 있다고 표현한다. 쉽게 말해, 법정의 심판대 위에 처분을 올려다 놓고 이를 심판해 달라고 요구할 수 있을 만큼 법적 의미가 있는 처분인지를 따져보자는 것이다.

> **행정소송법 제2조 【정의】**
> ① 이 법에서 사용하는 용어의 정의는 다음과 같다.
> 1. "**처분등**"이라 함은 (1) [처분] 행정청이 행하는 구체적 사실에 관한 법집행으로서의 공권력의 행사 또는 그 거부와 그 밖에 이에 준하는 행정작용(이하 "처분"이라 한다) 및 (2) [등] 행정심판에 대한 재결을 말한다.
> 2. "부작위"라 함은 행정청이 당사자의 신청에 대하여 상당한 기간 내에 일정한 처분을 하여야 할 법률상 의무가 있음에도 불구하고 이를 하지 아니하는 것을 말한다.
>
> **행정소송법 제19조 【취소소송의 대상】**
> 취소소송은 **처분등**을 대상으로 한다. 다만, 재결취소소송의 경우에는 재결 자체에 고유한 위법이 있음을 이유로 하는 경우에 한한다.

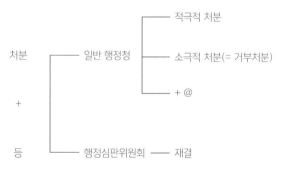

취소소송의 대상은 "처분등"이다. 이는 처분("처분")과 재결("등")로 구분되는데, 처분은 다시 적극적 처분/소극적 처분/그 밖에 이에 준하는 행정작용으로 나뉜다. 이 중 주된 대상이 되는 적극적 처분 및 소극적 처분의 의미에 대해서 자세히 살펴보자면 다음과 같다.

적극적 처분은 "행정청이 행하는 구체적 사실에 관한 법집행으로서의 공권력의 행사"를 의미한다. 이는 처분의 상대방에게 미치는 영향을 기준으로 침익적 처분과 수익적 처분으로 구분되고, 둘 다 대상적격은 있겠으나 후자의 경우 소의 이익이 인정되지 않는 것이 통상적이다(원고에게 유리한 처분).

소극적 처분(거부처분)은 수익적 처분을 신청하였으나, 이를 거부당한 경우를 의미한다. 뒤에서 살펴보겠지만, 행정청의 거부행위가 처분성을 가지려면 처분의 상대방이 수익적 처분을 신청할 권리(신청권)를 가지고 있었는지가 주된 관심사가 된다.

2. 적극적 처분의 개념요소

> **◎ 관련판례** 객관적으로 따지되, 불분명하면 상대방의 주관적 사정 고려 (2021두60748)
>
> 행정청의 행위가 항고소송의 대상이 될 수 있는지는 추상적·일반적으로 결정할 수 없고, 구체적인 경우에 관련 법령의 내용과 취지, 그 행위의 주체·내용·형식·절차, 그 행위와 상대방 등 이해관계인이 입는 불이익 사이의 실질적 견련성, 법치행정의 원리와 그 행위에 관련된 행정청이나 이해관계인의 태도 등을 고려하여 개별적으로 결정하여야 한다. **행정청의 행위가 '처분'에 해당하는지가 불분명한 경우에는** 그에 대한 불복방법 선택에 중대한 이해관계를 가지는 **상대방의 인식가능성과 예측가능성**을 중요하게 고려하여 규범적으로 판단하여야 한다.

(1) 행정청의 행위일 것

행정청이라 함은 국가 또는 지방자치단체의 행정에 관한 의사를 결정하고 이를 외부에 표시할 수 있는 권한을 가진 행정기관을 말한다(Cf. 사법상 단체의 행위 / 사인의 공법행위).

> **◎ 관련판례**
>
> | 사법상 단체의 행위 - 마사회 (2005두8269) | 공법인의 행위 - 법무사회 (2015다34444) |
> | --- | --- |
> | 한국마사회가 조교사 또는 기수의 면허를 부여하거나 취소하는 것은 국가 기타 행정기관으로부터 위탁받은 행정권한의 행사가 아니라 일반 사법상의 법률관계에서 이루어지는 단체 내부에서의 징계 내지 제재처분이다. | 법무사에 대하여 지방법무사회로부터 채용승인을 얻어 사무원을 채용할 의무는 법무사법에 의하여 강제되는 공법적 의무이다. |

(2) 구체적 사실에 대한 법집행으로서 공권력의 행사

처분은 **국민의 구체적인 권리·의무에 직접 영향**을 미치는 행정작용을 의미하므로(규율성), **행정입법**은 원칙적으로 처분성이 **부정**되는 반면, 이에 근거한 집행행위는 처분성을 갖는다.

(3) 외부에 표시되어 효력이 발생될 것

처분은 외부에 표시되어 상대방에게 인식 가능한 상태에 놓임으로써 비로소 효력을 가지며, 대상적격도 부여받는다. 처분의 효력발생시점은 제소기간 산정의 기산점이 되는 "있은 날"이기도 한다.

(4) 다른 불복절차가 구비되어 있지 않을 것

위 (1) 내지 (3)의 요건이 모두 충족된 행정작용이라 하더라도, 개별법에서 항고소송이 아닌 다른 불복절차를 따르도록 하고 있다면 그 행정작용은 항고소송의 대상적격을 부여받지 못한다.

대표적인 사례가 비송사건절차법에 근거한 **과태료** 부과행위이다. 한편, 농지법이 이에 근거한 이행강제금에 대한 불복을 과태료재판의 예에 따르도록 하고 있으므로, **농지법**에 근거한 이행강제금 부과행위 역시 처분성이 인정되지 <u>않는다</u>(행정상의 의무이행확보수단 – 이행강제금 파트 참조).

ⓔ 유사판례

1. 검사의 공소제기(= 기소) (99두11264)

형사소송법에 의하면 검사가 공소를 제기한 사건은 기본적으로 법원의 심리대상이 되고 피의자 및 피고인은 수사의 적법성 및 공소사실에 대하여 **형사소송절차를 통하여 불복할 수 있는 절차와 방법이 따로 마련**되어 있으므로 검사의 공소제기가 적법절차에 의하여 정당하게 이루어진 것이냐의 여부에 관계없이 **검사의 공소에 대하여는 형사소송절차에 의하여서만 이를 다툴 수 있고** 행정소송의 방법으로 공소의 취소를 구할 수 없다.

2. 검사의 불기소처분 (89누2271)

검사의 불기소처분에 대하여는 **검찰청법에 의한 항고와 재항고 및 형사소송법에 의한 준기소절차에 의해서만 불복할 수 있는 것**이므로 검사의 불기소처분이나 그에 대한 항고 또는 재항고결정에 대하여는 행정소송을 제기할 수 없다.

---

3. 소극적 처분(거부처분)의 개념요소

거부행위가 처분성을 갖기 위해서는 ① 신청의 대상이 된 행위가 공권력의 행사 또는 이에 준하는 행정작용일 것, ② 거부행위가 신청인의 법률관계에 어떠한 변동을 일으킬 것, ③ 국민에게 그 행위발동을 요구할 **법규상 또는 조리상의 신청권**이 있을 것이 요구된다.

이 중 ②는 신청인의 실체상의 권리관계에 직접적인 변동을 일으키는 것은 물론, 그렇지 않다 하더라도 신청인이 실체상의 권리자로서 권리를 행사함에 **중대한 지장을 초래하는 경우도 포함**한다(2000두9229).

신청	⇨	거부
영향 X		영향 X

ⓔ **관련판례** ② 거부행위가 신청인의 법률관계에 어떠한 변동을 일으킬 것
(규율성 요건 관련)

구분	소유자 명의	지목	작성
요구사항	내가 소유자니까 이름 똑바로 써달라	토지 용도를 바꿔달라 (논 → 나대지)	장부에 등재해달라
관련 장부	등기부	토지대장(지적공부) + 건축물대장	

부동산 장부	중요사항
등기부	그 외
그 외	그 외

1. 판례 비교

지목변경신청에 대한 거부 (2003두9015)	지목은 토지에 대한 공법상의 규제, 개발부담금의 부과대상, 지방세의 과세대상, 공시지가의 산정, 손실보상가액의 산정 등 토지행정의 기초로서 공법상의 법률관계에 영향을 미치고, 토지소유자는 지목을 토대로 토지의 사용·수익·처분에 일정한 제한을 받게 된다.

건축물대장 작성신청 반려행위 (2007두17359)	건축물대장의 작성 신청권을 가지고 있고, 한편 건축물대장은 건축물에 대한 공법상의 규제, 지방세의 과세대상, 손실보상가액의 산정 등 건축행정의 기초자료로서 공법상의 법률관계에 영향을 미친다.
토지대장의 소유자 명의 변경 거부 (×) (2010두12354)	소유자 명의가 변경된다고 하여도 이로 인하여 당해 토지에 대한 실체상의 권리관계에 변동을 가져올 수 없고 토지 소유권이 지적공부의 기재만에 의하여 증명되는 것도 아니다.

2. 판례 비교

자동차운전면허대장 등재 / 운전경력증명서 기재 (×) (91누1400)	인감증명발급행위 (×) (2000두2136)
① 원고의 과속으로 인해 범칙금납부의 통고처분을 받고, 아울러 자동차운전면허대장 및 운전경력증명서상의 교통사고란에 원고가 도로교통법 위반죄를 저질렀다고 기재되었다. ② 원고는 위 교통사고는 트럭운전자의 과실로 인하여 발생한 것일 뿐 원고는 아무런 교통법규위반행위가 없으므로 기재행위가 위법하다고 주장한 것이다(범칙금납부 통고처분을 형사소송으로 다투라는 취지).	① 원고의 형제 중 1인이 사망한 부모의 명의로 위임장 위조하여 인감증명을 발급받아 토지보상금을 부당히 수령하였다. ② 이에 원고가 행정청이 위조 여부를 제대로 조사하지도 않고 인감증명서를 발급하였다고 하며 인감증명행위의 무효를 주장한 것이다(상속재산에 대한 민사소송으로 다투라는 취지).

🔍 관련판례

1. 국방전력발전업무훈령에 의한 연구개발확인서 발급 거부 (○) (2019다264700)

국방전력발전업무훈령에 의한 연구개발확인서 발급은 사업관리기관이 개발업체에게 해당 품목의 양산과 관련하여 경쟁입찰(1 vs 多)에 부치지 않고 수의계약(1 vs 1)의 방식으로 국방조달계약을 체결할 수 있는 지위(경쟁입찰의 예외사유)가 있음을 인정해 주는 '확인적 행정행위'로서 공권력의 행사인 '처분'에 해당하고, 연구개발확인서 발급 거부는 신청에 따른 처분 발급을 거부하는 '거부처분'에 해당한다.

2. 어느 회사 소속 근로자인지 – 중요사항 × (×) (2014두47426)

업무상 재해를 당한 甲의 요양급여 신청에 대해 근로복지공단이 요양승인처분을 하면서 사업주를 乙 주식회사로 보아 요양승인 사실을 통지하자, 乙 회사가 甲이 자신의 근로자가 아니라고 주장하면서 사업주 변경신청을 하였으나 근로복지공단이 거부 통지를 한 사안에서, 위 통지는 항고소송의 대상이 되는 행정처분이 되지 않는다.

구분	주요 내용	기타
처분사유	甲이 근로자임	甲이 乙 회사 소속임
소송 대상	○	×

여기에서 **중요한 것은 ③ 신청권 요건**이다. 행정청에 대한 모든 신청이 적법하거나, 정당한 것은 아닐 것이므로, 행정청이 이를 거부하는 것이 항상 법적으로 문제 된다고 보기는 어렵다. 이에, 원고가 법적으로 인정되는 신청권을 근거로 수익적 처분을 신청하였음에도 행정청이 이를 거부한 경우에 한하여 대상적격을 부여함으로써 항고소송으로 다툴 수 있도록 하겠다는 것이다.

판례의 해석과 관련하여 주의할 점은 다음 두 가지이다(2007두20638 등).

① 신청인(원고)이 누구인지를 고려하지 않고 관계 법규의 해석에 의하여 "일반 국민"에게 그러한 권리가 일반적으로 인정되는지를 살펴 추상적으로 결정

원고의 입장에서 유달리 문제될만한 사안인지를 살피는 것은 원고적격의 문제에 해당한다. 반면, 대상적격은 원고가 누구인지를 불문하고, 처분이 법정의 심판대 위에 올려둘만한 법적 가치가 있는지의 문제이다.

② "단순한 응답을 받을 권리인 경우도 포함"되며, 반드시 신청의 인용이라는 만족적 결과를 의미하는 것은 아님

행정청이 원고가 신청한 내용을 인용하였어야 하는지는 최종적으로 본안심리 단계에서 판단되어야 할 문제이기 때문이다. 행정청의 응답이 만족적인지 불만족적인지를 불문하고, 원고가 어떤 내용으로든 응답을 받을 권리가 있었다면 일단 대상적격을 인정하여 법정의 심판대에 이를 올려두는 것이고, 이후 법원이 본안심리 단계에서 원고가 만족적인 응답을 들었어야 함에도 행정청으로부터 이를 거부당한 것인지를 살피는 것이다.

1. 원고적격 VS 대상적격
   • 원고적격: 누가 문제 삼는지
   • 대상적격: 무엇을 문제 삼는지
2. 대상적격 VS 본안심리
   원고의 궁극적인 주장
   "나는 YES라는 / 대답을 들을 권리가 있어!"
   <본안심리>   <소송요건>

🔍 유사판례

국립대학교원 재임용 거부 (○) (2000두7735)	대학교원 신규임용거부 (○) (2001두7053)
기간제로 임용되어 임용기간이 만료된 국·공립대학의 조교수는 교원으로서의 능력과 자질에 관하여 합리적인 기준에 의한 공정한 심사를 받아 위 기준에 부합되면 특별한 사정이 없는 한 재임용되리라는 기대를 가지고 재임용 여부에 관하여 **합리적인 기준에 의한 공정한 심사를 요구할 법규상 또는 조리상 신청권**을 가진다고 할 것이니, 임용권자가 임용기간이 만료된 조교수에 대하여 재임용을 거부하는 취지로 한 **임용기간만료의 통지**는 위와 같은 대학교원의 법률관계에 영향을 주는 것으로서 행정소송의 대상이 되는 처분에 해당한다.	임용지원자가 당해 대학의 교원임용규정 등에 정한 심사단계 중 중요한 대부분의 단계를 통과하여 다수의 임용지원자 중 유일한 면접심사 대상자로 선정되는 등으로 장차 나머지 일부의 심사단계를 거쳐 대학교원으로 임용될 것을 상당한 정도로 기대할 수 있는 지위에 이르렀다면, 그러한 임용지원자는 임용에 관한 법률상 이익을 가진 자로서 임용권자에 대하여 나머지 **심사를 공정하게 진행하여 그 심사에서 통과되면 대학교원으로 임용해 줄 것을 신청할 조리상의 권리**가 있다고 보아야 할 것이고, 또한 유일한 면접심사 대상자로 선정된 임용지원자에 대한 **교원 신규채용업무를 중단하는 조치**는 임용지원자에 대한 신규임용을 사실상 거부하는 종국적인 조치에 해당하는 것이다.

🔍 비교판례 신청권 (×)

1. **"특별"채용 (2004두11626)**

   교사에 대한 임용권자가 임용지원자를 **특별채용할 것인지 여부는 임용권자의 판단에 따른 재량**에 속하는 것이고, 임용권자가 임용지원자의 임용 신청에 기속을 받아 그를 특별채용하여야 할 의무는 없으며 임용지원자로서도 자신의 임용을 요구할 <u>법규상 또는 조리상 권리가 있다고 할 수 없다.</u>

2. **같은 취지 (2013두20585)**

   중요무형문화재 보유자의 추가인정 여부는 문화재청장의 재량에 속하고, 특정 개인이 자신을 보유자로 인정해 달라고 신청할 수 있다는 근거 규정을 별도로 두고 있지 아니하므로 법규상으로 개인에게 <u>신청권이 있다고 할 수 없다.</u>

제8편

행정소송 해커스공무원 3분의 1로 줄여 쓴 김대현 행정법총론 기본서

4. 처분성 인정사례의 구체적 검토

(1) 행정입법

행정작용은 구체적인 행정행위와 일반적·추상적 행정입법으로 나뉘는데, 이 중 행정입법은 원칙적으로 처분성이 인정되지 않는다. 다만, 예외적으로 행정입법이 **집행행위의 개입 없이도 그 자체로서 직접 국민의 권리·의무에 대하여 구체적 영향을 미치는 경우**에는 처분성이 인정된다(이른바 '처분적 고시·조례').

구분	법조문	집행행위	국민의 권리·의무
일반 행정입법	○○법 시행령 제28조 (과징금의 기준) ① 행정청은 법령등에 따른 의무를 위반한 자에 대하여 법률로 정하는 바에 따라 그 위반행위에 대한 제재로서 과징금을 부과할 수 있다.	A가 2023. 1. 1. 담합을 해서 가격을 맘대로 올렸으니, 과징금 5,000만원 부과함	A에게 과징금 5,000만원 납부의무 발생
처분적 고시·조례	약제급여·비급여목록 및 급여상한 금액표 (2005두2506) A 제약회사의 B 약제에 대하여 약제비용의 구체적 한도액을 특정	–	A 제약회사가 B 약제의 가격을 인하해야 함
	두밀분교 폐지조례 (95누8003) 두밀분교를 폐지하기로 함		두밀분교 재학생은 강제 전학가야 함

관련판례

1. 원칙 – 처분성 ×: 특정 병원 간판에 대한 규제 × (2005두15168)

의료기관의 명칭표시판에 진료과목을 함께 표시하는 경우 글자 크기를 제한하고 있는 구 의료법 시행규칙 제31조가 그 자체로서 국민의 구체적인 권리의무나 법률관계에 직접적인 변동을 초래하지 아니하므로 항고소송의 대상이 되는 행정처분이라고 할 수 없다.

2. 예외 – 처분성 ○: 처분적 조례 (95누8003)

① 조례에 대한 무효확인소송을 제기함에 있어서 피고적격이 있는 처분 등을 행한 행정청은, 행정주체인 지방자치단체 또는 지방자치단체의 내부적 의결기관으로서 지방자치단체의 의사를 외부에 표시한 권한이 없는 지방의회가 아니라, 지방자치단체의 집행기관으로서 조례로서의 효력을 발생시키는 **공포권이 있는 지방자치단체의 장**이다.

② 시·도의 **교육·학예**에 관한 사무의 집행기관은 **시·도 교육감**이고 시·도 교육감에게 지방교육에 관한 조례안의 공포권이 있다고 규정되어 있으므로, 교육에 관한 조례의 무효확인소송을 제기함에 있어서는 그 집행기관인 시·도 교육감 *(=경기도 교육감)*을 피고로 하여야 한다.

🔍 비교판례 도지사의 지방의료원 폐업결정의 처분성 (2015두60617)

1. 지방자치법 제4조 제3항

지방자치단체가 지방의료원을 설립하려는 경우에는 이 법에서 규정한 것을 제외하고는 그 설립·업무 및 운영에 관하여 필요한 사항은 지방자치단체의 조례로 정하여야 한다.

2. 지방의료원의 설립·통합·해산은 지방자치단체의 조례로 결정할 사항이므로, 피고 경상남도가 설치·운영하는 지방의료원인 진주의료원의 폐업·해산은 피고 경상남도의 조례로 결정할 사항인 점,

3. 그럼에도 이 사건 조례가 공포된 2013. 7. 1. 이전에 의료진과의 근무계약 해지, 환자들에 대한 전원조치 및 진주의료원 폐업신고 등 진주의료원의 폐업을 위한 조치가 이루어졌고, 이러한 일련의 조치는 피고 경상남도지사의 이 사건 폐업결정에 따른 것으로 보이는 점,

4. 피고 경상남도지사의 이 사건 폐업결정으로 인하여 입원환자들은 퇴원하거나 전원하여야 하고, 직원들도 직장을 잃게 되는 등 이들의 권리·의무에 중대한 영향을 미치므로 진주의료원의 폐업이 관계법령상의 기준과 절차를 준수하였는지에 대한 사법심사가 필요한 점 등을 종합하면, 피고 경상남도지사의 이 사건 폐업결정은 행정청이 행하는 구체적 사실에 관한 법집행으로서의 공권력의 행사로서 입원환자들과 소속 직원들의 권리·의무에 직접 영향을 미치는 것이므로 항고소송의 대상에 해당한다고 것이다.

(2) 일반처분

대상 인물이 특정된 행정행위 외에도, **불특정 다수에 대한 일반처분**도 처분성이 인정된다.

🔍 관련판례

1. 청소년유해매체물 결정·고시 (2004두619)

① 구 청소년보호법에 따른 청소년유해매체물 결정 및 고시처분은 당해 유해매체물의 소유자 등 특정인만을 대상으로 한 행정처분이 아니라 **일반 불특정 다수인을 상대방으로 하여 일률적으로** 표시의무, 포장의무, 청소년에 대한 판매·대여 등의 금지의무 등 각종 의무를 발생시키는 행정처분으로서,

② 청소년보호위원회가 효력발생시기를 명시하여 고시함으로써 그 명시된 시점에 효력이 발생하였다고 봄이 상당하고, 정보통신윤리위원회와 청소년보호위원회가 위 처분이 있었음을 위 웹사이트 운영자에게 제대로 통지하지 아니하였다고 하여 그 효력 자체가 발생하지 아니한 것으로 볼 수는 없다.

2. 횡단보도 설치행위 (98두8964)

> 지방경찰청장이 도로교통법 제10조 제1항에 의하여 횡단보도를 설치한 경우 <u>보행자는 횡단보도를 통해서만 도로를 횡단하여야 하고, 차의 운전자는 횡단보도 앞에서 일시정지하는 등으로 횡단보도를 통행하는 보행자를 보호할 의무가 있다.</u>

(3) 통지

통지는 이미 앞 단계에서 결정된 사실을 알리는 행위일 뿐(이른바 "관념의 통지"), 국민의 권리·의무에 추가적으로 영향을 미친다고 보기 어렵다. 다만, 예외적으로 그 내용을 살펴보았을 때 <u>통지가 있음으로써 비로소 국민의 권리·의무에 직접 영향이 발생한다면 이는 처분성이 인정된다.</u>

🔎 관련판례 예외: 처분성 (○)

1. 과세관청의 법인(원천징수의무자)에 대한 소득금액변동통지 (2002두1878)

과세관청의 소득처분과 그에 따른 소득금액변동통지가 있는 경우 <u>원천징수의무자인 법인은 소득금액변동통지서를 받은 날에 그 통지서에 기재된 소득의 **귀속자에게 당해 소득금액을 지급한 것으로 의제**</u>되어 그때 원천징수하는 소득세의 납세의무가 성립함과 동시에 확정된다.

2. 국립대학교원 재임용 거부통지 (2000두7735)

<u>기간제로 임용되어 임용기간이 만료된 국·공립대학의 조교수는 교원으로서의 능력과 자질에 관하여 합리적인 기준에 의한 공정한 심사를 받아 위 기준에 부합되면 특별한 사정이 없는 한 재임용되리라는 기대를 가지고 재임용 여부에 관하여 **합리적인 기준에 의한 공정한 심사를 요구할 법규상 또는 조리상 신청권**을 가진다</u>고 할 것이니, 임용권자가 임용기간이 만료된 조교수에 대하여 <u>재임용을 거부하는 취지로 한 **임용기간만료의 통지**는 위와 같은 대학교원의 법률관계에 영향을 주는 것</u>으로서 행정소송의 대상이 되는 처분에 해당한다.

3. 부당한 공동행위 자진신고자 등의 시정조치 또는 과징금 감면신청에 대한 감면불인정 통지 (2010두3541)

자진신고자 등 지위확인을 받는 경우에는 시정조치 및 과징금 감경 또는 면제, 형사고발 면제 등의 법률상 이익을 누리게 되지만, 그 지위확인을 받지 못하고 감면불인정 통지를 받는 경우에는 위와 같은 법률상 이익을 누릴 수 없게 되므로, 감면불인정 통지가 이루어진 단계에서 신청인에게 그 적법성을 다투어 법적 불안을 해소한 다음 조사협조행위에 나아가도록 함으로써 장차 있을지도 모르는 위험에서 벗어날 수 있도록 하는 것이 법치행정의 원리에도 부합한다.

비교판례 원칙: 처분성 (×)

1. 공무원에 대한 당연퇴직 통보 (×)

① 결격사유 있는 공무원의 임용은 절대적 무효

임용 당시 공무원 임용 결격사유가 있었다면 그 임용행위는 당연무효이며, 당연무효인 임용행위에 의하여 공무원의 신분을 취득할 수는 없으므로 임용결격자가 공무원으로 임용되어 사실상 근무하여 왔다고 하더라도 적법한 공무원으로서의 신분을 취득하지 못한 자로서는 공무원연금법 소정의 퇴직급여 등을 청구할 수 없고, 또 당연퇴직사유에 해당되어 공무원으로서의 신분을 상실한 자가 그 이후 사실상 공무원으로 계속 근무하여 왔다고 하더라도 당연퇴직 후의 사실상의 근무기간은 공무원연금법상의 재직기간에 합산될 수 없다(2001다61012).

② 국가의 과실이 개입되어도 절대적 무효

임용 당시 공무원임용결격사유가 있었다면 비록 국가의 과실에 의하여 임용결격자임을 밝혀내지 못하였다 하더라도 그 임용행위는 당연무효로 보아야 한다(86누459).

③ 임용 "당시" 결격사유 있었으면 절대적 무효

나아가 임용결격사유가 소멸된 후에 계속 근무하여 왔다고 하더라도 그때부터 무효인 임용행위가 유효로 되어 적법한 공무원의 신분을 회복하고 퇴직급여 등을 청구할 수 있다고 볼 수는 없다(95누9617; 경찰공무원으로 **임용된 후** 70일 만에 선고받은 형이 사면 등으로 실효되어 결격사유가 소멸된 후 30년 3개월 동안 사실상 공무원으로 계속 근무를 하였다고 하더라도 그것만으로는 임용권자가 묵시적으로 새로운 임용처분을 한 것으로 볼 수 없음).

④ 당연퇴직 통보는 처분성 × (84누374)

당연퇴직의 통보는 법률상 당연히 발생하는 퇴직사유를 공적으로 확인하여 알려 주는 사실의 통보에 불과한 것이지 그 통보자체가 징계파면이나 직권면직과 같이 공무원의 신분을 상실시키는 새로운 형성적 행위는 아니므로 항고소송의 대상이 되는 독립한 행정처분이 될 수는 없다.

2. 정년퇴직 발령 = 단순 통지 (×) (81누263)

공무원이 소정의 정년에 달하면 그 사실에 대한 효과로서 공무담임권이 소멸되어 당연히 퇴직되고 따로 그에 대한 행정처분이 행하여져야 비로소 퇴직되는 것은 아니라 할 것이며 피고(영주지방철도청장)의 원고에 대한 정년퇴직 발령은 정년퇴직 사실을 알리는 이른바 관념의 통지에 불과하므로 행정소송의 대상이 되지 아니한다.

3. 가산금/중가산금의 고지 (×) (2005다15482)

국세징수법이 규정하는 가산금 또는 중가산금은 국세를 납부기한까지 납부하지 아니하면 과세청의 확정절차 없이도 법률 규정에 의하여 당연히 발생하는 것이므로 가산금 또는 중가산금의 고지가 항고소송의 대상이 되는 처분이라고 볼 수 없다.

> ## 유사판례 법인의 청산에 따른 상표권 말소등록 (×) (2014두2362)
>
> 이는 상표권이 소멸하였음을 확인하는 사실적·확인적 행위에 지나지 않고, 말소등록으로 비로소 상표권 소멸의 효력이 발생하는 것이 아니어서, 상표권의 말소등록은 국민의 권리의무에 직접적으로 영향을 미치는 행위라고 할 수 없다.

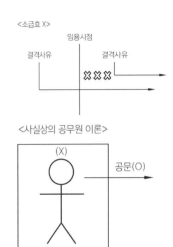

<소급효 X>

임용시점

결격사유　　　　결격사유

<사실상의 공무원 이론>

(X)　　　공문(O)

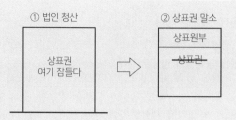

4. 국민건강보험공단의 '직장가입자 자격상실 및 자격변동 안내' 통보 및 '사업장 직권탈퇴에 따른 가입자 자격상실 안내' 통보 (×) (2016두41729)

국민건강보험 직장가입자 또는 지역가입자 자격 변동은 법령이 정하는 사유가 생기면 별도 처분 등의 개입 없이 사유가 발생한 날부터 변동의 효력이 당연히 발생하므로, 이는 갑 등의 가입자 자격의 변동 여부 및 시기를 확인하는 의미에서 한 사실상 통지행위에 불과할 뿐, 위 각 통보에 의하여 가입자 자격이 변동되는 효력이 발생한다고 볼 수 없고, 또한 위 각 통보로 갑 등에게 지역가입자로서의 건강보험료를 납부하여야 하는 의무가 발생함으로써 갑 등의 권리의무에 직접적 변동을 초래하는 것도 아니므로, 위 각 통보의 처분성이 인정되지 않는다.

(4) 반복된 처분

처분이 반복되는 경우, 원칙적으로 **1차 처분만**이 처분성을 갖는다. 예컨대, ① 1차 철거명령 및 계고처분이 있은 이후, 2차 및 3차 계고처분이 반복되는 경우(94누5144), ② 체납처분 절차에서 1차 독촉이 있은 이후, 2차 및 3차 독촉이 반복되는 경우 각각 1차 처분에만 처분성이 인정된다(97누119).

> **관련판례** 기일 연기 후 다시 공익근무요원 소집통지 (×) (2003두14550)

지방병무청장이 보충역 편입처분을 받은 자에 대하여 **복무기관을 정하여 공익근무요원 소집통지**를 한 이상 그것으로써 공익근무요원으로서의 **복무를 명하는** 병역법상의 **공익근무요원 소집처분**이 있었다고 할 것이고, 그 후 지방병무청장이 공익근무요원 소집대상자의 원에 의하여 또는 직권으로 그 **기일을 연기한 다음 다시 공익근무요원 소집통지**를 하였다고 하더라도 이는 최초의 공익근무요원 소집통지에 관하여 다시 의무이행기일을 정하여 알려주는 **연기통지에 불과**한 것이므로, 이는 항고소송의 대상이 되는 독립한 행정처분으로 볼 수 없다.

다만, 거부처분의 경우에는 수차례에 걸친 **거부처분**이 모두 처분성을 갖는다고 보아야 할 것이다.

> **관련판례** 하물며, 2차 신청이 새롭다면, 2차 거부도 처분성 ○ (2017두52764)

거부처분이 있은 후 당사자가 다시 신청을 한 경우에는 신청의 제목 여하에 불구하고 그 내용이 새로운 신청을 하는 취지라면 관할 행정청이 이를 다시 거절하는 것은 새로운 거부처분으로 봄이 원칙이다.

구분	1차 신청	1차 거부	2차 신청	2차 거부
처분성	–	○	NEW!	○

(5) 계약상 조치 vs 처분

① 입찰참가자격 제한조치

국가 또는 지자체가 물품을 구매하거나, 공사를 발주하는 경우에는 원칙적으로 "국가를 당사자로 하는 계약에 관한 법률(이하 '국가계약법')" 또는는 "지방자치단체를 당사자로 하는 계약에 관한 법률(이하 '지방계약법')"이 적용되어 공정한 입찰 절차에 따라 계약 상대방을 선정하여야 한다. 그런데, 위 두 법이 적용되는 계약(이하 통칭하여 '국가계약')은 사법상 계약에 해당하므로, 마치 개인들 사이에서 체결되는 계약과 마찬가지로 국가계약과 관련한 분쟁은 민사소송으로 해결되어야 한다.

국가계약의 이행 과정에서 상대방이 계약을 중대하게 위반하는 경우, 국가나 지자체는 향후 상대방으로 하여금 국가계약의 입찰 절차에 참여하지 못하도록 하는 조치를 취할 수 있는데, 이를 "입찰참가자격 제한조치"라고 한다.

입찰참가자격 제한조치를 할 수 있는 근거는 크게 ㉠ "공공기관의 운영에 관한 법률" 또는 ㉡ 국가계약 두 가지이다. 전자를 근거로 한다면 이는 공법에 근거한 공권력의 행사로서 처분성이 인정될 가능성이 있고, 후자를 근거로 한다면 이는 사법상 계약에 근거한 조치로서 처분성이 부정될 것이다. 각 사안에 대한 대법원의 판단은 아래와 같다.

🔍 관련판례

1. 입찰참가자격 제한 (1) 한국수력원자력: 처분성 인정 (2016두33537)

   공기업·준정부기관이 법령 또는 계약에 근거하여 선택적으로 입찰참가자격 제한 조치를 할 수 있는 경우, 계약상대방에 대한 입찰참가자격 제한 조치가 **법령에 근거한 행정처분인지 아니면 계약에 근거한 권리행사인지**는 원칙적으로 의사표시의 해석 문제이다.

2. 입찰참가자격 제한 (2) 한국전력공사: 처분성 인정 (2013두18964)

3. 입찰참가자격 제한 (3) 한국토지주택공사: 처분성 인정 (2011두10584)

   비교 입찰참가자격 제한 (4) 수도권매립지관리공사: 처분성 부정 (2010무137)

구분	공법관계	사법관계
근거	법률, 법규명령	(사법상) 계약
	행정규칙	
처분성	△	×

---

② 사법상 계약에 근거한 조치

앞서 살펴보았듯이 입찰참가자격 제한조치의 경우, 그 근거가 국가계약이라는 사법상 계약이라면 이는 사법상 계약에 근거한 조치로서 처분성이 부정된다. 그런데, 아래에 소개된 **"거래정지 조치"**는 **국가계약에 근거를 두고 있음에도** 예외적으로 **처분성이 인정**되어 학습에 다소 주의를 요한다.

甲 주식회사가 조달청과 물품구매계약을 체결하고 국가종합전자조달시스템인 나라장터 종합쇼핑몰 인터넷 홈페이지를 통해 요구받은 제품을 수요기관에 납품하였는데, 조달청이 계약이행내역 점검 결과 일부 제품이 계약 규격과 다르다는 이유로 물품구매계약 추가특수조건 규정에 따라 甲 회사에 대하여 6개월의 나라장터 종합쇼핑몰 거래정지 조치를 한 사안에서, 위 **거래정지 조치는 비록 추가특수조건이라는 사법상 계약에 근거한 것이지만** 행정청인 조달청이 행하는 구체적 사실에 관한 법집행으로서의 공권력의 행사로서 그 상대방인 甲 회사의 권리·의무에 직접 영향을 미치므로 **항고소송의 대상이 되는 행정처분에 해당**한다.

(6) 변경처분

원고가 어떠한 처분을 받고 이에 대해 취소소송을 제기한 상황을 생각해 보자. 원고는 위 처분의 대상적격을 검토함과 더불어, 취소소송의 전치주의 요건을 충족시키기 위해 행정심판도 거치고, 제소기간도 준수하여 취소소송을 제기하였을 것이다.

이 상황에서 행정청이 종전 처분(선행처분)을 다른 처분으로 변경하는 처분(후행처분)을 하였다. 그렇다면 원고의 입장에서는 ① 선행처분이 후행처분에 의해 모양새만 조금 바뀐 채로 존속한다고 보아야 할지, ② 선행처분이 온데간데 없어지고 후행처분이 새로 생겨난 것으로 보아야 할지 판단할 필요가 있다. 후자의 경우, 처분 변경으로 인한 소변경이라는 별도의 번거로운 조치가 요구되기 때문이다(행정소송법 제22조).

판례는, ① 후행처분이 선행처분의 내용을 극히 일부만 변경하는 정도에 불과하다면 선행처분이 소멸하는 것이 아니라, 마치 처음부터 그와 같은 변경이 있었던 것과 같이 존속한다고 보고, ② 후행처분이 선행처분의 주요 부분을 실질적으로 변경하는데 이르렀다면 선행처분이 그와 같은 변경처분에 흡수되어 소멸한 것으로 보는 입장에 서있다.

각 경우에 따른 소송요건에 대한 판단은 다음과 같이 달라진다.

구분	대상적격	소의이익	소변경	전치주의	제소기간
일부변경	(이미) "변경된" 선행처분		불필요	충족	
실질변경	변경처분		필요		

① 일부변경 vs 실질변경

1. 기존의 행정처분을 변경하는 내용의 행정처분이 뒤따르는 경우, 후속처분이 종전처분을 **완전히 대체**하는 것이거나 **주요 부분을 실질적으로 변경**하는 내용인 경우에는 특별한 사정이 없는 한 **종전처분은 효력을 상실하고 후속처분만이 항고소송의 대상**이 되지만,

2. 후속처분의 내용이 종전처분의 유효를 전제로 내용 중 **일부만을 추가·철회·변경**하는 것이고 추가·철회·변경된 부분이 내용과 성질상 나머지 부분과 **불가분적인 것이 아닌 경우**에는, 후속처분에도 불구하고 **종전처분이 여전히 항고소송의 대상**이 된다.

3. 피고가 대형마트 및 준대규모점포의 영업제한 시간을 <u>오전 0시부터 **오전 8시까지**</u>로 정하고 매월 둘째 주와 넷째 주 일요일을 의무휴업일로 지정하는 처분의 취소를 구하는 소송의 계속 중에 영업시간 제한 부분의 시간을 '오전 0시부터 **오전 10시'까지**</u>로 변경하되, 의무휴업일은 종전과 동일하게 유지하는 내용의 후속처분을 한 경우, 후속처분은 종전처분 전체를 대체하거나 그 주요 부분을 실질적으로 변경하는 내용이 아니라, <u>의무휴업일 지정 부분을 그대로 유지한 채 영업시간 제한 부분만을 **일부 변경**</u>하는 것으로서, 후속처분에 따라 추가된 영업시간 제한 부분은 그 성질상 종전처분과 가분적인 것으로 여겨진다. 따라서 **후속처분으로 종전처분이 소멸하였다고 볼 수는 없고**, 종전처분과 그 유효를 전제로 한 후속처분이 병존하면서 위 원고들에 대한 규제 내용을 형성한다고 할 것이다.

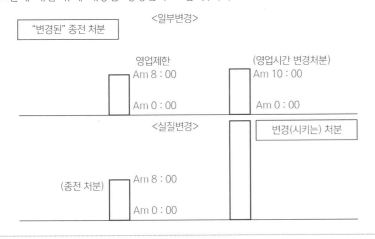

② 감액처분 vs 증액처분

<u>돈(₩)과 관련된 처분, 즉 **조세부과처분 및 과징금부과처분의 경우**, ㉠ **감액처분은 일부변경으로**, ㉡ **증액처분은 실질변경**</u>으로 본다. 감액의 폭이 크다고 하여 실질변경이라고 보지 않는 점, 증액의 폭이 작다고 하여 일부변경으로 보지 않는다는 점을 유의할 필요가 있다.

이러한 분류에 따른 소송요건 준수 여부의 판단은 위에서 살펴본 바와 같다.

🔍 관련판례

1. 증액처분이 있는 경우 항고소송의 대상 (2006두17390)

국세기본법 제22조의2의 시행 이후에도 증액경정처분이 있는 경우, 당초 신고나 결정은 증액경정처분에 흡수됨으로써 독립한 존재가치를 잃게 된다고 보아야 하므로, 원칙적으로는 당초 신고나 결정에 대한 불복기간의 경과 여부 등에 관계없이 증액경정처분만이 항고소송의 심판대상이 되고, 납세의무자는 그 항고소송에서 <u>당초 신고나 결정에 대한 위법사유도 함께 주장할 수 있다</u>고 해석함이 타당하다.

Cf. 소멸한 당초처분의 절차적 하자는 존속하는 증액경정처분에 승계되지 아니한다(2007두16493).

2. 감액처분이 있는 경우 항고소송의 대상 (2006두3957)

감액처분은 감액된 과징금 부분에 관하여만 법적 효과가 미치는 것으로서 처음의 부과처분과 별개 독립의 과징금 부과처분이 아니라 그 실질은 당초 부과처분의 변경이고, 그 감액처분으로도 아직 취소되지 않고 남아 있는 부분이 위법하다고 하여 다투는 경우 항고소송의 대상은 처음의 부과처분 중 감액처분에 의하여 취소되지 않고 남은 부분이고 감액처분이 항고소송의 대상이 되는 것은 아니다.

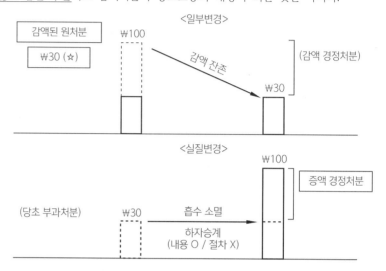

> ### ⓒ 비교판례 선행처분이 후행처분에 흡수되는 경우 (2013두987)
>
> 공정거래위원회가 부당한 공동행위를 행한 사업자로서 구 독점규제 및 공정거래에 관한 법률 제22조의2에서 정한 자진신고자나 조사협조자에 대하여 과징금 부과처분(이하 '선행처분'이라 한다)을 한 뒤, 독점규제 및 공정거래에 관한 법률 시행령 제35조 제3항에 따라 **다시** 자진신고자 등에 대한 사건을 분리하여 자진신고 등을 이유로 한 과징금 감면처분(이하 '후행처분'이라 한다)을 하였다면, **후행처분은 자진신고 감면까지 포함하여 처분 상대방이 실제로 납부하여야 할 최종적인 과징금액을 결정하는 종국적 처분**이고, 선행처분은 이러한 종국적 처분을 예정하고 있는 일종의 잠정적 처분으로서 **후행처분이 있을 경우 선행처분은 후행처분에 흡수되어 소멸**한다. 따라서 위와 같은 경우에 선행처분의 취소를 구하는 소는 이미 효력을 잃은 처분의 취소를 구하는 것으로 부적법하다.
>
> | 구분 | 선행처분 | 자진신고 | 후행처분 | |
> |------|---------|---------|---------|------|
> | A | 100 | × | 500 | |
> | B | 100 | ○ | 10 | 감액처분 *But* 흡수소멸 |
> | C | 100 | × | 500 | |

3. 납세의무의 단위가 다른 경우 (2011두7311)

원천징수의무자에 대하여 납세의무의 단위를 달리하여 순차 이루어진 2개의 징수처분은 별개의 처분으로서 당초 처분과 증액경정처분에 관한 법리가 적용되지 아니하므로, 당초 처분이 후행 처분에 흡수되어 독립한 존재가치를 잃는다고 볼 수 없고, 후행 처분만이 항고소송의 대상이 되는 것도 아니다.

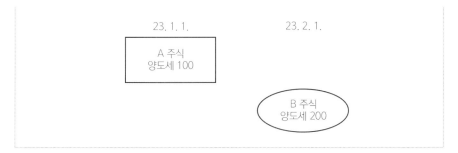

눈여겨 보아야 할 것은 공정거래위원회(이하 '공정위')의 **과징금 부과처분 사례에서 위반행위자 1인이 자진신고**를 한 사안이다❶(위 2013두987). 공정위는 기업의 담합 등을 조사하여 과징금을 부과할 권한을 가지고 있는데, 담합의 경우 현실적으로 이에 가담한 자의 협조 없이는 그 진상을 완전히 규명하기 어려우므로 "독점규제 및 공정거래에 관한 법률(이하 '독점규제법')"에서는 자진신고자에 대하여 과징금을 감면하는 제도를 두고 있다.

이에, A/B/C가 담합을 하였다는 이유로 공정위의 조사를 받아 1차적으로 각각 100억씩 과징금을 부과 받았고(선행처분), 이후 A가 자진신고를 하여 조사에 협조하여 B/C의 여죄가 추가적으로 밝혀졌다면, 공정위는 A에 대한 100억의 과징금을 50억으로 감면(후행처분)해 줄 수 있다. 이때 판례는, 자진신고에 따른 감면 결과 A의 과징금의 최종적으로 50억으로 결정된 것을 종국적인 처분으로 보고, **후행처분에 선행처분이 흡수되어 소멸**한다는 입장에 서있다.

이는 돈(₩)과 관련된 선행처분이 있은 이후 후행처분으로 이를 감액하였을 때, 선행처분이 소멸하는 것이 아니라 **감액된 선행처분으로 잔존한다는 기존의 법리와 정반대의 결론**에 해당한다.

③ 행정심판위원회의 변경재결에 따른 일부변경

행정심판위원회는 청구인의 취소심판청구가 이유 있다고 인정할 때에는 인용재결의 일환으로 원처분을 직접 다른 처분으로 변경하는 변경재결을 내릴 수 있다. 그런데, 행정심판에는 **불이익변경금지 원칙이 적용되므로**, 이때의 변경은 원처분보다 **가벼운 처분으로의 변경**만을 의미한다.

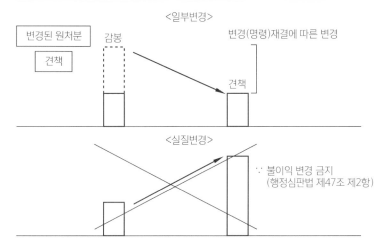

❶
독점규제법 제44조 (자진신고자 등에 대한 감면 등)
① 다음 각 호의 어느 하나에 해당하는 자 (소속 전·현직 임직원을 포함한다)에 대해서는 제42조에 따른 시정조치나 제43조에 따른 과징금을 감경 또는 면제할 수 있고, 제129조에 따른 고발을 면제할 수 있다.
  1. 부당한 공동행위의 사실을 자진신고한 자
  2. 증거제공 등의 방법으로 공정거래위원회의 조사 및 심의·의결에 협조한 자

행정심판을 거친 결과 감액되고 남은 것마저도 불만을 품고 소송을 제기하는 경우를 상정함

판례는 이를 **돈과 관련된 처분에 감액처분**이 있은 경우와 유사하게 보아, 변경재결로 인해 원처분이 소멸하는 것이 아니라, **변경된 원처분이 잔존**하는 것으로 보는 입장에 서있다. 따라서, 보다 <u>가볍게 변경된 원처분에 여전히 불만이 있어 행정소송을 제기하는 경우라면, 변경재결이 아닌 변경된 원처분을 대상</u>으로 하여 소송을 제기하여야 한다.

만약 변경된 원처분이 아닌, 변경재결을 대상으로 소를 제기한다면 이는 "재결에 고유한 하자"가 있는 경우가 아니어서 기각판결❷을 면치 못하게 된다(후술하는 "재결" 파트 참조).

❷
각하판결이 아닌 점에 유의할 것

> 🔍 **관련판례** 변경재결로 인해 가벼운 처분으로 변경된 경우 (93누5673)
>
> 항고소송은 원칙적으로 당해 처분을 대상으로 하나, 당해 처분에 대한 재결 자체에 고유한 주체, 절차, 형식 또는 내용상의 위법이 있는 경우에 한하여 그 재결을 대상으로 할 수 있다고 해석되므로, 징계혐의자에 대한 **감봉 1월의 징계처분을 견책으로 변경한 소청결정 중 그를 견책에 처한 조치는 재량권의 남용 또는 일탈로서 위법하다는 사유는 소청결정 자체에 고유한 위법을 주장하는 것으로 볼 수 없어 소청결정의 취소 사유가 될 수 없다.**

(7) 행정규칙에 근거한 처분

처분성은 소송요건 중 하나인 대상적격과 관련된 문제이고, 해당 처분이 법령에 제대로 근거를 두고 있는지 여부는 본안심리의 판단기준 중 하나인 법률유보원칙과 관련된 문제이다.

처분성 여부의 판단 단계에서는 처분이 국민의 권리·의무에 직접적인 영향을 미치는지, 즉 규율성 요건 등을 갖추었는지를 중점적으로 살펴보아야 한다. 반면, **해당 처분이 대외적 구속력이 없는 행정규칙에 근거를 두고 있는 것이 위법성(하자)를 구성하는지의 문제는 소송요건 단계를 통과하고 난 뒤 본안심리 단계**에서 살펴볼 문제이다.

> 🔍 **관련판례**
>
> **1. 불문경고 (2001두3532)**
>
> 행정규칙에 의한 '불문경고조치'가 비록 법률상의 징계처분은 아니지만 위 처분을 받지 아니하였다면 차후 다른 징계처분이나 경고를 받게 될 경우 <u>징계감경사유로 사용될 수 있었던 표창공적의 사용가능성을 소멸시키는 효과와 1년 동안 인사기록카드에 등재됨으로써 그동안은 장관표창이나 도지사표창 대상자에서 제외시키는 효과 등이 있다는 이유로 항고소송의 대상이 되는 행정처분에 해당한다.</u>
>
> **2. 검찰총장의 검사에 대한 경고조치 (2020두47564)**
>
> 검사가 검찰총장의 경고를 받으면 1년 이상 감찰관리 대상자로 선정되어 특별관리를 받을 수 있고, 경고를 받은 사실이 인사자료로 활용되어 복무평정, 직무성과금 지급, 승진·전보인사에서도 불이익을 받게 될 가능성이 높아진다.
>
> **3. 금융기관 임원에 대한 금융감독원장의 문책경고 (2003두14765)**
>
> 금융기관 검사 및 제재에 관한 규정은 금융기관의 임원이 문책경고를 받은 경우에는 금융업 관련법 및 당해 금융기관의 감독 관련 규정에서 정한 바에 따라 일정기간 동안 임원선임의 자격제한을 받는다고 규정하고 있다.

4. 항공노선 관련 운수권배분처분 (2003두10251, 10268)

이 사건 각 노선에 대한 <u>운수권배분처분은 이 사건 잠정협정 등과 행정규칙인 이 사건 지침에 근거하는 것으로서 상대방에게 권리의 설정 또는 의무의 부담을 명하거나 기타 법적 효과를 발생하게 하는 등으로 원고의 권리·의무에 직접 영향을 미치는 행위로서 항고소송의 대상이 되는 행정처분에 해당</u>한다.

5. 판례 비교

한수원의 등록취소 및 거래제한조치 (2017두66541)	한수원의 입찰참가자격 제한조치 (2017두66541)
① '공급자관리지침' 중 등록취소 및 그에 따른 일정 기간의 거래제한조치에 관한 규정들은 상위법령의 구체적 위임 없이 정한 것이어서 대외적 구속력이 없는 행정규칙이다. ② '공급자관리지침'에 근거하여 등록된 공급업체에 대하여 하는 '등록취소 및 그에 따른 일정 기간의 거래제한조치'는 행정청이 행하는 구체적 사실에 관한 법집행으로서의 공권력의 행사인 '처분'에 해당한다.	공공기관운영법 제39조 제2항과 그 하위법령에 따른 입찰참가자격제한 조치는 '구체적 사실에 관한 법집행으로서의 공권력의 행사'로서 행정처분에 해당한다.

구분	거래제한조치	입찰참가자격제한처분
근거	공급자관리지침 (행정규칙)	공공기관운영법 (법률)
처분성	○	○

(8) 행정청 간의 갈등

항고소송의 통상적인 구도는 행정청이 국민에게 한 행위에 대하여 국민이 다투는 모습이지, 행정청 A가 다른 행정청 B에게 한 행위에 대하여 B가 다투는 모습이 아닐 것이다. 그러나, <u>A의 B에 대한 행위가 규율성이 있고, B가 이에 대해 다툴 수 있는 방법이 항고소송 외에 딱히 없는 경우라면, A의 행위에 대해 **예외적으로 처분성을 인정**</u>하여 B가 항고소송을 제기할 수 있도록 할 필요가 있다.

⨀ 관련판례 양양군수의 서울시장에 대한 건축협의 취소 (2012두22980)

건축협의 취소 "혐오시설 NO!"

원고 : 서울시   피고 : 양양군수

"중증 장애인 휴양시설" 건축할게

1. 건축협의 = 건축허가

구 건축법의 규정 내용에 의하면, 건축협의의 실질은 지방자치단체 등에 대한 건축허가와 다르지 않으므로,

2. 건축협의 취소는 상대방이 다른 지방자치단체 등 행정주체라 하더라도 '행정청이 행하는 구체적 사실에 관한 법집행으로서의 공권력 행사'로서 처분에 해당한다고 볼 수 있고, 지방자치단체인 원고가 이를 다툴 실효적 해결 수단이 없는 이상, 원고는 건축물 소재지 관할 허가권자인 지방자치단체의 장을 상대로 항고소송을 통해 건축협의 취소의 취소를 구할 수 있다.

징계 요구는 징계 요구를 받은 기관의 장이 요구받은 내용대로 처분하지 않더라도 불이익을 받는 규정도 없고, 징계 요구 내용대로 효과가 발생하는 것도 아니며, 징계 요구에 의하여 행정청이 일정한 행정처분을 하였을 때 비로소 이해관계인의 권리관계에 영향을 미칠 뿐, **징계 요구 자체만으로는 징계 요구 대상 공무원의 권리·의무에 직접적인 변동을 초래하지도 아니하므로**, 행정청 사이의 내부적인 의사결정의 경로로서 '징계 요구, 징계 절차 회부, 징계'로 이어지는 과정에서의 중간처분에 불과하여, **감사원의 징계 요구와 재심의결정이 항고소송의 대상이 되는 행정처분이라고 할 수 없다.**

(9) 중간단계의 행위

원칙적으로 종국적인 처분이 아닌 중간단계의 행위는 처분성(또는 소의 이익)이 부정된다. 종국적인 처분을 다툼으로써 분쟁의 근본적인 해결이 가능하기 때문이다.

단, 중간단계에서 일정한 처분을 받은 자만이 종국적 처분을 신청할 수 있다는 등의 사정이 있다면, 예외적으로 처분성(및 소의 이익)이 인정될 수 있다.

🔍 **관련판례** 원칙 – 처분성 ×

1. 부지사전승인처분 → 건설허가처분 (97누19588)
   ① 독립한 행정처분

   원자로 및 관계 시설의 부지사전승인처분은 그 자체로서 건설부지를 확정하고 사전공사를 허용하는 법률효과를 지닌 독립한 행정처분이기는 하지만,

   ② 소의 이익 ×

   건설허가 전에 신청자의 편의를 위하여 미리 그 건설허가의 일부 요건을 심사하여 행하는 사전적 부분 건설허가처분의 성격을 갖고 있는 것이어서 **나중에 건설허가처분이 있게 되면** 그 건설허가처분에 흡수되어 독립된 존재가치를 상실함으로써 그 건설허가처분만이 쟁송의 대상이 되는 것이므로, 부지사전승인처분의 취소를 구하는 소는 소의 이익을 잃게 되고,

   ③ 따라서 부지사전승인처분의 위법성은 나중에 내려진 건설허가처분의 취소를 구하는 소송에서 다투면 된다.

구분	대상적격	소의 이익
부지사전승인처분	○ → ×	×
건설허가처분	○	○

2. 내부전산망에 입력하고, 대외적 표시 × → 효력발생 × (2017두38874)

   병무청장이 법무부장관에게 '가수 甲이 공연을 위하여 국외여행허가를 받고 출국한 후 미국 시민권을 취득함으로써 사실상 병역의무를 면탈하였으므로 재외동포 자격으로 재입국하고자 하는 경우 국내에서 취업, 가수활동 등 영리활동을 할 수 없도록 하고, 불가능할 경우 입국 자체를 금지해 달라'고 요청함에 따라 법무부장관이 甲의 입국을 금지하는 결정을 하고, 그 정보를 **내부전산망인 '출입국관리정보시스템'에 입력하였으나, 甲에게는 통보하지 않은 사안**에서, 위 입국금지결정은 항고소송의 대상이 되는 '처분'에 해당하지 않는다.

3. 한국자산공사의 재공매 결정

체납자 등은 자신에 대한 공매통지의 하자만을 공매처분의 위법사유로 주장할 수 있을 뿐 **다른 권리자에 대한** 공매통지의 하자를 들어 공매처분의 위법사유로 주장하는 것은 허용되지 않는다(2007두18154).

구분	공매결정	공매통지	공매
처분성	× (96누12030)	× (2010두25527)	○ (84누201)
		절차상 하자 (2007두18154)	

📇 **예외판례** 처분성 ○

1. 폐기물처리업 부적정 통보 (97누21086)

① 폐기물관리법의 규정에 비추어 보면 **폐기물처리업의 허가에 앞서 사업계획서에 대한 적정·부적정 통보** 제도를 두고 있는 것은 폐기물처리업을 하고자 하는 자가 스스로 시설 등을 설치하여 허가신청을 하였다가 허가단계에서 그 사업계획이 부적정하다고 판명되어 **불허가되면 허가신청인이 막대한 경제적·시간적 손실**을 입게 되므로, 이를 방지하는 동시에 허가관청으로 하여금 미리 사업계획서를 심사하여 그 적정·부적정통보 처분을 하도록 하고, 나중에 허가단계에서는 나머지 허가요건만을 심사하여 신속하게 허가업무를 처리하는데 그 취지가 있다.

② 폐기물관리법 관계 법령의 규정에 의하면 폐기물처리업의 허가를 받기 위하여는 먼저 사업계획서를 제출하여 허가권자로부터 사업계획에 대한 적정통보를 받아야 하고, 그 **적정통보를 받은 자만이** 일정기간 내에 시설, 장비, 기술능력, 자본금을 갖추어 **허가신청을 할 수 있**으므로, **결국 부적정통보는** 허가신청 자체를 제한하는 등 개인의 권리 내지 법률상의 이익을 개별적이고 구체적으로 규제하고 있어 **행정처분에 해당**한다.

2. 세무조사결정 (2009두23617)

납세의무자로 하여금 개개의 과태료 처분에 대하여 불복하거나 조사 종료 후의 과세처분에 대하여만 다툴 수 있도록 하는 것보다는 그에 앞서 세무조사결정에 대하여 다툼으로써 분쟁을 조기에 근본적으로 해결할 수 있는 점 등을 종합하면, 세무조사결정은 납세의무자의 권리·의무에 직접 영향을 미치는 공권력의 행사에 따른 행정작용으로서 항고소송의 대상이 된다.

구분	세무조사결정	세무조사	과세처분
처분성	○	○ (소의 이익 ×)	○

(10) 기타

> **🔍 관련판례**
>
> 1. **진실·화해를위한과거사정리위원회의 진실규명결정(○) (2010두22856)**
>
>   진실규명결정이 이루어지면 그 결정에서 규명된 진실에 따라 국가가 피해자 등에 대하여 피해 및 명예회복 조치를 취할 법률상 의무를 부담하게 되는 점 등을 종합하여 보면, 법이 규정하는 진실규명결정은 국민의 권리·의무에 직접적으로 영향을 미치는 행위로서 항고소송의 대상이 되는 행정처분이라고 보는 것이 타당하다.
>
> 2. **인권위의 진정에 대한 각하 또는 기각결정(○) (2013헌마214)**
>
>   국가인권위원회가 진정을 각하 및 기각결정을 할 경우 피해자인 진정인으로서는 자신의 인격권 등을 침해하는 인권침해 또는 차별행위 등이 시정되고 그에 따른 구제조치를 받을 권리를 박탈당하게 되므로, 진정에 대한 국가인권위원회의 각하 및 기각결정은 피해자인 진정인의 권리행사에 중대한 지장을 초래하는 것으로서 항고소송의 대상이 되는 행정처분에 해당한다.
>
> 3. **우선협상대상자 선정(○), 우선협상대상자 지위 배제(○) (2017두31064)**
>
>   지방자치단체의 장이 공유재산법에 근거하여 기부채납 및 사용·수익허가 방식으로 민간투자사업을 추진하는 과정에서 사업시행자를 지정하기 위한 전 단계에서 공모제안을 받아 일정한 심사를 거쳐 우선협상대상자를 선정하는 행위와 이미 선정된 우선협상대상자를 그 지위에서 배제하는 행위는 민간투자사업의 세부내용에 관한 협상을 거쳐 공유재산법에 따른 공유재산의 사용·수익허가를 우선적으로 부여받을 수 있는 지위를 설정하거나 또는 이미 설정한 지위를 박탈하는 조치이므로 모두 항고소송의 대상이 되는 행정처분으로 보아야 한다.

5. 재결

(1) 의의

재결이란 원처분을 대상으로 한 행정심판의 청구에 대하여 행정심판위원회가 행하는 판단을 말한다. 재결 또한 행정심판위원회라는 합의제 행정청이 행하는 공권력적 행위라는 점에서, 처분과 더불어 항고소송의 대상이 된다.

> **행정소송법 제2조 【정의】**
> ① 이 법에서 사용하는 용어의 정의는 다음과 같다.
> 1. "처분등"이라 함은 행정청이 행하는 구체적 사실에 관한 법집행으로서의 공권력의 행사 또는 그 거부와 그 밖에 이에 준하는 행정작용(이하 "처분"이라 한다) 및 행정심판에 대한 재결을 말한다.
>
> **행정소송법 제3조 【행정소송의 종류】**
> 행정소송은 다음의 네 가지로 구분한다.
> 1. 항고소송: 행정청의 처분등이나 부작위에 대하여 제기하는 소송

(2) 원처분주의와 재결주의

원처분주의하에서는 원처분과 재결 모두 대상적격을 가지나, 원처분의 위법(하자)에 대해서는 원처분 취소소송을, 재결의 위법(하자)에 대해서는 재결 취소소송을 제기하여야 한다. 다만, 재결 취소소송은 재결에 "고유한 하자"가 있는 경우로 한정된다. 통상적인 경우, 별다른 언급이 없는 한 원처분주의를 적용하여 소송의 대상을 특정하여야 한다.

이와 달리, **재결주의**하에서는 원처분이 아닌 **재결에 대해서만** 소송을 제기할 수 있다. 즉, 원처분의 위법(하자)에 대해서도 재결 취소소송을, 재결의 위법(하자)에 대해서도 재결 취소소송을 제기하여야 한다. 재결주의는 필요적 전치주의를 채택하고 있는 감사원, 중앙노동위원회, 특허심판 관련 재심판정에 대해서만 예외적으로 적용된다.

구분	원처분의 하자	재결의 하자	적용범위
원처분주의	원처분 취소소송	재결 취소소송	아래 제외 나머지 경우
재결주의	재결 취소소송		감사원/중앙노동위원회/특허심판 관련 재심판정

(3) 재결에 고유한 하자가 있는 경우

대부분의 경우에는 원처분을 취소시킴으로써 근원적인 해결이 가능하므로, 원처분을 대상으로 소송을 하면 족할 것이다. 그러나, 재결이 내려짐으로써 원처분에는 없던 불이익이 비로소 발생하게 된다면, 이는 재결에 고유한 하자가 있는 경우이므로 재결을 대상으로 소송을 할 필요가 있다.

'재결 자체에 고유한 위법'이란 원처분에는 없고 재결에만 있는 재결청의 권한 또는 구성의 위법, 재결의 절차나 형식의 위법, 내용의 위법 등을 뜻하고, 그중 내용의 위법에는 위법·부당하게 인용재결을 한 경우가 해당한다(96누14661).

대표적인 사례는 다음과 같다.

📖 관련판례 복효적 행정행위에 대한 인용재결 (96누10911)

이른바 **복효적 행정행위**, 특히 제3자효를 수반하는 행정행위에 대한 행정심판청구에 있어서 그 청구를 인용하는 내용의 재결로 인하여 비로소 권리이익을 침해받게 되는 자는 그 인용재결에 대하여 다툴 필요가 있고, 그 인용재결은 원처분과 내용을 달리하는 것이므로 그 인용재결의 취소를 구하는 것은 원처분에는 없는 재결에 고유한 하자를 주장하는 셈이어서 당연히 항고소송의 대상이 된다.

구분	재결로 인해 이익 침해 ↑
각하재결	청구요건 갖추었음에도 각하한 경우 (본안심리 받을 기회 박탈)
기각재결	불이익변경금지원칙 위반 (원처분보다 불리한 재결이 나온 경우)
	사정재결이 내려진 경우
인용재결 (96누10911)	(1) 내가 허가 받음 / (2) 남이 내 허가 취소심판 청구

재결의 고유한 하자가 없음에도 재결을 대상으로 소송을 제기한 경우, 이를 ① 애초부터 소송 대상을 잘못 특정한 것으로 보아 대상적격 흠결을 이유로 각하판결을 내릴 수도 있을 것이나, ② "하자"가 있는지 여부는 본안심리에서 판단할 사항이므로, 본안심리까지 거치는 결과 재결에 고유한 하자가 없다는 점이 비로소 인정된다는 점에서 **기각판결**을 내릴 수도 있을 것이다. **판례는 후자(②)의 입장을 취하고 있다**(93누16901).

(4) 교원에 대한 징계의 불복

교원은 소속 학교에 따라 국공립학교 교원 및 사립학교 교원으로 나뉘며, 이에 따라 학교로부터 받은 징계에 대한 불복 수단에도 차이가 생겨난다.

① 국공립학교 교원의 경우

이 경우 학교의 <u>징계행위가 원처분</u>이 되고, 이에 대해 <u>반드시 소청심사라는 특별행정심판을 거쳐야 한다(필요적 전치주의)</u>. 소청심사 결과 재결이 내려지고 나면, <u>원처분주의에 따라 원처분에 하자가 있는 경우 원처분 취소소송을, 재결에 고유한 하자가 있는 경우 재결 취소소송</u>을 제기할 수 있다.

재결에 대하여 당사자가 불만을 가진다 하여도, <u>재결의 기속력으로 인하여 교원만이 이에 대해 취소소송을 제기할 수 있을 뿐</u>, 학교는 취소소송을 제기할 수 없다.

② 사립학교 교원의 경우

사립학교는 행정청이 아니므로, 그 <u>징계행위는 사법상 행위일 뿐 원처분이 될 수 없다.</u> 교원이 민사소송을 제기할 수 있음은 물론이다. 이에 더해 교육공무원법은 사립학교 교원 또한 소청심사를 거쳐 행정소송을 제기할 수 있는 길을 열어놓고 있다(교육공무원법 제53조, 국가공무원법 제16조).

만약 소청심사를 택하여 그 결정이 나왔다면 이는 **행정심판의 재결이 아니라, 원처분**으로 취급된다. 재결이란 원처분을 대상으로 한 행정심판의 청구에 대하여 행정심판위원회가 내리는 판단을 의미하는데, 사립학교 교원의 경우 그에 대한 징계행위가 사법상 행위라는 점에서, 소청심사 전 단계에서 어떠한 원처분도 존재하지 않았기 때문이다.

나아가, 당사자가 소청심사의 결정에 대하여 불만이 있을 경우, **교원뿐 아니라 학교 역시 이에 불복하여 취소소송**으로 나아갈 수 있다. 소청심사의 결정은 재결이 아니므로 재결의 기속력이 미칠 여지가 없을뿐더러, 설령 이를 재결로 보더라도 사립학교는 행정청이 아니므로 기속력이 미칠 수 없기 때문이다.

소속	징계행위	소청심사	취소소송의 대상	원고
국공립학교	원처분 (A)	재결 (B)	원처분주의 (A or B)	교원 only
사립학교	사법상 행위	**원처분 (C)**	**원처분주의 (C)**	**교원 or 학교**
		민사소송		

2 원고적격

1. 당사자능력(권리능력)

원고적격은 어떤 사람이 원고가 될 자격이 있는지에 관한 문제이다. 이를 논하기 위한 당연한 전제는 그 사람이 권리의 주체가 될 자격이 있어야 한다는 것이다. 이를 좀 더 쉽게 표현하자면 법적으로 "살아있는 사람"으로 평가되어야 한다는 것이다. 법적으로 "살아있는 사람"을 당사자능력(권리능력)이 있다고 표현하는데, 그 대표적인 사례로는 ① 자연인, ② 법인을 들 수 있다.

③ 권리능력이 없는 사단(비법인사단; 종중, 교회 등) 및 ④ 권리능력이 없는 재단(비법인재단; 장학재단 등)은 말 그대로 권리능력이 없어 법적으로 살아있는 자라고 보기 어렵다. 그럼에도, 위 단체들과 관련된 분쟁 또한 소송으로 적절히 해결될 필요가 있다는 점에서, 이들은 **권리능력이 없음에도 예외적으로 그 자체의 명의로❶** 행정소송을 제기할 수 있는 **원고적격을 갖는다.**

2. 원고적격의 요건 – 법률상 이익이 있는 자

법률상 "이익"이란 처분의 근거법규 등에 의하여 보호되는 **개별적·직접적·구체적 이익**을 말하고, 국민 일반이 공통적으로 가지는 일반적·간접적·추상적 이익은 여기에 포함되지 않는다(2006두14001 등).

> 🔍 **관련판례** 기존 도로 폐지 but 새로운 도로를 개설 (97누12556)
>
>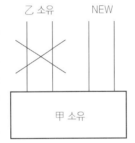
>
> 甲이 乙 소유의 도로를 공로에 이르는 유일한 통로로 이용하였으나 甲 소유의 대지에 연접하여 새로운 공로가 개설되어 그 쪽으로 출입문을 내어 바로 새로운 공로에 이를 수 있게 된 경우, 乙의 신청에 따라 관할 행정청이 乙 소유의 도로에 대하여 한 도로폐지허가처분으로 인하여 **乙 소유의 도로가 구 건축법 제2조 제11호 (나)목 소정의 도로에 해당하지 않게 되었다고 하더라도** 주위토지소유자인 甲의 대지 및 그 지상의 주택은 같은 법 제2조 제11호 소정의 새로 개설된 도로에 접하고 있으므로 **甲의 폐지된 도로에 대한 통행의 이익은** 같은 법에 의한 공익보호의 결과로 국민 일반이 공통적으로 가지는 추상적, 평균적, 일반적 이익과 같이 간접적이거나 사실적, 경제적 이익에 불과하고 이를 같은 법에 의하여 보호되는 **직접적이고 구체적인 이익에 해당한다고 보기 어렵다.**

쉽게 말해, 다른 그 누구도 아닌 원고가 행정청의 처분을 문제 삼을만큼 법률상 이익을 침해받았거나, 받을 우려가 있는지를 묻는 것이다. 이러한 의미에서, 불이익처분의 **상대방** 또는 거부처분의 **상대방**은 원고적격이 거의 예외 없이 인정된다고 보아도 무방하다.

판례는 여기에서 말하는 "법률"의 범위에 처분의 **근거법규**뿐 아니라, **관련법규**까지 포함시킴으로써 원고적격의 인정 범위를 확대하여 권리구제의 폭을 넓히는 입장에 서있다(2006두14001 등).

❶
- 대표자나 관리인 명의로 소를 제기하는 것이 아님에 주의
- 대표자·관리인이 있어야 (○)
- 대표자·관리인의 명의로 (✕)

3. 원고적격 인정 사례의 구체적 검토

(1) 행정주체 또는 행정청

<u>원칙적으로</u> 행정주체 또는 행정청은 공권력 행사의 주체이지 객체가 아니므로, 원고의 지위에서 취소소송을 제기할 수는 <u>없다</u>고 보아야 한다.

그러나 예외적으로, ① 다른 행정청으로부터 처분을 받음으로써 법적 불이익이 초래되었고, ② 취소소송 등의 항고소송 외에 달리 다툴 방법(기관소송 및 헌법상 권한쟁의심판)도 인정되지 않는 경우라면 예외적으로 원고적격을 인정하여야 할 것이다.

① 지방자치단체

관련판례 양양군수의 서울시장에 대한 건축협의 취소 (2012두22980)

1. 건축협의 = 건축허가

2. <u>건축협의 취소는 상대방이 다른 지방자치단체 등 행정주체라 하더라도</u> '행정청이 행하는 구체적 사실에 관한 법집행으로서의 공권력 행사'(행정소송법 제2조 제1항 제1호)로서 처분에 해당한다고 볼 수 있고, 지방자치단체인 원고가 이를 다툴 실효적 해결 수단이 없는 이상, 원고는 건축물 소재지 관할 허가권자인 지방자치단체의 장을 상대로 항고소송을 통해 건축협의 취소의 취소를 구할 수 있다.

---

② 행정청❶

❶ 위 두 판례가 선고될 당시에는 법령상 기관소송을 허용하는 규정이 존재하지 않았으나, 현재는 국민권익위원회에 대한 기관소송을 허용하는 규정이 명문화되었음

관련판례

1. 경기도 선관위 위원장 → 국민권익위원회 (2011두1214)

   甲이 국민권익위원회에 부패방지 및 국민권익위원회의 설치와 운영에 관한 법률(이하 '국민권익위원회법'이라 한다)에 따른 신고와 신분보장조치를 요구하였고, 국민권익위원회가 甲의 소속기관장인 乙 시·도선거관리위원회 위원장에게 '甲에 대한 중징계요구를 취소하고 향후 신고로 인한 신분상 불이익처분 및 근무조건상의 차별을 하지 말 것을 요구'하는 내용의 조치요구를 한 사안에서,

   국가기관 일방의 조치요구에 불응한 상대방 국가기관에 국민권익위원회법상의 제재규정과 같은 중대한 불이익을 직접적으로 규정한 다른 법령의 사례를 찾아보기 어려운 점, 그럼에도 乙이 국민권익위원회의 조치요구를 다툴 별다른 방법이 없는 점 등에 비추어 보면, 비록 乙이 국가기관이더라도 당사자능력 및 원고적격을 가진다고 보는 것이 타당하다.

   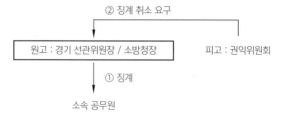

---

2. [동일] 소방청장 → 국민권익위원회 (2014두35379)

국민권익위원회가 소방청장에게 인사와 관련하여 부당한 지시를 한 사실이 인정된다며 이를 취소할 것을 요구하기로 의결하고 그 내용을 통지하자 소방청장이 국민권익위원회 조치요구의 취소를 구하는 소송을 제기한 사안에서, 처분성이 인정되는 국민권익위원회의 조치요구에 불복하고자 하는 소방청장으로서는 조치 요구의 취소를 구하는 항고소송을 제기하는 것이 유효·적절한 수단으로 볼 수 있으므로 소방청장이 예외적으로 당사자능력과 원고적격을 가진다고 본 사례이다.

(2) 법인

주식회사 등의 법인 역시 경제활동을 함에 있어 행정청과 갈등을 겪는 경우가 많다. 따라서, 법인이라는 이유만으로 원고적격을 부정할 이유는 없다. 그러나, 법률상 이익 중 **환경상 이익** 등과 같이 그 **성질상 자연인만**이 누릴 수 있는 이익의 침해 여부가 문제 되는 상황이라면 **법인의 원고적격을 인정할 수는 없다.**

> **관련판례** 수녀원(재단법인)의 환경상 이익 (2010두2005)
>
> 자연인이 아닌 甲 수녀원은 쾌적한 환경에서 생활할 수 있는 이익을 향수할 수 있는 주체가 아니므로 위 처분으로 위와 같은 생활상의 이익이 직접적으로 침해되는 관계에 있다고 볼 수도 없다.

(3) 외국인

외국인이 언제나 대한민국 법률에 의하여 법률상 이익을 보호받는다고 보기는 어려울 것이다. 판례는 **대한민국과 실질적 관련성이 있거나, 대한민국에서 법적으로 보호가치 있는 이해관계를 형성**한 경우에 한하여 원고적격을 인정하는 입장이다. 구체적으로 분석해 보자면 큰 틀에서 다음 두 가지 유형이 있다.

① 입국을 원하는 외국인: 대한민국에서 **출생**하여 오랜 기간 대한민국 **국적을 보유**하면서 **거주**한 이력이 있던 자에 한하여 원고적격이 인정된다(예 재미동포 인기가수 / Cf. 조선족 동포).

② 강제추방 등의 조치가 예정된 외국인: 이들은 대한민국에 적법하게 **입국**하여 상당한 기간을 **체류**한 사람이므로, 원고적격이 쉽게 인정된다.

입국 희망자		출국 임박자
조선족 동포 (×) (2014두42506)	재미동포 인기가수 (○) (2017두38874)	추방날 위기 (○) (2014두42506)
사증발급 거부처분을 다투는 외국인은, **아직 대한민국에 입국하지 않은 상태에서** 대한민국에 입국하게 해달라고 주장하는 것 … 우리 출입국관리법의 해석상 외국인에게는 사증발급 거부처분의 취소를 구할 법률상 이익이 인정되지 않는다.	원고는 대한민국에서 출생하여 오랜 기간 대한민국 국적을 보유하면서 거주한 사람이므로 이미 대한민국과 실질적 관련성이 있거나 대한민국에서 법적으로 보호가치 있는 이해관계를 형성하였다고 볼 수 있다.	국적법상 귀화불허가처분이나 출입국관리법상 체류자격변경 불허가처분, 강제퇴거명령 등을 다투는 외국인은 대한민국에 적법하게 입국하여 상당한 기간을 체류한 사람 …

또한 재외동포의 대한민
국 출입국과 대한민국 안
에서의 법적 지위를 보장
함을 목적으로 재외동포
법이 특별히 제정되어 시
행 중이다. …

(4) 수익적 처분의 제3자

불이익처분 및 거부처분의 <u>직접 상대방</u>은 법률상 이익을 침해당했다고 주장
하는 것이 매우 자연스럽다. 이에, <u>원고적격이 비교적 쉽게 인정</u>되곤 한다.
그러나, **처분의 상대방이 아닌 제3자**의 경우에는 남이 받은 처분으로 인해
자신의 법률상 이익이 침해되었다고 주장하는 셈이므로, **원고적격이 제한적**
으로 인정되는 경향이 있다. **예외적으로** 제3자의 원고적격이 인정되는 유형
은 크게 다음 3가지이다.

① **경업자 관계**

신규진입자가 행정청으로부터 면허나 인·허가 등을 받아 새로이 사업을
개시하는 경우, 기존의 업자는 이로 인해 자신의 이익이 감소할 것이 예
상됨에 따라 신규진입자의 면허나 인·허가 등을 문제 삼고 싶을 것이다.
그러나, 자유경쟁의 원리가 작동하는 한, 기존의 업자가 언제나 경쟁적인
영업을 영위하는 자(이하 '경업자')인 신규진입자의 면허나 인·허가 등을
취소시킬 수 있다고 볼 수는 없다.

이에, 일반적으로 면허나 인·허가 등의 <u>수익적 행정처분의 근거가 되는</u>
법률이 해당 업자들 사이의 **과당경쟁으로 인한 경영의 불합리를 방지하**
는 것도 그 목적으로 하고 있는 경우(ⓔ 거리제한 규정, 수요/공급 제한
규정)에 한하여, 다른 업자에 대한 면허나 인·허가 등의 수익적 행정처
분에 대하여 미리 같은 종류의 면허나 인·허가 등의 수익적 행정처분을
받아 영업을 하고 있는 <u>기존 업자</u>는 자신의 경업자에 대하여 이루어진
면허나 인·허가 등 **처분의 직접 상대방이 아니라 하더라도** 당해 행정처
분의 취소를 구할 원고적격이 인정된다.

ⓔ 관련판례

1. 판례 비교

시내버스 vs 시외버스 (○) (2001두4450)	한정면허 vs 일반면허 (○) (2015두53824)
① 구 여객자동차운수사업법 제6조 제1항 제1호에서 '사업계획이 당해 노선 또는 사업구역의 **수송수요와 수송력공급에 적합할 것**'을 여객자동차운송사업의 면허기준으로 정한 것은 **업자 간의 경쟁으로 인한 경영의 불합리를 미리 방지**하자는 데 그 목적이 있다 할 것이다. ② 기존의 **시내버스운송사업자의 노선 및 운행계통**과 시외버스운송사업자들의 그것들이 일부 중복되게 되고 기존업자의 수익감소가 예상된다면, 기존의 시내버스운송사업자와 시외버스운송사업자들은 경업관계에	일반면허를 받은 시외버스운송사업자에 대한 사업계획변경 인가처분으로 인하여 기존에 한정면허를 받은 시외버스운송사업자의 노선 및 운행계통과 일반면허를 받은 시외버스운송사업자의 그것이 일부 중복되게 되고 기존업자의 수익감소가 예상된다면, 기존의 한정면허를 받은 시외버스운송사업자와 일반면허를 받은 시외버스운송사업자는 경업관계에 있는 것으로 보는 것이 타당하고, 따라서 **기존의 한정면허를 받은 시외버스운송사업자는 일반면허 시외버스운송사업자에 대한 사업계획변경인가처분의 취소를 구할 법률상의 이익이 있다**.

밑줄있는 것으로 봄이 상당하다 할 것이어서 기존의 시내버스운송사업자에게 시외버스운송사업계획변경인가처분의 취소를 구할 법률상의 이익이 있다.

2. 판례 비교

담배 일반소매인 vs 일반소매인 (○) (2008두402)	담배 일반소매인 vs 구내소매인 (×) (2008두402)
① … 소매인의 지정기준으로 같은 **일반소매인 사이에서는** 그 영업소 간에 군청, 읍·면사무소가 소재하는 리 또는 **동지역에서는 50m, 그 외의 지역에서는 100m 이상의 거리를 유지하도록 규정하고 있다.** ② 담배 일반소매인의 지정기준으로서 일반소매인의 영업소 간에 일정한 거리제한을 두고 있는 것은 **일반소매인 간의 과당경쟁으로 인한 불합리한 경영을 방지함으로써 일반소매인의 경영상 이익을 보호하는 데에도 그 목적이 있다고 보이므로, 일반소매인으로 지정되어 영업을 하고 있는 기존업자의 신규 일반소매인에 대한 이익은 단순한 사실상의 반사적 이익이 아니라 법률상 보호되는 이익에 해당한다.**	① 구내소매인과 일반소매인 사이에서는 구내소매인의 영업소와 일반소매인의 영업소 간에 **거리제한을 두지 아니할 뿐 아니라,** ② 구내소매인은 담배진열장 및 담배소매점 표시판을 건물 또는 시설물의 외부에 설치하여서는 아니 된다고 규정하는 등 **일반소매인의 입장에서 구내소매인과의 과당경쟁으로 인한 경영의 불합리를 방지하는 것을 그 목적으로 할 수 있다고 보기 어려우므로,** 기존 일반소매인은 신규 구내소매인 지정처분의 취소를 구할 원고적격이 없다.

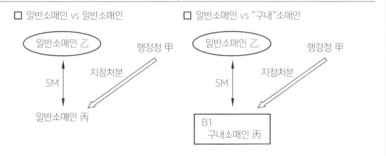

② 경원자 관계

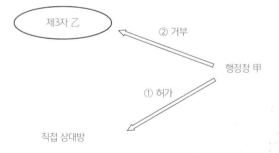

한정된 자리를 두고 다수의 후보가 경쟁하고 있는 경우, 이러한 다수의 후보들 간의 관계를 "경원자 관계"라고 한다. 인·허가 등의 수익적 행정처분을 신청한 수인이 서로 경쟁 관계에 있어서 **일방에 대한 허가 등의 처분이 타방에 대한 불허가 등으로 귀결**될 수밖에 없는 때, 허가 등의 처분을 받지 못한 자는 비록 경원자에 대하여 이루어진 허가 등 **처분의 직접 상대방이 아니라 하더라도** 당해 처분의 취소를 구할 원고적격이 인정된다(2009두8359).

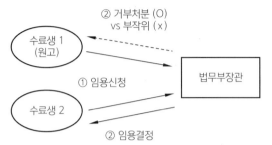

검사 지원자 중 한정된 수의 임용대상자에 대한 임용 결정은 한편으로는 그 임용대상에서 제외한 자에 대한 임용거부결정이라는 양면성을 지니는 것이므로 **임용대상자에 대한 임용의 의사표시는 동시에 임용대상에서 제외한 자에 대한 임용거부의 의사표시를 포함**한 것으로 볼 수 있고, 이러한 임용 거부의 의사 표시는 본인에게 직접 고지되지 않았다고 하여도 본인이 이를 알았거나 알 수 있었을 때에 그 효력이 발생한 것으로 보아야 한다.

다만, **명백한 법적 장애로 인하여 원고 자신의 신청이 인용될 가능성이 처음부터 배제**되어 있는 경우에는 당해 처분의 취소를 구할 정당한 이익이 없다. 예컨대, 다수의 후보 중 1인이 최소한의 자격요건을 갖추지도 못하여(즉, 과락) 나머지 후보들과 실질적으로 경쟁하는 관계라고 보기 어렵다면, 위 1인은 경원자로서 타인이 받은 인·허가 등의 수익적 행정처분을 다툴 이익이 인정되지 않는다.

원고를 포함한 법학전문대학원 설치인가 신청을 한 41개 대학은 2,000명이라는 총 입학정원을 두고 그 설치인가 여부 및 개별 입학정원의 배정에 관하여 서로 경쟁관계에 있고 이 사건 각 처분이 취소될 경우 원고의 신청이 인용될 가능성도 배제할 수 없으므로, 원고에게 법학전문대학원 설치인가처분의 취소 등을 다툴 원고적격이 있다.

		원고적격	소의 이익	본안심리
조선대 ─── 행정청				
전남대 ← 로스쿨 예비인가		경원자	명백한 법적 장애 X	제척사유 O But 사정판결

③ 이웃주민(인인) 관계

가령 여러분이 공무원을 정년퇴직하고 한적한 시골에 내려가 전원생활을 즐기고 있는데, 근처에 폐기물처리시설이 들어섰다고 가정해 보자. 분명 폐기물처리시설 허가는 내가 받은 것이 아님에도, 여러분의 입장에서는 그 누구보다 예민하게 이를 문제 삼고 싶은 마음이 들 수밖에 없다. 이렇듯 환경오염을 초래하는 시설이 들어서게 되면, 이로부터 영향을 받는 이웃주민들은 위 시설로 인해 법률상 이익, 즉 환경상 이익을 침해받을 가능성이 높다.

관련판례

1. 판례 비교

• 추정 ○: 입증책임 전환 ○
• 추정 ×: 입증책임 전환 ×

환경영향평가 대상지역 안의 주민 (○) (2006두330)	환경영향평가 대상지역 밖의 주민 (×) (2006두330)
환경영향평가 대상지역 "안"의 주민들에 대하여는 특단의 사정이 없는 한 환경상의 이익에 대한 침해 또는 침해우려가 있는 것으로 **사실상 추정**되어 공유수면매립면허처분 등의 무효확인을 구할 원고적격이 인정된다.	환경영향평가 대상지역 "밖"의 주민이라 할지라도 공유수면매립면허처분 등으로 인하여 환경상 이익에 대한 침해 또는 침해우려가 있다는 것을 **입증함으로써** 그 처분 등의 무효확인을 구할 원고적격을 **인정받을 수 있다.**

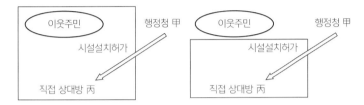

① 환경영향평가 대상지역 內 　　　　② 환경영향평가 대상지역 外

2. 대상지역 "내" 주민의 구체적 검토 (2009두2825)

① 환경상 이익에 대한 침해 또는 침해 우려가 있는 것으로 사실상 추정되어 원고적격이 인정되는 사람에는 환경상 침해를 받으리라고 예상되는 영향권 내의 주민들을 비롯하여 그 영향권 내에서 농작물을 경작하는 등 현실적으로 환경상 이익을 향유하는 사람도 포함된다.

② 그러나 단지 그 영향권 내의 건물·토지를 소유하거나 환경상 이익을 일시적으로 향유하는 데 그치는 사람은 포함되지 않는다.

구분	영향권 내	영향권 밖
추정 ○	환경상 이익을 <u>현실적으로</u> 향유하는 사람 예 **주민, 농민**	–
추정 ×	환경상 이익을 <u>일시적으로</u> 향유하는 사람 예 **건물주, 토지주**	예 주민, 농민, 건물주, 토지주 등

3. 헌법/환경정책"기본"법은 개별/직접/구체적 이익 × (×) (2006두330)

헌법 제35조 제1항에서 정하고 있는 환경권에 관한 규정만으로는 그 권리의 주체·대상·내용·행사방법 등이 <u>구체적으로 정립되어 있다고 볼 수 없고,</u> 환경정책기본법 제6조도 그 규정 내용 등에 비추어 국민에게 <u>구체적인 권리를 부여한 것으로 볼 수 없으므로,</u> 환경영향평가 **대상지역 밖에 거주하는 주민**에게 헌법상의 환경권 또는 환경정책기본법에 근거하여 공유수면매립면허처분과 농지개량사업 시행인가처분의 무효확인을 구할 <u>원고적격이 없다.</u>

4. 인근 주민들의 납골당 설치 반대 (○) (2009두6766)

사설납골시설의 설치장소를 "20호 이상의 인가가 밀집한 지역으로부터 500m 이상 떨어진 곳"으로 제한을 둔 것은, 이러한 사설납골시설을 인가가 밀집한 지역 인근에 설치하지 못하게 함으로써 주민들의 쾌적한 주거, 경관, 보건위생 등 생활환경상의 개별적 이익을 직접적·구체적으로 보호하려는 데 취지가 있으므로, 이러한 납골시설 설치장소에서 **500m 내에 20호 이상의 인가가 밀집한 지역에 거주**하는 주민들은 납골당 설치에 대하여 환경상 이익 침해를 받거나 받을 우려가 있는 것으로 **사실상 추정**된다.

5. 인근 주민들의 연탄공장 건축 반대 (○) (73누96)

주거지역 내에 위 법조 소정 제한면적을 초과한 연탄공장 건축허가처분으로 불이익을 받고 있는 제3거주자는 비록 당해 행정처분의 상대자가 아니라 하더라도 그 행정처분으로 말미암아 위와 같은 법률에 의하여 보호되는 이익을 침해받고 있다면 당해행정 처분의 취소를 소구하여 그 당부의 판단을 받을 법률상의 자격이 있다.

6. 원자력발전소 인근 주민들의 부지선정 반대 (○) (97누19588)

방사성물질에 의하여 보다 직접적이고 중대한 피해를 입으리라고 예상되는 **지역 내의 주민들**에게는 방사성물질 등에 의한 생명·신체의 안전침해를 이유로 부지사전승인처분의 취소를 구할 원고적격이 있다.

7. 취수장에서 멀리 떨어진 곳에 거주하는 자: 입증 성공 (○) (2007두16127)

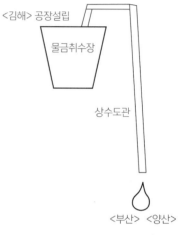

① **수돗물을 공급받아 이를 마시거나 이용하는 주민들**로서는 근거 법규 및 관련 법규가 환경상 이익의 침해를 받지 않은 채 깨끗한 수돗물을 마시거나 이용할 수 있는 자신들의 생활환경상의 개별적 이익을 직접적·구체적으로 보호하고 있음을 **증명하여** 원고적격을 인정받을 수 있다.

② 김해시장이 소감천을 통해 낙동강에 합류하는 하천수 주변의 토지에 구 산업집적활성화 및 공장설립에 관한 법률 제13조에 따라 공장설립을 승인하는 처분을 한 사안에서, 거주지역이 물금취수장으로부터 **다소 떨어진 곳이라고 하더라도** 물금취수장에서 취수된 물을 공급받는 부산광역시 또는 양산시에 거주하는 주민들도 위 처분의 근거 법규 및 관련 법규에 의하여 개별적·구체적·직접적으로 보호되는 환경상 이익, 즉 법률상 보호되는 이익이 침해되거나 침해될 우려가 있는 주민으로서 원고적격이 인정된다.

8. 인근 주민들의 화장장 설치 반대 (94누14544)

① (✕) 상수원보호구역 설정의 근거가 되는 **수도법** 제5조 제1항 및 동 시행령 제7조 제1항이 보호하고자 하는 것은 상수원의 확보와 수질보전일 뿐이고, 그 상수원에서 급수를 받고 있는 지역주민들이 가지는 **상수원의 오염을 막아 양질의 급수를 받을 이익**은 직접적이고 구체적으로는 보호하고 있지 않음이 명백하여 위 지역주민들이 가지는 이익은 상수원의 확보와 수질보호라는 공공의 이익이 달성됨에 따라 **반사적으로 얻게 되는 이익에 불과**하므로 지역주민들에 불과한 **원고들은 위 상수원보호구역변경처분의 취소를 구할 법률상의 이익을 갖고 있지 않다.**

② (○) 도시계획의 내용이 화장장의 설치에 관한 것일 때에는 **도시계획법 제12조 뿐만 아니라 매장 및 묘지 등에 관한 법률 및 같은 법 시행령 역시 그 근거 법률**이 된다고 보아야 할 것이므로,
같은 법 시행령 제4조 제2호가 공설화장장은 20호 이상의 인가가 밀집한 지역, 학교 또는 공중이 수시 집합하는 시설 또는 장소로부터 1,000m 이상 떨어진 곳에 설치하도록 제한을 가하는 등에 의하여 보호되는 **부근 주민들의 이익은 위 도시계획결정처분의 근거 법률에 의하여 보호되는 법률상 이익**이다.

🔍 **비교판례** 법률상 이익 인정 ×

1. 개발제한구역 해제대상에서 누락된 토지 소유자 (2007두10242)

① 원고의 청구취지와 같이 이 사건 도시관리계획변경결정 중 <u>중리취락 부분이 취소된다</u> 하더라도 그 결과 이 사건 도시관리계획변경결정으로 개발제한구역에서 해제된 제3자 소유의 토지들이 종전과 같이 개발제한구역으로 남게 되는 결과가 될 뿐, <u>원고 소유의 이 사건 토지가 개발제한구역에서 해제되는 것도 아니다.</u>

② **따라서 원고에게 제3자 소유의 토지에 관한 이 사건 도시관리계획변경결정의 취소를 구할 직접적이고 구체적인 이익이 있다고 할 수 없다.**

2. 아파트 입주자/입주예정자가 아파트에 대한 사용검사처분을 다투는 경우 (2013두24976)

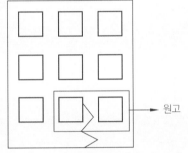

원고

① 사용검사처분은 건축물을 사용·수익할 수 있게 하는 데 그치므로 건축물에 대하여 사용검사처분이 이루어졌다고 하더라도 그 사정만으로는 건축물에 있는 하자나 건축법 등 관계 법령에 위배되는 사실이 **정당화되지는 아니한다.**

② 입주자나 입주예정자들은 사용검사처분의 무효확인을 받거나 처분을 취소하지 않고도 **민사소송 등을 통하여 분양계약에 따른 법률관계 및 하자 등을 주장·증명**함으로써 사업주체 등으로부터 하자의 제거·보완 등에 관한 권리구제를 받을 수 있다.

③ 오히려 주택에 대한 사용검사처분이 있으면, 그에 따라 입주예정자들이 주택에 입주하여 이를 사용할 수 있게 되므로 <u>일반적으로 입주예정자들에게 이익이 되고</u>, 일부 입주자나 입주예정자가 사업주체와의 개별적 분쟁 등을 이유로 사용검사처분의 무효확인 또는 취소를 구하게 되면, <u>처분을 신뢰한 다수의 이익에 반하게 되는</u> 상황이 발생할 수 있다.

3. 실제 경관은 불변 (2011두29052)

	1. 1.	2. 1.	변경결정 →	3. 1.
형식	1등급	1등급		2등급
실질	1등급	2등급		2등급

① 환경부장관이 생태·자연도 1등급으로 지정되었던 지역을 2등급 또는 3등급으로 변경하는 내용의 생태·자연도 수정·보완을 고시하자, 인근 주민 甲이 생태·자연도 등급변경처분의 무효 확인을 청구한 사안에서,

② 생태·자연도는 토지이용 및 개발계획의 수립이나 시행에 활용하여 자연환경을 체계적으로 보전·관리하기 위한 것일 뿐, 1등급 권역의 인근 주민들이 가지는 생활상 이익을 직접적이고 구체적으로 보호하기 위한 것이 아님이 명백하고, 1등급 권역의 인근 주민들이 가지는 이익은 환경보호라는 공공의 이익이 달성됨에 따라 반사적으로 얻게 되는 이익에 불과하므로,

③ 인근 주민에 불과한 甲은 생태·자연도 등급권역을 1등급에서 일부는 2등급으로, 일부는 3등급으로 변경한 결정의 무효 확인을 구할 원고적격이 없다.

④ 기타

> **관련판례** 대학교 이사 선임처분의 취소를 구할 수 있는 자 (2012두19496, 19502)
>
> 교육부장관이 사학분쟁조정위원회의 심의를 거쳐 甲 대학교를 설치·운영하는 乙 학교법인의 이사 8인과 임시이사 1인을 선임한 데 대하여 甲 대학교 교수협의회와 총학생회 등이 이사선임처분의 취소를 구하는 소송을 제기한 사안에서, 甲 대학교 교수협의회와 총학생회는 이사선임처분을 다툴 법률상 이익을 가지지만, 전국대학노동조합 甲 대학교지부는 법률상 이익이 없다.
>
> | 대상 처분 | 교수협의회 | 총학생회 | 대학노조 |
> |---|---|---|---|
> | 교육부장관 → 학교법인 | ○ | ○ | × |

> **비교판례** 학생들이 교수의 박사전공까지 선택할 권리 × (93누8139)
>
> 1. 경제학적으로 접근하여야 하는 조세정책과목의 담당교수를 행정학을 전공한 사람으로 임용한 사안이다.
>
> 2. 대학생들이 전공이 다른 교수를 임용함으로써 학습권을 침해당하였다는 이유를 들어 교수임용처분의 취소를 구할 소의 이익이 없다.

(5) 불이익 처분의 제3자

법인이 행정청으로부터 불이익한 처분을 받은 경우, 이로써 1차적으로 타격을 입는 것은 법인이다. 법인의 주주가 주가 하락 등으로 인해 입는 불이익은 먼저 법인이 타격을 입고 나서 발생하는 2차적 피해에 불과할 뿐이다. 따라서, **법인의 주주는 법인에 대한 행정처분에 관하여** 사실상이나 간접적인 이해관계를 가질 뿐이어서 스스로 그 처분의 취소를 구할 **원고적격이 없는 것이 원칙**이다.

관련판례 원칙 – 원고적격 ✕

운전기사가 회사의 상여금 삭감조치를 다투어야 함 (93누24247)

회사의 노사 간에 임금협정을 체결함에 있어 운전기사의 합승행위 등으로 회사에 대하여 과징금이 부과되면 당해 운전기사에 대한 상여금지급시 그 금액상당을 공제하기로 함으로써 과징금의 부담을 당해 운전기사에게 전가하도록 규정하고 있고, 이에 따라 당해 운전기사의 합승행위를 이유로 회사에 대하여 한 과징금부과처분으로 말미암아 당해 운전기사의 상여금지급이 제한되었다고 하더라도, 과징금부과처분의 직접 당사자 아닌 당해 운전기사로서는 그 처분의 취소를 구할 직접적이고 구체적인 이익이 있다고 볼 수 없다.

그러나, ① 그 처분으로 인하여 법인이 더 이상 영업 전부를 행할 수 없게 되고, ② 영업에 대한 인·허가의 취소 등을 거쳐 해산·청산되는 절차 또한 처분 당시 이미 예정되어 있으며, ③ 그 후속절차가 취소되더라도 그 처분의 효력이 유지되는 한 당해 법인이 종전에 행하던 영업을 다시 행할 수 없는 **예외적인 경우에**는 주주도 그 처분에 관하여 직접적이고 구체적인 법률상 이해관계를 가진다고 보아 그 효력을 다툴 **원고적격이 인정**된다.

관련판례 예외 – 원고적격 ○

1. 은행(주식회사)의 주주 (2002두5313)

   은행업무정지처분 등의 효력이 유지되는 한 은행이 종전에 행하던 영업을 다시 행할 수는 없는 경우, 은행의 주주에게 당해 "은행의" 업무정지처분 등을 다툴 원고적격이 인정된다.

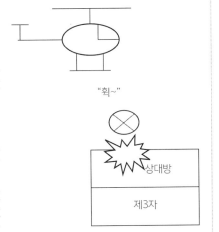

2. 학교법인의 임원 (2005두9651)

   관할청이 "학교법인의" 임원취임승인신청에 대하여 이를 반려하거나 거부하는 경우 학교법인에 의하여 임원으로 선임된 사람은 학교법인의 임원으로 취임할 수 없게 되는 불이익을 입게 되는바, 학교법인에 의하여 임원으로 선임된 사람에게는 관할청의 임원취임승인신청 반려처분을 다툴 수 있는 원고적격이 있다.

3. 법무사 사무실 취업희망자 (2015다34444)

지방법무사회가 **"법무사의"** 사무원 채용승인 **신청을 거부**하거나 채용승인을 얻어 채용 중인 사람에 대한 채용승인을 취소하면, 상대방인 법무사로서도 그 사람을 사무원으로 채용할 수 없게 되는 불이익을 입게 된다.

따라서 지방법무사회의 사무원 채용승인 거부처분 또는 채용승인 취소처분에 대해서는 처분 상대방인 법무사뿐만 아니라 그 때문에 **사무원이 될 수 없게 된 사람도 이를 다툴 원고적격이 인정**되어야 한다.

4. 양도인으로부터 채석장 운영권을 이전 받은 양수인 (2001두6289)

채석허가가 유효하게 존속하고 있다는 것이 양수인의 명의변경신고의 전제가 된다는 의미에서 관할 행정청이 **"양도인에 대하여"** 채석허가를 취소하는 처분을 하였다면 이는 양수인의 지위에 대한 직접적 침해가 된다고 할 것이므로 **양수인은** 채석허가를 취소하는 처분의 취소를 구할 법률상 이익을 가진다.

상대방	은행	학교법인	법무사	양도인
제3자	주주	임원	사무원	양수인

3 소의 이익

1. 의의

소의 이익이란 원고가 겪는 분쟁이 소송을 통해 해결되어야 할만한 현실적인 필요성이 있는지에 대한 문제로서, "권리보호의 필요성"이라고 불리기도 한다. 다른 소송요건과는 달리, 소의 이익에 관해서는 행정소송법상 별도의 의의 규정을 두고 있지 않다. 이에, 일반적으로 원고적격에 관한 제12조 단서로부터 소의 이익의 개념을 도출하곤 한다.

> **행정소송법 제12조 【원고적격】**
> 취소소송은 처분등의 취소를 구할 법률상 이익이 있는 자가 제기할 수 있다. 처분등의 효과가 기간의 경과, 처분등의 집행 그 밖의 사유로 인하여 소멸된 뒤에도 그 처분등의 취소로 인하여 회복되는 법률상 이익이 있는 자의 경우에는 또한 같다.

2. 처분이 직권취소 등으로 소멸된 경우

직권으로 당초의 처분을 취소하고 새로운 처분을 하였다면 당초의 처분은 존재하지 않게 되므로, 이미 사라진 처분의 취소를 구하는 소는 **원칙적으로 소의 이익이 없다**(2001두5200, 96누1931).

다만, 다음 중 하나에 해당하는 경우에 한하여, **예외적으로** 이미 직권으로 취소된 처분이라 하더라도 여전히 이에 대한 취소소송을 이어나갈 **소의 이익이 인정된다.**

(1) 처분청의 직권취소에도 불구하고 **완전한 원상회복이 이루어지지 않아** 무효확인 또는 취소로써 회복할 수 있는 다른 권리나 이익이 남아 있는 경우

(2) 그 행정처분과 동일한 사유로 **위법한** 처분이 반복될 위험성이 있어 행정처분의 위법성 확인 내지 불분명한 법률문제에 대한 해명이 필요한 경우

🔍 **관련판례** 원칙: 소멸한 처분 - 소의 이익 ✕

1. 절차상 또는 형식상 하자로 무효인 행정처분에 대하여 행정청이 적법한 절차 또는 형식을 갖추어 다시 동일한 행정처분을 하였다면, 종전의 무효인 행정처분에 대한 무효확인 청구는 과거의 법률관계의 효력을 다투는 것에 불과하므로 무효확인을 구할 법률상 이익이 없다(2009두16879).

2. 행정청이 공무원에 대하여 새로운 직위해제사유에 기한 직위해제처분을 한 경우 그 이전에 한 직위해제처분은 이를 묵시적으로 철회하였다고 봄이 상당하고, 그렇다면 직위해제처분 무효확인 및 정직처분 취소소송 중 이미 철회되어 그 효력이 상실된 직위해제처분의 취소를 구하는 부분은 존재하지 않는 행정처분을 대상으로 한 것으로서, 그 소의 이익이 없다(95누8119).

🔍 **예외판례** 소의 이익 (○) - 위법한 처분이 반복될 위험성 + 법적 해명 필요성

1. 인권탄압 교도소장 (2013두20899)
   ① 교도소장이 수형자 갑을 '<u>접견내용 녹음·녹화 및 접견 시 교도관 참여대상자</u>'로 <u>지정</u>한 사안에서, 위 지정행위는 수형자의 구체적 권리의무에 직접적 변동을 가져오는 행정청의 공법상 행위로서 <u>항고소송의 대상이 되는 '처분</u>'에 해당한다.❶
   ② 비록 피고가 이 사건 제1심판결 선고 이후 원고를 위 '접견내용 녹음·녹화 및 접견 시 교도관 참여대상자'에서 **해제하기는 하였지만 앞으로도 원고에게 위와 같은 포괄적 접견제한처분을 할 염려가 있는 것으로 예상되므로 소의 이익이 인정된다.**

2. 여기에서 '그 행정처분과 동일한 사유로 위법한 처분이 반복될 위험성이 있는 경우'란 불분명한 법률문제에 대한 해명이 필요한 상황에 대한 대표적인 예시일 뿐이며, <u>반드시 '해당 사건의 동일한 소송 당사자 사이에서' 반복될 위험이 있는 경우만을 의미하는 것은 아니다</u>(2020두30450).

3. 소 제기되면 반복하여 임원 교체 (2006두19297)
   임시이사 선임처분에 대하여 취소를 구하는 소송의 계속 중 임기만료 등의 사유로 새로운 임시이사들로 교체된 경우, 선행 임시이사 선임처분의 효과가 소멸하였다는 이유로 그 취소를 구할 법률상 이익이 없다고 보게 되면, 원래의 정식이사들로서는 계속 중인 소를 취하하고 후행 임시이사 선임처분을 별개의 소로 다툴 수밖에 없게 되며, <u>그 별소 진행 도중 다시 임시이사가 교체되면 또 새로운 별소를 제기하여야 하는 등 무익한 처분과 소송이 반복될 가능성이 있으므로</u>, 이러한 경우 법원이 선행 임시이사 선임처분의 취소를 구할 법률상 이익을 긍정할 필요가 있다.

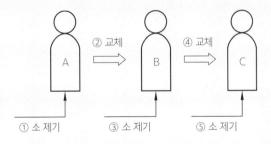

❶ 권력적 사실행위

3. 시간이 많이 경과된 경우

원칙적으로 위법한 처분을 취소한다 하더라도 원상회복이 불가능한 경우에는 그 취소를 구할 이익이 없겠으나, 이에 대한 예외 또한 다수 존재함을 알아둘 필요가 있다.

> ### 📑 관련판례 원칙 - 소의 이익 ×
>
> **1. 재판 지연으로 인한 15년도 시즌 종료 (2018두67152)**
>
> 세무사 자격 보유 변호사 甲이 관할 지방국세청장에게 조정반 지정 신청을 하였으나 지방국세청장이 '甲의 경우 세무사등록부에 등록되지 않았기 때문에 2015년도 조정반 구성원으로 지정할 수 없다'는 이유로 거부처분을 한 사안에서(*집행정지* ×), 甲이 거부처분의 취소를 구하는 소를 제기한 사안에서, <u>2015년도 조정반 지정의 효력기간이 지났으므로</u> 거부처분을 취소하더라도 甲이 2015년도 조정반으로 지정되고자 하는 목적을 달성할 수 없어 소의 이익은 인정되지 않는다.
>
> **2. 건축허가 취소소송 중 건축공사 완료 (91누11131)**
>
> 건축허가가 건축법 소정의 이격거리를 두지 아니하고 건축물을 건축하도록 되어 있어 위법하다 하더라도 그 건축허가에 기하여 **건축공사가 완료되었다면 그 건축허가를 받은 대지와 접한 대지의 소유자인 원고가 위 건축허가처분의 취소를 받아 이격거리를 확보할 단계는 지났으며** 민사소송으로 위 건축물 등의 철거를 구하는 데 있어서도 위 처분의 취소가 필요한 것이 아니므로 원고로서는 위 처분의 취소를 구할 법률상의 이익이 없다.
>
>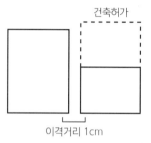
>
> **3. 이미 지방의료원이 폐업한 경우 (2015두60617)**
>
> <u>지방의료원을 폐업 전의 상태로 되돌리는 원상회복은 불가능하므로</u> 법원이 폐업결정을 취소하더라도 단지 폐업결정이 위법함을 확인하는 의미밖에 없고, 폐업결정의 취소로 회복할 수 있는 다른 권리나 이익이 남아있다고 보기도 어려우므로, 甲 도지사의 폐업결정이 법적으로 권한 없는 자에 의하여 이루어진 것으로서 위법하더라도 **취소를 구할 소의 이익을 인정하기 어렵다.**
>
> **4. 판례 비교**
>
> | 설치허가 취소 후 시설이 철거된 경우 (×) (2000두2457) | 공장건물이 멸실 됐음에도 공장등록취소처분 (○) 다투는 경우 (2000두3306) |
> |---|---|
> | ① <u>소음·진동배출시설에 대한 설치허가가 취소된 후 그 배출시설이 어떠한 경위로든 철거</u>되어 다시 복구 등을 통하여 배출시설을 가동할 수 없는 상태라면 이는 배출시설 설치허가의 대상이 되지 아니하므로 외형상 설치허가취소행위가 잔존하고 있다고 하여도 특단의 사정이 없는 한 이제 와서 굳이 위 처분의 취소를 구할 법률상의 이익이 없다.
② 설령 원고가 이 사건 **처분이 위법하다는** 점에 대한 판결을 받아 피고에 대한 손해배상청구소송에서 이를 원용할 수 있다거나, 위 배출시설을 다른 지역으로 이전하는 경우 행정상의 편의를 제공 받을 수 있는 | ① 일반적으로 **공장등록이 취소**된 후 그 공장 시설물이 어떠한 경위로든 **철거되어 다시** 복구 등을 통하여 공장을 운영할 수 없는 상태라면 이는 공장등록의 대상이 되지 아니하므로 외형상 공장등록취소행위가 잔존하고 있다고 하여도 그 처분의 취소를 구할 **법률상의 이익이 없다 할 것이나**, 위와 같은 경우에도 <u>유효한 공장등록으로 인하여 공장등록에 관한 당해 법률이나 다른 법률에 의하여 보호되는 직접적·구체적 이익이 있다면</u>, 당사자로서는 공장건물의 멸실 여부에 불구하고 그 공장등록취소처분의 **취소를 구할 법률상의 이익이 있다.** |

이익이 있다 하더라도, 그러한 이익은 사실적·경제적 이익에 불과하여 이 사건 처분의 취소를 구할 법률상 이익에 해당하지 않는다.

② 공장등록이 취소된 후 그 공장시설물이 철거되었다 하더라도 **대도시 안의 공장을 지방으로 이전할 경우 조세특례제한법상의 세액공제 및 소득세 등의 감면혜택이 있고, 공업배치 및 공장설립에 관한 법률상의 간이한 이전절차 및 우선 입주의 혜택이 있는 경우**, 그 공장등록취소처분의 취소를 구할 법률상의 이익이 있다.

5. 사전결정반려처분 취소소송 중 법의 개정으로 사전결정제도가 폐지된 경우 (97누379)

개정 전의 법에 기한 주택건설사업계획 사전결정반려처분의 취소를 구하는 소송에서 승소한다고 하더라도 위 반려처분이 취소됨으로써 사전결정신청을 한 상태로 돌아갈 뿐이므로, 개정 후 법이 시행된 1999. 3. 1. 이후에는 사전결정신청에 기하여 행정청으로부터 **사전결정을 받을 여지가 없게 되었다**고 할 것이어서 더 이상 소를 유지할 법률상의 이익이 없게 되었다고 할 것이다.

1998. 12. 1.		1999. 3. 2.
사전결정 ○	법 개정	사전결정 ○
사전결정 ×		사전결정 ×

6. 판례 비교

조합설립추진위원회 구성승인처분을 다투는 소송 계속 중 조합설립인가처분이 이루어진 경우 (2011두11112)	재건축조합 설립변경인가 자체로 특별한 의미 × (2010두25107)
① 추진위원회 구성승인처분은 조합의 설립을 위한 주체인 추진위원회의 구성행위를 보충하여 그 효력을 부여하는 처분으로서 조합설립이라는 종국적 목적을 달성하기 위한 중간단계의 처분에 해당하지만 그 법률요건이나 효과가 조합설립인가처분의 그것과는 다른 독립적인 처분이기 때문에, 추진위원회 구성승인처분에 대한 취소 또는 무효확인 판결의 확정만으로는 이미 조합설립인가를 받은 조합에 의한 정비사업의 진행을 저지할 수 없다 할 것이다. ② 따라서 추진위원회 구성승인처분을 다투는 소송 계속 중에 조합설립인가처분이 이루어진 경우에는, 추진위원회 구성승인처분에 위법이 존재하여 조합설립인가 신청행위가 무효라는 점 등을 들어 직접 조합설립인가처분을 다툼으로써 정비사업의 진행을 저지하여야 할 것이고, 이와는 별도로 추진위원회 구성승인처분에 대하여 취소 또는 무효확인을 구할 법률상의 이익은 없다고 보아야 한다.	① 구 도시 및 주거환경정비법 제16조 제2항은 조합설립인가처분의 내용을 변경하는 변경인가처분을 할 때에는 조합설립인가처분과 동일한 요건과 절차를 거칠 것을 요구하고 있다. ② 주택재건축사업조합 설립인가처분 후, **경미한 사항을 변경**한 경우 변경인가는 변경사항에 대한 신고를 수리하는 의미에 불과하므로 설립인가처분의 취소를 구할 소의 이익이 있고, 설립인가처분과 동일한 요건과 절차에 따라 변경인가처분을 한 경우라도 설립인가의 유효를 전제로 후속행위가 이어지므로 설립인가처분의 취소를 구할 소의 이익이 있다.

처분시	처분	소의 이익		
		23. 1. 1.	23. 2. 1.	23. 3. 1.
23. 1. 1.	추진위 구성승인	○	×	×
23. 2. 1.	설립인가	–	○	○
23. 3. 1.	설립변경인가	–	–	×

7. 판례 비교

소집해제 거부처분 취소소송 중에 복무기간 만료 (×) (2004두4369)	아직 복무기간이 남은 경우(○) (2003두1875)
공익근무요원 소집해제신청을 거부한 후에 원고가 계속하여 공익근무요원으로 복무함에 따라 복무기간 만료를 이유로 소집해제처분을 한 경우, 원고가 입게 되는 권리와 이익의 침해는 소집해제처분으로 해소되었으므로 위 거부처분의 취소를 구할 소의 이익이 없다.	① 현역은 입영한 날부터 군부대에서 복무하도록 되어 있으므로 현역병입영통지처분에 따라 현실적으로 입영을 한 경우에는 그 처분의 집행은 종료되지만, ② 현역입영대상자로서는 현실적으로 입영을 하였다고 하더라도, 입영 이후의 법률관계에 영향을 미치고 있는 현역병입영통지처분 (=아직 제대×) 등을 한 관할지방병무청장을 상대로 위법을 주장하여 그 취소를 구할 소의 이익이 있다.

관련판례 예외 - 소의 이익 ○

1. 공무원의 직위해제 취소소송 중 정년이 도래한 경우 (2012두26180)

국가공무원법상 직위해제처분의 무효확인 또는 취소소송 계속 중 정년을 초과하여 직위해제처분의 무효확인 또는 취소로 공무원 신분을 회복할 수는 없다고 할지라도, 그 무효확인 또는 취소로 직위해제일부터 직권면직일까지 기간에 대한 **감액된 봉급 등의 지급을 구할 수 있는 경우**에는 직위해제처분의 무효확인 또는 취소를 구할 법률상 이익이 있다.

2. 근로자가 해고의 효력 다투던 中 근로계약 만료 (2019두52386)

근로자가 부당해고 구제신청을 하여 해고의 효력을 다투던 중 정년에 이르거나 근로계약기간이 만료하는 등의 사유로 원직에 복직하는 것이 불가능하게 되었으나 해고기간 중의 임금 상당액을 지급받을 필요가 있는 경우, 구제신청을 기각한 중앙노동위원회의 재심판정을 다툴 소의 이익이 있다.

> **비교** 근로자가 부당해고신청을 할 당시 이미 근로계약 종료된 경우(×) (2020두54852)

3. 지방의원의 제명의결 취소소송 중 임기 만료 (2007두13487)

지방의회 의원에 대한 제명의결 취소소송 계속중 의원의 임기가 만료된 사안에서, 제명의결의 취소로 의원의 지위를 회복할 수는 없다 하더라도 제명의결시부터 임기만료일까지의 기간에 대한 월정수당의 지급을 구할 수 있는 등 여전히 그 제명의결의 취소를 구할 법률상 이익이 있다.

4. 파면처분 후에 당연퇴직된 경우에도 마찬가지 (85누39)

원고가 허위공문서작성, 동행사죄로 징역 8월에 2년간 집행유예의 판결을 받아 그 **판결이 원심변론종결전인 1983. 12. 27.에 확정**됨으로서 지방공무원법 제61조의 규정에 따라 같은 날짜로 **당연퇴직(≒위 그림의 "정년도래")** 되었고, 원고가 그와 같은 당연퇴직으로 공무원으로서의 신분을 상실하였다 하여도 최소한도 이 사건 **파면처분이 있은 때(1983. 5. 9.)로부터 지방공무원법 제61조의 규정에 의한 당연퇴직일자(1983. 12. 27.)까지의 기간**에 있어서는 파면처분의 취소를 구하여 그로 인해 박탈당한 이익의 회복을 구할 소의 이익이 있다.

5. 퇴학처분 이후 검정고시 합격 (91누4737)

고등학교졸업이 대학입학자격이나 학력인정으로서의 의미밖에 없다고 할 수 없으므로 고등학교졸업 학력검정고시에 합격하였다 하여 고등학교 학생으로서의 **신분과 명예가 회복**될 수 없는 것이니 퇴학처분을 받은 자로서는 퇴학처분의 위법을 주장하여 그 취소를 구할 소송상의 이익이 있다.

6. 가중적 제재규정의 존재 (2003두1684)

① 제재적 행정처분이 그 처분에서 정한 **제재기간의 경과로 인하여 그 효과가 소멸**되었으나, 부령인 시행규칙 또는 지방자치단체의 규칙의 형식으로 정한 처분기준에서 제재적 행정처분을 받은 것을 **가중사유나 전제요건**으로 삼아 장래의 제재적 행정처분을 하도록 정하고 있는 경우, 선행처분인 제재적 행정처분을 받은 상대방이 그 처분에서 정한 제재기간이 경과하였다 하더라도 그 처분의 취소를 구할 법률상 이익이 있다.

② '환경·교통·재해 등에 관한 영향평가법 **시행규칙**' 제10조 [별표 2] 2. 개별기준 ⑾에서 환경영향평가대행업자가 업무정지처분기간 중 신규계약에 의하여 환경영향평가대행업무를 한 경우 **1차 위반시 업무정지 6월을, 2차 위반시 등록취소를 각 명하는 것으로 규정**하고 있으므로, 업무정지처분기간 경과 후에도 위 시행규칙의 규정에 따른 후행처분을 받지 않기 위하여 위 업무정지처분의 취소를 구할 법률상 이익이 있다.

1회 적발시 : 면허정지처분
2회 적발시 : 면허취소처분

\<행정소송\>

면허정지　　　　　　　　　　　　　　면허재개

4. 기본행위와 인가

구분	기본행위의 하자	인가의 하자
강학상 인가	대상: 기본행위	대상: 인가
설권적 처분 (특허)	대상: 인가	

원칙적으로 기본행위에 하자가 있는 경우에는 그 기본행위를, 인가에 하자가 있는 경우에는 인가를 다투어야 한다. 따라서, **기본행위의 하자를 이유로 인가를 다투는 경우에는 소의 이익이 인정되지 않는다.** 이는 인가가 이미 적법·유효하게 성립한 기본행위를 보충해주는 효력만을 가질 뿐, 기본행위의 하자를 치유하는 등의 효력은 가지지 않기 때문이다.

반면, **인가가 설권적 처분, 즉 특허로서의 성질을 겸하는 경우**에는 그 자체로써 특별한 권리를 부여하는 기능을 하게 된다. 이때는 예외적으로 기본행위에 하자가 있는지, 인가에 하자가 있는지를 **불문하고, 인가에 대한 취소소송을 제기**하여야 한다.

관련판례 강학상 인가와 기본행위의 하자 (2000두3641)

기본행위인 이사선임결의가 적법·유효하고 **보충행위인 승인처분 자체**에만 하자가 있다면 그 승인처분의 무효확인이나 그 취소를 주장할 수 있지만, 이 사건 임원취임승인처분에 대한 무효확인이나 그 취소의 소처럼 **기본행위인 임시이사들에 의한 이사선임결의의 내용 및 그 절차**에 하자가 있다는 이유로 이사선임결의의 효력에 관하여 다툼이 있는 경우에는 민사쟁송으로서 그 기본행위에 해당하는 위 이사선임결의의 무효확인을 구하는 등의 방법으로 분쟁을 해결할 것이지 그 이사선임결의에 대한 **보충적 행위로서 그 자체만으로는 아무런 효력이 없는 승인처분만의 무효확인이나 그 취소를 구하는 것**은 특단의 사정이 없는 한 분쟁해결의 유효적절한 수단이라 할 수 없으므로, 임원취임승인처분의 무효확인이나 그 취소를 구할 **법률상 이익이 없다.**

비교판례

1. 사업양도에 따른 지위승계 신고수리처분 (2005두3554)

   ① 사업양도·양수에 따른 허가관청의 지위승계신고의 수리는 적법한 사업의 양도·양수가 있었음을 전제로 하는 것이므로 그 수리대상인 사업양도·양수가 존재하지 아니하거나 무효인 때에는 수리를 하였다 하더라도 그 수리는 유효한 대상이 없는 것으로서 당연히 무효라 할 것이고,

   ② 사업의 **양도행위가 무효라고 주장하는 양도자는** 민사쟁송으로 양도·양수행위의 무효를 구함이 없이 **막바로 허가관청을 상대로 하여 행정소송으로 위 신고수리처분의 무효확인을 구할 법률상 이익**이 있다.

2. 신고수리≒인가 (94누4882)

   관할관청의 개인택시 운송사업면허의 양도·양수에 대한 인가에는 양도인과 양수인 간의 양도행위를 보충하여 그 법률효과를 완성시키는 의미에서의 인가처분뿐만 아니라 양수인에 대해 양도인이 가지고 있던 면허와 동일한 내용의 면허를 부여하는 처분이 포함되어 있다.

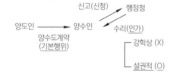

신고(신청) → 행정청
양도인 → 양수인 ← 수리(인가)
양수도계약
(기본행위) ┌ 강학상 (X)
          └ 설권적 (O)

5. 수익적 처분의 제3자와 관련된 특수한 사안

관련판례 경원자가 자신에 대한 거부처분을 다투는 경우(○)
(A가 거부처분 취소소송을 제기하는 경우) (2013두27517)

1. 인가·허가 등 수익적 행정처분을 신청한 여러 사람이 서로 경원관계에 있어서 한 사람에 대한 허가 등 처분이 다른 사람에 대한 불허가 등으로 귀결될 수밖에 없을 때 허가 등 처분을 받지 못한 사람은 신청에 대한 거부처분의 직접 상대방으로서 원칙적으로 자신에 대한 거부처분의 취소를 구할 원고적격이 있고,

2. 취소판결이 확정되는 경우 판결의 직접적인 효과로 경원자에 대한 허가 등 처분이 취소되거나 효력이 소멸되는 것은 아니더라도 행정청은 취소판결의 기속력에 따라 판결에서 확인된 위법사유를 배제한 상태에서 취소판결의 원고와 경원자의 각 신청에 관하여 처분요건의 구비 여부와 우열을 다시 심사하여야 할 의무가 있으며, 재심사 결과 경원자에 대한 수익적 처분이 직권취소되고 취소판결의 원고에게 수익적 처분이 이루어질 가능성을 완전히 배제할 수는 없으므로, 특별한 사정이 없는 한 경원관계에서 허가 등 처분을 받지 못한 사람은 **자신에 대한 거부처분의 취소를 구할 소의 이익**이 있다.

3. 경원자관계에서 허가 등 처분을 받지 못한 원고가 ① 경원자에 대한 허가 등 처분의 취소소송이나 무효확인소송을 제기하여 구제받을 수 있을 뿐만 아니라, ② **자신의 신청에 대한 거부처분에 대한 취소소송**을 통해 신청의 재심사와 그것을 통한 신청인용의 가능성을 인정받을 수도 있다.

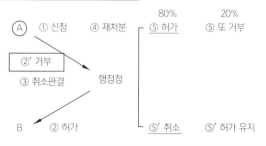

> ### 🔍 비교판례 위 그림의 B가 재결취소소송을 제기한 경우
> ### – 거부처분에 대한 취소재결(×) (2015두45045)
>
> 1. 처분 등의 취소를 구하는 것보다 실효적이고 직접적인 구제수단이 있음에도 처분 등의 취소를 구하는 것은 특별한 사정이 없는 한 분쟁해결의 유효·적절한 수단이라고 할 수 없어 법률상 이익이 있다고 할 수 없다.
>
> 2. 그런데 당사자의 신청을 받아들이지 않은 거부처분이 재결에서 취소된 경우에, 행정청이 재결에 따라 이전의 신청을 받아들이는 후속처분을 하였더라도 후속처분이 위법한 경우에는 재결에 대한 취소소송을 제기하지 않고도 곧바로 후속처분에 대한 항고소송을 제기하여 다툴 수 있다. 나아가 거부처분을 취소하는 재결이 있더라도 그에 따른 후속처분이 있기까지는 제3자의 권리나 이익에 변동이 있다고 볼 수 없고 후속처분 시에 비로소 제3자의 권리나 이익에 변동이 발생하며, 재결에 대한 항고소송을 제기하여 재결을 취소하는 판결이 확정되더라도 그와 별도로 후속처분이 취소되지 않는 이상 후속처분으로 인한 제3자의 권리나 이익에 대한 침해 상태는 여전히 유지된다.
>
> 3. 이러한 점들을 종합하면, **거부처분이 재결에서 취소된 경우 재결에 따른 후속처분이 아니라 그 재결의 취소를 구하는 것은** 실효적이고 직접적인 권리구제수단이 될 수 없어 분쟁해결의 유효적절한 수단이라고 할 수 없으므로 **법률상 이익이 없다.**
>
>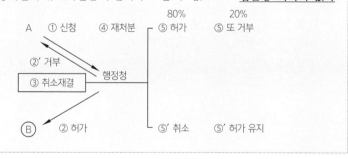

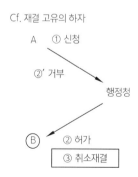

Cf. 재결 고유의 하자

6. 본인에게 유리한 처분

원고는 자신에게 유리한 처분, 가령 자신에 대한 수익적 처분을 다툴 소의 이익이 없다. 경업자 관계가 성립할 때, 원고의 경업자에 대하여 내려진 침익적 처분 역시 마찬가지 논리로 소의 이익이 인정될 수 없다.

관련판례 경업자에 대한 침익적 처분 = 기존업자에 대한 수익적 처분 (2019두49953)

경업자에 대한 행정처분이 경업자에게 불리한 내용이라면 그와 경쟁관계에 있는 <u>기존의 업자에게는</u> 특별한 사정이 없는 한 <u>유리할 것</u>이므로 기존의 업자가 그 행정처분의 무효확인 또는 취소를 구할 이익은 없다.

4 피고적격

1. 의의

취소소송의 피고는 처분등을 행한 **행정청**이다. 여기서 처분등을 행하였다는 말의 뜻은 ① 처분등의 내용을 최종적으로 **결정**한 뒤, ② 대외적으로 자신의 **명의를 외부에 표시**하여 이를 발령하였다는 뜻이다.

- 원칙: 명의자
- 예외
  1. 권한의 사후승계(제13조 제1항)
     - 승계한 행정청
  2. 행정청 폐지(제13조 제2항) - 행정주체
  3. 대리 + 현명 × + 알·알 - 피대리 행정청

> **행정소송법 제13조 【피고적격】**
> ① <u>취소소송은 다른 법률에 특별한 규정이 없는 한 그 **처분등을 행한 행정청**을 피고로 한다.</u> 다만, 처분등이 있은 뒤에 그 처분등에 관계되는 권한이 다른 행정청에 승계된 때에는 이를 승계한 행정청을 피고로 한다.

관련판례 "내부"기관은 피고적격 × (2014두274)

'행정청'이라 함은 국가 또는 공공단체의 기관으로서 국가나 공공단체의 의견을 결정하여 외부에 표시할 수 있는 권한, 즉 처분권한을 가진 기관을 말하고, 대외적으로 의사를 표시할 수 있는 기관이 아닌 **내부기관은 실질적인 의사가 그 기관에 의하여 결정되더라도** 피고적격을 갖지 못한다.

본래 처분등과 관련된 법률관계의 당사자, 즉 권리·의무의 귀속주체는 행정주체인 국가 및 지방자치단체 등과 행정객체인 국민이다. 그렇다면 위와 같은 법률관계로부터 생겨난 소송의 당사자 또한 행정주체와 행정객체이어야 할 것이다. 그러나, 처분등을 받는 국민의 입장에서 생각해본다면, 처분등의 내용이 기재된 공문에 그 명의를 대외적으로 표시한 행정청이 자신의 권리를 침해했다고 생각하는 것이 자연스럽다. 이러한 점을 감안하여 <u>국민이 소송을 제기하는 과정에서 피고를 특정하기 쉽도록 행정주체가 아닌 행정청을 취소소송의 피고</u>가 되도록 하고 있는 것이다.

2. 사후적인 권한의 승계 및 행정청 폐지 *[예외 1·2]*

> **행정소송법 제13조 【피고적격】**
> ① 취소소송은 다른 법률에 특별한 규정이 없는 한 그 처분등을 행한 행정청을 피고로 한다. 다만, 처분등이 있은 뒤에 그 처분등에 관계되는 **권한이 다른 행정청에 승계**된 때에는 이를 **승계한 행정청**을 피고로 한다.
> ② 제1항의 규정에 의한 <u>행정청이 없게 된 때에는</u> 그 처분등에 관한 사무가 귀속되는 <u>국가 또는 공공단체를 피고로 한다.</u>

A 행정청이 **처분등을 국민 B에게 발령한 이후** 법령이 개정되어 그 처분등과 관련된 **권한이 C 행정청에게 승계**되었다고 가정해 보자.

물론 처분등을 결정하고 그 명의를 표시한 것은 A 행정청이다. 하지만 국민 B가 이제 와서 A 행정청에게 소송을 제기해봤자, A 행정청은 처분등에 관한 권한을 상실하여 해당 업무를 수행하고 있지도 않는 상태이므로 소송에 효과적으로 대응하기도 어렵고, 패소한 뒤 적절한 후속조치를 할 수도 없다.

이에, 이런 경우라면 처분등에 관한 권한을 새로이 부여받게 된 **C 행정청을 소송의 피고**로 삼게 하는 것이다.

한편, 행정청이 폐지된 경우에는 폐지된 행정청을 대신하여 다른 행정청에게 피고로서 소송을 수행하도록 하기는 곤란하다. 이때는 그 처분과 관련된 사무가 귀속되는 행정주체(예 국가)를 피고로 한다.

3. 권한의 위임 및 대리

A → B	권한	명의	피고적격	하자
위임	B		B	-
			A	주체(무효)
내부위임	A		B	주체(무효)
			A	-
대리 (현명 ○)	A		A	※ 주체의 하자 1. 피고 먼저 특정 2. 그 피고에게 권한이 있는지 확인
(현명 ×)			B	
(현명 ×) (But 안 경우)		B	A	

(1) 권한의 위임: 법률상 근거 필요 ○

권한의 위임이라 함은, A 행정청이 법령에 근거하여 특정 업무에 대한 권한을 B 행정청에게 **이전**하는 것을 의미한다. 그 결과, A 행정청은 권한을 상실하고 B 행정청은 권한을 새로이 부여받게 된다. 따라서, 특별한 사정이 없다면 처분은 B 행정청이 결정하고 그 명의를 표시하여 발령될 것이므로, 이때 **피고는** 처분등의 공문에 직접 자신의 명의를 표시한 **B 행정청**이 된다.

반면, 위임에도 불구하고 어떠한 연유로 인하여 A 행정청이 처분을 발령하였다면 일단 피고는 A 행정청이 된다. 이때 주의할 점은 피고적격은 진정한 권한자가 누구인지가 아니라, 여전히 처분이 누구의 명의로 표시되었는지를 기준으로 결정된다는 점이다. 진정한 권한자가 누구인지 여부는 본안심리 단계에서 고려될 문제로서, 명의자를 기준으로 특정된 피고가 진정한 권한자가 아니라면 주체의 하자가 있게 되어 처분은 무효가 된다.

> **관련판례** 권한이 위임된 경우의 피고 (2005두3776)
>
> 에스에이치공사가 택지개발사업 시행자인 서울특별시장으로부터 이주대책 수립권한을 포함한 택지개발사업에 따른 권한을 위임 또는 위탁 받은 경우, 이주대책 대상자들이 **에스에이치공사 명의**로 이루어진 이주대책에 관한 처분에 대한 취소소송을 제기함에 있어 **정당한 피고는 에스에이치공사**가 된다.

(2) 권한의 내부위임: 법률상 근거 필요 ×

반면, 권한의 내부위임이라 함은 상급행정청 A가 내부적으로 사무처리의 편의를 위해 하급행정청 B로 하여금 그 권한을 사실상 행사하게 하는 것이다. 쉽게 말해, 대내적으로는 하급행정청 B가 처분등에 관한 사무를 모두 처리하되, **대외적으로는 상급행정청 A의 명의로 처분을 발령하도록 하는 것**이다. 대내적으로만 권한이 하급행정청 B에게 귀속되기 때문에, 대외적으로는 어디까지나 상급행정청 A가 권한자에 해당하므로 상급행정청 A의 명의로 발령되지 않은 처분은 무효이다.

이때 경우의 수는 두 가지로 나뉘어지는데, ① 하급행정청 B가 약속대로 상급행정청 A의 명의로써 처분을 발령하거나, ② 하급행정청 B가 약속을 어기고 하급행정청 B의 명의로 처분을 발령하는 경우이다.

어떤 경우이든 피고적격은 국민이 직관적으로 피고로 특정하기 쉬운 자, 즉 공문에 그 **명의가 표시된 행정청**에게 부여된다. 따라서, ①은 **상급행정청 A에게, ②는 하급행정청 B에게 피고적격**이 있게 된다.

> ### 📑 관련판례
>
> 1. 권한의 내부위임 (94누2763)
>   행정처분을 행할 적법한 권한 있는 <u>상급행정청으로부터 **내부위임**을 받은 데 불과한 하급행정청이 권한 없이 행정처분을 한 경우</u>에도 <u>실제로 그 처분을 행한 하급행정청을 피고로 하여야 할 것</u>이지 그 처분을 행할 적법한 권한 있는 상급행정청을 피고로 할 것은 아니다.
>
> 2. 상급행정청의 지시 (95누14688)
>   행정처분의 취소 또는 무효확인을 구하는 행정소송은 다른 법률에 특별한 규정이 없는 한 소송의 대상인 **행정처분 등을 외부적으로 그의 명의로 행한 행정청**을 피고로 하여야 하는 것으로서 <u>그 행정처분을 하게 된 연유가 상급행정청이나 타행정청의 지시나 통보에 의한 것이라 하여 다르지 않다.</u>

(3) 권한의 대리

A 행정청이 직접 모든 일을 하기 어렵다면, B 행정청으로 하여금 A의 대리인이 되어 대신 업무를 처리하도록 할 수 있을 것이다. 이 경우 <u>대리인 B는 자신이 발령하는 처분이 **A를 위하여 하는 것임을 밝힘으로써**(이른바 "현명")</u>, 대리인으로서 하는 행위의 효과가 직접 A에게 귀속되도록 하여야 한다. 그 결과, B는 A의 명의를 표시하여 처분등을 발령하게 되므로, 이때 **피고적격은 A에게 부여**된다.

문제는 **B가 현명을 하지 않은 경우**, 즉 B가 A의 대리인임을 밝히지 않고 마치 자신이 처분등을 발령하는 것처럼 공문에 B의 명의를 표시한 경우이다. 이때는 처분의 상대방인 국민이 B가 A의 대리인인 것을 알 수가 없으므로, <u>대리관계와는 무관하게 공문에 명의가 표시된 **B가 피고로 특정**된다.</u>

다만, **B가 현명을 하지 않은 경우**라 하더라도, ① B가 A를 **대리한다는 의사**로 처분등을 하였고, ② A는 물론 처분등의 **상대방도 대리관계를 알고서** 이를 받아들인 예외적인 경우에는 **A가 피고로 특정**이 된다. *[예외3]*

> **관련판례** 근로복지공단 지역본부장이 근로복지공단 대리, but 현명 × (2005부4)
>
> 위 지역본부장 등이 보험급여의 결정 등과 관련된 행정처분을 함에 있어서 <u>근로복지공단을 대리하여 한다는 취지를 명시적으로 표시하지 아니한 채 그 자신의 이름으로 행하는 관행이 약 10년간 계속되어 왔는데</u>, 이에 대하여 이 사건 산재보험료 부과처분(이하 '이 사건 처분'이라 한다)에 이르기까지 실무에서는 근로복지공단과 그 산하 지역본부장 등의 관계를 대리관계로 파악하여 <u>지역본부장 등 명의의 행정처분임에도 불구하고 이를 근로복지공단을 대리하여 한 행정처분으로 보아 그 처분에 대해 불복이 있을 때에는 근로복지공단을 상대로 항고소송</u>을 제기하여 왔고, 간혹 처분명의인인 지역본부장 등을 피고로 제기한 항고소송에 있어서도 행정소송법 제14조에 의하여 '피고를 잘못 지정한 것이 명백하다'는 이유로 피고 명의를 근로복지공단으로 경정하여 온 점 등을 알 수 있는바,
>
> 이러한 사실관계라면, **비록 근로복지공단 산하 서울지역본부장이 근로복지공단을 대리하여 이 사건 처분을 함에 있어서 대리의 취지를 명시적으로 표시하지 아니하였다 하더라도** 서울지역본부장은 물론 그 **상대방 등도 이 사건 처분이 근로복지공단을 대리하여 한 것임을 알고 이를 받아들인 것**이라 할 것이므로, 이 사건 처분에 대한 항고소송의 **피고는 근로복지공단**이라고 보아야 할 것이다.

원칙: 명의자
- 현명 ○: 피대리 행정청 (근로복지공단)
- 현명 ×: 대리 행정청 (지역본부장)

예외 3.: 대리+현명 ×+알·알−피대리 행정청 (근로복지공단)

4. 합의제 행정기관

통상적으로 피고는 각 부의 장관(예 법무부장관), 지방자치단체의 장(예 서울시장, 경기도지사) 등과 같은 독임제 행정청인 경우가 많으나, <u>합의제 행정기관의 경우에는 기관장이 아닌 **기관 그 자체가 피고적격**</u>을 갖는다. 합의제 행정기관의 예로는 공정거래위원회, 방송통신위원회, 토지수용위원회, 소청심사위원회, 행정심판위원회 등 <u>각종 위원회 및 감사원, 지방의회</u>를 들 수 있다.

주의할 점은 다음 두 가지이다.

(1) 지방의회 – 일정한 처분을 하는 때에 한하여 예외적으로 행정청의 지위를 가짐

<u>지방자치단체 차원의 처분</u>은 원칙적으로 지방자치단체의 장(단, 교육과 관련된 사항의 경우 교육감)이 결정 및 표시한다. 이때 지방의회의 의결은 단순히 내부적 행위에 불과하므로, 독립하여 처분성을 갖지 않는다. 따라서, <u>피고는 지방자치단체의 장(또는 교육감)</u>이 된다. 예컨대, <u>두밀분교 폐지에 관한 처분적 조례</u>의 경우, 이와 관련한 소송은 경기도 교육감이 피고가 된다. 그런데, <u>지방의회의 **지방의원에 대한 징계의결, 의장에 대한 불신임의결, 의장선거**</u>에 한해서는 (지방자치단체의 장, 교육감을 거치지 않고) 지방의회 자체적으로 위 처분을 결정 및 표시하므로, 이때 **피고는 지방의회**가 된다.

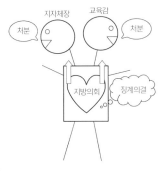

구분		대상적격	피고적격
지자체의 처분		○	지자체장(교육감)
조례	원칙 ×	–	
	예외 ○ (처분적 조례)	지자체장(교육감)	
의원 징계 등		○	지방의회(사무총장, 의장 ×)

(2) 중앙노동위원회의 처분 – 위원장을 피고로 함

중앙노동위원회 또한 명칭에서 알 수 있듯이 합의제 행정기관이나, 개별법에서 그 위원장을 피고로 하도록 정함에 따라 중앙노동위원회 **위원장이 피고**가 되는 것이다(노동위원회법 제27조 제1항).

5. 3부 요인등에 대한 특례

행정부의 대통령, 사법부의 헌법재판소장 및 대법원장, 입법부의 국회의장 및 중앙선거관리위원회 위원장(이하 '3부 요인등')이 <u>소속 공무원</u>에 대하여 불이익한 처분을 하는 경우에는 <u>3부 요인등이 피고적격을 갖지 않는다</u>.

주의할 점은, **대통령이** 공무원 아닌 **일반 국민**에 대하여 불이익한 처분을 하는 경우에는 여전히 **대통령이 피고**가 된다는 것이다.

❶
대통령 = 행정부 수반 + 국민의 대표

구분	결정 및 표시	원고적격	피고적격
선거	중앙선거관리위원회 위원장	소속 공무원	중앙선관위 사무총장
사법부	헌법재판소장		헌재 사무처장
사법부	대법원장		법원행정처장
입법부	국회의장		국회 사무총장
행정부	대통령❶		각 부 장관
		일반 국민	**대통령**

🔍 관련판례 총장임용제청 제외 (2016두57564)

☐ 국가공무원법 : 대통령이 "공무원"에 대해 불이익한 처분 → 피고 : 장관

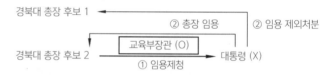

Cf. 대통령령의 "일반인"에 대한 서훈 취소 → 피고 : 대통령

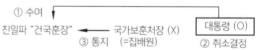

① 교육부장관이 특정 후보자를 임용제청에서 제외하고 다른 후보자를 임용제청함으로써 ② 대통령이 임용제청된 다른 후보자를 총장으로 임용한 경우에는, 임용제청에서 제외된 후보자는 ② **대통령이** 자신에 대하여 총장 임용 제외처분을 한 것으로 보아 이를 다투어야 한다(**대통령의 처분의 경우 소속 장관이 행정소송의 피고가 된다.** 국가공무원법 제16조 제2항). 이러한 경우에는 ① <u>교육부장관의 임용제청 제외처분</u>을 별도로 다툴 **소의 이익**이 없어진다.

구분	대상적격	기타 소송요건
① 교육부장관의 임용제청 제외처분	○	소의 이익 ×
② 대통령의 임용 제외처분	○	피고적격: 교육부장관

🔍 유사판례 교육부장관의 교장 승진임용 제외처분 (2015두47492)

승진후보자 명부에 포함된 후보자는 임용권자로부터 정당한 심사를 받게 될 것에 관한 절차적 기대를 하게 된다. 그런데 임용권자 등이 자의적인 이유로 승진후보자 명부에 포함된 후보자를 승진임용에서 제외하는 처분을 한 경우에, 이러한 승진임용제외처분을 항고소송의 대상이 되는 처분으로 보지 않는다면, 달리 이에 대하여는 불복하여 침해된 권리 또는 법률상 이익을 구제받을 방법이 없다.

> **비교판례** 경감승진후보자명부에서 삭제하는 행위 (97누7325)
>
> 시험승진후보자명부에 등재되어 있던 자가 그 명부에서 삭제됨으로써 승진임용의 대상에서 제외되었다 하더라도, 그와 같은 **시험승진후보자명부에서의 삭제행위**는 결국 그 명부에 등재된 자에 대한 승진 여부를 결정하기 위한 행정청 내부의 준비과정에 불과하고, 그 자체가 어떠한 권리나 의무를 설정하거나 법률상 이익에 직접적인 변동을 초래하는 별도의 행정처분이 된다고 할 수 없다.

> **비교판례** 독립유공자 서훈취소결정 (2013두2518)
>
> 1. 서훈수여의 상대방
>
>   서훈은 어디까지나 서훈대상자 본인의 공적과 영예를 기리기 위한 것이므로 비록 유족이라고 하더라도 제3자는 서훈수여 처분의 상대방이 될 수 없고, 구 상훈법 제33조, 제34조 등에 따라 망인을 대신하여 단지 사실행위로서 훈장 등을 교부받거나 보관할 수 있는 지위에 있을 뿐이다.
>
> 2. 서훈취소의 상대방
>
>   이러한 서훈의 일신전속적 성격은 서훈취소의 경우에도 마찬가지이므로, 망인에게 수여된 서훈의 취소에서도 **유족은 그 처분의 상대방이 되는 것이 아니다**.
>
> 3. 서훈취소의 효력발생요건
>
>   이와 같이 망인에 대한 서훈취소는 유족에 대한 것이 아니므로 유족에 대한 통지에 의해서만 성립하여 효력이 발생한다고 볼 수 없고, 그 결정이 처분권자의 의사에 따라 **상당한 방법으로 대외적으로 표시됨으로써 행정행위로서 성립하여 효력이 발생**한다고 봄이 타당하다.
>
> 4. 국가보훈처장에 의한 통지로 인해 서훈취소처분에 하자 발생 ×
>
>   이 사건 서훈취소처분의 통지가 처분권한자인 대통령이 아니라 그 보좌기관인 피고에 의하여 이루어졌다고 하더라도, 이 사건 서훈취소처분의 외부적 표시의 방법으로서 위 통지의 주체나 형식에 어떤 하자가 있다고 보기도 어렵다.
>
> 5. 피고적격은 통지자(보훈처장)가 아닌, 명의자(대통령)에게 부여됨
>
>   **국무회의에서** 건국훈장 독립장이 수여된 망인에 대한 서훈취소를 **의결하고 대통령이 결재**함으로써 서훈취소가 결정된 후 국가보훈처장이 망인의 유족 甲에게 '독립유공자 서훈취소결정 통보'를 하자 甲이 국가보훈처장을 상대로 서훈취소결정의 무효 확인 등의 소를 제기한 사안에서, 甲이 서훈취소 처분을 행한 행정청(대통령)이 아니라 **국가보훈처장을 상대로 제기한 위 소는 피고를 잘못 지정한 경우에 해당하므로, 법원으로서는 석명권을 행사하여 정당한 피고로 경정**하게 하여 소송을 진행해야 한다.

6. 공법인(공공단체)의 경우

행정객체	행정청		행정주체
국민 (행정청)	**독임제 행정청** (예) 법무부장관, 서울시장)		국가 지방자치단체
	합의제 행정청 (예) 위원회, 감사원, 지방의회)		
	공무수탁사인 (예) 교통할아버지, 토지수용권 부여된 민간기업)		
	공법인(공공단체) (예) 근로복지공단, 지방법무사회, KBS, 재개발조합)		

공법인은 공무를 위탁 받아 수행하는 범위 내에서 행정청의 지위를 가지며, 이 때 행정주체의 지위도 겸한다. 이에 따라, ① **취소소송과 같은 항고소송**에서는 행정청으로서 피고적격을 갖고, ② **당사자소송 및 민사소송**에서는 행정주체로서 피고적격을 갖는다. 즉, 어느 경우에서든 피고적격을 부여받게 되는 것이다.

7. 피고의 경정

(1) 의의 및 효과

- 원칙: 직권 ×, 신청 Only
- 예외: 직권 ○ (+신청)
  1. 권한의 사후승계(제13조 제1항)
  2. 행정청 폐지(제13조 제2항)
  3. 피청구인 경정(행정심판)

> **행정소송법 제14조 【피고경정】**
> ① 원고가 피고를 잘못 지정한 때에는 법원은 원고의 신청에 의하여 결정으로써 피고의 경정을 허가할 수 있다.
> ④ 제1항의 규정에 의한 결정이 있은 때에는 새로운 피고에 대한 소송은 처음에 소를 제기한 때에 제기된 것으로 본다.
> ⑤ 제1항의 규정에 의한 결정이 있은 때에는 종전의 피고에 대한 소송은 취하된 것으로 본다.
> ⑥ 취소소송이 제기된 후에 제13조 제1항 단서 또는 제13조 제2항에 해당하는 사유가 생긴 때에는 법원은 당사자의 신청 또는 직권에 의하여 피고를 경정한다. 이 경우에는 제4항 및 제5항의 규정을 준용한다.
>
> **행정소송법 제13조 【피고적격】**
> ① 취소소송은 다른 법률에 특별한 규정이 없는 한 그 처분등을 행한 행정청을 피고로 한다. 다만, 처분등이 있은 뒤에 그 처분등에 관계되는 권한이 다른 행정청에 승계된 때에는 이를 승계한 행정청을 피고로 한다.
> ② 제1항의 규정에 의한 행정청이 없게 된 때에는 그 처분등에 관한 사무가 귀속되는 국가 또는 공공단체를 피고로 한다.

앞서 살핀 바와 같이, 일반 국민의 입장에서 취소소송의 피고를 제대로 특정하기란 무척이나 어려운 일이다. 이 때문에 실제 소송에서 피고가 잘못 특정되는 일이 많은데, 그때마다 소송요건을 갖추지 못하였다는 이유로 소를 각하할 경우 취소소송을 통해 권리 구제를 받고자 하는 시도가 위축될 수밖에 없다. 보다 구체적으로는, ① 피고가 잘못 특정된 당초의 소송(이하 '구소')을 각하하거나, 원고로 하여금 자발적으로 취하하도록 한 뒤, ② 피고가 제대로 특정된 새로운 소송(이하 '신소')을 다시 제기하도록 할 경우, 구소는 제소기간을 준수하였음에도 신소를 다시 제기할 즈음에는 이미 제소기간이 도과하는 상황이 발생할 수 있다.

이에, 구소 취하 및 신소 제기의 효과가 있으면서도, 제소기간 내에 제기된 구소의 절차 내에서 피고를 제대로 변경하도록 하는 '피고의 경정' 제도를 두어 원고의 소송 수행 편의를 보장하는 것이다. 즉, **피고 경정이 있는 경우, 피고를 제대로 특정한 신소는** 2022. 4. 30.이 아닌, **구소가 제기된 2022. 3. 1.에 제기**되었던 것으로 본다.

구분	2022. 1. 1.	2022. 3. 1.	2022. 4. 30.
1안	처분시점	구소 제기	구소 취하 / 신소 제기
2안 (피고경정)	처분시점	구소 제기 (= 신소 제기)	**피고 경정** (/ 구소 취하)

(2) 요건

피고의 경정이 이루어지기 위해서는 ① 사실심(1심 및 2심 / 3심 즉, 대법원의 상고심) 변론 종결일까지 ② 원고가 신청(법원의 직권)을 해야 한다.

문제는 피고가 잘못 특정되었음에도 **원고가 신청을 하지 않고** 가만히 있는 경우이다. 대법원은 피고경정이 원고의 편의를 위한 제도라는 점을 감안하여, 사실심 **법원이 석명권을 행사**함으로써 원고로 하여금 피고경정을 신청하도록 유도하여야 한다고 본다(2002두7852). 즉, 석명권 행사는 사실심 법원의 **의무**인 것이다.

법률심	×
사실심	○
사실심	○

5 제소기간

1. 의의

행정소송법 제20조 【제소기간】
① 취소소송은 처분등이 있음을 안 날부터 90일 이내에 제기하여야 한다. 다만, [A] 제18조 제1항 단서에 규정한 경우(*필요적 전치주의*)와 그 밖에 행정심판청구를 할 수 있는 경우 // 또는 [B] 행정청이 행정심판청구를 할 수 있다고 잘못 알린 경우에 행정심판청구가 있은 때의 기간은 재결서의 정본을 송달받은 날부터 기산한다.
② 취소소송은 처분등이 있은 날부터 1년(제1항 단서의 경우는 재결이 있은 날부터 1년)을 경과하면 이를 제기하지 못한다. 다만, [C] 정당한 사유가 있는 때에는 그러하지 아니하다.
③ 제1항의 규정에 의한 기간은 불변기간으로 한다.

기산점	행정심판 안 거친 경우	행정심판 거친 경우 등
주관적	처분이 있음을 안 날 + 90일	재결서 정본 송달일 + 90일
객관적	처분이 있은 날 +1년	재결이 있은 날 +1년

📍 비교판례 처분 당시에는 취소소송의 제기가 법제상 허용되지 않아 소송을 제기할 수 없다가 위헌결정으로 인하여 비로소 취소소송을 제기할 수 있게 된 경우 (2007두20997)

객관적으로는 '위헌결정이 있은 날', 주관적으로는 '위헌결정이 있음을 안 날' 비로소 취소소송을 제기할 수 있게 되어 이때를 제소기간의 기산점으로 삼아야 한다.

* If 안 날만을 기준으로 할 경우

1.1.   2.2.   3.1.   4.1.
있는 날   안 날   안 날   안 날 ……

* 행정심판 거친 경우의 제소기간

제소기간 / 적법 청구 전제 / 기각재결

Tip) "적법"의 반대말
• 부적법: 소송요건 흠결
  例 "소송", "청구", "각하"
• 위법: 처분의 하자
  例 "처분", "원고의 청구가 이유 있다."

기산점	행정심판 안 거친 경우
주관적	위헌결정이 있음을 안 날 + 90일
객관적	위헌결정이 있은 날 +1년

제소기간은 원고가 취소소송을 제기할 수 있는 기간을 말한다. 취소사유에 불과한 하자는 중대·명백한 정도에 이르는 무효사유에 비해 경미한 하자에 해당한다. 이에, 제소기간에 제한을 두어 조기에 다투던지, 아니면 아예 다투지 못하게 함으로써 법적 안정성을 도모하고자 하는 것이다.

2. 구체적인 기간

(1) 행정심판을 거치지 않는 경우

이 경우 ① 처분이 있음을 안 날로부터 90일, ② 처분이 있은 날로부터 1년 중 이른 날에 제소기간이 만료된다. 여기서 **"안 날"**이라 함은 처분이 송달 또는 고지되어 처분이 있었다는 사실을 원고가 **현실적으로(주관적으로, 실제로) 안 날**을 의미하고, **"있은 날"**이라 함은 처분이 송달 또는 공고되어 **객관적으로 효력을 발생**한 날을 의미한다.

"안 날"을 기산점으로 하는 ①만을 제소기간으로 둘 경우, 원고가 처분이 있었음을 알았음에도 몰랐다고 주장하면 제소기간이 부당히 장기화될 우려가 있기 때문에, 객관적인 시점인 "있은 날"을 기산점으로 하는 ②를 추가로 규정하고 있는 것이다.

> **관련판례** 있은 날: 고시 또는 공고에 의한 처분에 대한 취소소송에서 제소기간 기산일 (2004두619)
>
> 1. 통상 **고시 또는 공고**에 의하여 행정처분을 하는 경우에는 그 처분의 상대방이 불특정 다수인이고 그 처분의 효력이 불특정 다수인에게 일률적으로 적용되는 것이므로, 그 행정처분에 이해관계를 갖는 자가 **고시 또는 공고가 있었다는 사실을 현실적으로 알았는지 여부에 관계없이 고시가 효력을 발생하는 날 행정처분이 있음을 알았다고 보아야 한다(= 간주 = 의제).**
> 2. 인터넷 웹사이트에 대하여 구 청소년보호법에 따른 **청소년유해매체물 결정 및 고시처분**을 한 사안에서, 위 결정은 이해관계인이 고시가 있었음을 **알았는지 여부에 관계없이 관보에 고시됨으로써 효력이 발생**하고, 그가 위 결정을 통지받지 못하였다는 것이 제소기간을 준수하지 못한 것에 대한 정당한 사유가 될 수 없다.

> **비교판례** 단, "정식"으로 송달되기 전에는 제소기간 진행 ×
>
> 1. [있은 날] 처분의 효력이 발생하기 전에 제기한 취소소송의 제소기간 (2019두38656)
>   ① 상대방 있는 행정처분이 상대방에게 고지되지 아니한 경우에는 <u>상대방이 다른 경로를 통해 행정처분의 내용을 알게 되었다고 하더라도 행정처분의 효력이 발생한다고 볼 수 없다.</u>
>   ② 피고가 인터넷 홈페이지에 처분의 결정 내용을 게시한 것만으로는 행정절차법 제14조에서 정한 바에 따라 <u>송달이 이루어졌다고 볼 수 없고</u>, 원고가 그 홈페이지에 접속하여 결정 내용을 확인하여 알게 되었다고 하더라도 마찬가지이다.

2. [안 날] 원고가 정보공개청구를 하여 미리 안 경우 (2014두8254)

甲이 **통보서를 송달받기 전에 정보공개를 청구**하여 위 처분을 하는 내용의 통보서를 비롯한 일체의 서류를 교부받은 날부터 기산하여 위 소는 제소기간을 넘긴 것으로서 **부적법하다고 본 원심판결에 법리를 오해한 위법**이 있다.

(2) 행정심판을 거치는 경우 [A] or [B]

행정심판을 거치는 경우에도 위 ①의 제소기간이 그대로 적용된다고 가정해 보자. 통상 처분이 있는 날에 처분이 있음을 알게 될 것이므로, 원고에게 주어진 제소기간은 90일뿐이다. 따라서, 90일 안에 행정심판의 재결을 받은 뒤, 기각 또는 각하재결이 내려졌다면 이를 검토하여 취소소송으로 나아갈지 여부까지 결정을 해야 할 것이다.

그런데 90일이라는 짧은 시간동안 행정심판의 재결이 내려지는 경우는 많지 않다. 이에, 행정심판의 재결이 있고 나면 위 ①의 제소기간이 이미 도과해 있을 가능성이 매우 높다.

이러한 불합리가 있기 때문에, 행정심판을 거치는 경우에는 재결의 내용을 충분히 검토하여 취소소송으로 나아갈 수 있도록 별도의 특례를 두고 있다 즉, 행정심판을 거치는 경우에는 ㉠ 재결서 정본이 송달된 날로부터 90일 및 ㉡ 재결이 있은 날로부터 1년 중 이른 날에 제소기간이 만료된다.

구분	둘 중 이른 날			
행정심판 ×	처분이 있음을 안 날 + 90일	처분이 있은 날 + 1년		
행정심판 ○	[A] 적법한 청구) (= [B] 부적법한 청구 but **잘못 알린 경우**)		재결서 정본 송달일 + 90일	재결이 있은 날 + 1년

단, 이러한 제소기간의 특례는 어디까지나 행정심판을 "적법"하게 거쳐왔다는 전제하에 적용되는 것이다. 만약 원고가 거쳐온 행정심판이 청구요건을 흠결하는 등의 사유로 부적법하였다면, 위와 같은 특례를 적용되지 않는 것이 원칙이다.

ⓐ 관련판례 [B] 부적법한 청구를 거친 경우 (2011두18786)

국민건강보험공단이 2009. 9. 2. 甲에게 과징금을 부과하는 처분을 하여 2009. 9. 7. 甲의 동료가 이를 수령하였는데, **甲이 그때부터 90일을 넘겨 국무총리행정심판위원회에 행정심판을 청구하여 청구기간 경과를 이유로 각하재결을 받았고**, 그 후 재결서를 송달받은 때부터 90일 이내에 원처분에 대하여 취소소송을 제기한 사안에서, 위 취소소송이 부적법하다는 이유로 이를 각하한 원심판결은 정당하다.

관련판례 [B] 행정심판청구를 할 수 있다고 잘못 알린 경우 (2011두27247)

1. 행정소송법 제20조 제1항은 '취소소송은 처분 등이 있음을 안 날부터 90일 이내에 제기하여야 하나 행정청이 행정심판청구를 할 수 있다고 잘못 알린 경우에 행정심판청구가 있은 때의 기간은 재결서의 정본을 송달받은 날부터 기산한다'고 규정하고 있는데,

   위 규정의 취지는 **불가쟁력이 발생하지 않아 적법하게 불복청구를 할 수 있었던 처분 상대방**에 대하여 행정청이 **법령상 행정심판청구가 허용되지 않음에도** 행정심판청구를 할 수 있다고 잘못 알린 경우에, 잘못된 안내를 신뢰하여 부적법한 행정심판을 거치느라 본래 제소기간 내에 취소소송을 제기하지 못한 자를 구제하려는 데에 있다.

2. **이와 달리 이미 제소기간이 지남으로써 불가쟁력이 발생**하여 불복청구를 할 수 없었던 경우라면 그 이후에 행정청이 행정심판청구를 할 수 있다고 **잘못 알렸다고 하더라도 그 때문에 처분 상대방이 적법한 제소기간 내에 취소소송을 제기할 수 있는 기회를 상실하게 된 것은 아니므로** 이러한 경우에 잘못된 안내에 따라 청구된 행정심판 재결서 정본을 송달받은 날부터 다시 취소소송의 제소기간이 기산되는 것은 아니다. 불가쟁력이 발생하여 더 이상 불복청구를 할 수 없는 처분에 대하여 행정청의 잘못된 안내가 있었다고 하여 처분 상대방의 불복청구 권리가 새로이 생겨나거나 부활한다고 볼 수는 없기 때문이다.

	불가쟁력 × → 바로 소송 갈 수 있었음		불가쟁력 ○ → 소송 가기엔 이미 늦었음
처분시	But 행정청의 잘못된 안내 때문에 (부적법한) 행정심판 거쳐옴 : 재결서 정본 송달일+90일	안 날 90일	행정청의 잘못된 안내로 인해 (부적법한) 행정심판 거쳤어도 애초부터 … ~~: 재결서 정본 송달일+90~~

(3) 정당한 사유가 있는 경우 [C]

제소기간을 준수하지 못할 정당한 사유가 있음에도 이를 전혀 배려하지 않는다면 원고의 권리 구제에 중대한 지장이 발생할 수 있다. 이에, 행정소송법은 정당한 사유가 있는 경우에 한하여 ① 처분이 있음을 안 날로부터 90일, ② 처분이 있은 날로부터 1년 중 ②를 적용을 면제한다. 주의할 점은, 정당한 사유가 있는 경우에도 여전히 ①은 적용된다는 것이다.

구분	둘 중 이른 날			
행정심판 ×	처분이 있음을 안 날+90일	~~처분이 있은 날+1년~~		
행정심판 ○	(적법한 청구)		재결서 정본 송달일+90일	~~재결이 있은 날+1년~~

정당한 사유의 대표적인 사례는 경업자 등이 제3자에게 내려진 제3자효 행정행위(복효적 행정행위)에 대하여 취소소송을 제기한 경우이다. 경업자는 위 처분이 있었음을 바로 알기가 어려우므로, 처분이 있은 날로부터 1년이 지난 이후라도 처분이 있음을 뒤늦게 알게 되었다면, 그로부터 90일 이내에 소송을 제기할 수 있게끔 하는 것이다.

📖 관련판례 제3자(경업자 등)가 취소소송을 제기하는 경우의 제소기간 – 구 행정심판법 사안이나 논리 동일 (2000두3641)

1. 원칙: 제3자는 정당한 사유 인정

   행정처분의 상대방이 아닌 제3자는 일반적으로 처분이 있는 것을 바로 알 수 없는 처지에 있으므로 처분이 있은 날로부터 180일이 경과하더라도 특별한 사유가 없는 한 구 행정심판법 제18조 제3항 단서 소정의 정당한 사유가 있는 것으로 보아 심판청구가 가능하나,

2. 예외: 제3자라 하더라도 정당한 사유 인정 ✕

   제3자가 어떤 경위로든 행정처분이 있음을 알았거나 쉽게 알 수 있는 등 같은 법 제18조 제1항 소정의 심판청구기간 내에 심판청구가 가능하였다는 사정이 있는 경우에는 그때로부터 60일 이내에 심판청구를 하여야 하고, 이 경우 제3자가 그 청구기간을 지키지 못하였음에 정당한 사유가 있는지 여부는 문제가 되지 아니한다.

6 전치주의

1. 의의

> **행정소송법 제18조【행정심판과의 관계】**
> ① 취소소송은 법령의 규정에 의하여 당해 처분에 대한 행정심판을 제기할 수 있는 경우에도 이를 거치지 아니하고 제기할 수 있다. 다만, 다른 법률에 당해 처분에 대한 행정심판의 재결을 거치지 아니하면 취소소송을 제기할 수 없다는 규정이 있는 때에는 그러하지 아니하다.
> ② **제1항 단서의 경우에도** 다음 각 호의 1에 해당하는 사유가 있는 때에는 행정심판의 재결을 거치지 아니하고 (*=청구 ○, but 재결 기다리지 않고*) 취소소송을 제기할 수 있다.
> 1. 행정심판청구가 있은 날로부터 60일이 지나도 재결이 없는 때
> 2. 처분의 집행 또는 절차의 속행으로 생길 중대한 손해를 예방하여야 할 긴급한 필요가 있는 때
> 3. 법령의 규정에 의한 행정심판기관이 의결 또는 재결을 하지 못할 사유가 있는 때
> 4. 그 밖의 정당한 사유가 있는 때
> ③ **제1항 단서의 경우에** 다음 각 호의 1에 해당하는 사유가 있는 때에는 행정심판을 제기함이 없이 (*=청구조차 안 하고*) 취소소송을 제기할 수 있다.
> 1. 동종사건에 관하여 이미 행정심판의 기각재결이 있은 때
> 2. 서로 내용상 관련되는 처분 또는 같은 목적을 위하여 단계적으로 진행되는 처분 중 어느 하나가 이미 행정심판의 재결을 거친 때
> 3. 행정청이 사실심의 변론종결 후 소송의 대상인 처분을 변경하여 당해 변경된 처분에 관하여 소를 제기하는 때
> 4. 처분을 행한 행정청이 행정심판을 거칠 필요가 없다고 잘못 알린 때

전치주의란 취소소송을 제기하기 전에 행정심판을 거치는 것을 의미한다. 취소소송은 법령의 규정에 의하여 당해 처분에 대한 행정심판을 제기할 수 있는 경우에도 이를 거치지 아니하고 제기할 수 있다(임의적 전치주의). 다만, 다른 법률에 당해 처분에 대한 행정심판의 재결을 거치지 아니하면 취소소송을 제기할 수 없다는 규정이 있는 때에는 반드시 행정심판을 거쳐야 한다(필요적 전치주의; 예 운전면허취소처분/조세/특허/노동/소청심사).

따라서, 전치주의는 필요적 전치주의가 적용될 때에 한하여 취소소송의 소송요건이 된다(다만, 무효등확인소송은 필요적 전치주의의 적용이 있는 경우에도 여전히 행정심판을 거치지 않아도 소제기가 가능하다는 점을 주의).

2. 소송요건의 충족 여부

소송요건의 충족 여부는 변론종결시점을 기준으로 판단하므로, 전치주의 요건 역시 변론종결일까지 이를 갖추었는지를 심사하게 된다. 따라서, 소제기 당시에는 아직 행정심판의 재결이 없었으나, **변론이 종결될 때까지** 재결이 있게 되면 전치주의 요건은 충족된다.

7 관할

1. 의의 및 종류

관할이란 원고가 제기한 취소소송을 어떤 법원에서 재판할 수 있는지의 문제이다. 관할은 크게 ① 1심 법원의 단독판사와 합의부 중 어느 재판부가 사건을 담당할 것인가 하는 "사물관할", ② 1심을 서울행정법원/지방법원 본원/춘천지방법원 강릉지원에서, 2심을 고등법원에서, 3심을 대법원에서 담당하도록 하는 "심급관할❶, ③ 소재지를 달리하는 같은 종류의 법원 중 어느 곳이 재판을 할 것인가 하는 "토지관할"로 구분된다.
이 중 수험적으로 중요한 것은 토지관할이고, 이는 다시 보통재판적 및 특별재판적으로 구분된다.

❶
공정거래위원회의 처분에 대해서는 서울고등법원이 1심, 대법원이 2심을 담당하는 등(공정거래법 제100조) 일정한 예외는 존재함

구분		서울	지방	영동	
심급 관할	3심	대법원			
	2심	고등법원			
	1심	**토지관할**			
		서울행정법원	지방법원 본원	춘천지법 강릉지원	
		합의부	합의부	합의부	**사물관할**
		단독판사	단독판사	단독판사	

> **행정소송법 제9조 【재판관할】**
> ① [보통재판적] 취소소송의 제1심 관할법원은 피고의 소재지를 관할하는 행정법원으로 한다.
> ② [특별재판적] 제1항에도 불구하고 다음 각 호의 어느 하나에 해당하는 피고에 대하여 취소소송을 제기하는 경우에는 대법원소재지를 관할하는 행정법원에 제기할 수 있다.
> 1. 중앙행정기관, 중앙행정기관의 부속기관과 합의제행정기관 또는 그 장
> 2. 국가의 사무를 위임 또는 위탁받은 공공단체 또는 그 장
> ③ [특별재판적] 토지의 수용 기타 부동산 또는 특정의 장소에 관계되는 처분등에 대한 취소소송은 그 부동산 또는 장소의 소재지를 관할하는 행정법원에 이를 제기할 수 있다.

(1) 보통재판적

취소소송의 제1심 관할법원은 **피고의 소재지**를 관할하는 행정법원이다. ① 피고의 소재지가 **서울이라면 서울행정법원**이 관할이겠으나, ② **지방**에는 행정법원이 설치되어 있지 않으므로, **지방법원 본원**(예 대전지방법원, 춘천지방법원)이 그 역할을 대신하고, ③ **강원도 영동지방**의 경우 태백산맥으로 인한 교통상 불편을 감안하여 특별히 지방법원 지원에 불과한 **춘천지방법원 강릉지원**이 재판을 하도록 하고 있다.

(2) 특별재판적

다음의 경우에는 보통재판적 외에도 추가적인 관할이 성립하는 결과, 원고의 입장에서 선택적인 소제기가 가능하게 된다.

구분	보통재판적	특별재판적
피고: 중앙행정기관 등		대법원소재지 관할 행정법원
피고: 국가의 사무를 위임 또는 위탁받은 공공단체	피고 소재지 법원	(＝서울행정법원)
토지의 수용 기타 부동산 관련 소송		부동산 등 소재지 법원

2. 관할 위반으로 인한 이송

(1) 심급관할 위반

> **행정소송법 제7조【사건의 이송】**
> 민사소송법 제34조 제1항의 규정은 원고의 고의 또는 중대한 과실 없이 행정소송이 심급을 달리하는 법원에 잘못 제기된 경우에도 적용한다.
>
> **민사소송법 제34조【관할위반 또는 재량에 따른 이송】**
> ① 법원은 소송의 전부 또는 일부에 대하여 관할권이 없다고 인정하는 경우에는 결정으로 이를 관할법원에 이송한다.

(2) 소송종류 착오

"이송"은 특정 법원에 계속 중인 소송을 다른 법원으로 이전하는 것을 말한다. 원고가 관할을 오인하여 엉뚱한 법원에 소를 제기한 경우, 예컨대 지방법원 본원에 제기할 행정소송을 지방법원 지원에 민사소송으로 제기한 경우, 이를 곧바로 각하하여 다시 제대로 된 관할법원에 소를 제기하도록 하면 제소기간 도과 등의 문제가 발생할 수 있다. 이에, 소를 접수한 법원으로 하여금 제대로 된 관할법원에 소를 이송하도록 하는 것이다.

구분	2022. 1. 1.	2022. 3. 1.	2022. 4. 30.
1안	처분시점	구소 제기	구소 취하(각하) / 신소 제기
2안 (이송)		구소 제기 (＝신소 제기)	이송(/구소 취하(각하))

반면, "이부"는 같은 법원 내에서 담당재판부를 변경하는 것을 의미한다. 지방에서 지방법원 본원이 행정법원의 역할을 겸하는 경우, 그 법원 내에는 민사부 외에도 행정부가 존재한다. 예컨대, <u>취소소송이 민사부에 민사소송으로 잘못 제기된 경우</u>에는 그 민사부가 같은 법원의 행정부로 소를 이전해 주는 것이 이부의 개념이다.

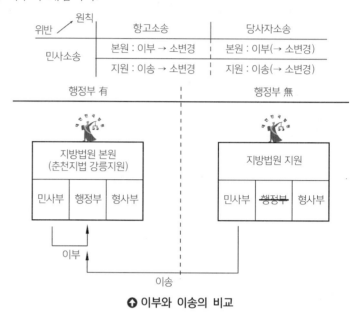

❂ **이부와 이송의 비교**

3. 관련청구소송의 이송 및 병합

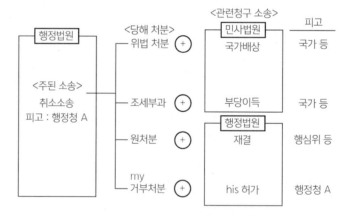

행정소송법 제10조【관련청구소송의 이송 및 병합】
① 취소소송과 다음 각 호의 1에 해당하는 소송(이하 "관련청구소송"이라 한다)이 각각 다른 법원에 계속되고 있는 경우에 관련청구소송이 계속된 법원이 상당하다고 인정하는 때에는 당사자의 신청 또는 직권에 의하여 이를 <u>취소소송이 계속된 법원</u>으로 이송할 수 있다.
1. 당해 처분등과 관련되는 손해배상·부당이득반환·원상회복등 청구소송
    (예 *처분 취소소송 & 처분으로 인한 손해에 대한 국가배상청구소송*)
    [예 *조세부과처분 취소소송 & 과오납금환급청구(부당이득반환청구)소송*]

2. 당해 처분등과 관련되는 취소소송

(예) *원처분 취소소송 & 재결 취소소송)*

(예) *경원자의 자신에 대한 거부처분 취소소송 & 다른 경원자에 대한 면허처분 취소소송)*

② 취소소송에는 사실심의 변론종결시까지 관련청구소송을 병합하거나 피고 외의 자를 상대로 한 관련청구소송을 취소소송이 계속된 법원에 병합하여 제기할 수 있다.

(1) 의의

취소소송(청구)과 이와 <u>관련되는 수개의 청구를 병합하여 하나의 소송절차</u>에서 통일적으로 심판하게 되면 심리의 중복이나 재판의 모순을 피할 수 있는바, 이러한 취지에서 도입된 것이 관련청구소송의 이송과 병합이다. 관련청구소송이 적법한 관할법원에 제기되었음에도 이송이 이루어진다는 특징이 있다.

(2) 이송의 요건

① <u>주된 소송과 관련청구 소송이 각각 다른 법원에 계속되고 있는 경우</u>에, ② <u>관련청구(주된 청구)소송이 계속된 법원이 상당하다고 인정</u>하는 때에는 ③ <u>당사자의 신청 또는 직권</u>으로 ④ 관련청구소송을 주된 소송이 계속 중인 법원으로(**주된 청구소송을 관련청구소송이 계속 중인 법원으로**) 이송할 수 있다.

□ 따로따로 제기된 경우   □ 합쳐서 제기된 경우

이송   병합   병합

① ◀   ② (+)   ① (+)   ② (－)

(3) 병합의 요건

① <u>주된 청구가 적법하게 계속 중인 경우</u>, ② <u>사실심 변론 종결시까지</u> ③ <u>주된 청구인 "행정"소송에 관련청구를 병합</u>할 수 있다. 관련된 소송 모두 행정소송이라면 어느 쪽을 주된 청구로 보든 무방하나, 한쪽이 민사소송이고 다른 한쪽이 행정소송인 경우에 주된 청구를 민사소송으로 하여 관련청구 소송을 민사법원에 이송하여 주된 청구와 병합하는 것은 허용되지 않는다.

위 ① 요건과 관련하여, **주된 청구가 부적법 각하**되면 그에 **병합된 관련청구 소송도 소송요건을 흠결한 것으로 보아 함께 각하**시키는 것이 **원칙이나,** **아래와 같은 예외가 존재한다.**

> 🔍 **예외판례** 주된 청구(취소소송) + 관련청구(당사자소송) = 소변경 (92누3335)
>
> 취소소송 등을 제기한 당사자가 당해 처분 등에 관계되는 사무가 귀속되는 국가 또는 공공단체에 대한 당사자소송을 행정소송법 제10조 제2항에 의하여 관련 청구로서 병합한 경우 위 취소소송 등이 부적법하다면 당사자는 위 <u>당사자소송의 병합청구로서</u> <u>같은 법 제21조 제1항에 의한 소변경</u>을 할 의사를 아울러 가지고 있었다고 봄이 상당하고, 이러한 경우 법원은 청구의 기초에 변경이 없는 한 <u>당초의 청구가 부적법하다는</u> <u>이유로 병합된 청구까지 각하할 것이 아니라 병합청구 당시 유효한 소변경청구가 있</u> <u>었던 것으로 받아들여 이를 허가함이 타당하다.</u>

□ 원칙: 둘 다 각하　　□ 예외: 소변경으로 봄

(4) 금전납부의무 부과처분 + 부당이득반환청구 사안 특유의 쟁점

만약 금전납부의무 부과처분 취소소송과 부당이득반환청구가 별개의 소로 제기되었다면, 선결문제로서 <u>금전납부의무 부과처분에 대한 **취소판결이 확정되어야 비로소**</u> 부당이득반환청구 소송에서 인용판결이 선고될 수 있다.

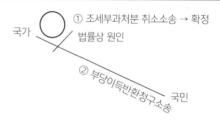

다만, 판례는 주된 청구인 금전납부의무 부과처분 취소소송에 병합된 부당이득반환청구가 인용되기 위해서는 금전납부의무 부과처분이 **취소되면(즉, 취소판결이 선고되면) 충분**하고, 그 처분의 취소가 확정되어야 하는 것은 아니라고 보고 있다(2008두23153).

🔍 관련판례

행정소송법 제10조는 처분의 취소를 구하는 취소소송에 당해 처분과 관련되는 부당이득반환소송을 관련 청구로 병합할 수 있다고 규정하고 있는바, 이 조항을 둔 취지에 비추어 보면, 취소소송에 병합할 수 있는 당해 처분과 관련되는 부당이득반환소송에는 당해 처분의 취소를 선결문제로 하는 부당이득반환청구가 포함되고, 이러한 부당이득반환청구가 인용되기 위해서는 그 소송절차에서 판결에 의해 당해 처분이 취소되면 충분하고 그 처분의 취소가 확정되어야 하는 것은 아니라고 보아야 한다(2008두23153).

□ 금전부과처분 취소판결 확정 "전" 부당이득반환 선고 가능 (O)

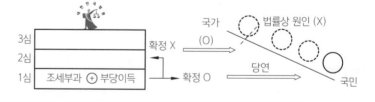

제2절 행정소송법 특유의 제도

1 소송참가

1. 공동소송 및 소송참가의 의의

소송은 1 : 1 구도로 진행될 수도 있겠지만, 상황에 따라서는 원고 또는 피고가 2명 이상일 수도 있고, 당사자까지는 아니더라도 원고 또는 피고 측에 참가하여 참가한 측이 승소하도록 도울 수도 있다.

전자는 공동소송, 후자는 소송참가로 불리우고, 수험적으로 중요한 것은 후자이다.

2. 제3자의 소송참가

(1) 의의

> **행정소송법 제16조 【제3자의 소송참가】**
> ① 법원은 소송의 결과에 따라 권리 또는 이익의 침해를 받을 제3자가 있는 경우에는 당사자 또는 제3자의 신청 또는 직권에 의하여 결정으로써 그 제3자를 소송에 참가시킬 수 있다.
> ② 법원이 제1항의 규정에 의한 결정을 하고자 할 때에는 미리 당사자 및 제3자의 의견을 들어야 한다.
> ③ 제1항의 규정에 의한 신청을 한 제3자는 그 신청을 각하한 결정에 대하여 즉시 항고할 수 있다.
>
> **행정소송법 제29조 【취소판결등의 효력】**
> ① 처분등을 취소하는 확정판결은 제3자에 대하여도 효력이 있다.

처분등을 취소하는 확정판결은 제3자에 대하여도 효력이 있다. 예컨대, **경원자 A가 다른 경원자 B에 대한 제3자효 행정행위를 다투고자 취소소송을 제기하여 인용판결**이 확정되었다면, 위 판결의 효력은 소송의 당사자가 아니었던 B에게도 미치는 결과, 제3자효 행정행위는 대세적으로 효력을 상실하게 된다.

이때 B는 위 취소소송의 결과에 따라 권리 또는 이익의 침해를 받을 제3자에 해당한다. 소송참가란 위와 같은 제3자로 하여금 원고 또는 피고 측에 참가하여 승소를 돕도록 하는 제도를 말한다. 위 사안에서 B는 취소소송의 피고인 행정청 측에 소송참가함으로써 자신이 받은 제3자효 행정행위의 취소를 막기 위해 노력할 유인이 있다고 볼 수 있다.

(2) 요건

① 소송의 결과로 인해 권리 또는 이익의 침해를 "받을" 것으로 예상

취소판결이 확정됨으로써 그 **형성력**에 의해 B가 받은 제3자효 행정행위가 취소되는 경우뿐 아니라, 경원자 A가 자신에 대한 거부처분에 대한 취소판결을 받음으로써 그 **기속력**으로 인해 재처분의무가 발생하는 경우 역시 본 요건을 충족하는 경우로 본다.

한편, 이미 권리 또는 이익의 침해를 "받은" 자는 소송참가가 아니라 아래에서 소개할 재심을 통해 구제 받을 수 있다.

② **당사자 또는 제3자의 신청 / 법원의 직권**: 당사자 또는 제3자의 <u>신청 또는</u> <u>법원의 직권</u>에 의하여 <u>법원이 결정</u>함으로써 소송참가가 이루어지게 된다.

③ **미리 당사자 및 제3자의 의견 청취**: 의견을 들어야 할 의무는 있지만, 반드시 <u>그 의견에 따라야 하는 것은 아니다.</u>

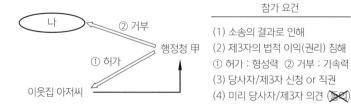

참가 요건

(1) 소송의 결과로 인해
(2) 제3자의 법적 이익(권리) 침해
① 허가 : 형성력 ② 거부 : 기속력
(3) 당사자/제3자 신청 or 직권
(4) 미리 당사자/제3자 의견 (~~청취~~)

3. 재심

(1) 의의

> **행정소송법 제31조【제3자에 의한 재심청구】**
> ① 처분등을 취소하는 판결에 의하여 권리 또는 이익의 침해를 받은 제3자는 <u>자기에게 책임 없는 사유로 소송에 참가하지 못함</u>으로써 판결의 결과에 영향을 미칠 공격 또는 방어방법을 제출하지 못한 때에는 이를 이유로 확정된 종국판결에 대하여 재심의 청구를 할 수 있다.
> ② 제1항의 규정에 의한 청구는 확정판결이 있음을 안 날로부터 30일 이내, 판결이 확정된 날로부터 1년 이내에 제기하여야 한다.
> ③ 제2항의 규정에 의한 기간은 <u>불변기간</u>으로 한다.

Cf. 참가하였으나, 자기에게 책임 없는 사유로 공격 또는 방어방법을 제출하지 못한 때: 재심 청구 불가

제3자가 소송참가를 하고 싶었으나 하지 못하였다면, 취소판결이 이미 확정된 결과 위 제3자가 이미 권리 또는 이익의 침해를 "받은" 상태일 것이다. 이때 제3자에게 책임 없는 사유로 인하여 소송참가를 하지 못한 경우에 한하여, 사후적으로 재심을 청구할 수 있게 함으로써 제3자의 권리구제를 도모한다.

(2) 요건

① **취소판결의 확정**: 아직 판결이 확정되지 않았다면 소송참가의 기회가 있으므로 재심이 불필요할 것이다.

② **제3자가 이미 권리 또는 이익의 침해를 "받은" 상태일 것**: **소송참가를 하였으나**, 참가한 측의 패소로 인해 침해를 받은 경우는 **제외**된다. 재심은 어디까지나 소송참가를 하지 못한 자를 구제하기 위한 취지에서 마련된 제도이기 때문이다.

③ **제3자의 책임 없는 사유로 소송참가를 하지 못하였을 것**: 이는 이례적인 사정이므로, 재심을 청구하는 자가 직접 입증책임을 부담한다.

④ **청구기간을 준수할 것**: 법적 안정성을 제고하기 위한 취지에서, 확정판결이 있음을 안 날로부터 30일 이내, 판결이 확정된 날로부터 1년 이내에 제기하여야 한다.

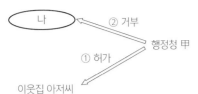

재심 요건

(1) 취소판결 확정
(2) 제3자의 법적 이익(권리) 침해
    + "책임 없는 사유"로 참가 X
    : 제3자의 입증책임
(3) early (안 날+30일/확정+1년)

4. 행정청의 소송참가

> **행정소송법 제17조【행정청의 소송참가】**
> ① 법원은 다른 행정청을 소송에 참가시킬 필요가 있다고 인정할 때에는 당사자 또는 당해 행정청의 <u>신청 또는 직권</u>에 의하여 결정으로써 그 행정청을 소송에 참가시킬 수 있다.
> ② 법원은 제1항의 규정에 의한 결정을 하고자 할 때에는 당사자 및 당해 행정청의 의견을 들어야 한다.

법원은 다른 행정청을 소송에 참가시킬 필요가 있다고 인정할 때에는 <u>당사자 또는 당해 행정청의 **신청 또는 직권**</u>에 의하여, 이들의 **의견을 들은 뒤**에 결정으로써 그 행정청을 소송에 참가시킬 수 있다. 이때 행정청은 <u>피고 측에만 참가</u>를 할 수 있다.

2 소변경

1. 소의 종류의 변경

(1) 의의

> **행정소송법 제21조【소의 변경】**
> ① 법원은 취소소송을 당해 처분등에 관계되는 사무가 귀속하는 국가 또는 공공단체에 대한 당사자소송 또는 취소소송 외의 항고소송으로 변경하는 것이 상당하다고 인정할 때에는 청구의 기초에 변경이 없는 한 사실심의 변론종결시까지 <u>원고의 신청에 의하여</u> 결정으로써 소의 변경을 허가할 수 있다.
> ② 제1항의 규정에 의한 허가를 하는 경우 피고를 달리하게 될 때에는 법원은 새로이 피고로 될 자의 <u>의견을 들어야 한다.</u>
> ③ 제1항의 규정에 의한 허가결정에 대하여는 즉시항고할 수 있다.
> ④ 제1항의 규정에 의한 허가결정에 대하여는 제14조 제2항·제4항 및 제5항의 규정을 준용한다.
> **행정소송법 제14조【피고경정】**
> ② 법원은 제1항의 규정에 의한 결정의 정본을 새로운 피고에게 송달하여야 한다.
> ④ 제1항의 규정에 의한 결정이 있은 때에는 새로운 피고에 대한 소송은 처음에 소를 제기한 때에 제기된 것으로 본다.
> ⑤ 제1항의 규정에 의한 결정이 있은 때에는 종전의 피고에 대한 소송은 취하된 것으로 본다.

위반 / 원칙	항고소송			당사자소송
민사소송 (☆)	본원 : 이부 → 소변경			본원 : 이부(→ 소변경)
	지원 : 이송 → 소변경			지원 : 이송(→ 소변경)
항고소송	구분	취소	무효	부작위	소변경 (행소법 제21조, 제37조)
	취소	-	○	○	
	무효	○	-	○	
	부작위	○	○	-	
당사자소송	소변경 (행소법 제42조)			(-)

처분등에 대한 취소소송을 이미 제기하였는데, 알고 보니 당사자소송이 적법한 경우가 있다. 이때 구소(취소소송)을 취하하고, 또 다시 신소(당사자소송)을 제기하기 보다는, 기왕 제기된 구소의 절차 내에서 소의 종류를 취소소송에서 당사자소송으로 변경하는 것이 간편할 것이다. 이를 소의 종류의 변경이라고 한다. 특별한 수식어 없이 소의 변경이라고 하면 소의 "종류"의 변경을 말한다.

소의 종류의 변경은 크게 <u>행정소송(취소, 무효등확인, 부작위위법확인, 당사자소송)</u> 내에서 변경이 이루어지는 것과 <u>행정소송 및 민사소송 사이에서 변경</u>이 이루어지는 것 두 가지로 구분된다.

(2) **요건**

① **소변경이 상당하다고 인정될 것**: 상당하다는 말의 의미는 소변경이 필요하다는 뜻이다.

② **청구의 기초에 변경이 없을 것**: 전제되는 사실관계 등이 동일한지를 살펴 피고가 불의의 타격을 입지 않도록 하기 위함이다.

③ **사실심 변론 종결 전일 것**: <u>1심, 2심(항소심)까지 가능</u>하고, 3심(대법원 상고심)에서는 소변경이 불가하다.

④ **원고의 신청이 있을 것**: 소변경이 이루어지기 위해서는 **원고가 신청**(법원의 직권)을 해야 한다.

문제는 소의 종류가 잘못 특정되었음에도 <u>원고가 신청을 하지 않고 가만히 있는 경우</u>이다. 이때 대법원은 사실심 법원이 **석명권을 행사함으로써** <u>원고로 하여금 소변경을 신청하도록 유도</u>하여야 한다고 본다(2013두14863). 즉, 석명권 행사는 사실심 법원의 **의무**인 것이다.

(3) **효과**

<u>소의 종류의 변경이 있는 경우, 신소는</u> 2022. 4. 30.이 아닌, **구소가 제기된 2022. 3. 1.에 제기되었던 것으로** 본다.

구분	2022. 1. 1.	2022. 3. 1.	2022. 4. 30.
1안	처분시점	구소 제기	구소 취하 / 신소 제기
2안 (소변경)		구소 제기 **(= 신소 제기)**	**소변경** (/ 구소 취하)

2. 처분변경으로 인한 소의 변경

(1) 의의

> **행정소송법 제22조 【처분변경으로 인한 소의 변경】**
> ① 법원은 **행정청이 소송의 대상인 처분을 소가 제기된 후 변경한 때**에는 원고의 신청에 의하여 결정으로써 청구의 취지 또는 원인의 변경을 허가할 수 있다.
> ② 제1항의 규정에 의한 신청은 처분의 변경이 있음을 안 날로부터 60일 이내에 하여야 한다.
> ③ 제1항의 규정에 의하여 변경되는 청구는 제18조 제1항 단서(*필요적 전치주의*)의 규정에 의한 요건을 갖춘 것으로 본다.
>
> 비교
> **민사소송법 제262조 【청구의 변경】**
> ① 원고는 청구의 기초가 바뀌지 아니하는 한도 안에서 변론을 종결할 때(변론 없이 한 판결의 경우에는 판결을 선고할 때)까지 청구의 취지 또는 원인을 바꿀 수 있다. 다만, 소송절차를 현저히 지연시키는 경우에는 그러하지 아니하다.
> **민사소송법 제265조 【소제기에 따른 시효중단의 시기】**
> 시효의 중단 또는 법률상 기간을 지킴에 필요한 재판상 청구는 소를 제기한 때 또는 제260조 제2항·제262조 제2항 또는 제264조 제2항의 규정에 따라 **서면을 법원에 제출한 때에** 그 효력이 생긴다.

2023. 1. 1.자 a처분에 대한 취소소송이 계속 중인 상태에서 피고가 2023. 3. 1. a처분의 내용을 변경하였다고 가정해 보자. 이때 a처분은 반드시 소멸하는 것이 아니라, ① 피고의 변경이 일부변경에 불과하다면 a처분은 변경된 2023. 1. 1.자 a처분으로 존속하는데 반해, ② 주된 내용의 실질변경에 이른다면 a처분은 2023. 3. 1.자 변경처분에 흡수되어 소멸한다.

만약 ①의 경우에 해당한다면, a처분은 비록 조금 변경은 되었지만 변경된 상태로 존속하고 있으므로, 소의 대상을 변경할 필요까진 없을 것이다. 반면, ②의 경우에 해당한다면, a처분은 더 이상 존재하지 않으므로, 이제부터는 소의 대상을 a처분을 흡수한 2023. 3. 1.자 변경처분으로 변경할 필요가 있다.

②의 경우 원고가 취하는 조치를 처분변경으로 인한 소의 변경이라고 하며, 이를 소의 대상의 변경이라고도 한다.

(2) 요건

① **소송이 계속 중일 것**: 소송이 제기된 후, 사실심 변론 종결 전일 것을 의미한다.

② **피고가 처분의 주된 내용을 실질적으로 변경할 것**: 앞서 살펴보았듯이, 처분의 변경으로 인해 종전처분이 완전히 대체되거나, 주요 부분이 실질적으로 변경되는 경우를 말한다. 주로 증액경정처분이 이루어지는 경우가 이에 해당될 것이다.

③ **신청기간을 준수할 것**: 소변경의 신청은 처분의 변경이 있음을 안 날로부터 60일 이내에 하여야 한다.

(3) 효과

① **전치주의 요건을 준수한 것으로 간주**: 새롭게 변경된 소에 필요적 전치주의가 적용되는 경우, 소변경으로써 위 요건이 이미 충족된 것으로 간주된다.

② **제소기간의 기산점**: 소의 종류의 변경과는 달리, 소의 대상의 변경은 신소의 제기시점을 언제로 볼 것인지에 대한 명문 규정이 없으나, 판례는 이를 소의 종류의 변경과 동일하게 보고 있다.

> 🔍 **관련판례** 소의 대상의 변경과 제소기간 준수 여부 (2018두58431)
>
> 선행 처분에 대하여 제소기간 내에 취소소송이 적법하게 제기되어 계속 중에 행정청이 선행 처분서 문언에 일부 오기가 있어 이를 정정할 수 있음에도 선행 처분을 직권으로 취소하고 실질적으로 동일한 내용의 후행 처분을 함으로써 선행 처분과 후행 처분 사이에 밀접한 관련성이 있고 선행 처분에 존재한다고 주장하는 위법사유가 후행 처분에도 마찬가지로 존재할 수 있는 관계인 경우에는 후행 처분의 취소를 구하는 소변경의 제소기간 준수 여부는 따로 따질 필요가 없다.

직권으로 가능한 소송절차
- 소송참가 (제3자, 행정청)
- 사정판결
- 집행정지
- 관련청구의 이송·병합

⊕ 행정소송법상의 제도별 요건 비교

구분	피고경정	소송참가(제3자)	재심	소변경(종류)	소변경(대상)
요건	사실심 변론종결일까지 (단, 재심 제외)				
	원고의 신청	당사자 또는 제3자의 신청 / 법원의 직권	제3자의 신청	원고의 신청	
	-	소송의 결과로 인해 권리 또는 이익의 침해를 "받을" 것(예상)	소송의 결과로 인해 권리 또는 이익의 침해를 "받음"	소변경이 상당하다고 인정될 것	소송이 계속 중일 것
	-	미리 당사자 및 제3자의 의견 청취	취소판결의 확정	청구의 기초에 변경이 없을 것	피고가 처분의 주된 내용을 실질적으로 변경할 것
	-	-	제3자의 책임 없는 사유로 소송참가를 하지 못하였을 것	-	-
	-	-	청구기간을 준수할 것	-	신청기간을 준수할 것

3 가구제 수단(집행정지)

1. 의의

> **행정소송법 제23조 【집행정지】**
> ① **[집행부정지 원칙]** <u>취소소송의 제기는 처분등의 효력이나 그 집행 또는 절차의 속행에 영향을 주지 아니한다.</u>
> ② 취소소송이 제기된 경우에 처분등이나 그 집행 또는 절차의 속행으로 인하여 생길 회복하기 어려운 손해를 예방하기 위하여 긴급한 필요가 있다고 인정할 때에는 본안이 계속되고 있는 법원은 당사자의 <u>신청 또는 **직권에 의하여**</u> 처분등의 효력이나 그 집행 또는 절차의 속행의 전부 또는 일부의 정지(이하 "집행정지"라 한다)를 결정할 수 있다. <u>다만, 처분의 효력정지는 처분등의 집행 또는 절차의 속행을 정지함으로써 목적을 달성할 수 있는 경우에는 허용되지 아니한다.</u>
> ③ 집행정지는 공공복리에 중대한 영향을 미칠 우려가 있을 때에는 허용되지 아니한다.
> ④ 제2항의 규정에 의한 집행정지의 결정을 신청함에 있어서는 그 이유에 대한 소명이 있어야 한다.

원고의 영업을 6개월간 정지하는 처분이 내려졌는데 위 처분에 취소사유가 존재할 경우, 원고는 곧장 취소소송을 제기할 수 있다. 그러나, 취소소송의 제기만으로는 영업정지처분의 효력이 정지되지 않을 뿐 아니라(집행부정지 원칙), 취소소송의 판결이 확정되기까지는 한참의 시간이 소요될 것이므로, 그 전까지 원고는 6개월간 영업을 일단 정지할 수밖에 없다. 이에, 원고는 반년이나 되는 기간을 강제로 휴업해야 함에 따라 생계에 곤란을 겪을 위험이 발생할 것이다.

이러한 상황에서 취소소송의 판결이 선고 또는 확정될 때까지 잠정적으로나마 처분등의 **효력**이나 그 **집행** 또는 **절차의 속행**의 **전부** 또는 **일부**의 정지 원고의 권리구제를 도모하는 제도가 가구제 제도이다.

2. 집행정지의 적용범위

(1) 소송의 종류

집행정지는 **취소소송** 및 **무효등확인소송**에 한하여 적용되며, 부작위위법확인소송은 별다른 가구제 수단이 없고, 당사자소송은 민사집행법에 따른 가처분이 허용된다.

구분	취소소송	무효등확인소송	부작위위법확인소송	당사자소송
집행정지	○	○	×	×
가처분	×	×	×	○

(2) 처분등의 종류

집행정지는 **적극적 처분**에 한하여 적용이 있고, 거부처분은 그 대상이 되지 않는다.

> 🔍 **관련판례** 거부처분에 대한 집행정지 (91두15)
>
> 1. 허가신청에 대한 **거부처분은 그 효력이 정지되더라도 그 처분이 없었던 것과 같은 상태를 만드는 것에 지나지 아니하는 것**이고 그 이상으로 행정청에 대하여 **어떠한 처분을 명하는 등 적극적인 상태를 만들어 내는 경우를 포함하지 아니하는 것**이므로,

2. **교도소장이 접견을 불허한 처분에 대하여 효력정지를 한다 하여도 이로 인하여 위 교도소장에게 접견의 허가를 명하는 것이 되는 것도 아니고 또 당연히 접견이 되는 것도 아니어서** 접견허가거부처분에 의하여 생길 회복할 수 없는 손해를 피하는 데 아무런 보탬도 되지 아니하니 접견허가거부처분의 효력을 정지할 필요성이 없다.

3. 요건

집행정지의 요건은 다음과 같고, <u>적극적 요건은 원고가, 소극적 요건은 피고가 입증책임을 부담한다.</u>

행정소송	행정심판	행정소송
적극적 요건 (원고 입증)		소극적 요건 (피고 입증)
① 적법한 본안소송의 계속		⑤ 공공복리에 중대한 영향
② 처분등의 존재		⑥ 본안청구가 이유 없음이 명백
③ 회복하기 어려운 손해의 예방	③ 중대한 손해의 예방	
④ 긴급한 필요		

(1) 적법한 본안소송의 계속

집행정지는 <u>본안소송 제기 **전에 신청할 수 없다.**</u> 따라서, 본안소송과 동시에 또는 본안소송 제기 이후에 집행정지를 신청할 수 있다.

(2) 처분등의 존재

집행을 정지해야 할 처분등이 존재해야 하므로, 부작위가 있거나 또는 처분의 효력이 이미 소멸한 경우에는 본 요건이 충족되지 않는다.

한편, **무효인 처분**은 비록 객관적으로는 애초부터 효력이 발생하지 않은 것과 같지만, 무효등확인판결이 확정되기 전까지는 마치 **유효한 것과 같은 외관**이 있으므로, 여전히 집행정지의 필요성이 있는 것으로 취급된다.

(3) 회복하기 어려운 손해의 예방

이는 ① **금전보상이 불능한** 경우뿐만 아니라 ② **금전보상으로는** 사회관념상 행정처분을 받은 당사자가 **참고 견딜 수 없거나** 또는 참고 견디기가 현저히 곤란한 경우의 유형, 무형의 손해를 의미한다.

특히, **기업의 경우에는 중대한 경영상의 위기를 맞게 될 것**으로 보이는 등의 사정에 이를 때에만 본 요건의 충족이 인정된다.

🔍 관련판례 4대강 사업 사건 (2010무111)

1. 처분등의 존재(×)

국토해양부, 환경부, 문화체육관광부, 농림수산부, 식품부가 합동으로 2009. 6. 8. 발표한 '4대강 살리기 마스터플랜' 등은 4대강 정비사업과 주변 지역의 관련 사업을 체계적으로 추진하기 위하여 수립한 종합계획이자 '4대강 살리기 사업'의 기본방향을 제시하는 계획으로서, 행정기관 내부에서 사업의 기본방향을 제시하는 것일 뿐, 국민의 권리·의무에 직접 영향을 미치는 것이 아니어서 행정처분에 해당하지 않는다.

2. 회복하기 어려운 손해(×) ∵ 금전 보상 가능

국토해양부 등에서 발표한 '4대강 살리기 마스터플랜'에 따른 '한강 살리기 사업' 구간 인근에 거주하는 주민들이 각 공구별 사업실시계획승인처분에 대한 효력정지를 신청한 사안에서, 주민들 중 환경영향평가대상지역 및 근접 지역에 거주하거나 소유권 기타 권리를 가지고 있는 사람들이 위 사업으로 인하여 토지 소유권 기타 권리를 수용당하고 이로 인하여 정착지를 떠나 타지로 이주를 해야 하며 더 이상 농사를 지을 수 없게 되고 팔당지역의 유기농업이 사실상 해체될 위기에 처하게 된다고 하더라도, 그러한 손해는 행정소송법 제23조 제2항에서 정하고 있는 효력정지 요건인 금전으로 보상할 수 없거나 사회관념상 금전보상으로는 참고 견디기 어렵거나 현저히 곤란한 경우의 유·무형 손해에 해당하지 않는다.

🔍 비교판례

1. 회복하기 어려운 손해 = 금전으로 보상되지 않는 손해 (92두30)

① "회복하기 어려운 손해"라 함은 특별한 사정이 없는 한 금전으로 보상할 수 없는 손해라 할 것이며 이는 ㉠ 금전보상이 불능한 경우뿐만 아니라 ㉡ 금전보상으로는 사회관념상 행정처분을 받은 당사자가 참고 견딜 수 없거나 또는 참고 견디기가 현저히 곤란한 경우의 유형, 무형의 손해를 일컫는다.

② 신청인이 그에 관한 형사피고사건이 상고심에 계속 중에 안양교도소로부터 진주교도소로 이송되는 경우에는 그로 인하여 **변호인과의 접견이 어려워져 방어권의 행사에 지장을 받게 됨은 물론 가족이나 친지 등과의 접견권의 행사에도 장애를 초래**할 것임이 명백하고 이로 인한 손해는 금전으로 보상할 수 없는 손해라 할 것이다.

2. 회사 망할 정도의 위기 = 회복하기 어려운 손해 (2001무29)

사업여건의 악화 및 막대한 부채비율로 인하여 외부자금의 신규차입이 사실상 중단된 상황에서 285억 원 규모의 과징금을 납부하기 위하여 무리하게 외부자금을 신규차입하게 되면 주거래은행과의 재무구조개선약정을 지키지 못하게 되어 **사업자가 중대한 경영상의 위기**를 맞게 될 것으로 보이는 경우, 그 과징금납부명령의 처분으로 인한 손해는 효력정지 내지 집행정지의 적극적 요건인 '회복하기 어려운 손해'에 해당한다.

---

(4) 긴급한 필요

(5) 공공복리에 중대한 영향을 미칠 우려가 없을 것

(6) 본안청구가 이유 없음이 명백하지 않을 것

원칙적으로 본안청구(소송)가 이유 있는지 여부는 본안소송에서 별도로 판단되어야 한다. 그러나, 집행정지는 본안청구가 인용될 가능성이 있음을 전제로 하는 제도이므로, 만약 본안청구에서의 승소가능성이 **전혀 없음이 "명백"하다면** 집행정지 또한 인용될 수 없다.

> **관련판례** 처분의 취소가능성 고려 여부 (94두23)
>
> 1. 원칙: 고려 ✕
>
>   행정처분의 효력정지를 구하는 신청사건에 있어서는 행정처분 자체의 적법 여부는 궁극적으로 본안판결에서 심리를 거쳐 판단할 성질의 것이므로 원칙적으로는 판단할 것이 아니고, 그 행정처분의 효력을 정지할 것인가에 대한 행정소송법 제23조 제2항 소정의 요건의 존부만이 판단의 대상이 되나,
>
> 2. 예외: 명백하다면 고려 ○
>
>   본안소송에서의 처분의 취소가능성이 없음에도 불구하고 처분의 효력정지를 인정한다는 것은 제도의 취지에 반하므로, 효력정지사건 자체에 의하여도 신청인의 본안청구가 이유 없음이 명백할 때에는 행정처분의 효력정지를 명할 수 없다.

4. 효력

집행정지 결정은 ① 당사자인 행정청과 그 밖의 관계행정청을 기속하고(**기속력**), ② 제3자에 대해서도 영향을 미치며(**제3자효**), ③ 처분의 발령시점으로 소급하는 것이 아니라, 결정 시점으로부터 장래에 향하여 효력(**장래효**)이 발생한다.

> **행정소송법 제23조 【집행정지】**
> ⑥ 제30조 제1항의 규정은 제2항의 규정에 의한 집행정지의 결정에 이를 준용한다.
> **행정소송법 제30조 【취소판결등의 기속력】**
> ① 처분등을 취소하는 확정판결은 그 사건에 관하여 당사자인 행정청과 그 밖의 관계행정청을 기속한다.
> **행정소송법 제29조 【취소판결등의 효력】**
> ① 처분등을 취소하는 확정판결은 제3자에 대하여도 효력이 있다.
> ② 제1항의 규정은 제23조의 규정에 의한 집행정지의 결정 또는 제24조의 규정에 의한 그 집행정지결정의 취소결정에 준용한다.

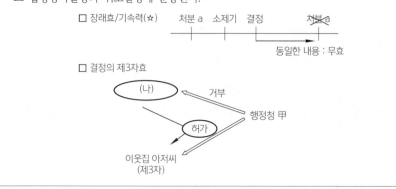

5. 실효

집행정지의 기간은 법원에서 재량에 따라 정하므로, 법원에서 정한 **종기가 도래하면** 집행정지의 효력은 **별도의 조치 없이도 당연히 실효된**다. 통상적으로 집행정지기간의 종기는 "본안판결 선고시"(또는 ＋30일)로 정해진다.

🔍 관련판례

1. 집행정지의 실효에 따른 법적 효과 (2002다48023)
   ① 집행정지의 효력은 당해 결정의 주문에 표시된 시기까지 존속하다가 그 시기의 도래와 동시에 당연히 소멸한다.
   ② 집행정지결정이 내려졌다면 그 집행정지기간 동안은 과징금부과처분에서 정한 과징금의 납부기간은 더 이상 진행되지 아니하고 집행정지결정이 당해 결정의 주문에 표시된 시기의 도래로 인하여 실효되면 그때부터 당초의 과징금부과처분에서 정한 기간(집행정지결정 당시 이미 일부 진행되었다면 그 나머지 기간)이 다시 진행하는 것으로 보아야 한다.

2. 당초의 제재적 행정처분에서 정한 효력기간이 경과하면 그로써 처분의 집행은 종료되어 처분의 효력이 소멸하는 것이므로(행정소송법 제12조 후문 참조), 그 후 동일한 사유로 다시 제재적 행정처분을 하는 것은 위법한 이중처분에 해당한다(2021두40720).

6. 취소

행정소송법 제24조 【집행정지의 취소】
① 집행정지의 결정이 확정된 후 집행정지가 공공복리에 중대한 영향을 미치거나 그 정지사유가 없어진 때에는 당사자의 신청 또는 직권에 의하여 결정으로써 집행정지의 결정을 취소할 수 있다.
② 제1항의 규정에 의한 집행정지결정의 취소결정과 이에 대한 불복의 경우에는 제23조 제4항 및 제5항의 규정(즉시항고)을 준용한다.

☐ 결정의 취소

7. 집행정지결정 등에 대한 불복

행정소송법 제23조 【집행정지】
⑤ 제2항의 규정에 의한 집행정지의 결정 또는 기각의 결정에 대하여는 즉시항고할 수 있다. 이 경우 집행정지의 결정에 대한 즉시항고에는 결정의 집행을 정지하는 효력이 없다.

집행정지의 결정에 대한 **즉시항고에는 결정의 집행을 정지하는 효력이 없는바**, 행정청이 집행정지 결정에 불만을 품고 이에 대해 즉시항고를 제기하여도, 처분은 즉시항고 진행 중에도 집행이 정지된 상태로 남아있게 된다.

처분 ⟶ 원고: 소 제기
(집행부정지)
⬇
집행정지 결정 ⟶ 피고: 즉시항고
(집행부정지)

제3절 본안심리

1 심리의 내용

소송요건 충족 여부를 먼저 심리한 뒤, 본안심리로 나아가 원고의 청구가 이유 있는지 즉, 처분에 하자(위법성)가 있는지를 살피는 것이 논리적인 순서이다. 다만, 현실적으로는 본안심리 도중이라도 소송요건의 흠결이 발견되었다면 이를 이유로 각하판결을 할 수 있다.

2 심리의 원칙 – 변론주의 vs 직권심리

소송심리의 원칙으로는 ① 소송의 개시, 대상의 특정, 소송의 종료를 당사자의 처분에 맡기는 "처분권주의", ② 소송자료의 수집, 제출책임은 당사자에게 있고, **법원은 당사자가 수집하여 변론에서 제출한 소송자료만을 재판의 기초로 삼아야 한다는 "변론주의"** 등이 있다. 이는 민사소송의 대원칙에 해당하며, 행정소송법 제8조 제3항에 의해 행정소송에도 준용된다.

한편, 행정소송법 제26조는 "*법원은 필요하다고 인정할 때에는 직권으로 증거조사를 할 수 있고, **당사자가 주장하지 아니한 사실에 대하여도 판단할 수 있다.***" 고 규정하여 법원에 직권으로 심리(이하 '**직권심리**')할 수 있는 권한을 부여하고 있다. 언뜻 보면 이는 ② 변론주의 원칙과 상충되는 듯하여 직권심리의 허용범위가 어디까지인지에 대해 견해가 대립하고 있다.

이에, 대법원은 직권심리의 범위 및 한계를 아래와 같이 제한함으로써 변론주의 원칙과의 조화를 모색하고 있다.

> ### 🔎 관련판례
>
> 직권심리의 한계 – 소송기록에 포함된 사항에 한정 (94누4820)
>
> **행정소송법 제26조**가 법원은 필요하다고 인정할 때에는 직권으로 증거조사를 할 수 있고, 당사자가 주장하지 아니한 사실에 대하여도 판단할 수 있다고 규정하고 있지만, 이는 행정소송의 특수성에 연유하는 당사자주의, 변론주의에 대한 **일부 예외** 규정일 뿐 법원이 **아무런 제한 없이** 당사자가 주장하지 아니한 사실을 판단할 수 있는 것은 아니고, 일건 기록에 현출되어 있는 사항에 관하여서만 직권으로 증거조사를 하고 이를 기초로 하여 판단할 수 있을 따름이고, 그것도 법원이 필요하다고 인정할 때에 한하여 청구의 범위 내에서 증거조사를 하고 판단할 수 있을 뿐이다.
>
> > ### 🔎 비교판례
> >
> > 1. 한계를 일탈한 경우(지나치게 적극적) (2011두26589)
> >   같은 국가유공자 비해당결정이라도 그 사유가 공무수행과 상이 사이에 인과관계가 없다는 것과 본인 과실이 경합되어 있어 지원대상자에 해당할 뿐이라는 것은 기본적 사실관계의 동일성이 없다고 보아야 한다.

따라서 처분청이 공무수행과 사이에 인과관계가 없다는 이유로 국가유공자 비해당결정을 한 데 대하여 법원이 그 인과관계의 존재는 인정하면서 <u>직권으로 본인 과실이 경합된 사유가 있다는 이유로 그 처분이 정당하다고 판단한 것은 행정소송법이 허용하는 직권심사주의의 한계를 벗어난 것으로서 위법하다.</u>

2. 지나치게 소극적 (2009두18035)

행정소송에서 <u>기록상 자료가 나타나 있다면</u> 당사자가 주장하지 않았더라도 판단할 수 있고, 당사자가 제출한 소송자료에 의하여 **법원이 처분의 적법 여부에 관한 합리적인 의심을 품을 수 있음에도** 단지 구체적 사실에 관한 주장을 하지 아니하였다는 이유만으로 **당사자에게 석명을 하거나 직권으로 심리·판단하지 아니함**으로써 구체적 타당성이 없는 판결을 하는 것은 행정소송법 제26조의 규정과 행정소송의 특수성에 반하므로 **허용될 수 없다.**

3 증명책임(입증책임)의 분배

증명책임이란 소송상 일정한 사실이 존재하는 것으로 증명되지 아니한 경우에, 이러한 사실이 존재하지 않는 것으로 간주되는 결과 불리한 법적 판단을 받게 되는 일방 당사자의 불이익을 말한다.

법원의 심리는 당사자가 제출한 주장과 증거를 토대로 이루어진다. 그런데, 소송에서 일정한 사실이 불분명한 경우에 일방 당사자에게만 증명책임을 부담지운다면, 일방 당사자가 증명에 실패할 경우 이는 곧바로 일방 당사자의 패소 및 나머지 당사자의 승소로 귀결될 것이므로 매우 불합리하다.

따라서, 각각의 사실별로 원고 및 피고에게 그 증명책임을 적절히 분배할 필요가 있는바, 그 구체적인 내용은 아래와 같다.

1. 소송요건 단계

이는 법원의 <u>직권조사사항</u>이므로, 당사자가 별도로 주장하지 않아도 법원이 스스로 조사를 개시한다. 즉, <u>당사자는 주장책임을 별도로 부담하지 않는다.</u>

다만, 소송요건 충족여부가 의심될 경우, 이에 관한 <u>증명책임은 원고에게 귀속</u>된다. 소송요건이 미충족됨으로써 소송이 각하되는 불이익을 원고가 부담하기 때문이다.

주장책임
직권조사사항 (원고 ×, 자백 대상 ×)

증명책임
원고

> **관련판례** 대법원도 직권심리 당연 가능 (2003두15195)
>
> 행정소송에서 쟁송의 대상이 되는 <u>행정처분의 존부(=대상적격)</u>는 소송요건으로서 직권조사사항이고, 자백의 대상이 될 수 없는 것이므로, 설사 그 존재를 당사자들이 다투지 아니한다 하더라도 그 존부에 관하여 의심이 있는 경우에는 이를 직권으로 밝혀 보아야 할 것이고, **사실심에서 변론종결시까지 당사자가 주장하지 않던 직권조사사항에 해당하는 사항을 상고심에서 비로소 주장하는 경우** 그 직권조사사항에 해당하는 사항은 상고심의 심판범위에 해당한다.

2. 본안심리 단계

① 처분의 적법성에 대해서는 피고가, ② 수익적 처분의 요건 충족사실, 재량권의 일탈남용 등에 대해서는 원고가 입증책임을 부담한다.

구분	수익적 처분의 요건 충족	처분의 적법성	재량권 일탈남용 (이례적, 특별한 사정)
적극적 처분 (운전면허취소 – 음주운전)	–	피고 (음주운전 사실)	원고 (비례원칙 위반 등)
소극적 처분 (건축허가 거부 – 토지형질변경불가)	원고 (건축허가 발급 요건 충족)	피고 (토지형질변경 불가)	원고 (비례원칙 위반 등)

🔍 관련판례

1. 적극적 처분에 대한 취소소송의 증명책임 (96누1627)

 ① 과세처분의 위법을 이유로 그 취소를 구하는 행정소송에 있어 **처분의 적법성 및 과세요건사실의 존재에 관하여는 원칙적으로 과세관청이 그 입증책임**을 부담하나,
 ② **경험칙상 이례에 속하는 특별한 사정의 존재**에 관하여는 **납세의무자에게 입증책임** 내지는 입증의 필요가 돌아가는 것이다.

2. 거부처분(국가유공자 비해당결정)에 대한 취소소송의 증명책임 (2011두26589)

 ① **수익적 처분의 요건 충족: 원고**
 국가유공자 인정 요건, 즉 공무수행으로 상이를 입었다는 점이나 그로 인한 신체장애의 정도가 법령에 정한 등급 이상에 해당한다는 점은 국가유공자 등록신청인이 증명할 책임이 있지만,
 ② **거부처분의 적법성: 피고**
 그 상이가 '불가피한 사유 없이 본인의 과실이나 본인의 과실이 경합된 사유로 입은 것'이라는 사정, 즉 지원대상자 요건에 해당한다는 사정은 국가유공자 등록신청에 대하여 지원대상자로 등록하는 처분을 하는 처분청이 증명책임을 진다고 보아야 한다.

3. 거부처분(체류자격 연장 거부처분)에 대한 취소소송의 증명책임 (2018두66869)

 ① 결혼이민[F-6 (다)목] 체류자격 거부처분 취소소송에서 원고와 피고 행정청은 각자 자신에게 유리한 평가요소들을 적극적으로 주장·증명하여야 하며, 수소법원은 증명된 평가요소들을 종합하여 혼인파탄의 주된 귀책사유가 누구에게 있는지를 판단하여야 한다.
 ② 수소법원이 '혼인파탄의 주된 귀책사유가 국민인 배우자에게 있다'고 판단하게 되는 경우에는, 해당 결혼이민[F-6 (다)목] 체류자격 거부처분은 위법하여 취소되어야 하므로, 이러한 의미에서 결혼이민[F-6 (다)목] 체류자격 거부처분 취소소송에서도 그 처분사유에 관한 증명책임은 피고 행정청에 있다.

• 원고: 외국인 (한국인과 국제결혼)
• 처분사유: 혼인파탄의 주된 귀책사유가 원고에게 있음

4 위법성 판단의 기준시점

1. 원칙 – 처분시

법치주의 국가라면 행정의 영역에서 처분을 함에 있어서도 법령상 근거가 뒷받침되어야 한다. 이때 어느 시점의 법령을 처분의 근거로 삼을 것인가 하는 문제가 위법판단의 기준시에 관한 내용이다.

이는 1차적으로 행정청이 처분을 발령할 때 어떤 법령을 적용할 것인가 하는 문제이지만, 궁극적으로는 법원이 사후적으로 처분의 위법성을 판단할 때 어떤 법령을 재판상 판단기준으로 할 것인가 하는 문제이기도 하다.

법원은 취소소송 과정에서 처분의 위법성을 처분시점의 법령 및 **처분시점까지 존재**하였던 사실관계를 토대로 판단한다. 즉, 처분시 **이후의 법령 개정 및 사실관계 변동**은 처분의 위법성을 판단하는데 있어 **고려되지 않는다**.

다만, 이는 처분 당시 **보유**하였던 자료나 행정청에 **제출**된 자료만으로 위법 여부를 판단한다는 의미가 **아님**을 유의하여야 한다. 처분 당시 "존재"하였던 사실관계에 해당하기만 하면, (비록 처분시에 행정청이 현실적으로 보유하던 자료가 아니라 하더라도) 법원은 취소소송의 변론 종결시까지 제출된 자료를 종합적으로 고려하여 처분의 위법성을 판단할 수 있다.

🔍 관련판례 위법판단의 기준시인 "처분시"의 의미 (92누19033)

1. 항고소송에 있어서 행정처분의 위법 여부를 판단하는 기준 시점에 대하여 판결시가 아니라 처분시라고 하는 의미는 행정처분이 있을 때의 법령과 사실상태를 기준으로 하여 위법 여부를 판단할 것이며 **처분 후 법령의 개폐나 사실상태의 변동에 영향을 받지 않는다는 뜻이고 처분 당시 존재하였던 자료나 행정청에 제출되었던 자료만으로 위법 여부를 판단한다는 의미는 아니므로,**

2. 처분 당시의 사실상태 등에 대한 입증은 사실심 변론종결 당시까지 할 수 있고, 법원은 행정처분 당시 행정청이 알고 있었던 자료뿐만 아니라 사실심 변론종결 당시까지 제출된 모든 자료를 종합하여 처분 당시 존재하였던 객관적 사실을 확정하고 이에 기초하여 처분의 위법 여부를 판단할 수 있다.

23. 1. 1.	23. 2. 1.	23. 5. 1.	23. 10. 1.
	처분시		사실심 변론종결일
(a) 제출 가능		(b) 제출 불가능	(a) 제출기한

---

2. 처분시 이전에 법령이 개정된 경우

단, 처분이 내려지기 이전에 법령이 개정된 다음의 경우에는 예외적으로 처분시가 아닌 다른 시점의 법령이 적용될 여지가 있다.

(1) 신청에 따른❶ 처분 – 처분 당시의 법령 (B)

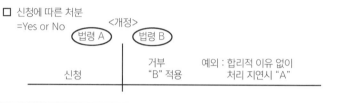

> **행정기본법 제14조 【법 적용의 기준】**
> ② 당사자의 신청에 따른 처분은 법령등에 특별한 규정이 있거나 처분 당시의 법령등을 적용하기 곤란한 특별한 사정이 있는 경우를 제외하고는 처분 당시의 법령 (B)등에 따른다.

당사자가 수익적 처분을 신청함으로써 행정청이 이에 대한 응답(인용 또는 거부처분)을 한 경우를 생각해 보자.

당사자는 신청 당시의 A법령에 따라 수익적 처분을 받을 수 있을 것이라 기대하고 신청을 하였을 것이다. 이후, 신청에 대한 심사가 완료될 즈음에 A법령이 B법령으로 개정되었다. 그런데, 개정된 B법령에 따른다면 거부처분이 불가피하다. 이 경우 신청시점의 A법령에 근거하여 인용처분을 할 것인가, 처분시점의 B법령에 근거하여 거부처분할 것인가 하는 문제가 발생하는데, 행정기본법은 **원칙적으로 처분 당시**의 법령인 B를 적용하도록 하고 있다. **단, 예외적으로** 다음과 같은 경우에는 신청시의 법령인 A를 적용한다.

① 법령등에 특별한 규정이 있는 경우: 법령 개정시 경과규정을 두어 일정한 기간 동안은 개정 전 법령을 적용하도록 하는 경우를 들 수 있다.

② 처분 당시의 법령등을 적용하기 곤란한 특별한 사정이 있는 경우: 신청 후 행정청이 정당한 이유 없이 처리를 늦추고 있는 동안 법령이 개정되었다면, 처리를 부당히 늦추지 않았을 경우 적용되었을 법령인 A를 적용한다 (92누13813).

(2) 제재처분 – 행위 당시의 법령 (A)

법령을 위반함으로써 제재를 받는 경우라면, **원칙적으로** 제재처분 당시의 법령 B가 아닌, 법령위반행위 당시의 법령인 A을 적용한다. 다만, 위반행위 이후 **제재규정이 완화(또는 폐지)**된 경우라면, 제재처분 당시의 법령인 B를 적용하여 국민의 권익을 보호한다.

> **행정소송법 제14조 【법 적용의 기준】**
> ③ 법령등을 위반한 행위의 성립과 이에 대한 제재처분은 법령등에 특별한 규정이 있는 경우를 제외하고는 법령등을 위반한 행위 당시의 법령(A)등에 따른다. 다만, 법령등을 위반한 행위 후 법령등의 변경에 의하여 그 행위가 법령등을 위반한 행위에 해당하지 아니하거나 제재처분 기준이 가벼워진 경우로서 해당 법령등에 특별한 규정이 없는 경우에는 변경된 법령(B)등을 적용한다.

5 처분사유의 추가변경

1. 의의

> **관련판례** 처분사유를 여러 개 제시하는 이유(1처분 多사유제 허용) (2003두1264)
>
> 수 개의 처분사유 중 일부가 적법하지 않다고 하더라도 다른 처분사유로써 그 처분의 정당성이 인정되는 경우 그 처분을 위법하다고 할 수 없다.

처분청이 a라는 사유를 들어 제재처분을 하였다고 가정해 보자. 처분의 상대방이 이에 불복하여 취소소송이 계속 중인데, 돌아가는 정황을 보아하니 a라는 사유만으로는 제재처분의 적법성을 인정받기가 쉽지 않아 보인다. 이에, 처분청은 취소소송 도중에라도 b라는 사유를 보강하고자 한다. 이를 처분사유의 추가 또는 변경이라고 한다.
이는 처분 그 자체를 변경하는 **처분의 변경과는 구별**되어야 한다.

2. 허용기준

처분사유의 추가변경에 관한 명문의 규정이 없다 보니, 이를 허용하는 기준에 관하여 다양한 견해가 대립한다. 견해가 대립하는 주된 이유는 본 제도와 기속력의 관계 때문이다.
위 사례에서 처분사유의 추가변경을 좁게 인정하여 b라는 사유를 추가하는 것을 불허하면, 처분청은 인용판결이 확정되어도 이후 b라는 새로운 사유를 들고 나와 이전과 동일한 내용의 제재처분을 할 수 있게 된다. 반대로, 처분사유의 추가변경을 넓게 인정하여 b사유의 추가를 허용하면, 원고의 입장에서 예상치 못한 제재사유가 추가되는 결과 소송 진행에 지장이 초래될 수 있다.
이에, 판례는 **기본적 사실관계의 동일성**이라는 기준을 제시함으로써 처분사유의 추가변경을 제한적으로 허용하는 입장에 서있다. 즉, 처분사유의 추가변경을 허용하되, 원고가 입을 불의의 타격을 감안하여 a사유와 b사유의 사실관계가 동일하다고 평가될 경우에 한해서만 이를 허용하는 것이다.

> **관련판례**
>
> **1. 처분사유의 근거가 되는 기초 사실 내지 평가요소의 추가변경 (2016두31616)**
>
> | 처분 | 귀화불허 처분 | |
> |---|---|---|
> | 처분사유 | 품행 미단정 *(불변)* | |
> | 기초 사실 내지 평가요소 | 자동차관리법 위반죄 기소유예 | 불법 체류 전력 |
>
> 외국인 甲이 법무부장관에게 귀화신청을 하였으나 법무부장관이 심사를 거쳐 '**품행 미단정**'을 불허사유로 국적법상의 요건을 갖추지 못하였다며 신청을 받아들이지 않는 처분을 하였는데, 법무부장관이 甲을 '**품행 미단정**'이라고 판단한 이유에 대하여 제1심 변론절차에서 자동차관리법위반죄로 기소유예를 받은 전력 등을 고려하였다고 주장하였다가 원심 변론절차에서 불법 체류한 전력이 있다는 추가적인 사정까지 고려하였다고 주장한 사안에서, 법무부장관이 원심에서 추가로 제시한 불법 체류 전력 등의 제반 사정은 **처분사유의 근거가 되는 기초 사실 내지 평가요소에 지나지 않으므로, 추가로 주장할 수 있다.**

2. 주관적 사유 고려 × (2001두8827)

추가 또는 변경된 사유가 당초의 처분시 그 사유를 명기하지 않았을 뿐 **처분시에 이미 존재하고 있었고 당사자도 그 사실을 알고 있었다 하여 당초의 처분사유와 동일성이 있는 것이라 할 수 없다.**

3. 판례 비교

처분사유 유지한 채 근거법령만 추가·변경 (2010두28106)		근거법령 변경으로 인한 처분사유의 변경❶ (2010두28106)	
행정처분이 적법한지는 특별한 사정이 없는 한 처분 당시 사유를 기준으로 판단하면 되고, 처분청이 처분 당시 적시한 구체적 사실을 변경하지 아니하는 범위 내에서 단지 **처분의 근거 법령만을 추가·변경**하는 것은 새로운 처분사유의 추가라고 볼 수 없다.		그러나 **처분의 근거 법령을 변경하는 것이 종전 처분과 동일성을 인정할 수 없는 별개의 처분을 하는 것과 다름 없는 경우**에는 허용될 수 없다.	
처분사유	도로 무단 점용	처분사유	도로 무단 점용	국공유재산 무단 점용
근거 법령	제19조 제1항	제19조 제2항	근거 법령	A법 제19조 제1항	B법 제12조 제2항

3. 허용범위

(1) 시간적 범위

위법성 판단의 기준시점인 **처분시점**을 기준으로, 그 이후에 발생한 새로운 처분사유는 기본적 사실관계의 동일성이 없다고 평가된다.

(2) 객관적 범위

처분시점 이전에 발생한 처분사유임을 전제로, 처분사유를 **법률적으로 평가하기 이전**의 구체적인 사실에 착안하여 양 사유 간 **기본적 사실관계의 동일성**이 있는지를 평가한다.

4. 허용시기

처분의 전제가 되는 사실관계를 어떻게 확정할 것인가 하는 문제이므로, 사실심(1심 및 항소심)까지만 허용되고, 법률심(대법원 상고심)에서는 허용되지 않는다.

5. 개별 사안의 검토

(1) 제제처분(×)

판례는 제재처분사유의 추가·변경을 대체로 허용하지 않는 경향을 보이고 있다.

(2) 과세처분(○)

판례는 과세처분사유의 추가·변경을 대체로 허용하는 경향을 보이고 있다.

(3) 거부처분(△)

판례는 거부처분의 경우에 사안별로 결론을 달리하는 경향을 보이고 있다.

🔍 **관련판례** 기본적 사실관계의 동일성 ○

1. 석유판매업허가신청에 대하여 "주유소 건축 예정 토지에 관하여 도시계획법 제4조 및 구 토지의 형질 변경 등 행위 허가 기준 등에 관한 규칙에 의거하여 행위제한을 추진하고 있다."는 당초의 불허가처분사유와 항고소송에서 주장한 위 신청이 토지형질변경허가의 요건을 갖추지 못하였다는 사유 및 도심의 환경보전의 공익상 필요라는 사유는 기본적 사실관계의 동일성이 있다고 한 사례(97누14378).

처분	석유판매업허가 거부처분	
처분사유	주유소 건축 예정 토지에 관하여 행위제한 추진 중	토지형질변경허가의 요건을 갖추지 못하였음

2. 주택신축을 위한 산림형질변경허가신청에 대하여 행정청이 거부처분을 하면서 당초 거부처분의 근거로 삼은 준농림지역에서의 행위제한이라는 사유와 나중에 거부처분의 근거로 추가한 자연경관 및 생태계의 교란, 국토 및 자연의 유지와 환경보전 등 중대한 공익상의 필요라는 사유는 기본적 사실관계에 있어서 동일성이 인정된다고 한 사례이다(2004두4482).

처분	산림형질변경허가 거부처분	
처분사유	준농림지역에서의 행위제한	환경보전 등 중대한 공익상의 필요

🔍 **비교판례** 기본적 사실관계의 동일성 ✕

1. 피고가 원고의 정보공개청구에 대하여 별다른 이유를 제시하지 않은 채 이동통신요금과 관련한 총괄원가액수만을 공개한 것은, 이 사건 원가 관련 정보에 대하여 비공개결정을 하면서 비공개이유를 명시하지 않은 경우에 해당하여 위법하다. 피고가 이 사건 소송에서 비로소 이 사건 원가 관련 정보가 법인의 영업상 비밀에 해당한다는 비공개사유를 주장하는 것은, 그 기본적 사실관계가 동일하다고 볼 수 없는 사유를 추가하는 것이어서 허용될 수 없다(2014두5477).

처분	정보공개 거부처분	
처분사유	이유 제시 ✕	법인의 영업상 비밀에 해당

2. 석유판매업허가신청에 대하여 관할 군부대장의 동의를 얻지 못하였다는 당초의 불허가 이유에다 소송에서 위 토지가 탄약창에 근접한 지점에 있어 공익적인 측면에서 보아 허가신청을 불허한 것은 적법하다는 것을 불허가사유로 추가할 수 없다(91누70).

처분	석유판매업허가 거부처분	
처분사유	관할 군부대장 동의 ✕	탄약창에 근접한 지점에 위치

3. 기존의 도시계획 및 공공사업에의 지장 여부 등을 고려하여 이 사건 온천발견신고수리를 거부한 것은 적법하다는 사유는 피고가 당초에 이 사건 거부처분의 사유로 삼은 바가 없을 뿐만 아니라 규정온도가 미달되어 온천에 해당하지 않는다는 당초의 이 사건 처분사유와는 기본적 사실관계를 달리하여 원심으로서도 이를 거부처분의 사유로 추가할 수는 없다(92누3052).

처분	온천발견신고수리 거부처분	
처분사유	온천으로서의 이용가치 ✕, 기존의 도시계획 및 공공사업에의 지장	규정온도가 미달되어 온천에 해당하지 않음

4. <u>원고가 이주대책신청기간이나 소정의 이주대책실시(시행)기간을 모두 도과하여 실기한 이주대책신청을 하였으므로 원고에게는 이주대책을 신청할 권리가 없고, 사업시행자가 이를 받아들여 택지나 아파트공급을 해 줄 법률상 의무를 부담한다고 볼 수 없다는 피고의 상고이유의 주장은 원심에서는 하지 아니한 새로운 주장일 뿐만 아니라 사업지구 내 가옥 소유자가 아니라는 이 사건 처분사유</u>와 기본적 사실관계의 동일성도 없다(98두17043).

처분	이주대책신청 거부처분	
처분사유	사업지구 내 가옥 소유자 ✕	신청기간 도과하여 이주대책 신청권 ✕

제4절 판결

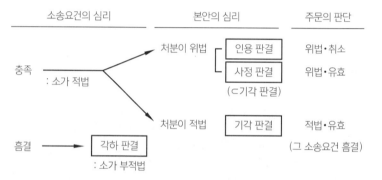

↑ 판결의 종류

↓ 각 종류별 판결주문

구분	판결주문	판결이유
인용 판결	1. 피고가 2012. 10. 4. 원고에 대하여 한 [***] 처분을 취소한다. 2. 소송비용은 피고가 부담한다.	Ex. (Case by Case) 1. 처분의 경위 2. 본안전항변 판단 3. 처분의 적법 여부 4. 결론
사정 판결	1. 원고의 청구를 기각한다. <u>피고가 2012. 10. 4. 원고에 대하여 한 [***] 처분은 위법하다.</u> 2. 소송비용은 <u>피고가 부담한다.</u>	
기각 판결	1. 원고의 청구를 기각한다. 2. 소송비용은 원고가 부담한다.	
각하 판결	1. 원고의 청구를 각하한다. 2. 소송비용은 원고가 부담한다.	

1 각하판결

소송요건을 갖추지 못한 <u>부적법한 청구에 대하여 본안심리를 거절</u>하는 의미의 판결에 해당한다.

2 본안판결

1. (일반적인) 기각판결

법원이 원고의 청구가 이유 없고, <u>처분이 적법·유효</u>하다고 인정하여 원고의 청구를 배척하는 판결을 말한다.

2. 사정판결

> **행정소송법 제28조 【사정판결】**
> ① <u>원고의 청구가 이유있다고 인정하는 경우에도</u> 처분등을 취소하는 것이 현저히 공공복리에 적합하지 아니하다고 인정하는 때에는 법원은 <u>원고의 청구를 기각</u>할 수 있다. 이 경우 법원은 그 판결의 **주문에서 그 처분등이 위법함을 명시**하여야 한다.
> ② 법원이 제1항의 규정에 의한 판결을 함에 있어서는 미리 원고가 그로 인하여 입게 될 손해의 정도와 배상방법 그 밖의 사정을 조사하여야 한다.
> ③ 원고는 피고인 행정청이 속하는 국가 또는 공공단체를 상대로 손해배상, 제해시설의 설치 그 밖에 적당한 구제방법의 청구를 당해 취소소송등이 계속된 법원에 병합하여 제기할 수 있다.

사정판결은 <u>취소소송에 한하여 인정</u>되는 특유의 제도이다.

(1) 요건
① **원고의 청구가 이유 있을 것**: 처분의 위법성 판단에 해당하므로, **처분시점**을 기준으로 판단한다.
② **처분의 취소가 현저히 공공복리에 적합하지 않을 것**: 처분시점을 기준으로는 처분이 위법하지만, 그 이후 변화된 사정을 종합적으로 고려할 때 처분의 취소가 적합하지 않은 경우를 의미한다. 이는 **사실심 변론종결시점(판결시)**를 기준으로 판단된다.

③ **피고의 신청 또는 법원의 직권에 의할 것**: 법원은 <u>당사자의 명백한 주장이 없는 경우에도</u> 직권으로 사정판결을 할 수 있다.

(2) 효과
① **청구기각**: 기각판결의 일종이므로, <u>원고가 이에 불복하여 상소할 수 있다.</u>
② **판결주문에 위법성 명시**: 일반적인 기각판결과 구분하기 위하여, 판결 주문에 처분이 위법하다는 점을 별도로 명시한다. 그 결과, <u>처분의 위법성에 대해서도 기판력이 발생</u>한다. 이에, 원고뿐 아니라 <u>피고 또한 상소</u>가 가능하다.

결국, 사정판결에 대해서는 원고와 피고 쌍방이 상소 가능함

③ **원고의 구제방법 청구**: 비록 기각판결이긴 하지만 처분의 위법성이 인정되므로, 원고는 이를 전제로 피고인 행정청이 속하는 국가 또는 공공단체를 상대로 손해배상, 제해시설의 설치 그 밖에 적당한 구제방법의 청구를 당해 취소소송이 계속된 법원에 병합하여 제기할 수 있다.

> **관련판례** 원고가 구제방법의 청구를 간과한 경우 (2015두4167)
>
> 원고는 행정소송법 제28조 제3항에 따라 손해배상, 제해시설의 설치 그 밖에 적당한 구제방법의 청구를 병합하여 제기할 수 있으므로, **당사자가 이를 간과하였음이 분명하다면 적절하게 석명권을 행사하여 그에 관한 의견을 진술할 수 있는 기회를 주어야 한다.**

④ **피고가 소송비용 부담**: 원칙적으로 소송비용은 패소한 쪽이 부담하여야 하나, 사정판결의 경우 <u>원고의 청구가 이유 있음이 인정되었다는 점에 착안하여 피고로 하여금 소송비용을 부담하게</u> 한다.

3. 인용판결(= 취소판결)

> **행정소송법 제4조 【항고소송】**
> 항고소송은 다음과 같이 구분한다.
> 1. 취소소송: 행정청의 위법한 처분등을 <u>취소 또는 **변경**</u>하는 소송

(1) 의의

취소소송의 인용판결은 원고의 청구가 이유 있다고 판단하여 그 전부 또는 일부를 인용하는 형성판결을 의미한다. 행정심판과는 달리 처분의 부당성은 판단 대상이 되지 않음을 유의하여야 한다.

(2) 일부취소판결의 요건

한편, 행정소송법 제4조 제1호는 취소소송을 "행정청의 위법한 처분등을 취소 또는 변경하는 소송"으로 규정하고 있는데, 판례는 위 <u>"변경"의 의미를 일부취소를 의미하는 것으로 보아 처분을 일부만 취소하는 판결도 가능하다고 해석</u>하고 있다.

이러한 **일부취소판결**은 다음과 같은 요건을 갖춘 경우에 한하여 허용된다.

① **처분에 가분성이 있을 것**: 외형상 하나의 처분이라 하더라도, 그 실질에 따라 가분성을 판단하여야 한다.

> **관련판례**
>
> 레이카크레인을 음주운전한 경우 (95누8850)
>
> ① 한 사람이 여러 종류의 자동차 운전면허를 취득하는 경우뿐 아니라 이를 취소 또는 정지함에 있어서도 서로 별개의 것으로 취급하는 것이 원칙이고, 한 사람이 <u>여러 종류의 자동차 운전면허를 취득하는 경우 1개의</u> 운전면허증을 발급하고 그 운전면허증의 면허번호는
>
>
> 운전면허증
> ① 제1종 보통
> ② 제1종 대형
> ③ 제1종 특수

최초로 부여한 면허번호로 하여 이를 통합관리하고 있다고 하더라도, 이는 자동차 운전면허증 및 그 면허번호 관리상의 편의를 위한 것에 불과할 뿐 그렇다고 하여 여러 종류의 면허를 서로 별개의 것으로 취급할 수 없다거나 각 면허의 개별적인 취소 또는 정지를 분리하여 집행할 수 없는 것은 아니다.

② 제1종 보통, 대형 및 특수 면허를 가지고 있는 자가 레이카크레인을 음주운전한 행위는 제1종 특수면허의 취소사유에 해당될 뿐 제1종 보통 및 대형 면허의 취소사유는 아니므로, 3종의 면허를 모두 취소한 처분 중 제1종 보통 및 대형 면허에 대한 부분은 이를 이유로 취소하면 될 것이다.

② **재량행위가 아닐 것**: 행정소송에서 처분의 부당성 여부는 심판의 범위를 벗어난다. 이에, 재량의 한계 내에서 어느 정도가 적정한 재량권 행사인지 여부를 가리는 일부취소판결은 허용될 수 없다. 따라서, <u>일부취소의 대상은 **기속행위**</u>이어야 한다.

> **행정소송법 제27조【재량처분의 취소】**
> 행정청의 재량에 속하는 처분이라도 재량권의 한계를 넘거나 그 남용이 있는 때에는 법원은 이를 취소할 수 있다*(= 전부 취소)*.

관련판례 재량행위(과징금부과처분)의 일부취소판결 × (2005두3172)
　　　　　　Cf. 직권 일부취소

처분을 할 것인지 여부와 처분의 정도에 관하여 재량이 인정되는 과징금 납부명령에 대하여 그 명령이 재량권을 일탈하였을 경우 법원으로서는 **재량권의 일탈 여부만 판단할 수 있을 뿐이지 재량권의 범위 내에서 어느 정도가 적정한 것인지에 관하여 판단할 수 없으므로 그 전부를 취소**할 수밖에 없고, 법원이 적정하다고 인정되는 부분을 초과한 부분만 취소할 수는 없는 것이다.

비교판례 실질은 재량행위의 전부취소

1. 가분성은 실질로 따짐 (2011두9263)

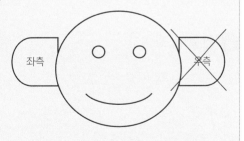

외형상 하나의 행정처분이라 하더라도 가분성이 있거나 그 처분대상의 일부가 특정될 수 있다면 그 일부만의 취소도 가능하고 그 일부의 취소는 당해 취소부분에 관하여 효력이 생긴다고 할 것인 점 등을 종합하면, 여러 개의 상이에 대한 국가유공자요건비해당처분에 대한 취소소송에서 그 중 일부 상이가 국가유공자요건이 인정되는 상이에 해당하더라도 나머지 상이에 대하여 위 요건이 인정되지 아니하는 경우에는 **국가유공자요건 비해당처분 중 위 요건이 인정되는 상이에 대한 부분만을 취소**하여야 할 것이고, 그 비해당처분 전부를 취소할 수는 없다고 할 것이다.

2. 3개월 영업정지 = 1개월 영업정지×3 (2019두63515)

행정청이 여러 개의 위반행위에 대하여 하나의 제재처분을 하였으나, 위반행위별로 제재처분의 내용을 구분하는 것이 가능하고 여러 개의 위반행위 중 일부의 위반행위에 대한 제재처분 부분만이 위법하다면, 법원은 제재처분 중 위법성이 인정되는 부분만 취소하여야 하고 제재처분 전부를 취소하여서는 아니 된다.

실제 처분	처분사유	대응되는 처분	위법 여부
3개월 영업정지	쓰레기 무단 투척	1개월 영업정지	×
	위생 불량	1개월 영업정지	×
	소방시설 미흡	1개월 영업정지	○

③ 법원에 제출된 자료에 의해 부과금액을 산출할 수 있을 것: 금전부과처분의 경우, 법원에 제출된 자료만으로 적정한 부과금액을 산출할 수 없다면 전부취소판결을 내린 후, 처분청으로 하여금 다시 적정금액을 산출하도록 해야 한다.

🔍 관련판례

1. 부과금액 산출이 불가능한 경우 (2002두868)

개발부담금부과처분 취소소송에 있어 당사자가 제출한 자료에 의하여 적법하게 부과될 정당한 부과금액이 산출할 수 없을 경우에는 부과처분 전부를 취소할 수밖에 없으나, 그렇지 않은 경우에는 그 정당한 금액을 초과하는 부분만 취소하여야 한다.

2. 정당한 부과금액에 대한 주장·증명이 없는 경우 (2015두4167)

일반적으로 금전 부과처분 취소소송에서 부과금액 산출과정의 잘못 때문에 부과처분이 위법한 것으로 판단되더라도 사실심 변론종결시까지 제출된 자료에 의하여 적법하게 부과될 정당한 부과금액이 산출되는 때에는 부과처분 전부를 취소할 것이 아니라 정당한 부과금액을 초과하는 부분만 취소하여야 하지만, 처분청이 처분시를 기준으로 **정당한 부과금액이 얼마인지 주장·증명하지 않고 있는 경우**에도 법원이 적극적으로 직권증거조사를 하거나 처분청에게 증명을 촉구하는 등의 방법으로 정당한 부과금액을 산출할 의무까지 부담하는 것은 아니다.

---

3 판결의 효력

1. 형성력 및 제3자효

> **행정소송법 제29조【취소판결등의 효력】**
> ① 처분등을 취소하는 확정판결은 제3자에 대하여도 효력이 있다.
> ② 제1항의 규정은 제23조의 규정에 의한 집행정지의 결정 또는 제24조의 규정에 의한 그 집행정지결정의 취소결정에 준용한다.

취소소송은 취소사유가 존재하는 처분의 공정력을 제거하기 위한 목적의 소송이다. 원고가 취소소송에서 승소하여 인용판결이 확정되면, **처분청의 별도 행위 없이도** 그 자체로써 처분의 공정력이 소급적으로 소멸하는 결과, 처분은 처음부터 무효였던 것으로 간주된다(90누5443). 이는 취소소송의 인용판결에만 인정되는 특유의 효력에 해당한다.

구분	소송종류	승패	확정판결
형성력	취소소송	인용	○ (소송대상)
기속력	불문	인용	○ (주문 + 이유)
기판력	불문	불문	○ (주문)

이러한 형성력은 소송의 당사자가 아닌 제3자에 대해서도 효력을 미친다. 이로 인해 영향을 받는 제3자를 위하여 마련된 제도가 제3자의 소송참가 및 재심이다.

 관련판례

1. 제3자효의 인정범위 (83다카2022)

행정처분을 취소하는 확정판결이 제3자에 대하여도 효력이 있다고 하더라도 일반적으로 판결의 효력은 주문에 포함한 것에 한하여 미치는 것이니 그 <u>취소판결 자체의 효력으로써 그 행정처분을 기초로 하여 새로 형성된 제3자의 권리*(=소유권이전등기)*까지 당연히 그 행정처분 전의 상태로 환원되는 것이라고는 할 수 없다.</u>

2. 유사한 구조 (2015두3485)

개발제한구역 안에서의 공장설립을 승인한 처분이 위법하다는 이유로 쟁송취소되었다고 하더라도 그 승인처분에 기초한 **공장건축허가처분이 잔존하는 이상**, 공장설립승인처분이 <u>취소되었다는 사정만으로</u> 인근 주민들의 환경상 이익이 침해되는 상태나 침해될 위험이 종료되었다거나 이를 <u>시정할 수 있는 단계가 지나버렸다고 단정할 수는 없고, 인근주민들은 여전히 공장건축허가처분의 취소를 구할 법률상 이익이 있다</u>고 보아야 한다.

---

2. 기판력

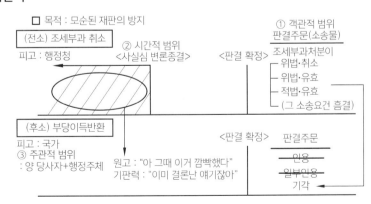

(1) 의의

기판력이라 함은, 소송물에 관하여 법원이 행한 판단내용이 확정되면 이후 동일사항이 문제되는 경우에 있어 당사자는 그에 반하는 주장을 하여 다투는 것이 허용되지 않으며, 법원도 그와 모순되는 판단을 하여서는 안 된다는 구속력을 말한다.

쉽게 말해, 앞서 진행된 소송(전소)의 판결이 확정되었다면, 이후 동일한 사항에 대하여 제기된 소송(후소)에서 전소의 판단과 모순되는 판결을 내려서는 안 된다는 것이다. 복수의 법원이 동일한 사항에 대해서 상충되는 판결을 내릴 경우, 법원의 판단에 대한 신뢰도가 저하되는 등 법적 안정성이 흔들릴 수 있기 때문이다.

(2) 기판력이 미치는 범위

① 객관적 범위

확정판결은 **판결주문(이유)에 포함된 것**에 한하여 기판력을 갖는다. 판결주문은 소송물에 관한 판단이므로, 기판력은 처분의 위법성 일반에 대하여 발생한다.

예컨대, ㉠ 조세부과처분 취소소송(전소)에서 기각판결(적법·유효)을 받은 자가 ㉡ 판결확정 후 과세처분 무효확인소송(후소1) 및 과세처분의 무효를 전제로 한 부당이득반환청구소송(후소2)을 제기하였다면, ㉢ 후소1 및 2는 전소의 기판력에 의해 모두 기각판결을 면치 못하게 된다.

> **관련판례** 명령의 적법·유효가 확정된 경우 (2014두37665)
>
> 1. 행정청이 관련 법령에 근거하여 행한 **공사중지명령의 상대방이 명령의 취소를 구한 소송**에서 패소함으로써 그 명령이 적법한 것으로 이미 확정되었다면, **이후** 이러한 공사중지명령의 상대방은 그 **명령의 해제신청을 거부한 처분의 취소를 구하는 소송**에서 그 명령의 적법성을 다툴 수 없다.
>
> 2. 그와 같은 공사중지명령에 대하여 그 명령의 상대방이 해제를 구하기 위해서는 명령의 내용 자체로 또는 성질상으로 명령 이후에 원인사유가 해소되었음이 인정되어야 한다.

전소 (공사중지명령 취소소송)	공사중지명령 해제신청	후소 (해제 거부처분 취소소송)
기각판결 = 적법유효	(당연히) 거부처분	공사중지명령 위법성 주장 ∴ 전소 기판력

---

② 시간적 범위

기판력은 **전소의 사실심변론 종결시점**을 기준으로 하여 발생한다. 따라서, 전소의 사실심변론 종결시점까지 주장할 수 있었던 내용을 후소에 이르러서야 비로소 제출한다면, 이는 전소 확정판결의 기판력에 의하여 심리 대상이 되지 않는다(=차단된다).

③ 주관적 범위

기판력은 전소의 **당사자**(그 승계인 포함)였던 원고 및 피고뿐 아니라, 당해 처분의 효과가 귀속되는 **국가 또는 공공단체**에도 미친다. 원고의 소송수행상 편의를 위하여 행정청에게 피고적격이 부여된 것일 뿐, 처분으로 인한 법적 효과의 귀속주체는 행정주체인 국가 또는 공공단체이기 때문이다.

예컨대, 과세관청을 피고로 한 과세처분 취소소송(전소)의 기각판결이 확정된 후, 국가를 피고로 하여 과세처분의 무효를 전제로 하는 부당이득반환청구소송(후소)을 제기하였다면, 전소의 기판력은 **당사자를 달리하는 후소**에도 미치게 된다.

(3) 취소소송의 기판력이 국가배상청구소송에 미치는지 여부 (99다70600)
① 기판력 미친다고 단정할 수 없음

전소 (처분 취소소송)	후소 (국가배상청구 소송)
(처분의) 위법·취소	*(직무행위의)* 위법성

어떠한 행정처분이 후에 항고소송에서 취소되었다고 할지라도 **그 기판력에 의하여** 당해 행정처분이 곧바로 공무원의 고의 또는 과실로 인한 것으로서 불법행위를 구성한다고 **단정할 수는 없는 것**이고,

② 국가배상의 위법성 요건은 별도로 검토 필요
그 행정처분의 담당공무원이 보통 일반의 공무원을 표준으로 하여 볼 때 객관적 주의의무를 결하여 그 행정처분이 객관적 정당성을 상실하였다고 인정될 정도에 이른 경우에 국가배상법 제2조 소정의 국가배상책임의 요건을 충족하였다고 봄이 상당하다.

3. 기속력

(1) 의의

> **행정소송법 제30조 【취소판결등의 기속력】**
> ① [적극적 처분: 반복금지의무] 처분등을 취소하는 확정판결은 그 사건에 관하여 당사자인 행정청과 그 밖의 관계행정청을 기속한다.
> ② [소극적 처분: 재처분의무] 판결에 의하여 취소되는 처분이 당사자의 신청을 거부하는 것을 내용으로 하는 경우에는 그 처분을 행한 행정청은 판결의 취지에 따라 다시 이전의 신청에 대한 처분을 하여야 한다.
> ③ 제2항의 규정은 신청에 따른 처분이 절차의 위법을 이유로 취소되는 경우에 준용한다.

기속력이란 소송당사자인 행정청과 관계행정청에게 인용판결의 취지에 따라 행위하여야 할 의무를 부담지우는 효력을 말한다. 쉽게 말해, 행정청 및 관계행정청으로 하여금 인용판결의 취지를 거스르지 못하도록 하는 효력이라고 이해해도 무방하다. 이는 확정판결 중에서도 인용판결에만 인정되는 효력이다. 과거의 판례(2015년 이전)는 기속력을 기판력의 일종으로 보는 듯한 입장을 취한 사례가 있었으나, 최근에 들어서는 기속력을 기판력과 명확히 구분하는 입장을 확고히 하고 있다.

> 🔍 **관련판례**
>
> 원심판결의 이유는 위법하지만 결론이 정당하다는 이유로 상고기각판결이 선고되어 원심판결이 확정된 경우 행정소송법 제30조 제2항에서 규정하고 있는 '판결의 취지'는 상고심판결의 이유와 원심판결의 결론을 의미한다(2002두2444).

(2) 적용 범위

① **객관적 범위:** 기속력은 피고가 확정된 인용판결의 취지를 거스르지 않아야 한다는 것이므로, 인용판결의 판단 대상이 된 사건과 **기본적 사실관계의 동일성**이 인정된 사안에 대해 영향을 미치게 된다.

② **시간적 범위:** 피고는 **처분시점**을 기준으로 존재하였던 법령 및 사실관계를 토대로 처분(예 1. 1.자 처분사유를 토대로 한 2. 1.자 2개월 영업정지처분)을 내렸을 것이므로, 그 이후에 새롭게 발생한 사실관계를 토대로 발령하는 처분(3. 1.자 처분사유를 토대로 한 4. 1.자 2개월 영업정지처분)은 설령 그 내용이 기존 처분과 동일하다 하더라도 기존 처분과 기본적 사실관계가 다를 수밖에 없다.

③ **주관적 범위:** 피고의 지위에 있었던 <u>행정청뿐 아니라, 그와 관계된 행정청</u>에게도 영향을 미친다. 그와 관계된 행정청이 취소된 처분을 기초로 유사한 또는 부수되는 처분을 내림으로써 기속력 위반을 잠탈할 여지가 있기 때문이다.

(3) 내용

① **반복금지의무(적극적 처분이 취소된 경우)**

☐ 반복금지의무
(1) 동일한 처분 = ① 사유 동일 + ② 내용 동일
　　Ex. 음주운전　면허취소
　　Cf. 신호위반　면허취소

(2) 동일한 처분 = ① 절차 동일 + ② 내용 동일
　　Ex. 절차흠결　면허취소
　　Cf. 절차보완　면허취소

☐ 적극적 처분 : 반복금지의무　　──① 기사동 X (객관적 범위)
　┌ 원칙 : 취소된 처분 반복금지　──② 처분 후 법령 개정 (시간적 범위)
　└ 예외 : 또 반복 ─────────③ 절차 보완 (시간적 범위)

인용판결의 확정에 의하여 처분의 취소되었음에도 이와 동일한 처분을 반복한다면 이는 판결의 취지를 존중하는 태도라고 볼 수 없다. 여기서 **동일한 처분**이라 함은 기존 처분과 내용이 동일한 처분 전부를 의미하는 것이 아니라, **기본적 사실관계의 동일성이 인정되는 처분**을 말한다.

가령, 처분의 **내용이 동일**하다 하더라도 ㉠ 기본적 사실관계의 동일성이 **없는** 다른 처분사유를 내세운 처분, ㉡ **개정**된 법령에 따른 처분, ㉢ 처분의 절차 및 형식 흠결로 인해 인용판결이 내려진 후, 위 **절차 및 형식**을 **보완**한 처분은 **기속력에 위반되지 않는다.**

② **결과제거의무(원상회복의무):** (비록 법에 명문으로 규정되어 있지는 않으나) 판결에 따라 취소되는 처분등이 이미 집행된 경우에는 당사자인 행정청과 그 밖의 관계행정청은 그 집행으로 인하여 직접 원고에게 발생한 위법한 결과를 제거하기 위하여 필요한 조치를 취할 의무가 있다. 이를 결과제거의무 또는 원상회복의무라고 한다.

③ **재처분의무(거부처분이 취소된 경우)**

거부처분이 취소된 경우, 행정청은 판결의 취지에 따라 다시 이전의 **신청에 대한 처분**을 하여야 한다. 거부처분이 위법하다는 이유로 취소되었으므로, **원칙적으로는** 판결의 취지를 존중하여 **신청에 따른 처분(즉, 인용처분)**을 하여야 할 것이나, 기속력에 위반되지 않는 **예외적인 경우에는 다시 거부처분**을 하는 것도 가능할 것이다.

다시 거부처분을 되풀이함에도 기속력에 위반되지 않는다고 보는 예외적인 사례로는 ㉠ 기본적 사실관계의 동일성이 없는 다른 처분사유를 내세운 처분, ㉡ 개정된 법령에 따른 처분, ㉢ 처분의 절차 및 형식 흠결로 인해 인용판결이 내려진 후, 위 절차 및 형식을 보완한 처분의 경우를 들 수 있다.

🔎 관련판례

1. 개정된 법령에 따라 되풀이된 거부처분 (97두22)

건축불허가처분을 취소하는 판결이 확정된 후 국토이용관리법 시행령이 준농림지역 안에서의 행위제한에 관하여 지방자치단체의 조례로써 일정 지역에서 숙박업을 영위하기 위한 시설의 설치를 제한할 수 있도록 개정된 경우, 당해 지방자치단체장이 위 처분 후에 개정된 **신법령에서 정한 사유를 들어 새로운 거부처분을 한 것이** 행정소송법 제30조 제2항 소정의 확정판결의 취지에 따라 **이전의 신청에 대한 처분을 한 경우에 해당**한다.

신청	거부처분	취소판결	재처분
건축허가 달라	*A법령:* "받아줘야 함"	판결취지: *A법령 위반*	*B법령으로 개정* : "거부해야 함" → 또 거부처분 (O)

2. 절차를 보완하여 되풀이된 거부처분 (2003두13045)

방송위원회가 중계유선방송사업자에게 한 종합유선방송사업 승인거부처분이 <u>심사의 기준시점을 경원자와 달리하여 평가한 것이 위법</u>이라는 사유로 취소하는 확정판결의 취지에 따라 **재처분 무렵을 기준으로 재심사한 결과에 따라 이루어진 재승인거부처분**도 행정소송법 제30조 제2항에 규정된 재처분에 해당한다.

신청	거부처분	취소판결	재처분
종합유선방송사업 승인해 달라	경원자: 23. 3. 1. 심사 원고: 23. 1. 1. 심사	판결취지: 심사시점 달리한 것이 위법	*둘 다 23. 12. 1.* *심사* → 또 거부처분 (○)

(4) 위반에 따른 효과

인용판결의 취지에 반하는 행정청의 후속조치는 그 하자가 중대함과 동시에 명백하므로, **무효**인 처분으로 보아야 한다(90누3560).

4. 간접강제

(1) 의의 및 성질

> **행정소송법 제34조 【거부처분취소판결의 간접강제】**
> ① 행정청이 제30조 제2항의 규정에 의한 처분을 하지 아니하는 때에는 제1심 수소법원은 당사자의 신청에 의하여 결정으로써 상당한 기간을 정하고 행정청이 그 기간 내에 이행하지 아니하는 때에는 그 지연기간에 따라 일정한 배상을 할 것을 명하거나 즉시 손해배상을 할 것을 명할 수 있다.

간접강제란 행정청이 거부처분 취소판결 확정에 따른 **재처분의무를 이행하지 않을 때** 이를 강제할 수 있는 구제수단을 말한다. **제1심 수소법원**은 당사자의 신청에 의하여 결정으로써 상당한 기간을 정하고 행정청이 그 기간 내에 이행하지 아니하는 때에는 ① 그 지연**기간에 따라 일정한 배상**을 할 것을 명하거나 ② **즉시 손해배상**을 할 것을 명할 수 있다.

> **⊙ 관련판례** 간접강제금의 성질 (2002두2444) ≒*이행강제금*
>
> 행정소송법 제34조 소정의 간접강제결정에 기한 배상금은 확정판결의 취지에 따른 재처분의 지연에 대한 제재나 손해배상이 아니고 재처분의 **이행에 관한 심리적 강제수단**에 불과한 것으로 보아야 하므로, 특별한 사정이 없는 한 간접강제결정에서 정한 **의무이행기한이 경과한 후에라도** 확정판결의 취지에 따른 **재처분의 이행이 있으면** 배상금을 추심함으로써 심리적 강제를 꾀할 목적이 상실되어 처분상대방이 **더 이상 배상금을 추심하는 것은 허용되지 않는다.**

(2) 요건

간접강제금을 부과하기 위해서는 ① 거부처분에 대한 취소판결이 확정되었음에도, ② 행정청이 재처분의무를 이행하지 않았어야 한다. 이때 재처분의무를 이행하지 않은 경우라 함은, ㉠ 현실적으로 아무런 재처분을 하지 않은 경우뿐 아니라, ㉡ **후속조치를 하였음에도 기속력에 위반되어 무효가 된 경우**를 포함한다(2002무22).

ⓒ의 사례로는, ⓐ 기본적 사실관계의 동일성이 **있는** 다른 거부사유를 내세운 처분, ⓑ 법령이 개정되었으나, **경과규정을 간과**하여 발령된 거부처분, ⓒ 처분의 절차 및 형식 흠결로 인해 인용판결이 내려진 후, 위 절차 및 형식을 **보완하지 않고** 또 다시 발령된 거부처분의 경우를 들 수 있다.

> **관련판례** 새로운 사유로 인한 거부처분은 기속력 위반× (2002무30)
>
> 토지형질변경 및 건축허가신청 반려처분의 취소판결이 확정되었음에도 확정판결의 취지에 따른 재처분을 하지 아니하여 간접강제절차가 진행 중 **새로이** 그 지역에 건축법 제12조 제2항에 따라 건축허가제한**공고를 하고** 그에 따라 다시 한 거부처분은 행정소송법 제30조 제2항 소정의 재처분에 해당한다.

(3) 인정범위

구분	취소소송	무효등확인소송	부작위위법확인소송	당사자소송
집행정지	○	○	×	×
가처분	×	×	×	○
간접강제	○	×	○	×

제3장 무효등확인소송

1 의의

> 행정소송법 제4조 【항고소송】
> 항고소송은 다음과 같이 구분한다.
> 2. 무효등 확인소송: 행정청의 처분등의 효력 유무 또는 존재 여부를 확인하는 소송

무효인 행정처분은 형식상 존재하는 것일뿐, 그 처분에 따른 법적 효력은 발생할 여지가 없다. 따라서, 누구나 언제든지 처분의 무효를 주장하는 것이 가능하다. 다만, 처분청이 해당 처분이 무효임을 인정하지 않음에 따라 마치 유효한 것과 같은 외관이 잔존하게 되므로, 부득이 법원의 확인을 받음으로써 그 외관을 제거하고자 하는 것이다.

2 무효등확인소송과 취소소송의 관계

1. 양립불가 – 택1 필요

취소소송과 무효등확인소송은 행정청의 공권력 행사에 불복하여 처분의 효력을 다툰다는 점에서 공통점이 있다.

한편, 무효등확인소송은 처분에 중대명백한 하자가 있음이 인정되어야 원고의 청구가 인용될 수 있다. 반면, 취소소송은 ① 처분에 하자가 있긴 하지만, 중대성 또는 명백성이 충족되지 않는 경우(즉, 취소사유가 있는 경우), ② 처분에 중대명백한 하자가 있는 경우(즉, 무효사유가 있는 경우) 모두 인용판결이 내려질 수 있다는 점에서 차이점이 있다.

결론적으로, 처분에 무효사유가 있는 경우 원고는 취소소송 및 무효등확인소송 중 1개 유형을 택하여 소송을 제기할 수 있다.

구분	제소기간	위법사유(하자)	판결
무효등확인소송 (& 취소소송)	×	**무효**	**인용**
		취소	기각
취소소송	○	**무효**	**인용**
		취소	

주의할 점은, 어떤 처분을 취소한다는 결론과 무효임을 확인한다는 결론이 동시에 성립할 수는 없으므로, 1개의 소송에서 처분에 대한 무효등확인청구와 취소청구를 병합하여 한 번에 청구하는 것에는 다음과 같은 일정한 제약이 따른다는 것이다.

소제기	교환적 병합 = 소변경 (A → B)	추가적 병합 (A & B)		
		단순 병합 (×)	선택적 병합 (×)	예비적 병합 (○)
무효등 확인소송	무효등확인청구 취소청구	무효등확인청구 + 취소청구	무효등확인청구 or 취소청구	무효등확인청구 ↓ 취소청구

(1) 선택적 병합 [A or B] (×)

취소청구 및 무효등확인청구 모두 인용 가능함을 전제로, 이 중 한 가지를 선택하여 인용하여 달라는 취지로 두 청구를 병합하는 것이다.

(2) 단순 병합 [A + B] (×)

두 청구 모두를 한 번에 인용하여 달라는 취지로 병합하는 것이다.

(3) 예비적 병합 [A → B] (○)

우선적으로 처분이 무효임을 확인해 줄 것을 청구하고(주위적 청구), 만약 무효사유가 확인되지 않으면 그 다음으로 처분에 취소사유가 있는지 판단하여 달라는 청구(예비적 청구❶)를 병합하는 것이다.

2. 무효인 처분에 대해 취소소송을 제기한 경우

법원은 처분에 어떤 식으로든 위법성이 있기만 하면 무효사유인지 취소사유인지를 구분할 필요 없이 취소판결(인용판결)을 내릴 수 있다.

따라서, 원고가 처분에 취소사유가 있음을 주장하며 취소소송을 제기하였는데, 객관적으로 위 처분에 취소사유를 능가하는 무효사유가 존재한다고 하더라도, 법원은 이를 특별히 언급할 필요 없이 단순히 '처분에 위법성이 있다'는 취지로 취소판결을 내리면 족하다.

단, 원고가 처음부터 처분에 무효사유가 있다고 주장하면서 취소소송을 제기한 경우 이때는 법원이 하자가 어느 정도에 해당하는지 별도로 판단을 하는 경우가 있다. 이를 '무효선언을 구하는 취소소송'이라고 한다.

> **관련판례** 소송요건 ⊂ 취소소송 (84누175)
>
> 행정처분의 당연무효를 선언하는 의미에서 그 취소를 청구하는 행정소송을 제기하는 경우에도 소원의 전치와 제소기간의 준수등 취소소송의 제소요건을 갖추어야 한다.
>
> **비교** 본안심리 ⊂ 무효등확인소송: 원고가 무효사유 입증책임 부담 (2020두46073)

3. 취소사유가 있는 처분에 대해 무효등확인소송을 제기한 경우

원고가 처분에 무효사유가 있음을 주장하며 무효등확인소송을 제기하였는데, 객관적으로 위 처분에 취소사유가 있음에 불과하다면, 법원은 기각판결을 선고하여야 한다.

그런데, 만약 원고가 위 소송에서 처음부터 무효등확인청구에 취소청구를 예비적으로 병합하였다면, 원고는 예비적 청구에 관하여 취소판결을 받을 수 있었을 것이다.

❶
취소소송이 주위적 청구가 될 수는 없음. 취소사유가 없는 것으로 판명되고 나면, 무효사유는 더더욱 존재할 여지가 없게 되기 때문

제8편 행정소송 해커스공무원 3분의 1로 줄여 쓴 김대현 행정법총론 기본서

판례는 이에 착안하여, "일반적으로 행정처분의 **무효확인을 구하는 소에는 원고**가 그 처분의 취소를 구하지 아니한다고 밝히지 아니한 이상 그 처분이 **만약 당연무효가 아니라면 그 취소를 구하는 취지도 포함**되어 있는 것"으로 보아(2015두38856), 원고의 소송이 무효등확인청구로 제기되었음에도 불구하고, 법원이 취소판결을 내릴 수 있음을 시사하고 있다.

다만, 위 법리는 어디까지나 위 <u>무효등확인소송이 취소소송으로서의 소송요건을 모두 갖추었음을 전제</u>로 적용이 가능한 것이다. 따라서, 취소소송으로서의 전치주의 또는 **제소기간 요건을 준수하지 않은 무효등확인소송에서는 취소판결이 내려질 수 없음**을 유의하여야 한다.

구분	처분시	소제기 (1)	제소기간	소제기 (2)
무효등확인소송	23. 1. 1.	–	–	–
취소소송		문제 ×	23. 3. 31.	각하
무효등확인청구 & 취소청구		23. 2. 1. ↓ 문제 ×	–	24. 4. 30. ↓ 각하 ○
			23. 3. 31.	
무효등확인소송 (& 취소소송)			–	
			23. 3. 31.	

3 소송요건

아래 내용 외에는 취소소송과 동일한 내용이 적용된다고 이해하여도 무방하다.

1. 소의 이익(= 확인의 이익) - 보충성 요구 (×)

피고의 부담금부과처분으로 인해 원고가 부담금을 납부하였는데, 위 처분이 객관적으로 무효였다고 가정해 보자. 이 상황에서 원고가 부담금을 돌려받기 위하여 택할 수 있는 소송유형은 ① 부당이득반환청구소송, ② 부담금부과처분 무효확인소송 두 가지일 것이다.

이 중 원고가 ②를 택하여 승소한다 하여도 이는 처분이 무효임을 확인하는데 그칠 뿐이므로 곧바로 부담금이 반환되는 것은 아닌 반면, ①에서 승소할 경우 판결에 의해 피고가 원고에 대하여 부담금을 반환하라는 명령이 내려지므로, 후자가 원고에게 보다 직접적인 권리구제수단이라고 볼 여지가 있다.

종전 판례는 이러한 점에 착안하여, <u>무효등확인소송보다 직접적인 권리구제수단이 존재하는 경우에는 무효등확인소송의 소의 이익(확인의 이익)을 부정</u>하는 입장에 서있었다. 이러한 무효등확인소송의 특성을 "**보충성**"이라고 한다.

그런데 한편으로는, 무효등확인판결이 확정되면 기속력이 발생하고, 이러한 기속력에 의해 피고에게는 원상회복의무(결과제거의무)가 부여된다. 즉, 무효등확인소송에서도 인용판결에 의해 피고가 원고에 대하여 부담금을 반환하라는 명령이 내려진다고 볼 수 있는 셈이다. 그렇다면, 위 ②의 무효확인소송 또한 ① 못지않게 원고에게 직접적인 권리구제수단이 된다고 볼 여지가 있다.

이에, 판례는 위와 같은 점을 고려하여 <u>무효등확인소송의 **보충성을 폐지**하기에</u> 이르렀다. 그 결과, 현재에는 ①이 가능한 경우에도 ②를 제기하거나, ②에 ①을 **병합하여 제기하는 것도 가능**하게 되었다.

🔍 관련판례 무효확인소송에서 소의 이익(보충성) (2007두6342)

1. 행정소송법 제38조 제1항에서는 <u>처분 등을 취소하는 **확정판결의 기속력 및 행정청의 재처분 의무**에 관한 행정소송법 제30조를 무효확인소송에도 준용하고 있으므로</u> **무효확인판결 자체만으로도 실효성을 확보**할 수 있다.

2. 종합하여 보면, 행정처분의 근거 법률에 의하여 보호되는 직접적이고 구체적인 이익이 있는 경우에는 행정소송법 제35조에 규정된 '무효확인을 구할 법률상 이익'이 있다고 보아야 하고, <u>이와 별도로 **무효확인소송의 보충성이 요구되는 것은 아니므로** 행정처분의 무효를 전제로 한 **이행소송 등과 같은 직접적인 구제수단이 있는지 여부를 따질 필요가 없다**</u>고 해석함이 상당하다.

	조세부과처분 무효확인청구	부당이득반환청구 (이행청구)
선결문제	SKIP ──────→	곧바로
보충성	곧바로 ←──────	SKIP

- 구 판례 : X (보충성 O)
- <u>현 판례 : O (보충성 X)</u>

---

2. 전치주의 및 제소기간 요구 (×)

필요적 전치주의 하에서도 무효등확인소송에는 전치주의 요건이 요구되지 않는다. 나아가, 제소기간 요건 또한 요구되지 않으므로, 행정심판을 거쳤다 하더라도 행정심판을 거친 경우의 제소기간 특례가 적용될 여지가 없다(Cf. 부작위위법확인소송).

4 가구제

구분	취소소송	무효등확인소송	부작위위법확인소송	당사자소송
집행정지	○	○	×	×
가처분	×	×	×	○

5 본안심리(입증책임)

처분에 중대 + 명백한 하자가 있다는 점에 대한 입증책임은 원고가 전적으로 부담한다. 이러한 연유로, 무효등확인소송의 인용률은 매우 낮다(실무적으로 제소기간을 놓친 경우 등에 한하여 제한적으로 고려되는 소송유형에 해당).

행정처분의 당연무효를 주장하여 그 무효확인을 구하는 행정소송에 있어서는 **원고에게** 그 행정처분이 **무효인 사유**를 주장·입증할 책임이 있다.

과세처분의 적법성에 대한 증명책임은 과세관청에 있는바, 위와 같이 교환·변경된 사유를 근거로 하는 처분의 적법성 또는 그러한 처분사유의 전제가 되는 사실관계에 관한 증명책임 역시 과세관청에 있고, 특히 무효확인소송에서 원고가 당초의 처분사유에 대하여 무효사유를 증명한 경우에는 **과세관청이 그처럼 교환·변경된 처분사유를 근거로 하는 처분의 적법성에 대한 증명책임을 부담**한다.

6 판결의 효력(거부처분 무효확인판결)

거부처분 무효확인판결에 의해서도 피고에게 재처분의무가 부과된다는 점이 거부처분 취소판결과 공통점이지만, 재처분의무가 불이행되는 경우에도 **간접강제가 허용되지 않는다**는 점에서는 차이점이 발생한다❶.

구분	재처분의무	간접강제
거부처분 취소판결	○	○
거부처분 무효확인판결	○	×
거부처분 취소재결	○	○
거부처분 무효확인재결	○	○

❶
따라서, 거부처분에 대해 무효확인소송을 제기하는 것은 권리구제의 실익이 낮음. 재처분의무 불이행에 대해 부작위법확인소송을 제기하여 인용판결을 받은 후, 이에 따른 재처분의무가 또다시 불이행되면 간접강제를 신청하는 대안을 생각해 볼 수 있겠으나, 매우 번거로움

제4장 부작위위법확인소송

1 의의

> 행정소송법 제2조 【정의】
> ① 이 법에서 사용하는 용어의 정의는 다음과 같다.
> 2. "부작위"라 함은 행정청이 당사자의 신청에 대하여 상당한 기간 내에 일정한 처분을 하여야 할 법률상 의무(=작위의무)가 있음에도 불구하고 이를 하지 아니하는 것을 말한다.
>
> 행정소송법 제4조 【항고소송】
> 항고소송은 다음과 같이 구분한다.
> 3. 부작위위법확인소송: 행정청의 부작위가 위법하다는 것을 확인하는 소송

부작위위법확인소송이란 행정청이 당사자의 신청에 대하여 상당한 기간 내에 일정한 처분을 하여야 할 작위의무가 있음에도 불구하고 이를 하지 않는 경우에, 이러한 부작위가 위법하다는 것을 확인하여 달라는 청구를 의미한다.

2 소송요건

1. 대상적격(부작위의 성립요건)

부작위가 성립하기 위해서는 ① 당사자가 법규상 또는 조리상의 **신청권**을 토대로 신청을 하였고, ② 행정청이 처분을 할 의무가 있음에도, ③ 상당한 기간 동안 ④ 처분을 하지 않았어야 한다.
다만, 아래의 경우에는 ④번 요건이 성립되지 **않음**을 주의하여야 한다.

(1) 거부처분이 있는 것으로 간주되는 경우(경원자 관계)

외형상으로는 처분을 하지 않은 것처럼 보여도, 실질적으로는 거부처분으로 평가되는 경우에는 이를 거부처분으로 보아 부작위위법확인소송이 아닌 취소소송 또는 무효등확인소송을 제기하여야 한다. 예컨대, 경원자관계에서 일방에 대해 인용처분을 하면서도, 타방에 대해서는 아무런 처분을 하지 않는 경우, **타방에 대한 부작위가 아닌 거부처분이 있는 것**으로 보아야 한다는 것이다.

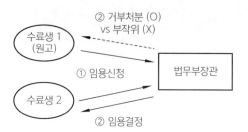

검사 지원자 중 한정된 수의 임용대상자에 대한 임용 결정은 한편으로는 그 임용대상에서 제외한 자에 대한 임용거부결정이라는 양면성을 지니는 것이므로 **임용대상자에 대한 임용의 의사표시는 동시에 임용대상에서 제외한 자에 대한 임용거부의 의사표시를 포함**한 것으로 볼 수 있고, 이러한 임용 거부의 의사 표시는 본인에게 직접 고지되지 않았다고 하여도 본인이 이를 알았거나 알 수 있었을 때에 그 효력이 발생한 것으로 보아야 한다.

(2) "처분"의 부작위가 아닌 경우

여기에서 말하는 부작위는 어디까지나 "처분"을 하지 않은 것을 의미한다. 따라서, 처분이 아닌 행위(예 검사의 압수물환부결정, 행정입법)의 부작위는 부작위위법확인소송의 대상이 되지 않는다.

관련판례 검사의 압수물환부결정의 부작위≠처분의 부작위 (94누14018)

형사본안사건에서 무죄가 선고되어 확정되었다면 형사소송법 제332조 규정에 따라 검사가 압수물을 제출자나 소유자 기타 권리자에게 환부하여야 할 의무가 당연히 발생한 것이고, 권리자의 환부신청에 대한 검사의 환부결정 등 어떤 처분에 의하여 비로소 환부의무가 발생하는 것은 아니므로 압수가 해제된 것으로 간주된 압수물에 대하여 피압수자나 기타 권리자가 민사소송으로 그 반환을 구함은 별론으로 하고 검사가 피압수자의 압수물 환부신청에 대하여 아무런 결정이나 통지도 하지 아니하고 있다고 하더라도 그와 같은 부작위는 현행 행정소송법상의 부작위위법확인소송의 대상이 되지 아니한다.

2. 원고적격 – 신청권

신청권이 있는 자라면, 대상적격뿐 아니라 원고적격까지도 동시에 충족이 된다. 거부처분 취소소송 또는 무효등확인소송에서 신청권을 대상적격의 문제로만 파악하던 것과는 차이가 있다.

3. 소의 이익(확인의 이익)

부작위위법확인소송 중 피고가 **인용 또는 거부처분을 불문**하고 어떤 식으로든 처분을 하였다면, 소의 이익이 부정되는 결과 각하판결이 내려지게 된다.

4. 제소기간(△)

부작위상태가 지속되는 이상 별도의 **제소기간 제한은 없는 것이 원칙**이다. 다만, 무효등확인소송과는 달리, 부작위위법확인소송에는 취소소송의 제소기간에 관한 규정이 준용되는데, 대법원은 이를 **행정심판을 거친 경우 제소기간의 특례가 적용**되는 것으로 해석한다.

5. 전치주의

필요적 전치주의하에서는 행정심판(의무이행심판)을 거칠 것이 소송요건이 된다.

3 가구제

구분	취소소송	무효등확인소송	부작위위법확인소송	당사자소송
집행정지	○	○	×	×
가처분	×	×	×	○

4 본안심리

1. 심리의 범위 – 부작위 해소 여부 Only

부작위위법확인소송에서는 피고가 원고의 신청에 대해 어떠한 응답도 하지 않는 상태가 해소되었는지만을 판단할 뿐, 피고가 원고에게 한 응답의 실체적 내용 즉, 그 응답이 인용처분인지 거부처분인지는 고려하지 않는다.
즉, 부작위위법확인소송은 판결시를 기준으로 그 부작위의 위법함을 확인함으로써 행정청의 응답을 신속하게 하여 부작위 내지 무응답이라고 하는 소극적인 위법상태를 제거하는 것을 목적으로 한다고 볼 수 있다.

2. 위법판단의 기준시 – 처분시(×)

부작위가 위법한지 여부를 판단하는 시점은 **판결시**(사실심 변론종결시)를 기준으로 한다. 즉, 소송의 변론이 종결될 때까지 피고가 어떤 식으로든 처분을 하였는지 여부를 심리하는 것이다.

5 판결의 종류 – 기각판결(×)

소송요건		본안심리	
충족 ○	본안심리 회부	부작위 해소	*각하판결* (소의 이익×)
		부작위 지속	*인용판결*
충족 ×	*각하판결*	–	

부작위위법확인소송의 경우, ① 소제기 당시 부작위 상태가 해소되었다면 대상적격 흠결로 **각하판결**이, ② 소제기 당시 부작위가 있었으나, 소송 도중 부작위가 해소되었다면 소의 이익 흠결로 **각하판결**이, ③ 부작위가 판결시까지 지속되는 경우에는 **인용판결**이 내려질 수 있다.

따라서, 부작위위법확인소송에서는 각하판결 또는 인용판결만이 가능할 뿐, **기각판결은 내려질 여지가 없다.**

6 판결의 효력 – 거부처분 해도 기속력 위반 ×

인용판결의 확정에 따른 기속력이 발생하는 결과, 피고에게는 원고의 신청에 대한 처분을 할 의무가 발생한다. 하지만, 위 판결의 취지는 부작위 내지 무응답이라고 하는 소극적인 위법상태를 제거하도록 하는 것에 그치는 것이므로, 판결 확정 이후 피고가 거부처분을 하였다고 하여 기속력에 위반되었다고 볼 수는 없다.

마찬가지 이유로, 위와 같은 처분의무가 이행되지 않을 경우 간접강제가 허용되기는 하나, **거부처분을 한 경우에도 처분의무를 이행한 것**이므로, 이를 기속력 위반으로 보아 간접강제를 신청할 수는 없다.

제 5 장 당사자소송

1 의의

> **행정소송법 제3조 【행정소송의 종류】**
> 행정소송은 다음의 네 가지로 구분한다.
> 2. 당사자소송: (1) 행정청의 처분등을 원인으로 하는 법률관계에 관한 소송 (2) 그 밖에 공법상의 법률관계에 관한 소송으로서 그 법률관계의 한쪽 당사자를 피고로 하는 소송

2 실질적 당사자소송

실질적 당사자소송은 그 실질이 행정소송법 제3조의 의의에 부합하는 소송을 말하며, 이는 다시 ① 행정청의 처분등을 원인으로 하는 법률관계에 관한 소송 및 ② 그 밖에 공법상의 법률관계에 관한 소송으로 구분된다.

이 중 ①은 위법한 처분 과정에서 발생한 손해와 관련된 국가배상청구, 위법한 금전부과처분을 전제로 하는 부당이득반환청구 등과 대응되나, 판례는 이를 민사소송으로 다루고 있어 실무적으로는 그 사례를 찾아보기 힘든 유형에 해당한다. 이하에서는 ② 유형을 위주로 설명한다.

1. 공법상의 금전(₩)지급청구소송(이행소송)

세금 관련 법률관계
1. 조세부과처분: 항고소송 "조세채무관계"
2. 과오납금반환청구: 민사 "부당이득반환"
3. VAT 환급세액 반환청구: 당사자

민사소송	일부	예 국가배상청구, 조세과오납금 반환청구 (과징금 반환청구)	
당사자소송	나머지 [A]	**공무원 퇴직 관련**	
		① 최초 지급신청 : 거부처분 항고소송 [B]	② 받다가 감액 : 곧바로 당사자소송 [C] (Keyword: "법령 개정" "미지급", "차액", "감액")

> 🔍 **예외판례** 위 도표의 예외 (97다42250)
>
> <u>진료기관의 보호기관에 대한 진료비지급청구권</u>은 계약 등의 법률관계에 의하여 발생하는 사법상의 권리가 아니라 법에 의하여 정책적으로 특별히 인정되는 공법상의 권리라고 할 것이고, 법령의 요건에 해당하는 것만으로 바로 구체적인 진료비지급청구권이 발생하는 것이 아니라 <u>보호기관의 심사결정에 의하여 비로소 구체적인 청구권이 발생</u>한다고 할 것이므로, 진료기관은 법령이 규정한 요건에 해당하여 진료비를 지급받을 추상적인 권리가 있다 하더라도 **진료기관의 보호비용 청구에 대하여 보호기관이 심사 결과 지급을 거부한 경우**에는 곧바로 **민사소송은 물론 공법상 당사자소송으로도 지급 청구를 할 수는 없고,** 지급거부 결정의 취소를 구하는 항고소송을 제기하는 방법으로 구제받을 수밖에 없다.

🔍 관련판례 [/1] 유형: 당사자소송

1. 하천 편입에 따른 손실보상청구 (2004다6207)

손실보상청구권은 1984. 12. 31. 전에 **토지가 하천구역으로 된 경우에는 당연히 발생**되는 것이지, 관리청의 보상금지급결정에 의하여 비로소 발생하는 것은 아니다.

2. 재해위로금의 지급청구 (98두12598)

① 피재근로자가 석탄산업합리화사업단에 대하여 가지는 재해위로금의 지급청구권은 위 규정이 정하는 지급요건이 충족되면 당연히 발생함과 아울러 그 금액도 확정되는 것이지 위 사업단의 지급결정 여부에 의하여 그 청구권의 발생이나 금액이 좌우되는 것이 아니므로,
② 위 사업단이 표시한 재해위로금 지급거부의 의사표시에 불복이 있는 경우에는 위 사업단을 상대로 그 지급거부의 의사표시에 대한 항고소송을 제기하여야 하는 것이 아니라 직접 공법상의 당사자소송을 제기하여야 한다.

3. 지방소방공무원의 초과근무수당 지급청구 (2012다102629)

지방소방공무원의 초과근무수당 지급청구권은 법령에 규정된 수당의 지급요건에 해당하는 경우에는 곧바로 발생한다고 할 것이다.

4. 공무원의 연가보상비 지급청구 (97누10857) *(퇴직 X 주의)*

공무원의 연가보상비청구권은 공무원이 연가를 실시하지 아니하는 등 법령상 정해진 요건이 충족되면 그 자체만으로 지급기준일 또는 보수지급기관의 장이 정한 지급일에 구체적으로 발생하고 행정청의 지급결정에 의하여 비로소 발생하는 것은 아니라고 할 것이므로, 행정청이 공무원에게 연가보상비를 지급하지 아니한 행위로 인하여 공무원의 연가보상비청구권 등 법률상 지위에 아무런 영향을 미친다고 할 수는 없으므로 행정청의 연가보상비 부지급 행위는 항고소송의 대상이 되는 처분이라고 볼 수 없다.

5. 금전(₩)지급청구이므로 적정 금액까지 심리 필요 (2017두46455)

민간투자사업 실시협약을 체결한 당사자가 공법상 당사자소송에 의하여 그 실시협약에 따른 재정지원금의 지급을 구하는 경우에, 수소법원은 단순히 주무관청이 재정지원금액을 산정한 절차 등에 위법이 있는지 여부를 심사하는 데 그쳐서는 아니 되고, 실시협약에 따른 적정한 재정지원금액(₩)이 얼마인지를 구체적으로 심리·판단하여야 한다.

6. 판례 비교

"광주" 민주화운동관련자의 보상금 지급청구 (92누3335)	민주화운동관련자의 보상금 지급청구 (2005두16185)
① 광주 민주화 운동 관련자 보상 등에 관한 법률 제15조 본문의 규정에서 말하는 **광주 민주화운동**관련자 보상심의위원회의 결정은 취소소송의 대상이 되는 행정처분이라고 할 수 없다. ② 위 법률에 따른 보상금의 지급을 구하는 소송은 행정소송법 제3조 제2호 소정의 **당사자소송**에 의하여야 할 것이며 보상금 등의 지급에 관한 **법률관계의 주체는 대한민국**이다.	① '민주화운동관련자 명예회복 및 보상 등에 관한 법률'의 관련 규정들만으로는 바로 법상의 보상금 등의 지급 대상자가 확정된다고 볼 수 없고, '민주화운동관련자 명예회복 및 보상 심의위원회'에서 심의·결정을 받아야만 비로소 보상금 등의 지급 대상자로 확정될 수 있다. ② 따라서 그와 같은 심의위원회의 결정은 국민의 권리의무에 직접 영향을 미치는 행정처분에 해당하므로, 보상금 등의 지급을 기각하는 결정을 한 경우에는 신청인은 **심의위원회를 상대로 그 결정의 취소를 구하는 (항고)소송을 제기**하여 보상금 등의 지급대상자가 될 수 있다.

관련판례 지자체의 보조금 반환청구 (2011다2951)

1. 피고의 원고에 대한 **보조금 반환의무**는 행정처분인 이 사건 보조금 지급결정에 부가된 부관상 의무이고, 이러한 부관상 의무는 피고가 원고에게 부담하는 공법상 의무이다.

2. 따라서 원고의 피고에 대한 이 사건 청구는 공법상 권리관계의 일방 당사자를 상대로 하여 공법상의 의무이행을 구하는 청구로서 행정소송법 제3조 제2호에서 규정한 **당사자소송의 대상**에 해당한다.

관련판례 [B] 유형: 거부처분 항고소송 vs [C] 유형: 곧바로 당사자소송

1. 판례 비교

명예퇴직수당 지급청구 [B] (2013두14863)	[C] 법관이 이미 수령한 수당액이 위 규정에서
명예퇴직수당은 명예퇴직수당 지급신청자 중에서 일정한 심사를 거쳐 피고가 명예퇴직수당 지급대상자로 결정한 경우에 비로소 지급될 수 있지만,	정한 정당한 명예퇴직수당액에 미치지 못한다고 주장하며 차액의 지급을 신청함에 대하여 법원행정처장이 거부하는 의사를 표시했더라도, 그 의사표시는 명예퇴직수당액을 형성·확정하는 행정처분이 아니라 공법상의 법률관계의 한쪽 당사자로서 지급의무의 존부 및 범위에 관하여 자신의 의견을 밝힌 것에 불과하므로 행정처분으로 볼 수 없다. 결국 명예퇴직한 법관이 미지급 명예퇴직수당액의 지급을 구하는 소송은 행정소송법의 당사자소송에 해당한다.

- 법원조직법 : 대법원장이 하는 처분 → 법원행정처장

판사 퇴직자 ──① 명퇴수당 대상자 선정 신청──→ 대법원장 (X)
판사 퇴직자 ←──② 선정 거부처분 – 통지 By── 법원행정처장 (O)

Cf. 선정은 됐는데, 금액(₩)이 불만 → 당사자소송/피고 : 국가

판사 퇴직자 ──행정청 대법원장 (X) 법원행정처장(X)──→ 행정주체 국가(O)

2. **[B] 공무원연금 지급청구 (2008두5636)**

① 구 공무원연금법에 의한 퇴직수당 등의 급여를 받을 권리는 법령의 규정에 의하여 직접 발생하는 것이 아니라 위와 같은 급여를 받으려고 하는 자가 소속하였던 기관장의 확인을 얻어 신청함에 따라 공무원연금관리공단이 그 지급결정을 함으로써 구체적인 권리가 발생한다.

② 따라서 구 공무원연금법령상 급여를 받으려고 하는 자는 [B] 우선 관계 법령에 따라 공단에 급여지급을 신청하여 공무원연금관리공단이 이를 거부하거나 일부 금액만 인정하는 급여지급결정을 하는 경우 그 결정을 대상으로 항고소송을 제기하는 등으로 구체적 권리를 인정받은 다음 [C] 비로소 당사자소송으로 그 급여의 지급을 구하여야 하고, 구체적인 권리가 발생하지 않은 상태에서 곧바로 공무원연금관리공단 등을 상대로 한 당사자소송으로 급여의 지급을 소구하는 것은 허용되지 않는다.

3. 판례 비교

[B] 군인연금 지급청구 (2002두3522)	[C] 국방부장관의 인정에 의하여 퇴역연금을
① 구 군인연금법과 같은 법 시행령의 관계 규정을 종합하면, 같은 법에 의한 퇴역연금 등의 급여를 받을 권리는 법령의 규정에 의하여 직접 발생하는 것이 아니라 각 군 참모총장의 확인을 거쳐 국방부장관이 인정함으로써 비로소 구체적인 권리가 발생하고,	지급받아 오던 중 군인보수법 및 공무원보수규정에 의한 호봉이나 봉급액의 개정 등으로 퇴역연금액이 변경된 경우에는 법령의 개정에 따라 당연히 개정규정에 따른 퇴역연금액이 확정되는 것이지 구 군인연금법 제18조 제1항 및 제2항에 정해진 국방부장관의 퇴역연금액 결정과 통지에 의하여 비로소 그 금액이 확정되는 것이 아니므로,
② 위와 같은 급여를 받으려고 하는 자는 [B] 우선 관계 법령에 따라 국방부장관에게 그 권리의 인정을 청구하여 국방부장관이 그 인정 청구를 거부하거나 청구 중의 일부만을 인정하는 처분을 하는 경우 그 처분을 대상으로 항고소송을 제기하는 등으로 구체적 권리를 인정받은 다음 [C] 비로소 당사자소송으로 그 급여의 지급을 구하여야 할 것이고, 구체적인 권리가 발생하지 않은 상태에서 곧바로 국가를 상대로 한 당사자소송으로 그 권리의 확인이나 급여의 지급을 소구하는 것은 허용되지 아니한다.	법령의 개정에 따른 국방부장관의 퇴역연금액 감액조치에 대하여 이의가 있는 퇴역연금수급권자는 항고소송을 제기하는 방법으로 감액조치의 효력을 다툴 것이 아니라 직접 국가를 상대로 정당한 퇴역연금액과 결정, 통지된 퇴역연금액과의 차액의 지급을 구하는 공법상 당사자소송을 제기하는 방법으로 다툴 수 있다.

4. [B] 군인 유족의 유족연금 지급청구 (사망ㄱ퇴직) (2018두46780)

① 선순위 유족이 유족연금수급권을 상실함에 따라 동순위 또는 차순위 유족이 상실 시점에서 유족연금수급권을 법률상 이전받더라도 동순위 또는 차순위 유족은 구 군인연금법 시행령 제56조에서 정한 바에 따라 국방부장관에게 '유족연금수급권 이전 청구서'를 제출하여 심사·판단받는 절차를 거쳐야 비로소 유족연금을 수령할 수 있게 된다.

② 이에 관한 국방부장관의 결정은 선순위 유족의 수급권 상실로 청구인에게 유족연금수급권 이전이라는 법률효과가 발생하였는지를 '확인'하는 행정행위에 해당하므로, 항고소송의 대상인 처분에 해당한다고 보아야 한다.

③ 그러므로 만약 국방부장관이 거부결정을 하는 경우 그 거부결정을 대상으로 항고소송을 제기하는 방식으로 불복하여야 하고, 청구인이 정당한 유족연금수급권자라는 국방부장관의 심사·확인 결정 없이 곧바로 국가를 상대로 한 당사자소송으로 그 권리의 확인이나 유족연금의 지급을 소구할 수 없다.

2. 공법상 계약 관련 소송(확인소송)

주로 계약직공무원의 채용계약 해지와 관련된 "계약해지 무효확인소송"이 이에 해당한다(공법상 계약 파트 참조).

3. 공법상의 권리 및 의무 등에 대한 확인소송(확인소송)

공법상의 권리 및 의무, 지위 및 신분, 권한 등에 대한 확인청구가 이에 해당한다. 주로 민사소송과의 구분이 문제된다.

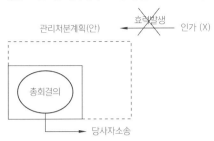

관련판례 재건축조합의 총회결의 무효확인소송

1. 관리처분계획(안)에 대한 조합 총회결의의 효력 등을 다투는 소송 (2007다2428)

도시 및 주거환경정비법상 행정주체인 주택재건축정비사업조합을 상대로 <u>관리처분계획안에 대한 **조합 총회결의의 효력 등을 다투는 소송**은 행정처분에 이르는 절차적 요건의 존부나 효력 유무에 관한 소송으로서 그 소송결과에 따라 행정처분의 위법 여부에 직접 영향을 미치는</u> <u>공법상 법률관계에 관한 것이므로, 이는 행정소송법상의 **당사자소송**에 해당한다.</u>

2. 조합 총회결의의 하자를 이유로 관리처분계획을 다투는 소송 (2007다2428)

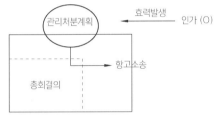

도시 및 주거환경정비법상 주택재건축정비사업조합이 같은 법 제48조에 따라 수립한 관리처분계획에 대하여 관할 행정청의 <u>인가·고시까지 있게 되면 관리처분계획은 행정처분으로서 효력이 발생하게 되므로,</u>

총회결의의 하자를 이유로 하여 행정처분의 효력을 다투는 항고소송의 방법으로 관리처분계획의 취소 또는 무효확인을 구하여야 하고, 그와 별도로 행정처분에 이르는 절차적 요건 중 하나에 불과한 총회결의 부분만을 따로 떼어내어 효력 유무를 다투는 확인의 소를 제기하는 것은 특별한 사정이 없는 한 허용되지 않는다.

관련판례 공법상 권리 존재 확인소송 – 조세채권존재 확인소송(국가 → 국민) (2017두41771)

국가 등 과세주체가 당해 확정된 조세채권의 소멸시효 중단을 위하여 납세의무자를 상대로 제기한 조세채권존재확인의 소는 공법상 당사자소송에 해당한다.

관련판례 공법상 의무 부존재 확인소송

1. 납세의무 부존재 확인소송 (99두2765)

납세의무부존재확인의 소는 공법상의 법률관계 그 자체를 다투는 소송으로서 당사자소송이라 할 것이므로 행정소송법 제3조 제2호, 제39조에 의하여 그 법률관계의 한쪽 당사자인 국가·공공단체 그 밖의 권리주체가 피고적격을 가진다.

2. 고용·산재보험료납부의무 부존재 확인소송 (2016다221658)

사업주가 당연가입자가 되는 고용보험 및 산재보험에서 보험료 납부의무 부존재확인의 소는 공법상의 법률관계 자체를 다투는 소송으로서 공법상 당사자소송이다.

3. KBS의 수신료징수권한 부존재 확인소송 (2007다25261)

수신료 부과행위는 공권력의 행사에 해당하므로, 피고가 피고 보조참가인으로부터 수신료의 징수업무를 위탁받아 자신의 고유업무와 관련된 고지행위와 결합하여 수신료를 징수할 권한이 있는지 여부를 다투는 이 사건 쟁송은 민사소송이 아니라 공법상의 법률관계를 대상으로 하는 것으로서 행정소송법 제3조 제2호에 규정된 당사자소송에 의하여야 한다고 봄이 상당하다.

🔍 관련판례 공법상 지위 확인소송

1. 훈장 수여자 확인소송 (90누4440)

국가의 훈기부상 화랑무공훈장을 수여받은 것으로 기재되어 있는 원고가 태극무공훈장을 수여받은 자임을 확인하라는 이 소 청구는, 이러한 확인을 구하는 취지가 국가유공자로서의 보상 등 예우를 받는 데에 필요한 훈격을 확인받기 위한 것이더라도, 항고소송이 아니라 공법상의 법률관계에 관한 당사자소송에 속하는 것이므로 행정소송법 제30조의 규정에 의하여 국가를 피고로 하여야 할 것이다.

2. 판례 비교

재개발조합 조합"장", "임원"의 지위확인 → 민사소송 (2009마168)	재개발조합 조합"원"의 지위확인 → 당사자소송 (94다31235)
재개발조합과 조합장 또는 조합임원 사이의 선임·해임 등을 둘러싼 법률관계는 사법상의 법률관계로서 그 **조합장 또는 조합임원의 지위를 다투는 소송은 민사소송**에 의하여야 할 것이다.	조합을 상대로 한 쟁송에 있어서 강제가입제를 특색으로 한 **조합원**의 자격 인정 여부에 관하여 다툼이 있는 경우에는 그 단계에서는 아직 조합의 어떠한 처분 등이 개입될 여지는 없으므로 공법상의 **당사자소송에 의하여 그 조합원 자격의 확인을 구할 수 있다.**

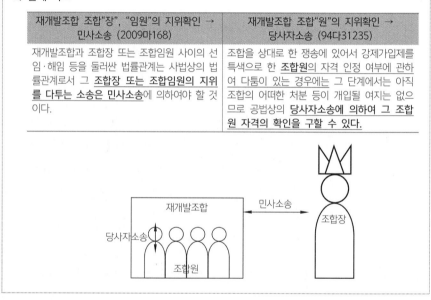

---

3 형식적 당사자소송

실질은 처분등(처분＋재결)의 내용을 다툰다는 점에서 항고소송에 해당하나, 그 대신 처분등에 의하여 형성된 법률관계에 대하여 당사자소송이라는 형식으로 제기되는 소송을 형식적 당사자소송이라고 한다. 이는 개별 법률에 별도의 규정이 있는 경우에 한하여 인정되는 예외적인 소송유형이다.

토지보상법에서 사업시행자 또는 토지소유자가 보상금액의 규모에 대해 불만이 있는 경우, 수용재결 또는 이의재결 그 자체에 대해 항고소송을 제기하는 것이 아니라, 수용재결 또는 이의재결에 의하여 형성된 보상금 관련 법률관계에 대하여 상호간에 보상금증액청구소송을 제기하도록 하는 것이 대표적인 사례에 해당한다.

4 소송요건

1. 대상적격 – 처분등(×)

처분등이 아닌, 이를 원인으로 하는 법률관계 등을 대상으로 한다.

2. 소의 이익 – 확인소송의 보충성(○)

당사자소송은 이행소송 또는 확인소송의 형태로 제기될 수 있는데, 확인소송의 경우 무효등확인소송과 달리 보충성이 요구된다는 점이 특이사항에 해당한다.

3. 피고적격 – 행정주체/객체(○), 행정청(×)

본래 소송의 원피고는 법률관계의 한쪽 당사자가 되어야 하지만, 항고소송에서만큼은 원고의 소송수행상 편의를 위하여 처분을 행한 행정청에게 피고적격을 부여하고 있다.

이에 반해, 당사자소송에서는 원칙으로 돌아가 법률관계의 한쪽 당사자인 "국가·공공단체 그 밖의 권리주체"에게 피고적격을 부여하고 있다. 이는 주로 국가, 지방자치단체 등의 행정주체를 의미한다 할 것이나, 토지보상법에 따른 보상금증감소송에서처럼 행정객체인 토지소유자가 피고적격을 부여받는 경우도 있음을 숙지할 필요가 있다.

4. 제소기간 및 전치주의(×)

두 요건 모두 당사자소송에는 적용되지 않는 것이 원칙이다. 다만, 개별법에 달리 정함이 있는 경우는 예외로 한다(예 토지보상법상 보상금증감청구).

5 가구제

구분	취소소송	무효등확인소송	부작위위법확인소송	당사자소송
집행정지	○	○	×	×
가처분	×	×	×	○

6 가집행선고 – 국가가 피고인 경우에도 허용

> **관련판례** 국가가 피고인 경우 – 가집행 허용 (2020헌가12)
>
> 집행가능성 여부에 있어서도 국가와 지방자치단체 등이 실질적인 차이가 있다고 보기 어렵다는 점에서, 심판대상조항은 국가가 당사자소송의 피고인 경우 가집행의 선고를 제한하여, 국가가 아닌 공공단체 그 밖의 권리주체가 피고인 경우에 비하여 합리적인 이유 없이 차별하고 있으므로 평등원칙에 반한다.

해커스공무원 학원·인강
gosi.Hackers.com

제 9 편

행정심판

1 행정행위에 대한 불복수단

국민의 입장에서 도저히 수용하기 어려운 처분(또는 부작위)를 맞닥뜨렸다고 가정해 보자. 이를 다투는 방법은 크게 다음 세 가지이다

1. 이의신청

처분을 한 행정청(이하 '**처분청**')에 대하여, <u>스스로 그 행위의 시정할 것을 구하</u>는 절차이다.

2. 행정심판

처분청의 상급청 소속 <u>행정심판위원회에 대하여</u>, 처분청의 행위를 <u>재결로써 시정</u>하여 줄 것을 구하는 절차이다.

3. 행정소송

<u>법원에 대하여</u>, 처분청의 행위 또는 행정심판의 재결을 <u>판결로써 시정</u>하여 줄 것을 구하는 절차이다.

원칙적으로 <u>이의신청과 행정심판은 거쳐도 그만, 안 거쳐도 그만인 임의적 절차</u>이다. 이 때문에 행정소송까지 나아가기 위해서는 다음과 같이 다양한 경우의 수가 생겨나곤 한다.

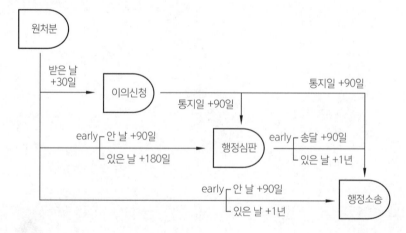

2 이의신청과의 비교

1. 의의

> **행정기본법 제36조【처분에 대한 이의신청】[시행일 2023.3.24]**
> ① 행정청의 처분(행정심판법 제3조에 따라 같은 법에 따른 행정심판의 대상이 되는 처분을 말한다. 이하 이 조에서 같다)에 이의가 있는 당사자는 처분을 받은 날부터 30일 이내에 해당 행정청에 이의신청을 할 수 있다.
> ② 행정청은 제1항에 따른 이의신청을 받으면 그 신청을 받은 날부터 14일 이내에 그 이의신청에 대한 결과를 신청인에게 통지하여야 한다. 다만, 부득이한 사유로 14일 이내에 통지할 수 없는 경우에는 그 기간을 만료일 다음 날부터 기산하여 10일의 범위에서 한 차례 연장할 수 있으며, 연장 사유를 신청인에게 통지하여야 한다.
> ③ 제1항에 따라 이의신청을 한 경우에도 그 **이의신청과 관계없이** 행정심판법에 따른 행정심판 또는 행정소송법에 따른 행정소송을 제기할 수 있다.
> ④ 이의신청에 대한 결과를 통지받은 후 행정심판 또는 행정소송을 제기하려는 자는 그 결과를 통지받은 날(제2항에 따른 통지기간 내에 결과를 통지받지 못한 경우에는 같은 항에 따른 통지기간이 만료되는 날의 다음 날을 말한다)부터 90일 이내에 행정심판 또는 행정소송을 제기할 수 있다.
> ⑤ 다른 법률에서 이의신청과 이에 준하는 절차에 대하여 정하고 있는 경우에도 그 법률에서 규정하지 아니한 사항에 관하여는 이 조에서 정하는 바에 따른다.
> ⑥ 제1항부터 제5항까지에서 규정한 사항 외에 이의신청의 방법 및 절차 등에 관한 사항은 대통령령으로 정한다.
> ⑦ 다음 각 호의 어느 하나에 해당하는 사항에 관하여는 이 조를 적용하지 아니한다.
> 1. 공무원 인사 관계 법령에 따른 징계 등 처분에 관한 사항
> 2. 국가인권위원회법 제30조에 따른 진정에 대한 국가인권위원회의 결정
> 3. 노동위원회법 제2조의2에 따라 노동위원회의 의결을 거쳐 행하는 사항
> 4. 형사, 행형 및 보안처분 관계 법령에 따라 행하는 사항
> 5. 외국인의 출입국·난민인정·귀화·국적회복에 관한 사항
> 6. 과태료 부과 및 징수에 관한 사항

2. 이의신청과 행정심판의 구분

(1) 구별기준

① **심판기관의 차이:** 이의신청은 처분청, 행정심판은 상급 행정청 소속 행정심판위원회가 심판기관이 되곤 한다. 다만, 개별법에 다른 정함이 있는 경우에는 이에 따른다.

② **사법절차의 준용 여부**

행정심판의 절차는 법률로 정하되, 사법절차가 준용되어야 한다(헌법 제107조 제3항). 이에 따라, 행정심판은 마치 법원의 재판과 같이 ㉠ 판단기관의 독립성과 공정성, ㉡ 대심적 심리구조, ㉢ 당사자의 절차적 권리 보장과 같은 사법절차가 준용된다.

이에 반해, 이의신청에는 사법절차가 준용되지 않는다.

❶

난민법 제21조 (이의신청)
　② 제1항에 따른 <u>이의신청을 한 경우에는 행정심판법에 따른 행정심판을 청구할 수 없다.</u>

❷

지방자치법 제157조 (사용료 등의 부과·징수, 이의신청)
　② 사용료·수수료 또는 분담금의 부과나 징수에 대하여 이의가 있는 자는 그 처분을 통지받은 날부터 90일 이내에 그 지방자치단체의 장에게 <u>이의신청</u>할 수 있다.
　③ 지방자치단체의 장은 제2항의 <u>이의신청을 받은 날부터 60일 이내에 결정을 하</u>여 알려야 한다.
　④ 사용료·수수료 또는 분담금의 부과나 징수에 대하여 행정소송을 제기하려면 제3항에 따른 결정을 통지받은 날부터 90일 이내에 처분청을 당사자로 하여 <u>소를 제기하여야 한다.</u>

(2) 구별실익

① 이의신청을 거친 후 다시 행정심판 제기할 수 있는지 여부

"이의신청"으로 규정된 절차가 실질적으로도 "이의신청"에 해당하는 일반적인 경우라면, 이의신청을 선택적으로 거친 후 행정심판으로 나아갈 수 있다. 단, 난민법❶ 등❷이 적용되는 사안 같은 예외적인 경우라면 <u>의의신청을 거친 후 행정심판으로 나아갈 수 없다.</u>

한편, 행정심판청구에 대한 재결이 내려진 이상, 그 재결 및 같은 처분 또는 부작위에 대하여 다시 행정심판을 청구할 수는 없다(이른바 '**행정심판 재청구 금지의 원칙**'; 행정심판법 제51조).

따라서, 만약 개별법에 "이의신청"이라고 규정된 절차가 실질적으로는 "행정심판"이라면, 이의신청을 거친 후 다시 행정심판으로 나아갈 수 없다. 예컨대, 공익사업을 위한 토지 등의 취득 및 보상에 관한 법률(이하 '**토지보상법**')상의 이의신청은 특별행정심판이므로, 위 절차가 있은 뒤 행정심판을 청구하는 것은 행정심판 재청구 금지 원칙에 위배되어 각하된다.

② 제소기간의 특례규정

행정심판을 거친 경우라면, ㉠ 재결서의 정본을 송달받은 날로부터 90일, ㉡ 재결이 있은 날로부터 1년 중 이른 날에 제소기간이 만료된다.

만약 <u>이의신청을 거친 경우라면, 그 결과를 통지받은 날로부터 90일이 되는 날에 행정심판 또는 행정소송을 제기할 수 있는 기간이 만료된다.</u>

> **🔍 관련판례** 국민고충처리절차를 거쳤어도 제소기간 특례 적용 × (95누5332)
>
> 국민고충처리제도는 국무총리 소속하에 설치된 국민고충처리위원회로 하여금 행정과 관련된 국민의 고충민원을 상담·조사하여 행정기관의 처분 등이 위법·부당하다고 인정할 만한 상당한 이유가 있는 경우에 관계 행정기관의 장에게 적절한 시정조치를 권고하도록 함으로써 국민의 불편과 부담을 시정하기 위한 제도로서 행정심판법에 의한 **행정심판** 내지 다른 특별법에 따른 **이의신청**, 심사청구, 재결의 신청 등의 불복구제절차와는 제도의 취지나 성격을 **달리하고 있으므로** 국민고충처리위원회에 대한 고충민원의 신청이 행정소송의 전치절차로서 요구되는 행정심판청구에 해당하는 것으로 볼 수는 없다.

---

③ 처분사유의 추가·변경의 허용 기준

행정심판은 행정소송과 마찬가지로 당초의 처분사유와 <u>기본적 사실관계의 동일성이 인정되는 경우에만</u> 처분사유의 추가·변경이 허용된다.

반면, <u>이의신청의 경우에는 기본적 사실관계의 동일성이 **인정되지 않더라도**</u> 처분사유의 추가·변경이 허용된다.

> **🔍 관련판례** 이의신청 단계는 기본적 사실관계의 동일성 요구 × (2012두3859)
>
> 처분청이 스스로 당해 처분의 적법성과 합목적성을 확보하고자 행하는 자신의 **내부 시정절차**(*＝이의신청*)에서는 당초처분의 근거로 삼은 사유와 **기본적 사실관계의 동일성이 인정되지 않는** 사유라고 하더라도 이를 처분의 적법성과 합목적성을 뒷받침하는 처분사유로 추가·변경할 수 있다.

---

3 행정심판의 기능

> **행정심판법 제1조 【목적】**
> 이 법은 행정심판 절차를 통하여 행정청의 <u>위법 또는 **부당**</u>한 처분이나 부작위로 침해된 국민의 권리 또는 이익을 구제하고, 아울러 행정의 적정한 운영을 꾀함을 목적으로 한다.

행정심판은 행정소송과 달리, 처분의 위법성뿐 아니라 <u>부당성 여부도 심사가 가능</u>하다. 예컨대, 행정청에게 1년 이내의 기간을 정하여 영업정지 처분을 할 수 있는 재량이 있고, 통상적으로 1회 의무 위반시 3개월의 영업정지 처분을 하는 것이 관행임에도 3.1개월의 처분이 발령된 경우라면, 이는 적법하지만 부당한 처분이라고 볼 수 있다. 이때, 행정심판위원회는 처분의 부당성을 문제 삼는 재결을 내릴 수 있다.

보다 구체적으로, 위 사례에서 행정심판위원회는 재량권 행사의 부당성을 문제 삼아 3.1개월 중 0.1개월을 일부취소하는 재결을 내릴 수 있는바, <u>이는 행정소송에서 법원이 재량행위를 일부취소할 수 없는 점과 대조적이다.</u>

제2장 행정심판의 구체적인 내용

4 행정심판의 종류

1. 일반행정심판

"행정심판법에 근거한" 행정심판 제도를 의미한다. 행정소송과의 주된 차이점은 소극적 처분 및 부작위에 대하여 행정청에 적극적으로 일정한 처분을 하도록 하는 의무이행심판이 가능하다는 것이고, 행정소송의 부작위위법확인소송 및 당사자소송에 대응되는 부작위위법확인심판 및 당사자심판이 없다는 점이다.

행정작용	청구 가능한 심판		가구제
적극적 처분	취소심판 무효등확인심판		집행정지
소극적 처분 (거부처분)	**의무이행심판**	취소심판 무효등확인심판	임시처분
부작위		(−)	

2. 특별행정심판

> **행정심판법 제4조 【특별행정심판 등】**
> ① 사안의 전문성과 특수성을 살리기 위하여 특히 필요한 경우 외에는 이 법에 따른 행정심판을 갈음하는 특별한 행정불복절차(이하 "특별행정심판"이라 한다)나 이 법에 따른 행정심판 절차에 대한 특례를 다른 법률로 정할 수 없다.
> ② 다른 법률에서 특별행정심판이나 이 법에 따른 행정심판 절차에 대한 특례를 정한 경우에도 그 법률에서 규정하지 아니한 사항에 관하여는 이 법에서 정하는 바에 따른다.

행정심판법이 아닌 개별법에 근거하여 토지수용위원회, 소청심사위원회, 조세심판원, 노동위원회 등이 주관하는 행정심판을 의미한다. 일반적으로 "행정심판"이라고 하면 일반행정심판뿐 아니라 특별행정심판까지를 포함한다.

5 행정심판위원회

1. 종류

처분 또는 부작위에 대한 행정심판의 청구를 심리·재결하는 합의제 행정청을 의미한다. 어떠한 행정청의 처분 또는 부작위에 대해 불복하느냐에 따라 이를 심리·재결하는 행정심판위원회가 다음과 같이 달라진다(행정심판법 제6조).

(1) 아래 각 처분청(독립기관) 소속의 행정심판위원회

① 감사원, 국가정보원장, 대통령비서실/경호처장, 국가안보실상, 방송통신위원회

② 국회사무총장, 법원행정처장, 헌법재판소사무처장, 중앙선거관리위원회 사무총장

③ 국가인권위원회, 고위공직자범죄수사처장

(2) 국민권익위원회 산하 중앙행정심판위원회

① 위 (1) 외 <u>국가행정기관의 장❶</u> 또는 그 소속 행정청

② <u>광역자치단체의 장❷</u> / 교육감 / 의회

③ 지방자치단체조합 등 공동 설립 행정청 (아래 (3) ③ 제외)

(3) 광역자치단체장 및 교육감 소속 행정심판위원회❸

① 광역자치단체 소속 행정청

② 광역자치단체 관할 내 <u>시·군·자치구의 장❹</u>, 소속 행정청, 시·군·자치구 의회

③ 광역자치단체 관할 내 공동 설립 행정청

❶
예 법무부장관

❷
예 특별시장(서울)·광역시장(대전)·특별자치시장(세종)·도지사(경기)·특별자치도지사(제주)

❸
예 경기도 행정심판위원회, 경기도교육청 행정심판위원회

❹
예 성남시장, 하동군수, 서초구청장

중요한 것은 행정심판이 단심제라는 점이다. 즉, **위 열거된 곳 어느 한 군데에서라도 행정심판을 거쳤다면**, 행정심판 단계의 불복은 그대로 끝인 것이므로 **이제는 행정소송으로** 나아갈 수밖에 없다. 예컨대, 경기도 행정심판위원회(③)에서 행정심판을 거친 이후에는 중앙행정심판위원회(②) 등에 행정심판을 청구할 것이 아니라(행정심판 재청구 금지 원칙), 행정소송을 제기하여야 하는 것이다.

2. 구성(행정심판법 제7조, 제8조)

구분	전체 구성				회의 구성 및 의결방법	
	위원장	상임위원	비상임위원	계	위원장 + 상임위원 + 비상임위원 = 9	
중앙	1	Max 4	n	Max 70	의결	과반수 출석 / 과반수 찬성
	위원장	위원		계	위원장 + 위원 = 8	
일반	1	n		Max 50	의결	과반수 출석 / 과반수 찬성

6 제척/기피/회피 제도

행정심판위원회의 심판위원 중 한 명이 청구인의 배우자라는 등의 사유가 있다면 심판의 공정성이 저해될 가능성이 매우 높을 것이다. 이와 같이 <u>위원회의 구성에 불공정성을 의심할만한 사유가 있는 경우</u>, 우리 행정심판법은 아래와 같은 제도를 통해 <u>해당 위원을 심판에서 배제</u>할 수 있도록 하고 있는바, 이를 제척/기피/회피 제도라고 한다(행정심판법 제10조).

제척	기피	회피
직권 또는 신청	당사자의 <u>신청</u> 필요	위원 <u>스스로</u> 제척/기피사유 있다고 판단하여 **자발적** 배제
<법정사유> ① 위원 또는 그 <u>배우자</u>나 배우자이었던 사람이 사건의 당사자이거나, 사건에 관하여 공동 권리자 또는 의무자인 경우 ② 위원이 사건의 당사자와 <u>친족</u>이거나 친족이었던 경우 ③ 위원이 사건에 관하여 <u>증언</u>이나 <u>감정</u>을 한 경우 ④ 위원이 당사자의 <u>대리인</u>으로서 사건에 관여하거나 관여하였던 경우 ⑤ 위원이 사건의 대상이 된 <u>처분 또는 부작위</u>에 관여한 경우	법정사유 <u>외</u>의 불공정성 우려 사유	사유 <u>소명</u> 후 위원장 <u>허가</u>

7 청구요건

1. 개관

청구요건은 취소소송 및 무효등확인소송 등 대표적인 소송 유형의 소송요건과 크게 다르지 않고, 다만 용어만 조금 차이가 있을 뿐이다.

구분	1	2	3	4	5	6	7
취소소송	관할	원고적격	피고적격	대상적격	소의 이익	제소기간	전치주의
무효등확인소송						–	
취소심판		**청구인** 적격	**피청구인** 적격		**청구의** 이익	**청구**기간	–
무효등확인심판						–	

2. 행정심판 특유의 제도

(1) 피청구인 경정

(행정소송과는 달리) 신청뿐 아니라 직권에 의한 피청구인 경정이 가능하다 (행정심판법 제17조 제2항).

(2) 비법인 사단/재단의 청구인능력

법인이 아닌 사단 또는 재단으로서 <u>대표자나 관리인이 정하여져 있는 경우</u>에는 <u>그 사단이나 재단의 이름으로</u> 심판청구를 할 수 있다(행정심판법 제14조). 대표자나 관리인 명의로 소를 제기하는 것이 아님을 유의하여야 한다.

(3) 청구인의 지위 승계

아래 각 경우에 심판청구의 대상에 관계되는 **권리나 이익을 승계한 자는 청구인의 지위를 승계한**다(행정심판법 제16조). 즉, 승계한 자가 행정심판을 이어받아 수행하게 된다.

① 청구인이 **사망한** 경우: 상속인 등
② 법인인 청구인이 합병에 따라 소멸한 경우: 합병 후 존속/신설 법인
③ 청구인으로부터 **양수한** 경우: 양수인(단, 행정심판위원회의 **허가 필요**)

(4) 청구 제외사항

다음 두 가지 사항에 대해서는 행정심판을 청구하는 것이 금지된다(= 대상적격 흠결).

① 대통령의 처분 또는 부작위(행정심판법 제3조 제2항; 단, 행정소송은 가능)
② 심판청구에 대한 재결이 있는 경우(행정심판법 제51조; 재청구금지 원칙)

(5) 청구기간의 오고지/불고지에 따른 효과

① 행정청의 고지의무: 행정청이 처분을 할 때에는 처분의 상대방(또는 요구하는 이해관계인)에게 ㉠ 행정심판을 청구할 수 있는지, ㉡ 청구할 수 있다면 심판청구의 절차 및 **청구기간이** 어떻게 되는지를 **고지**해 주어야 한다. 처분의 상대방으로 하여금 행정심판으로 수월하게 나아갈 수 있게 하기 위함이다.

> 행정심판법 제58조 【행정심판의 고지】
> ① 행정청이 처분을 할 때에는 처분의 상대방에게 다음 각 호의 사항을 알려야 한다.
> 1. 해당 처분에 대하여 행정심판을 청구할 수 있는지
> 2. 행정심판을 청구하는 경우의 심판청구 절차 및 심판청구 기간
> ② 행정청은 이해관계인이 요구하면 다음 각 호의 사항을 지체 없이 알려 주어야 한다. 이 경우 서면으로 알려 줄 것을 요구받으면 서면으로 알려 주어야 한다.
> 1. 해당 처분이 행정심판의 대상이 되는 처분인지
> 2. 행정심판의 대상이 되는 경우 소관 위원회 및 심판청구 기간

🔍 관련판례

1. 이해관계인의 경우 먼저 요구하여야만 고지 (98헌바36)

   행정처분이 있음을 알고서도 고지신청을 하지 아니한 제3자에 대하여는 행정청의 고지의무가 없기 때문에 행정청이 청구기간 등을 알릴 필요가 없어서 **청구기간의 특례가 인정되지 아니한다.**

2. 고지의무 불이행≠절차적 하자 (87누529)

   처분청이 행정심판법에 따른 고지의무를 이행하지 아니하였다고 하더라도 경우에 따라서는 행정심판의 제기기간이 연장될 수 있는 것에 그치고 이로 인하여 심판의 대상이 되는 행정처분에 어떤 하자가 수반된다 할 수 없다.

② 청구기간의 특례: 위 사항이 잘못 고지되거나(오고지), 고지되지 않는 경우 (불고시)에는 청구인의 편의를 위하여 원래의 제소기간에 특례를 인정한다.

　　㉠ 원칙적인 청구기간

> **행정심판법 제27조 【심판청구의 기간】**
> ① 행정심판은 처분이 있음을 <u>알게 된 날부터 90일</u> 이내에 청구하여야 한다.
> ③ 행정심판은 처분이 <u>있었던 날부터 180일</u>이 지나면 청구하지 못한다. 다만, <u>정당한 사유</u>가 있는 경우에는 그러하지 아니하다.
> ④ 제1항과 제2항의 기간은 <u>불변기간</u>(不變期間)으로 한다.
> ⑦ 제1항부터 제6항까지의 규정은 **무효등확인심판청구와 부작위에 대한 의무이행심판청구❶에는 적용하지 아니한다.**

❶
거부처분에 대한 의무이행심판청구에는 청구기간의 제약이 있음을 주의

　　㉡ 심판청구서가 엉뚱한 기관에 제출된 경우(오고지/불고지)

> **행정심판법 제23조 【심판청구서의 제출】**
> ① 행정심판을 청구하려는 자는 제28조에 따라 심판청구서를 작성하여 피청구인이나 위원회에 제출하여야 한다. 이 경우 피청구인의 수만큼 심판청구서 부본을 함께 제출하여야 한다.
> ② 행정청이 제58조에 따른 <u>고지를 하지 아니하거나 잘못 고지</u>하여 청구인이 심판청구서를 다른 행정기관에 제출한 경우에는 그 행정기관은 그 심판청구서를 지체 없이 **정당한 권한이 있는 피청구인에게 보내야** 한다.
> ③ 제2항에 따라 심판청구서를 보낸 행정기관은 지체 없이 그 사실을 청구인에게 알려야 한다.
> ④ 제27조에 따른 심판청구 기간을 계산할 때에는 제1항에 따른 피청구인이나 위원회 또는 **제2항에 따른 행정기관에 심판청구서가 제출되었을 때에 행정심판이 청구된 것으로 본다.**

23. 1. 1.	23. 2. 1.	23. 5. 1.
처분	A 제출 → *청구 시점*	B 이송

심판청구서를 잘못 제출받은 기관(A)은 <u>정당한 권한이 있는 피청구인(B)</u>(≠행정심판위원회)에게 이를 보내주어야 한다. 청구인이 <u>행정심판을 청구한 시점은 최초 엉뚱한 기관(A)에 잘못 제출된 시점</u>으로 본다. 피청구인에게 제대로 보내진 시점에 행정심판이 청구되었다고 보면 <u>청구기간이 도과될 우려</u>가 있기 때문이다.

　　㉢ 심판청구 기간을 원래보다 긴 기간으로 잘못 고지한 경우(오고지)

> **행정심판법 제27조 【심판청구의 기간】**
> ① 행정심판은 처분이 있음을 알게 된 날부터 90일 이내에 청구하여야 한다.
> ⑤ <u>행정청이 심판청구 기간을 제1항에 규정된 기간보다 긴 기간으로 잘못 알린 경우 그 잘못 알린 기간에 심판청구가 있으면 그 행정심판은 제1항에 규정된 기간에 청구된 것으로 본다.</u>

Early
• 안 날+~~90일~~ 95일
• 있은 날+1년

원래 행정심판은 ⓐ 처분을 안 날로부터 90일, ⓑ 처분이 있은 날로부터 180일 중 이른 날에 제기되어야 한다. 만약 처분청이 이보다 긴 기간으로 잘못 고지한 경우, 원래의 청구기간을 넘겼어도 **잘못 고지된 긴 기간 내에 제기되기만 하였다면** 청구기간을 준수한 것으로 본다.

예컨대, 처분을 안 날로부터 95일까지 제기하면 된다고 고지되었고, 이에 따라 95일째 되는 날 행정심판이 청구되었다면, 이는 청구기간을 준수한 적법한 청구가 된다. 만약 행정심판위원회가 처분청의 오고지를 간과하여 위 청구를 부적법 각하하였다면, 이는 재결 고유의 하자가 있는 경우에 해당하여 재결을 대상으로 행정소송을 제기할 수 있다.

> **관련판례** 행정"심판"청구기간 오고지가 취소"소송"의 제소기간에 미치는 영향 (×) (2004두9302)
>
> 행정심판 제기기간에 관하여 법정 심판청구기간보다 긴 기간으로 잘못 통지받은 경우에 보호할 신뢰 이익은 그 통지받은 기간 내에 행정심판을 제기한 경우에 한하는 것이지 행정소송을 제기한 경우에까지 확대된다고 할 수 없으므로, 당사자가 행정처분시나 그 이후 행정청으로부터 행정심판 제기기간에 관하여 법정 심판청구기간보다 긴 기간으로 잘못 통지받아 행정소송법상 법정 제소기간을 도과하였다고 하더라도, 그것이 당사자가 책임질 수 없는 사유로 인한 것이라고 할 수는 없다.

ⓒ 심판청구 기간을 고지하지 않은 경우(불고지)

> 행정심판법 제27조【심판청구의 기간】
> ③ 행정심판은 처분이 있었던 날부터 180일이 지나면 청구하지 못한다. 다만, 정당한 사유가 있는 경우에는 그러하지 아니하다.
> ⑥ 행정청이 심판청구 기간을 알리지 아니한 경우에는 제3항에 규정된 기간에 심판청구를 할 수 있다.

ⓐ 처분을 안 날로부터 90일, ⓑ **처분이 있은 날부터 180일** 중 ⓑ만을 적용한다. 고지를 하지 않아 행정심판을 제기할 수 있는 것인지 알 수가 없는 경우이므로 ⓐ 안 날로부터 90일을 적용하지 않는 것이다.

Early
- 안 날 90일
- 있은 날 180일

(5) 청구요건 흠결시 처리

민원인이 청구하는 행정심판은 심도 있는 법적 검토를 수반하지 않는 경우가 많기 때문에, 형식과 내용이 부적절한 경우가 많다. 행정심판법은 가급적 행정심판위원회의 지휘하에 위와 같은 흠결이 보정되도록 하여 국민의 권리구제를 도모하는 입장에 서 있다.

1. 형식: 진정서 < 실질: 심판청구서 (98두2621)

① 행정심판청구는 엄격한 형식을 요하지 아니하는 서면행위로 해석된다.

② 위원회는 심판청구가 적법하지 아니하나 보정할 수 있다고 인정하면 기간을 정하여 청구인에게 보정할 것을 요구할 수 있다. 다만, 경미한 사항은 직권으로 보정할 수 있다(동법 제32조 제1항). 위원회는 청구인이 제1항에 따른 보정기간 내에 그 흠을 보정하지 아니한 경우에는 그 심판청구를 각하할 수 있다(동조 제6항).

③ 비록 **제목이 '진정서'**로 되어 있고, 행정심판청구서로서의 형식을 다 갖추고 있다고 볼 수는 없으나, 보정이 가능하므로 위 문서를 행정처분에 대한 **행정심판청구로 보는 것이 옳다.**

[유사] 2. 형식: 심판청구서 < 실질: 이의신청서 (2011두26886)

이의신청을 제기해야 할 사람이 처분청에 표제를 '행정심판청구서'로 한 서류를 제출한 경우라 할지라도 서류의 내용에 이의신청 요건에 맞는 불복취지와 사유가 충분히 기재되어 있다면 표제에도 불구하고 이를 처분에 대한 이의신청으로 볼 수 있다.

(6) 제출처

① 피청구인 또는 ② 행정심판위원회 둘 중 아무 곳에라도 제출하면 족하다. 종전에는 반드시 처분청을 거쳐 청구하도록 하였으나(처분청 경유주의), 처분청이 청구인에게 심판청구의 취하를 종용하거나 부당하게 수리하지 않는 폐단이 지적되어 변경되었다.

(7) 단순 민원성 심판청구의 보정 및 각하

행정심판법 제24조【피청구인의 심판청구서 등의 접수·처리】
① 피청구인이 제23조 제1항·제2항 또는 제26조 제1항에 따라 심판청구서를 접수하거나 송부받으면 10일 이내에 심판청구서(제23조 제1항·제2항의 경우만 해당된다)와 답변서를 위원회에 보내야 한다. 다만, 청구인이 심판청구를 취하한 경우에는 그러하지 아니하다.
② 제1항에도 불구하고 심판청구가 그 내용이 특정되지 아니하는 등 명백히 부적법하다고 판단되는 경우에 피청구인은 답변서를 위원회에 보내지 아니할 수 있다. 이 경우 심판청구서를 접수하거나 송부받은 날부터 10일 이내에 그 사유를 위원회에 문서로 통보하여야 한다.

행정심판법 제32조【보정】
① 위원회는 심판청구가 적법하지 아니하나 보정(補正)할 수 있다고 인정하면 기간을 정하여 청구인에게 보정할 것을 요구할 수 있다. 다만, 경미한 사항은 직권으로 보정할 수 있다.
④ 제1항에 따른 보정을 한 경우에는 처음부터 적법하게 행정심판이 청구된 것으로 본다.
⑤ 제1항에 따른 보정기간은 제45조에 따른 재결 기간에 산입하지 아니한다.
⑥ 위원회는 청구인이 제1항에 따른 보정기간 내에 그 흠을 보정하지 아니한 경우에는 그 심판청구를 각하할 수 있다.

행정심판법 제32조의2【보정할 수 없는 심판청구의 각하】
위원회는 심판청구서에 **타인을 비방하거나 모욕하는 내용 등이 기재되어 청구 내용을 특정할 수 없고 그 흠을 보정할 수 없다고 인정되는 경우**에는 제32조제1항에 따른 보정요구 없이 그 **심판청구를 각하할 수 있다.**

8 가구제

1. 집행정지

집행정지는 중대한 손해를 예방하기 위하여 적극적 처분의 집행을 잠정적으로 정지시키는 제도이다. 이는 종전의 상태를 유지시키는 소극적인 제도이므로, 종전의 상태를 적극적으로 변경시키는 임시처분과는 구분된다.

행정소송	행정심판	행정소송
적극적 요건 (청구인 입증)		소극적 요건 (피청구인 입증)
① 적법한 본안소송(심판)의 계속		⑤ 공공복리에 중대한 영향
② 처분 등의 존재		⑥ 본안청구가 이유 없음이 명백
③ 회복하기 어려운 손해의 예방	③ **중대한 손해의 예방**	
④ 긴급한 필요		

2. 임시처분

> **행정심판법 제31조 【임시처분】**
> ① 위원회는 처분 또는 부작위가 위법·부당하다고 상당히 의심되는 경우로서 처분 또는 부작위 때문에 당사자가 받을 우려가 있는 중대한 불이익이나 당사자에게 생길 급박한 위험을 막기 위하여 임시지위를 정하여야 할 필요가 있는 경우에는 직권으로 또는 당사자의 신청에 의하여 임시처분을 결정할 수 있다.
> ② 제1항에 따른 임시처분에 관하여는 제30조 제3항부터 제7항까지를 준용한다. 이 경우 같은 조 제6항 전단 중 "중대한 손해가 생길 우려"는 "중대한 불이익이나 급박한 위험이 생길 우려"로 본다.
> ③ 제1항에 따른 임시처분은 제30조 제2항에 따른 집행정지로 목적을 달성할 수 있는 경우에는 허용되지 아니한다.

임시처분은 행정청의 처분이나 부작위 때문에 발생할 수 있는 당사자의 불이익이나 급박한 위험을 막기 위해 당사자에게 임시지위를 부여하는 가구제 수단이다. 행정소송에는 없는 제도가 추가로 인정되기는 하지만, 우선적으로는 집행정지를 적용하되 이로써 목적을 달성할 수 없는 경우에 한하여 보충적으로 임시처분의 적용을 검토해야 한다.

구분	임시처분	집행정지
요건	적법한 본안심판의 계속	
	처분(=적극+**소극**) 또는 **부작위**의 위법·부당성이 상당히 의심	처분 등(=**적극**)의 존재
	중대한 불이익 or 급박한 위험	중대한 손해의 예방
		긴급한 필요
	공공복리에 중대한 영향 ×	
	—	본안청구가 이유 없음이 명백 ×
	(직권 or 신청)	

보충성	집행정지 > 임시처분	집행/절차 정지 > 효력정지
효과	임시지위를 정함	집행/절차/효력 정지

9 재결

1. 재결의 범위

> **행정심판법 제47조【재결의 범위】**
> ① [처분권주의(불고불리의 원칙)] 위원회는 심판청구의 대상이 되는 처분 또는 부작위 외의 사항에 대하여는 재결하지 못한다.
> ② [불이익변경금지 원칙] 위원회는 심판청구의 대상이 되는 처분보다 청구인에게 불리한 재결을 하지 못한다.

2. 의의 및 종류

> **행정심판법 제43조【재결의 구분】**
> ① 위원회는 <u>심판청구가 적법하지 아니하면</u> 그 심판청구를 각하한다.
> ② 위원회는 <u>심판청구가 이유가 없다고 인정하면</u> 그 심판청구를 기각한다.
> ③ 위원회는 <u>취소심판의 청구가 이유가 있다고 인정하면</u> 처분을 취소 또는 다른 처분으로 변경하거나 처분을 다른 처분으로 변경할 것을 피청구인에게 명한다.
> ④ 위원회는 <u>무효등확인심판의 청구가 이유가 있다고 인정하면</u> 처분의 효력 유무 또는 처분의 존재 여부를 확인한다.
> ⑤ 위원회는 <u>의무이행심판의 청구가 이유가 있다고 인정하면</u> 지체 없이 신청에 따른 처분을 하거나 처분을 할 것을 피청구인에게 명한다.

재결이란 행정심판의 청구에 대하여 행정심판위원회가 행하는 판단을 말한다. 행정심판의 종류에 따른 재결은 다음과 같다(부작위위법확인/당사자심판 존재 ✕).

청구＼재결	인용			기각		각하
취소심판	취소	변경	변경명령	기각	사정	각하
무효등확인심판	무효등확인			기각		
의무이행심판		처분	처분명령	기각	사정	

3. 재결의 효력

(1) 개관

일반적인 행정행위와 같이 불가쟁력, 불가변력, 집행력을 갖고, 판결과 유사하게 **형성력(취소/변경/처분재결)** 및 **기속력** 또한 발생한다. 다만, **기판력은 발생하지 않는다.**

형성력 ○ (97누17131)	행정심판 재결의 내용이 처분청에게 처분의 취소를 명하는 것이 아니라 재결청이 스스로 처분을 취소하는 것일 때에는 그 재결의 형성력에 의하여 당해 처분은 별도의 행정처분을 기다릴 것 없이 당연히 취소되어 소멸되므로, 형성적 취소재결이 확정된 후 처분청이 다시 원처분을 취소한 경우, 그 취소처분은 항고소송의 대상이 되지 않는다.
기속력 ○ (97누15432)	행정심판법 제37조 제1항에 따라 처분행정청은 재결에 기속되어 재결의 취지에 따른 처분의무를 부담하게 되므로 이에 불복하여 행정소송을 제기할 수 없다.
기판력 × (2013다6759)	재결에 판결에서와 같은 기판력이 인정되는 것은 아니어서 재결이 확정된 경우에도 처분의 기초가 된 사실관계나 법률적 판단이 확정되고 당사자들이나 법원이 이에 기속되어 모순되는 주장이나 판단을 할 수 없게 되는 것은 아니다.

(2) 기속력의 구체적인 내용

> **행정심판법 제49조【재결의 기속력 등】**
> ① 심판청구를 인용하는 재결은 피청구인과 그 밖의 관계 행정청을 기속한다.
> ② 재결에 의하여 취소되거나 무효 또는 부존재로 확인되는 처분이 당사자의 신청을 거부하는 것을 내용으로 하는 경우에는 그 처분을 한 행정청은 재결의 취지에 따라 다시 이전의 신청에 대한 처분을 하여야 한다.
> ③ 당사자의 신청을 거부하거나 부작위로 방치한 처분의 이행을 명하는 재결이 있으면 행정청은 지체 없이 이전의 신청에 대하여 재결의 취지에 따라 처분을 하여야 한다.
> ④ 신청에 따른 처분이 절차의 위법 또는 부당을 이유로 재결로써 취소된 경우에는 제2항을 준용한다.
> ⑤ 법령의 규정에 따라 공고하거나 고시한 처분이 재결로써 취소되거나 변경되면 처분을 한 행정청은 지체 없이 그 처분이 취소 또는 변경되었다는 것을 공고하거나 고시하여야 한다.
> ⑥ 법령의 규정에 따라 처분의 상대방 외의 이해관계인에게 통지된 처분이 재결로써 취소되거나 변경되면 처분을 한 행정청은 지체 없이 그 이해관계인에게 그 처분이 취소 또는 변경되었다는 것을 알려야 한다.

① 반복금지의무(적극적 처분)

> **ⓒ 관련판례 반복금지의무 (2002두3201)**
> 행정청이 당해 처분에 관하여 위법한 것으로 재결에서 판단된 사유와 기본적 사실관계에 있어 동일성이 인정되는 사유를 내세워 다시 동일한 내용의 처분을 하는 것이 허용되지 않는다.

② (재)처분의무(소극적 처분)

> **행정심판법 제49조 【재결의 기속력 등】**
>
> ② [**거부처분 취소재결**] 재결에 의하여 취소되거나 [**거부처분 무효등확인재결**] 무효 또는 부존재로 확인되는 처분이 당사자의 신청을 거부하는 것을 내용으로 하는 경우에는 그 처분을 한 행정청은 재결의 취지에 따라 다시 <u>이전의 신청에 대한</u> 처분을 하여야 한다.
>
> ③ [**처분명령재결**] 당사자의 신청을 거부하거나 부작위로 방치한 처분의 이행을 명하는 재결이 있으면 행정청은 지체 없이 이전의 <u>신청에 대하여 재결의 취지에 따라 처분</u>을 하여야 한다.

해석상 변경명령재결 또한 재처분의무가 부과되는 것으로 봄

(3) 처분의무 불이행에 따른 구제수단

행정심판에서 인용재결이 내려졌음에도, 행정청이 기속력에 따른 처분의무를 이행하지 않는다면 재결의 실효성이 확보될 수 없다. 이에, 행정심판법은 아래의 각 경우에 처분의무 불이행에 따른 구제수단을 간접강제 및 직접처분 두 가지로 규정하고 있다.

구분	간접강제 (법 제50조의2)	직접처분 (법 제50조)
요건	행정심판위원회는	
	청구인의 신청에 의하여 (직권 ✕)	
	상당한 기간을 정하고	
	피청구인이 그 기간 내에 이행하지 아니하는 경우에는	
	다음 중 1을 택하여 명령 • 지연기간에 따른 정기금 배상 • 즉시 일시금 배상	직접 처분
	–	단, 아래 예외의 경우 직접처분 ✕ • 처분의 성질상 곤란 예 정보공개청구 • 그 밖의 불가피한 사유
사정변경	당사자의 신청에 의하여 결정 내용 변경 가능	–
불복	청구인이 간접강제결정에 대해 행정소송 제기	–
대상 재결 (☆)	거부처분 취소재결	
	거부처분 무효등확인재결	
	처분명령재결	처분명령재결

변경명령재결에 대해서는 명문의 규정이 없음

행정심판법 제50조【위원회의 직접 처분】

① 위원회는 피청구인이 제49조 제3항에도 불구하고 처분을 하지 아니하는 경우에는 당사자가 신청하면 기간을 정하여 서면으로 시정을 명하고 그 기간에 이행하지 아니하면 직접 처분을 할 수 있다. 다만, 그 처분의 성질이나 그 밖의 불가피한 사유로 위원회가 직접 처분을 할 수 없는 경우에는 그러하지 아니하다.

② 위원회는 제1항 본문에 따라 직접 처분을 하였을 때에는 그 사실을 해당 행정청에 통보하여야 하며, 그 통보를 받은 행정청은 위원회가 한 처분을 자기가 한 처분으로 보아 관계 법령에 따라 관리·감독 등 필요한 조치를 하여야 한다.

행정심판법 제50조의2【위원회의 간접강제】

① 위원회는 피청구인이 제49조 제2항(제49조 제4항에서 준용하는 경우를 포함한다) 또는 제3항에 따른 처분을 하지 아니하면 청구인의 신청에 의하여 결정으로 상당한 기간을 정하고 피청구인이 그 기간 내에 이행하지 아니하는 경우에는 그 지연기간에 따라 일정한 배상을 하도록 명하거나 즉시 배상을 할 것을 명할 수 있다.

② 위원회는 사정의 변경이 있는 경우에는 당사자의 신청에 의하여 제1항에 따른 결정의 내용을 변경할 수 있다.

③ 위원회는 제1항 또는 제2항에 따른 결정을 하기 전에 신청 상대방의 의견을 들어야 한다.

④ 청구인은 제1항 또는 제2항에 따른 결정에 불복하는 경우 그 결정에 대하여 행정소송을 제기할 수 있다.

⑤ 제1항 또는 제2항에 따른 결정의 효력은 피청구인인 행정청이 소속된 국가·지방자치단체 또는 공공단체에 미치며, 결정서 정본은 제4항에 따른 소송제기와 관계없이 「민사집행법」에 따른 강제집행에 관하여는 집행권원과 같은 효력을 가진다. 이 경우 집행문은 위원장의 명에 따라 위원회가 소속된 행정청 소속 공무원이 부여한다.

MEMO

MEMO

MEMO

2025 대비 최신개정판

해커스공무원
1/3로 줄여 쓴
김대현
행정법총론 기본서

개정 2판 1쇄 발행 2024년 6월 28일

지은이	김대현 편저
펴낸곳	해커스패스
펴낸이	해커스공무원 출판팀

주소	서울특별시 강남구 강남대로 428 해커스공무원
고객센터	1588-4055
교재 관련 문의	gosi@hackerspass.com
	해커스공무원 사이트(gosi.Hackers.com) 교재 Q&A 게시판
	카카오톡 플러스 친구 [해커스공무원 노량진캠퍼스]
학원 강의 및 동영상강의	gosi.Hackers.com

ISBN	979-11-7244-120-3 (13360)
Serial Number	02-01-01